JN233170

越境と抵抗

海のフィールドワーク再考

小川徹太郎
ogawa tetsutaro

新評論

越境と抵抗

海のフィールドワーク再考

目次

第三部　越境と抵抗――海の民俗学をこえて

凡例

㈠本書は、小川徹太郎が書き残した論考を、歴史表象研究会*が編集して一冊の著作としてまとめたものである。

㈡本書の表題および各部の題名は、編者の責任で付した。

㈢各章の題名は、基本的に初出に従ったが、一部修正を加えたものもある（初出の題名は巻末「初出一覧」に掲載）。未発表の論考については、編者の責任で題名を付した。

㈣明らかな誤字、脱字と思われるものについては、適宜修正を加えた。傍線による強調は、傍点に統一した。

㈤未発表原稿に関しては、読点や引用文の補足など、一部原文に手を加えたものがある。

㈥編者註は［　］で示した。

㈦本文中（1章、3章、11章）の補註は、初出にはないが、全て小川徹太郎の執筆であり、編者の判断で後から加えた。出典は、福田アジオ・新谷尚紀・湯川洋司・神田より子・中込睦子・渡辺欣雄編『日本民俗大辞典（上・下）』（吉川弘文館、一九九九・二〇〇〇年）。

㈧本文中の謝辞（付記）の経歴表記、地名等は全て初出時のものである。

＊歴史表象研究会：二〇〇〇年五月、著者の小川徹太郎が世話人となって結成。メンバーは、小川徹太郎（民俗学・文化人類学）の他に、岩竹美加子（民俗学、現フィンランド在住）、小林康正（民俗学・民衆文化論）、坂野徹（科学史）、佐藤健二（歴史社会学）、重信幸彦（民俗学）、吉田司雄（近代日本文学）。（五〇音順）

越境と抵抗

海のフィールドワーク再考

渉太郎と考二郎に

第一部　シオとハリキ――漁する身体

扉写真：尾道で地元の人と談笑する著者（1997年 4 月29日）

1 漁する老漁師たち――「シオをつくる」

一　漁浦を歩く

漁浦と神仏

瀬戸内の漁浦は[1]、どこへ行っても軒が重なり合った迷路を構成しており、慣れないうちは、「どうしてこんなところに出てきたんだろう」というのが再々で、またそれが楽しくてしかたがないので、大きい通りに出ると引き返しては、勝手気ままにこの迷路を右往左往する。たとえば、それが夏なら、いつも陽の当たらない路地は、木陰のごとく薄暗く冷たい空気の塊をつくっていて、火照《ほて》った体をひんやりと包み込んでくれる。

湿り気を帯びた砂土を踏みしめると、ザックザックと心地よい感触が足の裏に伝わる。たいていの戸口は開けっ放しにされていて、中から人の気配が蚊取《かとり》線香の匂いとともにもれてくる。薄ぼんやりとした網戸の向こうでは、白い人影が横切る。

それにしても目立つのは小祠《しょうし》と大師堂だ。大師堂など、普通の民家と軒を並べてほぼ同じ大きさで

漁浦の光景　瀬戸内の漁浦を歩いていると、街並みのあちこちで大師堂（上右）をみかける。竹原市二窓。写真下は尾道市吉和の船だまり。整然と並んだコギ網船の背後に、1964年に建造された通称漁民アパートがそびえる。写真上左は能地の船だまりに浮かぶコギ網船。この船の持ち主はカナヅチで、「転覆しても、かならず漁具が浮かんでくるけぇ、それにさばっとりゃ（抱きついていれば）ええ」といっていたが、たしかに何か浮かんできそうだ。

建っているから、格子戸や幕がついているのでなければ、見分けがつかないぐらい自然に町並みに溶け込んでいる。檀那寺《だんなでら》はどこの家でもたいてい禅宗であることが多いのだが、お大師《だいし》さん（弘法大師）の根強さには目を見張らされるものがある。ある老婆は、「わたしゃ、貧乏してきたけど、これだけがわたしの宝じゃ」と、八十八カ所巡りの判の押された掛軸を誇らしげに見せてくれた。お堂にはいつもていねいに線香と供え物が供えてあり、信心する人の多いことがうかがい知れる。あとになって私の素性がわかることになったあるおばさんは、「なんじゃ、わたしゃてっきりお大師さんに泊まる人かと思いよった……ハハハ……」といっていたから、今でもお堂に泊まる人がいるのだろうか。お大師さんだけではない。とにかく、神や仏を几帳面《きちょうめん》にあつかう人の多いことには感心させられる。浦の外れの砂地にある墓地には、いつ通りかかっても参拝者の姿が見かけられ、線香と樒《しきみ》の木（ハナといわれる）が欠かされていたためしはない。

大師堂とともに目立つのは、お好み焼き屋か。このあたりでは、お好み焼きのことを「洋食」という。なぜ洋食なのかはよくわからないが、油を多量に用いて焼きあげられたものに、ソースをたっぷりかけ、ナイフ、フォークならぬ鉄製のコテを使って器用に食べる、こうした食べ方が洋食との類比を招来したのだろうが、どうやら「長屋の花見」めいた諧謔的な命名のセンスを感じさせる。

たいていのお好み焼き屋は、家屋の一部を改造して造られていて、おばさんたちの内職仕事として営まれる。客のいないときには、家の奥で家事仕事をしていて、客の気配が感ぜられると、「いらっしゃい」といいながら、奥の手を休めて表へ出てくる。お好み焼きは昼食や夕食にあてられることが多いようなのだが、大人たちは家に持ち帰って食べるのであろう、店で目立つのは小さな子供を連れたおばさんと子供たちの姿だ。クレープのように薄くひいたメリケン粉に、たっぷりと魚粉をふりかけ、その中に、キャベツ、モヤシ、豚肉、玉子、ウドン等々を、包み込む。これだけ具が入れば大人でもけっこう腹は太る。それにしても重宝な食べ物を生み出したものだと思う(2)。床屋のように、どこの店にも漫画が置かれていて、子供たちは、ソースのべったりこびりついたページを左手でバリバリと引き剝《は》がしながら読み進め、同時に右手のコテの扱いを休めることはない。こうした子供がしょっちゅう食べられるくらいの値段だから、よく採算がとれるものだと、いつも思う。

船だまりは漁浦の顔だ

さて、薄暗い軒と軒のトンネルの中を右往左往していると、時おり、かなたに白く輝くトンネルの出口のようなところがちらつく。多くの漁浦は背面に山や丘を控え、海岸に沿って這《は》うようにして広がっているから、その出口に向かって進んでいくと、たいてい船だまりに出ることになる。薄暗い路地に体が慣れてしまっているせいもあって、突如、視界が開け、しかも水とコンクリートの照り返しの強い真っ白な日向《ひなた》に放り出されるのだから、馴染《なじ》むまでは眩《まぶ》しくて体がいうことをきかないが、その分だけこのコントラストが鮮明に脳裏に焼きつく。こうした船だまりに面した岸壁のほぼ真ん中あたりに、たいてい竜宮さんというのが建っている。錆《さ》びた金具類が無雑作に積み上げられているので、すぐにそれとわかる。

船だまりは漁浦の顔だ。端正に積まれた石垣のうちに、一見無雑作にひしめきあっているかにみえる船の群れも、たいてい持ち主の着け場は決まっていて、網の繕《つくろ》い、縄の仕度など、自分たちの作業の便に応じて、個人で、あるいはグループで、桟橋《さんばし》や納屋《なや》が築かれている。ていねいなところでは、面倒でもきっちりと船を艫付《ともづ》け（船尾を桟橋に向けてつけること）にしているし、そうした習慣のあるところでは、船まわりも自分のあつかいやすいようにきれいに整理されているものだ。よく見ると、どの船にもそれぞれの船頭の趣向が凝《こ》らされていることがわかる。いうまでもないことだが、漁師は沖に出ているときにだけ、仕事をしているのではない。漁を終えて船だまりに戻ったあとも、使った漁具の手入れをしたり、船の掃除・修繕をしたり、次の出漁の準備をしたり、あるいは、隣の船と情報を交換し合ったり、天候や潮行きを観察したりと、こうした「仕込み」に多くの時間は割かれるし、これらを上手に行い、道具の手入れが行き届いていてはじめて、沖へ出ていくことができるのである。船だまりは、こうした仕込みを行う仕事の「場」でもあるのだ。だから、そこに浦やグループの色があらわれるのも、当然といえば当然すぎることなのである。いつ船だまりを通りかかっても、かならずだれかが船上、桟橋、波止《はと》の上で細々とした仕込みの作業を行っており、その点、農村のひっそりした船だまりとは対照的だ。沖での漁を思い思いに描きながら、黙々と仕込みに打ち込む者たちを呑み込んだ、活気あふれるこの船だまりの雰囲気《ふんいき》が、私は好きだ。

路上のたまり場

とはいえ、船だまりにたまるのは、漁を控えた漁師たちだけではない。波止の石垣から釣糸を垂れる人。風呂上がりに、夕涼みがてらやってくる人。あるいは、何かあてがあるわけでもなく、一日に一度は沖の方へ目をやらなければ気がすまないかのごとく、ふらりとやってきて、ひとしきり沖に目をやって引き返していく人。そして、船だまりに面した道端や、川筋や街路沿いの道端には、夏ともなれば、だれが拵《こしら》えたり持ち出したりするのかは知らないが、かならずベンチや長椅子が並ぶ。簡易ヤドとでも称するたまり場が浦のあちこちに出没する。参集するのは、やはり暇な年寄りが多いのだが、その人その人の指定席も決まっているようだ。何かをするというわけでもなく、自転車に乗ったり、乳母車を押したりしてふらりとやってきては、一時の雑談をして満足を

得ると、またどこかへ消えていく。これでは鳥の止まり木と変わらないが、どうもそれによく似た風情である。影の長い午前中や、涼しい夕刻は大盛況だ。つい今しがた役場に行って自分がやってきたこと、病院の待合室で出くわしたこと……。いつだったか、私がこの簡易ヤドにたむろしていると、ある老人がさっそうと電動車椅子で乗りつけた。それを見るなり連れの老人が、「おまえ、ええ物を持っとるじゃあないか。だれに買《こ》うてもろうたんな。わしがそれを買うてもろうたら皆でジュウセンする（漁へ出るときに船団を組むこと）がのう……」などと与太《よた》を飛ばしていたが、「こいつだったらほんとうにやるかもしれない」と思わせるだけの迫力はあった。

もちろん、自分たちのなかだけで冗談を言い合っているのではない。むしろ、通行人より多少低い位置に陣取り、そこから行き交う人を下からのぞき込むようにしては、その「品定め《しなさだ》」をしあうことこそ、このたむろの最も大きな楽しみなのかもしれない。「ありゃあ、どこの子なあ」「ありゃあどこ行きよんな」「行きよるの」「暑うござんすのう」……。この場所にいると、いろいろな人が、とっかえひっかえやってきて、いろいろな人や事が話題にのぼるので、そこでなされるやりとりを黙って聞いているだけでも、とくに慣れないうちは、浦の人間関係がよくわかって興味深いのだが、場面が変わると、こんどは、「お前、この間、○○といっしょにおったじゃろうが。あがいなもんといっしょにおったら、ろくなことになりゃあせんど」などといわれるから、なんともむずかしいというか、このこと自体がすでに

路上の簡易ヤド　電話ボックスをハンガーボードがわりに衣類を掛け、商売をするおばさん（右頁）。もっとも、人が集まるのが楽しいだけで、「売れりゃあせんのよ」ということらしい。右側に座っているのは、仕事を終え一服する魚売りのおばさん。通行人に「お前とこの妹、今日、オコゼ買いよったで」と一言。
上は年老いた悪童連の大集合。尾道市吉和で。

ほかならぬ「調査」という行為の真っただ中に立たされていることを、示しているといえるだろう。

瀬戸内の専業漁師の研究

ところで、ここで取り上げる瀬戸内の専業漁師のモノグラフ（一つの問題だけを対象に書かれた研究論文）として、ひときわ光彩を放っているのは河岡武春の労作だろう。[3] 江戸から明治にかけての広島県能地《のうじ》（三原《みはら》市幸崎《さいざき》町）・二窓《ふたまど》（竹原《たけはら》市忠海《ただのうみ》町）東組漁師の出職先《でしょくさき》の分布を、檀那寺である臨済宗善行寺の過去帳および宗門改《しゅうもんあらため》を資料として明らかにしたものである。こうした分布の要因を説明するさいに、「末子《ばっし》相続」の議論に還元させて説明しようとしているところに難はあるが、新たな資料の発掘とその丹念な整理・位置づけは、今後、日本の漁民史が語られるさいに、つねに引き合いに出されることであろう。

この河岡の論考が出職漁師の本拠地における資料に拠っているのにたいし、出職先の地元の過去帳および庄屋文書をもとに、漁師と出職先の地元との関係について論じたものに池内長良論文[4]がある。双方あわせ読むことを通じて、この分布の様相をより多面的に理解できるのであるが、こうした分布をめぐる問題を、アジア史までも含めたより広い社会的・歴史的文脈のなかで位置つけようとしたものに小川徹太郎論文[5]がある。また、幕末の混乱のなかで出職先の地元から迫害を受けつつも、徐々に「自立」の道を歩んでいく漁民像を描いたものとして角田直一の著作[6]がある。当時の漁民の行為が、今日的な民主主義の原理によって解釈されていることが気にならなくはないが、「現状の変革」と新たな「自由と平等」の創出に向けての意志と情熱にささえられた著述であることは、認めておかねばなるまい。いずれにしても、江戸末期から維新期に焦点を合わせた歴史研究であることに特徴がある。

開き書きを中心に「現在」を記述しようとしてまとめられた報告書に、今から二〇年前に刊行された『家船《えぶね》民俗資料緊急調査報告書』[7]がある。巻頭に掲載された「調査の目的」には、簡単に「箱崎・能地を根拠地とする家船の民俗資料を緊急に調査し、記録を保存する」とあるばかりで、民俗の意味内容、資料化の方法、緊急であることの問題、また記録することの意味、およびそれを生かす見通し等々については、皆目ふれられていないので、「地理環境」から「年中行事」にいたる、およそ生活領域のすべてをカバーする項目立てと、その項目ごとについての執筆者の精緻《せいち》な記述にもかかわらず、ひじょうに不可解な読後感のみ残る。唯一、江戸期における文人による漁師についての歴史構成をめぐる問題を、能地その他に残る『浮鯛抄《うきたいしょう》』を資料として論ずる河岡論文に、きわめて明解な問いがみられるにすぎない[8]。

このように、瀬戸内のいわゆる「船所帯《ふなじょたい》」「船世帯」「船住まい」などと呼ばれる専業漁師についての記述は、その分布をめぐる歴史研究、あるいはここではふれていないが、魚介のやりとりを通じた農・漁民間の交通についてのものか(9)、さもなくば、さきの報告書のような断片的な記述にほぼ限られるため、以前に私は、漁師が漁師たるゆえんであるはずの沖での漁の活動がいかにとり行われるのか、という具体的かつ素朴な疑問をいだいた。こうした視点を欠いたまま漁師を論じ、かつ漁師像を構成すること自体に無理があるように思えたし、また、漁する「主体」が描き出されなかったところに、安易なイメージの付着を許す大きな要因があったようにも思えたのである。

これも私の印象にすぎないのかもしれないが、漁師たちとの雑談のなかでも、とりわけ話題が漁の話におよぶと口調に熱気を帯びるのが感じられたし、その意味でやはり、漁の行為のなかに漁師の自己たるゆえんのものを見いだしているように思えてならないのである。だが、沖で、しかも終始無言のまま、長年の経験に裏づけられた腕や勘に基づいて行われる漁を記述しようとすることは、容易なことではあるまい。私はかつて、漁師によって説明された漁という行為についての知識を、年・月・日という均質な時間割のなかに配分することを通じて、漁の全体構造を理解し記述しようと試みた(10)。その強引さによって、漁の時間的組み立ての明瞭《めいりょう》に整序化された「見取図」を作成することはできたのだが、そのことによって逆に、漁する「主体」の様態、つまり、具体的に道具や身体を用いて「自然」に働きかけることを通じて生まれる漁に取り組む「姿勢」「気構え」「態度」といったもの、あるいは、こうした働きかけ、相互を構成・運用することを通じて形成される時間意識、などについてとらえる機会を逃してしまった。

とはいえ、以上の事柄をうまく記述しうる厳密な道具立てをこしらえたうえで、この場に臨んでいるわけではない、というのが正直なところである。だからここでは、以前私が行った漁をめぐる老漁師たちとの雑談を、ノートをたよりに思い起こしつつ、そこで語られた語り口の強弱や力点などをふまえ、それらを軸に、漁の組み立て方および漁する「姿勢」のあり方について記述を行ってみたいと思う(11)。そうすることで、上記の反省点・留意点を現時点で克服しようとする試みではありうると思っている。

二　「シオをつくる」こと

漁のコツとしての「シオ」

老漁師たち(12)との対話のなかでも、とりわけ漁することに話がおよぶと熱がこめられることについては、さきにもふれたとおりだが、そうした漁行為の語られ方のなかでも最も大切なコツとして語られる表現がある。「シオ」ないし「シオをつくる」という言い方である。漁行為全体を一言で言い表す、格言めいた言い方として、網、釣り、延縄《はえなわ》などの漁法に関係なく、ほぼすべての漁師の口をついて出てくる。

「魚は餌じゃのうてシオを食う。じゃけ、漁いうのは魚に教えてもらわんにゃいけんし、何十年かかってもそれで満足いうのはない」（吉和《よしわ》〔尾道《おのみち》市〕　一本釣り(13)）、「漁師が魚殺すんじゃあない。シオが魚殺すんじゃいうて、親に言われよった」（吉和　一本釣り）、「一番漁師はシオが主。網じゃろうが、釣りじゃろうが、縄じゃろうが全部よ。シオをいちばんきちっともっていくのが魚よう獲る」（二窓　延縄）、「漁師はおとろしゅうないが、シオがおとろしいいうて言よった。シオで魚殺さにゃいうて……」（能地　小網ほか）。

これらの言葉は、漁について何も知らない者に説明しようとして新たに創出された表現というよりも、

船上で網を繕《つくろ》うコギ網漁師　コギ網は、海底をひきずり回す漁法のためか、網の磨耗・損傷が激しく、操業のたびに網の修繕は不可欠だ。休漁中でも、こうした仕度の作業が欠かされることはない。尾道市吉和の漁港で。

むしろ、「親に言われよった」「言よった」「殺さにゃ」などにみられるように、漁師たちの間で、漁の上手・下手などが話題になるときに「そりゃあシオをきちっともっていかにゃあ」などと、身体性の強い漁行為のコツを、比喩的に一言で語るさいに用いられる表現であるように思われる。だから、たいていは、漁の技能に熟達した年輩者や親から、若者や子供に向かって発せられることが多いはずなのだが、ここでは、この技能の授受・習得の関係のなかに身を投じて、この言葉の意味内容を確認していく作業は無理なので、雑談を通じて、老漁師たちによって語られる漁行為についての説明に即した形で、その意味内容を確認していくことを心がけてみたい。そのさい、この言葉がいかなる文脈のなかで、いかなる思いを込めて語られるかに注意深くあることによって、文脈ごとの意味内容の確認を、この言葉によって示される行為のあり

餌付け作業中の延縄漁師　出漁前に餌付け作業を行うアナゴ縄漁師。鉤《はり》や枝縄の調子を確認し、その付け替えを行いながら、無数の鉤に餌をつけていくのだから、細かな手先仕事だ。かつては、アナゴ縄の餌には生きたイカナゴが用いられたが、冷蔵・冷凍施設の普及によって、現在では、サンマやイワシの切り身が用いられる。尾道市吉和。

方やその行為をなす「主体」の経験の質までをも含み込んだ形で、記述してみたいと思う。そうすることによって、文脈によって生じるこの言葉の示す意味内容の相違までをもふまえたうえでの漁行為の「全体」過程を提示できるものと思われる。

以下は、この「シオをつくる」という表現によって示される漁行為の内容、あるいは、漁することの経験の質についての考察である。

各漁浦にみる語られ方の実際

「シオをきちっともっていく」ことは、たとえば、その上手・下手として、次のような場面に顕現する。

「学校卒業して六年間親父といっしょにやって、七年目に別家したんじゃが、最初のうちはどうしても親父のほうが釣りよったの。のこのこやりよるようでも、どうしてもよけい釣る。時間をきちんと決めてやるけえ。若いもんは獲るに獲っても抜けが多いんよ。漁師は、獲れんときのほうが難儀してあちこち行く。そうするとようない」（吉和　一本釣り）、「分家していっしょに漁しても、親だけぜったいに獲れん。同じように土地（漁場。網代《あじろ》）やっても獲れん。やっぱ、親のほうが土地のええとこ行くんよのう。いつもいつも負けよったらいかんが、十やったら七回は負ける。初めの三～五年ぐらいは、とてもじゃないがついていけん」（二窓　延縄）、「漁師はおとろしいことないが、シオが恐いいうのはのう、網をよけい何番もやったもんがよけ獲るか、シオを合わせたもんのほうがよけ獲るか、いうことよ。漁から戻ってきて、網何番やったいうものはおりゃあせんのじゃけ。皆、分けの銭と、魚の量の話をする。船頭いうものは、えっと（たくさん）獲って船方《ふなかた》（水夫）にやるし、自分も獲る。そういうハラがある。ほいじゃけえ、明日、運動会じゃなんじゃいうて、よう売れるときにゃあ、たいがい獲れん。そうなると、どこ行ってえっと獲っちゃろうか思おうが。あせりゃあせるほど獲れん。平生は気が楽なけ、わりと獲れることもある」（能地　小網ほか）。

やはり、「一人立ち」するときに、ひしと感じた「むずかしさ」として、また、船頭の「苦心」として語られるようだが、「時間をきちんと決めてやる」「土地のええとこいく」「シオを合わせたもん」などの表現に、漁のコツが表れているように思われる。「抜け」なく、漁の「時間」「土地」「シオ」を「ハラ」のなかに構成しておいたうえで、その構成された「時間」「土地」「シオ」に、実際にうまく自らの船、漁具、体を「合わせ」られるか否かが、漁の善し悪しを決定する、ということであろう。だから、この一連の行為を「抜け」なく行えることは、そのまま一人前の船頭としての自立をも意味することになる。

「頭の中」の「シオ」づくり

そこで、この一連の漁行為の過程を、その語られる文脈の違いに即して、(1)あらかじめ「時間」「土地」「シオ」を「ハラ」に構成する過程と、(2)その構成された「時間」「土地」「シオ」に「合わせ」る形で漁を具現化していく過程、の二つの場面に分けて、それぞれのより具体的所作をめぐって、ふたたび老漁師たちの弁にたよりつつ、確認していくことにしたい。

まず、(1)の過程について。

「商売かかっとるけえ、ここじゃ思うとるとこしか行かんかった。この時期はここ、いうふうに決めとった。夏のシオは一遍転《ころ》んだら来年まで来んのじゃけ。食うシオと時は決まっとるんよ。……頭の中に網代の青写真がある。どこ行きゃどうなるいうて。あっこやって、ここやっていうて決めていくけえのう、一回狂うたら、皆狂うてくる。時間が半端になってくるけえ……」（吉和　一本釣り）、「出る前に決めちょく。あっこ行ったらどこのシオじゃけ、いうての。陸《おか》の人が時刻表見て行く先の時間決めるんといっしょよ。シオが速かったら商売ならんけ、ちょうどええときに流していっても間に合うように出ていって、ゆうな（余裕のある）時期に商売して戻ってくる」（箱崎〔因島《いんのしま》市土生《はぶ》町〕一本釣りほか）、「いちばん小まい（緩やかな）とききついとこ、速いときにゃ湾や浅いとこいうように、順ぐり行けるように、一潮《ひとしお》(14)ぐらい繰《く》っちょくんよ。シオ便利で行くけえ、先へ行った奴がケツケツ回ってくる。これを知らんかったら、人のやったあとあと行くようになる。それを知らにゃ、漁師じゃなあんよのう。船の型見たらだれそれじゃいうのわかるし、繰ってみて魚を見りゃ、人が先やったのいうてわかる」（二窓　延縄）、「その日に曳《ひ》く網代は考えとく。自分がええ思や、人が(15)思うこともあるけえ、こつり会う（ばったり出会う）こともある。やろう思うとった網代にカタフネがおったら、躱《かわ》していく」（能地　小網ほか）。

「陸の人」にわかりやすくするためか、「青写真」や「時刻表」の比喩を用いて説明されるが、いずれにおいても、「あっこやって、ここやって」「あっこ行ったらどこのシオじゃけ」「順ぐり行けるように」などといわれるように、出漁する前に、漁の「手順」「流れ」をイメージとして「頭の中」に「思い」「決め」「繰り」「考え」ておく行為について語られている点で共通している。漁法・漁種[16]によって、一回の出漁期間は異なるのだが、全体を通じて、長い場合には一潮、短い場合には一日の「流れ」が描かれることが表明される。もちろん延縄のように一晩に一、二度しか漁具を海中に投じえない漁法と、小網のように網代を変えつつ一晩に三、四度網を打てる場合と、一本釣りのように、容易に頻繁な漁具の出し入れが可能な漁法とでは、おのずとこの「流れ」の組み立て方に「精・粗」や質的違いが認められるかもしれないし、また、漁の成果や天候の状態、あるいは他船との兼ね合いなどによって、つねにこの「流れ」どおりに漁行為が遂行されるわけではないだろうが、そうした場面にあっても、やはり、この構成された「流れ」を基軸として次の判断は決定されるし、また、たいてい長期の出漁においては、ふたたびこの基軸への修復が試みられるようである。

このように、漁師たちは出漁前に、漁法・漁種に応じた「シオ便利」によって、一日から一潮の間の漁の「流れ」をイメージとして構成しておくのであるが、このイメージ構成を通じて、漁師たちは漁行為を「全体」像として掌握することになるのであり、その意味でこの過程は、実際の漁行為に勝るとも劣らない重要な役割を担っているといえよう。漁することは、出漁前からすでに、漁師たちの「頭の中」で始まっているのである。

ジュウセンと「シオ」づくり

ところで、漁師たちは、多少遠方へ出漁するさいや、根拠地をつくってそこを起点として泊まりおき（沖を点々と移動すること）するさいには、かならずジュウセン[17]と呼ばれる船団を組んででかけるのであるが、ここで取り上げられる漁は、いくつかの網漁を除き、たいてい夫婦単位の船で行われるので、これまで確認してきたような漁の「流れ」の構成は、各船ごとの船頭（たいていの場合、夫）によって行われる。もちろん、潮行きが緩やかで、しかも大量の魚群が一か所に集中するような網代では、ジュウセンが一つの網代に集結して操業することもあるようだが、その場合にも、各船ごとに構成される漁の「流れ」は、けっして同じではないことが強調される。

「ジュウセンのなかでも自分自分の考えがある。よけ釣れたいうても、シオによって次に行って釣れるわけじゃない。じゃけえ、釣れたいうて人に言うて、その人が釣れんかってみいや。「わしを編《だま》くらかあて、嘘《うそ》言うた」いうようなるけ、言うてええんやら悪いんやら……。それに、言うたもんだけ来るんじゃなしに、他のもんもよけついてくるようなるけえ、人には言わん」（箱崎　一本釣りほか）、「わしらが言うたら、専門専門がある。ジュウセンすることもあるが、ばらばらになることが多い。木江《きのえ》（大崎上島）へおっても、わしゃあ宗方《むなかた》行くとか、わしゃあ浦戸行くとか、わしゃあ松島行くとか……」（二窓　延縄）、「朝会うたときにゃもの言うが、商売のときにゃ、親が子でも、その人その人でハラが違う。同じ商売でも、北やるもんも南やるもんもおる。人が曳いても自分が曳いても同じのは、ここらじゃイカナゴぐらいよ。商売にかかったら、親が子でも自分の腕で魚獲らにゃあのう……。ここらがあんたらの考えとるとこと違うんじゃ」（能地　小網ほか）。

これも、漁法や漁種にもよろうが、実際のところ、他船の漁獲状況はことさら気にかかるようすなのではあるが、そうした状況をも考慮に入れつつ漁の「流れ」を構成することについては、ここで、「自分自分の考えがある」「わしゃあ○○行く」「その人その人でハラが違う」などと表明されるように、あくまでも個々人の創意にもとづくことが強調される。しかも、「親が子でも」とか、さきにみたような、親の船に「負けよったらいかん」とか、あるいは、漁に関しては「親じゃろうが兄弟じゃろうが、損しようが得しようが関係ない」（二窓　延縄）などの表現には、各船ごとの露わな競争意識を読み取ることができるし、漁行為全般にわたっても、「自分の腕」というような個々人の技能・技量がことさらに強調される傾向も認められる。漁業の経営単位が夫婦家族（船所帯、船世帯）にあり、しかも、漁に大切なのは、「夫婦が元気なん（元気なこと）と、元手をようする（漁具を良くしておくこと）。これがいちばん。家督（家産）は人間の体じゃ言よったんじゃけえのう」（二窓　延縄）といわれるように、長期の熟練を経た「個人」の「全身」運動をともなわないかぎり、船・漁具のあつかいや、ここでの漁の「流れ」の構成などはむずかしいと思われるから、ここで認められるあからさまな「個」の主張のゆえんを、零細性をめぐる問題としてとらえ、その特質および歴史性について明らかにしていく必要はあろう。しかし同時に、漁師たちの経験に即して考えていこうとする場合、この「競争」についても、「ジュウセン同士で張り合いはある」（吉和　一本釣り）と、仕事の励みとしてとらえられている側面もあるようだし、漁の腕が徐々に上達していく過程のなかで、達成感や充実感の感ぜられることや、これまでみてきた漁の「流れ」の構成も含め、漁行為そのものに「おもしろみ」を感ぜられることが表明されることも、無視されてはなるまい。

網代で「シオ」をみる

次に、(2)の、構成された「流れ」にもとづいて、漁が具現化される過程についてみていかねばなるまい。(1)の過程が個々の漁師の「頭の中」にイメージを構成する過程であるのにたいして、こちらは、漁師自らの体を使って船・漁具を操りつつ具体的に「自然」に働きかける過程である点で異なる。そして、漁法、漁種、魚種、網代[18](補註)の状態等々によって、漁撈の所作やその要領も一様ではないのだが、この過程のコツについても、「ヤマもヤマじゃが、シオ

船だまりと漁船　船だまりでは、漁法別に船の着け場がきまっている。尾道市吉和漁港においても、コギ網船と一本釣り・延縄漁船の着け場ははっきりと区別されている。写真は一本釣り・延縄漁船の専用の着け場。船上に整然と並べられている曲物《まげもの》状の容器は延縄用の縄鉢。

一番に考えときゃええ」（二窓　延縄）といわれるように、「シオ」をめぐる事柄として語られる。

「今日は何日じゃけ、今ごろじゃったら（網代のシオの状態が）どのくらいかいうのはわかっとるし、海の潮、陸の干満見よったら、潮行きはわかる。イキダカリ[19]になると、ヨワリやりに脇へ行く。ウズ[20]やなんかがあろう。同じ磯でも七所も八所もやれるんじゃけ、食わんよなったら躱《かわ》す。御飯はシオによって、魚食わんのう思うたらよ。小潮のトロミにゃ、魚の景気が弾《はず》みがないけえ、食わん。トロミは三〇分から一時間ぐらいあるんじゃけど、道具つくりかえたりするけえ、よけ時間はなあのう。それじゃけ、魚食うんじゃなあ、シオ食うんじゃ、いうんよ。そのシオに釣らにゃいけん」（吉和[21]一本釣り〔焚き寄せ〕）、「シャレ床のところはちゃ、マテ（マテガイ）はおらんけ、島を離れちゃ獲る網代はなあんじゃが、ハナット（岬の先端）だけなら、トロミは一時間もなあんじゃけん。じゃけ、シオが返してきたら、ワエ（曲方、回方か）になっとるところへ自然《じねん》的に回っていく。そうやると、仕事する時間が長うなる。ハナばっかりじゃったら仕事にならん。あっちこっち回るけえ、商売できる。たいてい、大潮のときはワエ、ワエ行って、小潮のときにゃハナットの多いところ行くわいの」（箱崎　マテ突きほか）、「シオ見るのは、今みたいに陸でできんのじゃけ。網代のネキ（かたわら）おって、タマ（タモ網）膨《ふく》らませて、その膨らみぐあいで見よった。ほいじゃけ、おちおち寝らりゃあせん。船頭以外は寝よんじゃけ。タマが膨らまんよなったら、「おうい、トロんできたど」いうて、縄入れよった。……ぴちっとしたシオやると魚もよう食う。シオが行きよったら魚が出んのじゃ思うのう。シオが速いときにゃ、魚が口にしっ掛かっとるけど、トロいと、食いついて飲み込んどる。速いシオは魚出んのんよのう」（二窓　延縄）。

「シオ」を殺す

イキダカリ、ヨワリ、トロミ、ウズ、ワエなど、聞き慣れない言葉使いが目立つのであるが、いずれもある特定のシオの状態を言い表す。ここで取り上げられた漁法・漁種における、「そのシオに釣らにゃいけん」とか、「ぴちっとしたシオ」といわれるときのシオは、いずれも、ヨワリ、トロミ、ウズ、ワエなどと称される潮行きの緩やかな状態のことを示している。その理由として、一つには、「シオ食うんじゃ」「魚もよう食う」といわれるような、魚の食いに関係すること、もう一つは、「仕事する時間」という表現に読み取れる漁具の取り扱いに関係することが考えられる。

前者の「食う」ことに関しては、餌を用いる釣りや縄のみに関係しようが、「潮も大潮のほうがええ。

船上に並べられた縄鉢　縄鉢の中に巻き収められているのが幹《みき》縄、鉢の縁にスポーク状に掛けてあるのが枝《えだ》縄。海中に縄を延えるときには、この枝縄の先端についている鉤に餌がつけられる。引き上げ作業の衝撃をやわらげようとするためか、軍手が置かれている。

網が流れるけえ」（能地　小網ほか）、「魚は大潮が乗る」（能地　打瀬《うたせ》網）などのように、網漁でも潮行きと漁獲は無関係ではないようである。また、流し[22]の一本釣りでも、「どの魚獲るときでも、内海の一本釣りは小潮のほうがええ。小潮に本筋やって、大潮のときにワエをやる。トロミにゃ本筋もやるが……」（吉和　一本釣り）といわれるが、昼間に操業される一本釣りでは、まったくトロんで海が澄んでしまうと、糸が見えすぎてよくないようである。後者は、あまり潮行きがきつすぎるとうまく漁具があつかえないということなので、あらゆる漁法に関係してこようが、ここではふれられていない、建網《たてあみ》、カタヨセ網、イカナゴ網、グリ網、イワシ網などのような、一番一番、陸や固定した船に網を手繰り上げる作業をともなう漁法ではもちろんのこと、風力を利用して網を曳く小網、打瀬網でも、潮行きの緩やかな小潮のトロミに漁具はあつかいやすいといわれるのにたいし、（もちろん、これも網を船に手繰り寄せる局面は別として）潮力で網を曳くコギ網（エンジン以前の）では、かえって多少の潮行きのあるほうが好まれるようである。

いずれにせよ、ここにみられるかぎり、「そのシオ」「ぴちっとしたシオ」を確認するには、肉眼で「海の潮、陸の干満」を直接見たり、「タマを膨らませて、その膨らみぐあい」を見ることが行われるようであるが、こうした潮行きの緩慢・静止状態を見分ける行為を、漁法の違いに関係なく漁師たちはしばしば「シオを殺してやる」と表現するから、その行為をなすなかで、つねに変転し複雑な動きを示すシオを、自ら「止め」たと感じられているのではないかと思う。そうすると、変幻自在なシオの動きを「殺し」「止め」「動かなくする」ことこそが、トロミやワエなどの言葉を用いて語られる経験の内容といえるだろう。その意味で、漁すること、つまり「シオをつくる」行為とは、構成されたイメージどおりにシオの動きを「止め」、漁具をあつかうことを通じて、最終的に魚介の動きを「止める」までの一連の行為の過程として把握することができる。

さらに、このヨワリ、トロミ、ウズ、ワエの状態は、一か所ではさほど長くは続かないので、とりわけ一本釣り、マテ突きのような容易に漁具を動かせる漁法では、その変転に応じて、ヨワリからヨワリへ、ワエからワエへと、船を移動させつつ、「脇へ行」き「躱《かわ》し」「回っていく」ことによって、初めて「仕事」として成立しうるだけの漁具のあつかいが可能となり、延縄でも、本筋とワエ、あるいはワエとワエというように、トロむ時間のずれを利用して、縄をいくつかに区切って延《は》えることが行われる。いずれにおいても、潮流の本筋が山や鼻（岬の先端）や岩などに突き当たる影に潮行きの強・弱や微地形によって微妙な変化をみせつつ形成される、ワエ、サカマ、ウズなどと称される小規模な潮行きの緩い状態をうまく確認し、使いこなすことが、そのまま「仕事」としての漁を成り立たせることになると表明されることには、注目しておかねばなるまい。漁師たちの活躍する芸予諸島周辺の多島海域は、瀬戸内海でもことさら入り組んだ海岸線を呈しており、そのため、刻々と変化する潮行きと複雑な地形を通じて織りなされる、無数に生成消滅する微妙なワエ・ウズなどの相貌は、まったく千変万化といってよく、こうした微細な時空の変化までをも読み込みつつ、漁を組み立て、行うことは、やはり至難の技というよりほかはないだろう。

（補註）**やまあて　山あて**　沿岸漁民や地乗りの船乗りがみずからの航行する位置や魚場の場所を確認するために用いた方法の一種。山や山と山が重なり合う形状のみならず、沿岸の煙突・燈台・高木などの目につきやすいものを標識つまりアテにして船の位置や漁場を記憶するとともに知覚した。漁民自身道具を手にしていないとうまくできないと証しているように、山あては、道具の操作と自然の形象の知覚とが身体において一体となって働く記憶の技といえ、その点で水夫の文化を知るうえで注目されるべきことであるが、その場合、水先案内、資源調査の協力といった民間知識と軍事的、科学的知識の分節する局面をも見落とすべきではない。

三　漁船に乗る

漁行為と漁師の経験の質

聞き慣れない言葉使いで語られる漁の説明に飽き足らず、漁具と体を使って行われる漁の行為の実際を、自らの目で確かめておきたかったので、私は、漁師にせがんでいくたびか漁に同行させてもらった。結果からさきにいえば、こちらがわかりやすいように配慮された言葉での説明よりも、何の説明も付されることなく間断なく繰り広げられる漁の行為の実際を理解しようとすることのほうが、よりむずかしいように思われた。勝手にこちらが期待に胸をふくらませ、意気込んでいたわりには、いつも、「あれっ、もう終わりっ」という印象しか残っていないのだ。それでも、(1)これまで行ってきたような雑談による漁の説明についての考察を補足しうるのと、さらにまた、(2)それとは多少次元を異にした漁の側面も垣間見《かいまみ》られるようにも思えるので、そのときの感想を記しておきたいと思う(23)。

何より印象的だったのは、これは考えてみれば当然のことなのだが、網代への行き帰りと縄をフラシ

（「降らし」か）ている間、つまり縄を延えてから繰り上げるまでの間を除いて、漁は終始、無言のまま行なわれる、ということである。こちらからは容易に話しかけにくいような、船全体が黙として張りつめた雰囲気につつまれていた。ただ一度、縄を引き上げている最中に、おそらく艫《とも》で梶《かじ》を操る奥さんがその操作を誤ったのだと思うが、夫のほうが艫に向かって意味不明の叫声を発しただけである。私は、こうした雰囲気のなかで、夫の作業する眼前にじっと座って、スケッチの筆を走らせた。

エンジンがつけられる以前は、縄を延えるときには、たいてい夫が櫓《ろ》を操り、妻が縄をあつかい、繰り上げるときには、逆に、妻が櫓を押し夫が繰り上げたようだが、その日の漁では、延えるときには、エンジンを低速にしたまま艫に片膝をつけ中腰の姿勢になった夫が、左手で梶棒を操りながら、右手を器用に使って縄を海中に投じていた。薄暗がりのなかで、時おり顔を上げて瞬間的に遠方を仰ぎ見るしぐさをすると同時に、大きく梶を動かしていたから、そのときヤマを見ていたのだろうが、どこをどう見ているのかは、さっぱりわからなかった。縄は二か所に区切って延えられ、短いほうは小島の小湾から一方の鼻（岬の先端）へ向かって、長いほうはもう一方の鼻を回ってそのまま真っ直ぐに延えられたので、前者が繰り上げられるときにワエになるはずの網代で、後者が本筋の網代だというところまでは確認できたのだが、実際に目で見て、シオがどう動いているのかは、やはりわからなかった。

繰り上げるときには、延えるときと同じくエンジンを低速にし、妻が艫で梶棒を握り、夫は小間《こま》の右舷《げん》に身を寄せるように胡座《あぐら》をかいて座り、二拍子のリズムで腕を交互に交叉させつつ、縄を手繰り寄せていた。縄は直線に延えられるのではなく、一定間隔にジグザグに延えられるのだが、その折り返しの箇所（分け目という）になると、夫のほうが右手を振りかざし、艫で梶を操る妻に合図を送っていた。歯を食いしばりながらのこの繰り上げの作業は、七〇歳をこえた老体には過酷なようにも思えたので、

「代わりましょうか」と思わず口から出かかりそうになったが、よく考えてみるとそんなことはできるはずもないし、それに、この集中状態に水を差すのが恐ろしい気がしたのでやめることにした。これは余談だが、それから四年後、この老漁師はこの作業の最中に心不全で亡くなってしまった。

このように、かたわらから声をかけにくいぐらいに没頭しきったようすで、しかも、てきぱきとしたリズムで漁の作業は遂行されるのであるが、この集中は、明らかに道具、この場合には縄に向かっているように思われた。縄を延えるときには、ちらちらと瞬間的に遠方の山々へ視線を飛ばすのだが、その最中にも、自らの手の中にはつねに縄の一部が存していて、それをうまく操れるように体は働き、動いている。縄をあつかうときには、全神経を、それを結び、摘《つま》み、弾《はじ》き、握り、繰り、解く手や指先に、集中させるよりほかはないのだろうし、おそらく、船がこうした作業の場と化していることが、「黙として張りつめた雰囲気」として感じられるのだと思う。だから一方で、次のような漁師の言葉が現実味を帯びてくる。「大きい船が通るところは恐い。縄引っ張りよりゃ忙しいけえ、船が躱《かわ》せん。どこの村でもこれでやられとる」（二窓　延縄）。網代が本船航路に重なる場合も、とりわけ灘《なだ》では多く、ある漁師は、燧灘《ひうち》で夫婦で操業している最中に大型船に衝突され、衝突直前に気配を察知し、とっさに二人ともばらばらに海に飛び込みはしたものの、運悪く奥さんのほうは船体やスクリューに絡《から》まれて、全身八つ裂きの状態になって死んでいたと、顔を引きつらせながら語っていた。

それにしても、このときほど縄、紐、糸の類が「生き物」のように感じられたことはない。縄鉢と呼ばれる曲物《まげもの》にとぐろを巻いて収まっていた幹《みき》縄は、下げ石を投じられて以降、するすると海中へ延びていく。この幹縄からは、先端に鉤《はり》のついた枝《えだ》縄が等間隔に伸びていて、鉢に収められているときには、鉢の外枠《そとわく》に鉤をかけるようにして、自転車のスポークのように一本一本整然と並べられているが、延えられるときには、この鉤を端から順々に漁師が摘んでは、中空に向ってピーンと弾く。勢いよく飛び出した枝縄は、餌のついた鉤を頂にして中空で弧を描きながら着水し、幹縄に引きずられるようにして海中へ消えていく。等間隔に枝縄はつけられていることもあって、この振子運動は規則正しいリズムを構成し、見ていてとても「きれい」である。繰り上げが二拍子のリズムで淡々と行われることは、さきにもふれたが、これには力がかかっているので、幹縄は電線のようにピンと張った状態で海中から姿を現すが、手繰り寄せる漁師の手を経ると、ふたたび鉢の中にとぐろを巻いて収まる。獲物がかかっていると、作業がしやすいように、舷に取りつけられた白熱電球に照らされ、まだ海中にありながら、枝縄もろともぐるぐると回りながら近づいてくるのが確認できる。食いのよい部分では、枝縄ごとにつぎつぎと獲物が上がってくるので、万国旗とまではいかないが、なかなかにぎやかである。このように、「生き物」のようにみえたとはいえ、むしろ、簡単で整然とした構造を備えた漁具と、それに働きかける漁師の体とが一体となって、規則正しい動きの世界が繰り広げられた、と表現したほうがより的確であろう。基本的な動きとしては、枝縄はつねに伸びたままの状態にされているのにたいして、幹縄のほうは、とぐろから直線に延えられ、ふたたびとぐろに戻るという動きを示すが、こうした縄の動きに連続してある、漁師の結び、摘み、弾き、握り、繰り、解くなどの動作のうちに、この集中状態にある漁師の経験の質を考えていくことが可能となろう。

　繰り上げられた鉤に魚が食いついていれば、口から鉤を外し、眼前にある活簀《いけす》の中に投じられるが、鉤を飲み込んでいる場合には、いちいち外すようなことはせず、小包丁で枝縄の部分から切り落とされる。私が乗船したときには、アナゴのほか、グチ、ホゴの三種の漁獲があり、それぞれが選《え》り分けられることなく一つの活簀に入れられていたが、帰港後、翌朝の市に備えて魚篭《びく》に移して活《い》かしておくさい

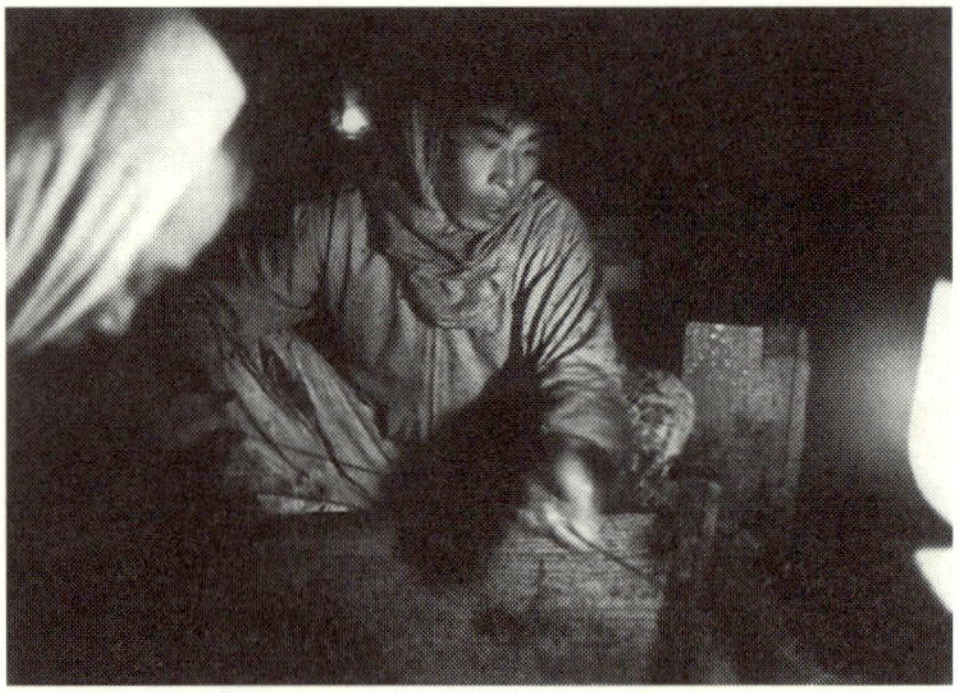

操業中の延縄漁師　縄を引き上げる作業中の岡山県下津井のアナゴ縄漁師。小間《こま》の左舷に座り込んでの引き上げ作業は、2拍子のリズムで淡々と進行するが、この「往《い》に切った」（無我夢中の）表情のとき、漁師は何を考えているのであろうか。高松市沖合で。（撮影：中村昭夫）

に、魚種別に分けられた。真っ暗な海中からつぎつぎと引きあげられ、空だった活簀がほんの数時間のうちに賑々《にぎにぎ》しく魚介で埋まっていくのは、まったく手品を見ているようで、素朴な驚きがあった。三種の魚種のなかでは、アナゴの数が圧倒的に多かったが、全体として、小さな小売りの魚屋四、五軒の店頭に並べられるだけの量は揚げられていたように思う。帰港後は、魚の選り分けと、簡単にではあるが、その日に使われた漁具や船の後片づけがなされた。最後まで老漁師は黙したままであったが、無事に漁を終えたあとの壮快さが全身から漂っていた。その日の水揚げは、まずまずよいほうということだった。

以上のことから、雑談による漁の説明についての考察の、(1)補足的側面として、先述した「シオを殺してやる」行為のなかには、ヤマやシオを見ることと同時に、漁具の取り扱いという重要な側面が含まれており、むしろ、乗船観察したかぎりでは、操業中の漁師は、全神経を漁具の操りに集中しているようにみえたことを指摘しておきたい。もちろん、雑談のさいの私の関心の示し方や体験を語る言葉がすでに存していないか否か、あるいはその体験を言葉にしやすいか否かなどの問題、さらには、「観察した」という私自身に、ヤマやシオを知覚する能力が欠けていることなども考慮に入れておかねばなるまいが、この語られる説明と観察されたことの間のずれは、おそらく、無我夢中の状態のなかで漁師にとって漁具が体の一部として感じられるため、道具をあつかっていること自体が意識にのぼりにくいことによるのではないかと思われる。また、シオを見ることにおいて「そのシオ」に「ぴちっ」と「殺す」ことが強調されたのと同様、漁具のあつかいにおいても、一貫して整然としたリズムのもとに行われることも指摘しておきたい。

さて、漁具のあつかいについては、のちにもう少し詳しくみていくことにして、(2)雑談による説明とは次元を異にした側面としては、(1)のような漁具のあつかいが終始無言のまま、しかも集中状態のなかで行われることをあげておきたい。もちろん、このことについても、経験として語りえないはずはなく、あくまでも私にはそう映ったというだけのことなのかもしれないが、私たちにしても、スケッチ（！）やスポーツなどに打ち興じているうちに、あっという間に時間が過ぎていたという経験はあるわけだから、ここでの状態についても、考えていけなくはないはずである。また、ここでは延縄のみを取り上げたが、とりわけ一本釣りでは、「学校行かせて漁師させせまあ（漁師にさせないようにしようと）思うたら、船にゃ乗させせんようにするんよ。……釣るのがおもしろうなってしもうたら困るけえ」（吉和　一本釣り）と、漁の「おもしろみ」が強調されるし、「手にびびっとくる食い音で、魚の腹が減っとるかどうかわかる。……魚が食うたら横切れに掛けんにゃいけんのじゃが、これもこの音が重要なんよ」（同前）、「鮹《たこ》を釣りよっても、今、足を何本かけとるかいうのがわかる」（同前）などと、微妙な漁具のあつかい時の感覚も表明されるから、ここでは十分に議論をつくせないが、こうした表現で語られる経験までをも含み込んだ形で、漁の行為は問われる必要があろう。

ここまで、漁師たちによって漁行為のコツとして強調され、しかも、漁行為全体を一言で言い表す「シオ」および「シオをつくる」という言葉をめぐって、この言葉の用いられる文脈を考慮に入れつつ、その文脈ごとに示される行為の内容および経験の質を確認しながら、漁行為の過程の「全体」像を描き出そうと試みてきた。「シオをつくる」という言葉の使われる文脈の違いから、ここでは漁行為の過程を、(1)出漁前の「流れ」をイメージとして構成する過程と、(2)実際に沖へ出て自らの体を使いながら漁が行われる過程、とに分けて記述を行った。

(1)については、「個人」によるイメージ構成にかかわる問題としてとらえられるが、その構成過程には、ここでふれたような自然条件のみならず、魚介相場や自らの収支の動向、他船の漁獲状況、餌の有無なども加味されるし、また、漁具や船の購入、修繕、手入れ、製作などのいわゆる仕掛けの類の「仕込み」も、この過程の遂行と同時並行して行われる。肉眼では観察しにくいうえに、漁師たちもおたがいの「ハラ」はみせない傾向にあるようだが、この構成にもとづいて漁の評価はなされ、しかも、漁の実際もこの構成に大きくかかっているとされるから、漁行為の複雑な「全体」過程をイメージとして掌握するという意味において、この過程は重要な漁行為の局面として把握されねばなるまい。

(2)についても、「シオをいちばんに考える」ことが強調されるが、構成されたイメージをいかに具現化していくかの身体運動にかかわる問題としてとらえられる。この運動を大別すると、操船術と目の働きによってヤマやシオを確認しながら、構成された「流れ」にしたがって、自らを「合わせ」ていく局面と、特定部位の筋肉や触覚を働かせることによって、漁具を操作する局面とに分けられようが、両者の働きは同時並行しながら、漁の行為は遂行される。また、ここではふれられなかったが、前者のなかには、網代の地形、地質、水深、水質、風、雲、月、星、魚などの動きや状態を加味することも含まれる。いずれの局面も、「自然」の動きを停止させる行為として一貫していることはさきにも指摘したが、それは、前者では、「シオを殺す」という表現と行為のなかに表れているように思えるし、後者においては、漁法に応じて、釣りや延縄では鉤のカスミ（いったん獲物がかかるとはずれないように出ている鉤）に「刺し」「掛ける」動きのなかに、網では袋に「曳き」「乗せる」動きのなかに、集約されて表れているように思われる。とくに後者では、漁具と一体となった身のこなしが、短時間ではあるが極度の集中状態のなかで遂行される。

言語の組み立てにみる漁行為

以上のように、これまでみてきた漁行為の過程について整理できるのであるが、さらに、より漁師たちの体の動きに即した形でまとめておきたいので、この過程の組み立てられる「動詞」に着目して整理を行うと、次のようになろう。

(1)漁の「流れ」のイメージや仕掛け（船・漁具など）を「きちん」と「つくり」、「繰り」「拵《こしら》え」「直し」「構える」構成力にかかわる行為。

(2)「自然」の動きや状態を「読み」、「食い合わせ」「番《つが》わせ」「殺し」「止め」ながら、構成された「流れ」にしたがって「ぴちっ」「きちっ」と「付き」「当て」、そこへ仕掛けを「きっちり」と「落とし」「延え」「降らし」「打ち」「流す」判断力にかかわる行為。

(3)つこうとした網代に他船のいる場合や、シオの変化に応じて他所へ「躱《かわ》し」「変え」「回る」融通性にかかわる行為。

(4)仕掛けをあつかうさいに、(A)とりわけ仕掛けにカスミのついた釣り、延縄、マテ突きなどに特徴的な「刺し」「掛け」「引っ掛ける」鋭敏な瞬発力にかかわる行為と、(B)いずれの漁にもみられ、とりわけ網漁に特徴的な「引き」「曳き」「手繰り」「巻き」「寄せ」「漕ぎ」「引こずり」「乗せる」腕力にかかわる行為。

民俗資料保存会の看板　吉和の路地を散策していると、この看板に出くわした。まさか「月賦」販売から身を守るために漁民が弓矢の練習をしたという意味ではあるまいが、唐突な文面にいささかとまどう。いろいろと想像をめぐらせてはみたものの、残念ながらこの看板をめぐる実態を確認してはいない。

さらに、この(4)における仕掛けは、縄・網は腐敗しないようにカサギの煮汁に浸して「皮をつけ」られ、釣糸・マテ突きの網は柿渋《かきしぶ》を「付け」られ、「ぴん」「きん」とされ、鉤、針、擬餌《ぎじ》なども「縛り」「縛りつけ」「巻きつけ」られ、しかも、これらをあつかう人間の体も「固」く(24)「強く」「張り」のある状態が志向され、いずれにおいても、固さと強さとがことさら強調される。

もとより、ここでの整理以外のまとめ方もあろうし、漁行為のなかにはここに示される「動詞」以外で語られる局面を認めることもできようが、以上の「動詞」群とその整理のうちに、漁することの経験の質に関するいくつかの傾向性を読み取ることは可能であろう。一つには、とりわけ「か」行、その他「た」行、「は」行の「動詞」や言葉使いのめだつことがあげられる。全体として、「かた」く「はっ」た、「きちっ」「ぴちっ」とした世界とでもいえるものが認められるのであり、漁の経験は、けっして壮大で茫漠《ぼうばく》としたロマンティックなイメージとしては語りえないことを確認しておきたい。二番めとして、漁行為の過程は、そのいくつかの局面に応じて、構成力、判断力、融通性、瞬発力、腕力などの幅広い能力にもとづいて構成されており、その意味で、漁行為は「全身」的な運動として行われるといえる。しかも、この過程は「個人」のうちに完結する形で遂行されるから、漁することは、それを行う「主体」に、「全体」を統轄しているという意味での充実した経験をもたらしているのではないか、ということを推測しうる。

そこで、最後に確認しておかねばならないのは、ここでいわれる幅広い能力や、「腕しだい」「勘がようなきゃだめ」というときの腕や勘、あるいは「シオをつくること」それ自体が一朝一夕に習得されるわけではないという、ある意味で当然の事実であろう。

四　「食えるようになる」こと

漁の技能の授受・習得過程に関しては、私がこれまであまり問題としてこなかった関係上、詳細な議論はここでは望めないのだが、老漁師たちが自らの生い立ちを語り、現在の漁業のあり方について一言するときの言葉使いに注目しながら、この過程について概観しておきたいと思う。

漁師は生まれ落ちたら、そこが専門学校

これまで取り上げてきた小規模漁業においては、たいていの場合、夫婦単位の操業が行われるので幼少期の子供は、祖父母や親類に預けられるのでなければ[25]、つねに親の仕事場に居合わせることになる。「漁師は生まれ落ちたら、そこが専門学校。手本は親。飯炊いて、七、八歳でも食うていける。船に乗っとりゃ自然に食えるようになる」（吉和　一本釣り）、「はっきり言うて、小学校なんか出てから漁師やったら遅い[26]。今、四、五〇歳ぐらいのコギ（小型機船底曳網）やりよる人ら、そがいに知りゃあせん。……もう一〇年もしたら漁師はおらん[27]よなる」（吉和　一本釣り）。

「学校」が類比として、また、対抗存在として語られることは興味深いが、ここで取り上げた一本釣に

おいては、漁具が軽便でそのあつかいにも比較的体力を要しないこともあってか、七、八歳ごろからすでに漁を始めるようである。網や延縄でも、やはり、「小さいときから船に乗っとる。ヤマや網代は親から勉強する」（二窓　延縄）などと幼少から親を通じて、ヤマ・シオの見方、あるいは細かな手仕事の類は習うようであるが、この両漁法では、この基礎のうえに、他船へ「船方」「奉公」「若衆」として出ることが一人前の船頭となるための条件として強調される。「どうしても一人で食うていかんにゃいけんのじゃけ、人の船へ船方に行くほうがええ。漁師は皆、こがいに考える。なかにゃ、兄弟で乗るもんもおるが、たいがい人の船に行く」（豊島　一本釣りほか）、「一六の年から所（地元）の他所の船に行った。木江でいっしょに並んでジュウセンしよった人が、「他所出すんなら、うちに行かしてくれえ」言うて、二年ぐらい前から言よったけえ。その家は子が小《こ》まい（幼い）けん、人が要るんじゃった。ここで三年半やって、大分県へ行く下行きに乗った。コグチ・ハエオ（いずれも縄状の櫓につけられる船具）は艫押しがつくるんじゃが、これができんと一人前じゃない言よった。じゃけ、艫押しにはかわいがられにゃいけん」（二窓　延縄）、「若い時分に、古い人に奉公しとろう。ひとりでに商売できるようになりゃ、網代もわかる。たいがい、長男じゃろうが何じゃろうが、自分の商売が悪うなりゃ、人の御飯も食べたりしよった」（能地　小網ほか）。

およそ一四～一八歳ごろから船方へ出るようであるが、この船方にたいする評価には、漁法ごとに多少のニュアンスの違いがみられ、延縄では「熟練工のようなもの」「縄船はチョンガー（腕のない人）は雇わんけえ。……上等な人を雇う」などと、船方の技能・技量が高く評価される傾向があるのにたいして、網漁では「仕事のない人が行く」「終戦後には、若者も仕事はなかった」と、どちらかというとしかたなしに行くものとされる。こうした違いについては、その語られる時代背景や両者の仕事の質、雇用形態、あるいは当該浦における他の漁法・漁種との関係等々がまず明らかにされなくてはなるまい。いずれにせよ、船方に出る出ないの違いはあるものの、いずれの漁法においても、「一人前になるまで七、八年かかる」（吉和　一本釣り）、「シオ見三年、網代見三年、ヤマ見三年……九年せにゃ一人前になれん」（箱崎　延縄ほか）、「船頭するには一〇年もかかる」（二窓　延縄）、「船頭いうたら一〇年も経《た》たんどできん」（能地　打瀬網）と、一人前の船頭になるには一〇年前後の歳月を要することが口をそろえて唱えられる。

もちろん、この「一〇年」という期間は、およその目安としてシオ・ヤマ・網代をみることができ、自分の腕や勘をよりどころに、一人前として一家を構えて「食えるようになる」にはなかなかむずかしいという含意があるのであろうが、一〇年というと、ほぼこれまでみてきた親の船、他家の船で漁を行う期間に該当する。一〇年の間にも個々人の生きざまには紆余《うよ》曲折があろうし、とりわけ、実際の技能の授受・習得の場面における具体的所作やそのさいの細々とした感情の起伏などについて、本来ならばふれなければならないのだろうが、ここではその余裕はない。

また、授受・習得というと、閉鎖・固定した技能体系を想定しやすいが、道具やそのあつかいはつねに改良・改変され、それに応じて漁の「流れ」の構成のされ方やシオの見方も一様ではあるまいし、たとえば、「陸じゃったら発明したら、特許みたいなんもろうて褒《ほ》められるが、漁師は発明してやったら怒られる。漁師ほどいろいろ発明するのはおりゃあせん」（吉和　一本釣り）といわれるような、細かな工夫をこらせる「主体」としての漁師の側面も、ここでの一人前の要件のなかに含めて考えていかねばなるまい。ただ、これまでの引用をみるかぎり、ヤマ・シオ・網代の見方や道具のつくり方、あつかい方などの技能の習得とは、上達した腕の者を手本として、「同じように」自らの体を動かしなが

「やる」ことのなかで身につけられていく性格を有していることがわかる。その意味で、技能の授受・習得について考えていこうとした場合、ここにみられる形での真似《まね》かた、および「真似び」「学《まね》ぶ」こと自体についての議論が必要となろう。たとえば、老漁師たちの間で、漁法ごとの特徴として観察しうる体型、肉づき、振舞いなどのうちに、同漁法内でたがいに学《まね》びつつ(28)、道具をあつかうことを通じた体のつくられ方や、そのさいの勘どころや経験の質などを読み込んでいくことなどが、試みとして考えられよう。

漁師の経験の質と漁具の手入れ

さて、以上のように、一人前として「食えるようになる」には、親、船頭、ジュウセンを手本に学んでいく過程が存するのであるが、技能の習得過程という問題と関連してもう一点、つけ加えておきたい。つまり、船頭は出漁しないときでも、日ごろから仕掛けの手入れ、修繕、加工、製作に絶え間なく従事しているということである。「仕度は、昔は、だれもができきん。筋（テグス）抜いて、自分でしよった。一人前までに七、八年はかかる。へたしたら、テグスが白うなりよった。ええのは水色で透明。抜いてみてええ悪い見分けるのに、一〇年かかる。船頭は時間があったら道具つくりよった。……昭和二二、三年（一九四七、八）ごろにナイロンテグスが出てから、道具つくることないなった。これで知らんもんがやるようになった。ナグサミ（一般の釣客）なんかおると邪魔になる」（吉和　一本釣り）。

ここで取り上げられた漁業では、シオ、網代、魚の状態などに応じて、頻繁に仕掛けを代えつつ操業が継続されるため、多種の仕掛けを「構え」ておかねばならず、そのうえ、操業中の漁具・船具の磨耗・損傷が激しかったことや、今日のような腐敗しにくい素材や大量生産される完成品の開発されていなかったことなどが、この「時間があったら道具つくりよった」という表明の背景として、考慮に入れられていなければなるまい。もちろん、新製品や新素材の大量生産によって、「面倒」な作業の手間《てま》がはぶけ、全体として作業が「楽に」なり、労力が軽減されたことは喜ぶべきことであろう。しかし、ここでの表明にもみられるように、だれでもできるようになった結果として招来している釣りブームの影響や、あるいは、とりわけ老漁師において顕著にみられる、新製品の開発スピードとそれを維持する機構からの疎外など、現在、考えねばならない大きな問題をも残している。

とはいえ、ここで語られる「時間があったら道具作りよった」という表明を、労働の軽重の問題として評価するだけでは、十分とはいえまい。私がかつて訪ねた、ある老漁師は、高齢のため頻繁には漁に出られなくなってはいたが、私との雑談の間中、毛糸のチョッキを編む手を休めなかったし、あるいはまた、長く漁を休んでいると、「慣れとらんけ、こんだあ沖いったら体が痛い。マメがつぶれて固う、固うなるまで獲らりゃあせん。……体が柔《やお》うなっとろう」(二窓　延縄)ともいうから、こういった振舞いや表明のうちに、つねに手先や体を動かしていることによって、漁のリズムや勘や体力などを維持・充足する側面のあることも推測しうるし、むしろ、こうした点をふまえつつ道具をつくることについて考えていくことのほうが、漁師の経験、さらには、私たちの日常経験を省みようとするさいに、大切なことのように思える。もっとも、以前においても、「道具だけはきちっとしとかにゃいけん」反面、「銭かかるばっかり、こがいなけえ(このようだから)漁師は銭たまらんのんよのう」(箱崎　一本釣り)ともいわれるから、漁師たちにとって、道具の材料の購入費のかさばることが悩みの種であったこともまた事実であることを、ここで指摘しておかねばなるまい。

このように、漁師たちが自分の腕や勘をたよりに漁を行い、しかも、そのことを通じて一人前として

コギ網と縄鉢　次回の出漁に備えて、整理され、船内に保管された漁具。右は艫《とも》の間に備えつけられた巻取機に巻きつけられたコギ網。能地漁港にて。左は縄鉢。二窓漁港にて。新器具・新素材の導入によって、漁師の労力も大幅に軽減されるようになった。

「食えるようになる」には、「一〇年」前後といわれるような、親、船頭、ジュウセンを手本として、徐々に種々な技能を身につけていくだけの期間を要したのであり、しかも、船具・漁具などの仕掛けの修理、加工、製作を行う手は、出漁中以外にも片時も休められることはなかったのである。そして、前述した、終始無言のまま遂行される漁行為のその沈黙の背景に、こうした「時間」の堆積《たいせき》の認められることについて、私たちは思いをいたすべきであろう。もちろん、ここでみられたような漁行為にかかわる種々な作業が「できるようにな」ろうとする「前向き」な気構えや行い、あるいは、終始、手先や体を動かしながらの生活リズムなどは、一人前になったあとも、むしろ「何十年かかっても、それで満足いうのはない」といわれるように、終生保ちつづけられたことであろうが、こうした着実な歩みのなかで、「自信がなかったらできん。どのみち五〇を過ぎにゃ自信つかん」

（吉和　一本釣り）といわれるような漁師としての自信が培われていくことも、無視されてはなるまい。

老漁師たちの言葉のなかには、ローン・システムにささえられ、ディーゼルエンジンの普及とともに急激な流行をみたコギ網(29)や、ナイロンテグスの開発を前提とした釣りブーム(30)をあからさまに意識した表現がみかけられるが、もしかすると、いままでに取り上げてきた「シオをつくること」の主張の背後にも、こうした情勢が色濃く影を落としているのかもしれない。たがいに学び合いながら、ゆっくりと、しかも着実に築き上げられていく腕や勘と称される技能にもとづく生活のリズムについては、一顧だもされることなく、「だれも」が勝手に手軽に、しかも、場合によっては、大規模に行える「論理」が沖に際限なく持ち込まれ、世のなかの大勢は、こぞってこちらの方向へと向かいつつある。こうした自らを取り巻く動向への苛立《いらだ》ちが、「漁師はおらんよなる」「知らんもんがやる」という言葉として吐かれるのであろう。もちろん、新製品や新しい道具の導入に歯止めをかけろなどと、やみくもに主張するものでもないし、おそらく、老漁師にしても、今現在、扶養家族を抱えていて、しかもこれでは「食えない」と思ったなら、それこそ旺盛に、新たな道具や漁法を取り入れる姿勢をみせることであろうと思われるし、むしろ必要なのは、新道具を取り入れるからには、それをどのように使いこなしていくかというヴィジョンがそれぞれの漁師のなかで構成されていかなくてはならない、ということだろう。とりわけ、今日のようにつぎつぎと新製品とその購入を組織する機構が開発され、しかも、その製品の多くが大量捕獲を可能とするものであるかぎり、なおさらのことである。そして、今のところ、漠然としてしかいえないのではあるが、こうした新たな漁師像を模索する方向へ向けても、老漁師たちの着実で「前向き」な気構えや姿勢、あるいは、勘のよさ、腕のよさは、存分に力を発揮されなければならないであろう。最後に、働く老漁師の気概溢れる言葉を添えて、本稿を閉じることとしたい。

「体がいごく（動く）かぎりはのう、元気な間は仕事やめるわけいかんのう。わしにゃ曾孫《ひまご》が一九人おるんじゃが、今でも皆に祝いをやっとるんよ。こんなんも働かにゃ、できんようなるけえ……」（豊島一本釣りほか）。

註

（1）本稿の基礎となるフィールドワークは、一九八二年以降、春・夏等の休暇を利用して、広島県豊田郡豊浜町豊島、同県竹原市忠海町二窓、同県三原市幸崎町能地、同県尾道市吉和、同県因島市土生町箱崎の各漁浦において行われた。

（2）豊饒かつ目眩《めくら》ましの独自の「注」の世界を繰り広げる大月隆寛のその「注」のなかで、お好み焼きの「出自」について、使用される道具や材料の観点から推察されている。「本来職人の仕事道具であるはずのコテや刷毛を食べる道具に使うというのは、お好み焼きという食べ物の出自を推測する上で重要である。（中略）どこかでチョロまかしてきたメリケン粉にこれまた拾ってきた野菜屑なんかを混ぜ、オヤジの商売道具を使って七輪の上で焼いてみた大阪か神戸あたりのスラムのおかみさんたちが編み出した苦心の食べ物、というのがお好み焼きの出自に関する今のところのおいらの予測なのだが」。卓見である。大月隆寛「「他者」の身体的共同性について――続・「都市」の想像力についての若干の覚書」『民話と文学』二〇号、一九八八年、一三〇頁。

（3）河岡武春『海の民――漁村の歴史と民俗』平凡社、一九八七年。

（4）池内長良「近世における漂泊漁民の分散定住と地元との関係――瀬戸内漁村の歴史地理学研究第二報」『伊予史談』一四二号、一九五六年、一―一三頁。

（5）小川徹太郎「近世瀬戸内の出職漁師――能地・二窓東組の「人別帳」から」『列島の文化史』六号、一九八九年、七五―一〇〇頁［本書、11章］。

（6）角田直一『十八人の墓――備讃瀬戸漁民』手帖舎、一九八五年（一九五九年版復刻）。

（7）広島県教育委員会・三原市教育委員会『家船民俗資料緊急調査報告書』一九七〇年。

（8）かつて広島県の水産課を訪ねたときに、応対に出た人が、「あなたのやっているようなことは全部これに書いてある」と、これみよがしにこの報告書を差し出したことがあった。もちろん、このような扱われ方がすべてではあるまいが、こうした「読み」のレベルまでをも含み込んだ形で、いわゆる高度成長期における民俗調査あるいは民俗学のあり方が問われるなかで、この報告書の位置づけもなされるべきであろう。

(9) 小笠原義勝「瀬戸内海の漁村と農村」『地理学評論』一六巻七号、一九四〇年、一―一六頁。瀬川清子『販女――女性と商業』未來社、一九七一年(一九四三年版復刻)。この交通は主として女性によって担われる。本稿では、漁行為の記述に焦点を絞ったため、捕獲された魚のやりとりをめぐる局面は取り上げない。

(10) 小川徹太郎「船住い漁民の漁撈活動体系――広島県二窓浦木江組の場合」『ふぃるど』一号、一九八六年、一三―二六頁。

(11) 大衆演劇、厩舎、タクシー、ストリップ、漁師と、それぞれの「現場」での仕事のなされ方やその「場」のあり方などについて、つねづね交わされる鵜飼正樹、大月隆寛、重信幸彦、橋本裕之の各氏との雑談から、刺激を受けること大である。とりわけ、重信の仕事からは啓発されるところが大きい。重信幸彦「円タクの日々――モダン東京を走り抜けた男達」『列島の文化史』五号、一九八八年、一九三―二五六頁。坂口順一・重信幸彦『タクシードライバーの言い分――運転席からの人権宣言』JICC出版局、一九九〇年。

(12) 沖で泊まりおきしながら行われる漁撈形態を明らかにするという研究開始当初の関心が、年寄りとのつきあいが密になったことの最も大きな理由である。泊まりおき(沖を点々と移動すること)は、エンジン装着以降、しだいにみられなくなったが、エンジン船以前のほうがより「シオをつくる」ことに重きが置かれていたであろうと思われる。もちろん、ここでつきあいをもった老漁師たちは、若いころほど精力的ではないにせよ、調査時においては、現役の漁師として活躍していたものが多い。

(13) 以下、括弧内はさきに記すのが地名で、あとは漁法名。シオは漁行為を比喩的に表現するさいに用いられ、しかも、同一の漁具のあつかいのなかには、一定の行為の傾向性を認めることができるように思われるので、漁法名を記した。したがって、ここでは、個的な色や癖といった類が明らかになるような記述はめざさない。

(14) 語られる文脈の違いによって、(1)陰暦の一日から一五日、一五日から翌月の一日と、ある大潮から次の大潮までの約一五日間を表す場合と、(2)満潮から干潮まであるいはその逆と、ある満ち潮なり引き潮が動きつづける約六時間を表す場合があるが、この場合は前者の意。

(15) ジュウセンと同義。沖で行動をともにする集団(船団)、および、それを構成する個(船)を表す。本拠地を同じくする者の間のみならず、たまたま沖で漁をともにすることになる者についても、この名で呼称される。関係のあり方としては、(1)「張り合う」(漁のさい)、(2)「助け合う」(事故、故障、病気、出産、死亡、餌の購入、魚介の販売のさい)、(3)「付き合う」(出漁、共食、寄合などのさい)、(4)「固まる」「いっしょにやる」(漁その他)などがいわれる。

(16)同一漁法のなかにもいくつかの種類があるので、それを示すためにこの語を用いる。延縄のなかのアナゴ縄、タモリ縄、鯛縄……、一本釣りのなかの流し釣り、焚き寄せ、撒餌《まきえ》など。

(17)前掲註(15)参照。

(18)山食い合い、山食い、山番《つが》いとも呼ばれる。ある地点(網代)を、その地点から確認しうる二か所以上の山と山の食い合う形状(像)を通じて記憶し、漁にさいしては、実際の光景がその像と一致するように自らを運ぶことによって、網代に着ける、一連の行為。

(19)潮流は、満潮・干潮の静止状態から次の満潮・干潮まで、しだいに強くなり、絶頂期を経てしだいに弱くなる、という動きを示す。イキダカリとはこの動きの絶頂期の状態、トロミ(静止状態)→モドシ(しだいに強くなる状態)→イキダカリ・アラシオ(絶頂期)→ナカヤオリ・ヨワリ・イキヤミ(しだいに弱くなる状態)→トロミ。

(20)ワエ(曲方、回方か)、サカマ(逆間か)とも呼ばれる。潮流が鼻(岬の先端)、岩などの障害物にあたる影に、渦や逆流をともないながら形成される、穏やかな潮行きの状態。

(21)泥の混ざった砂状地、イシ(岩場)—ハバリ(小石の広がる平坦地)—ス(砂地)—シャレ—ノマ・ダベ(泥地)。

(22)網代の上を潮流にのせて船を流しながら操業する一本釣りの漁種。これにたいして、焚き寄せ、撒餌は、碇を用い、網代に船を固定して操業される。

(23)二窓のアナゴ縄の操業について記す。二窓の延縄を選んだ理由は、たんに、そこで最も長期の調査を行なったことや、その他の一本釣りやコギ網には乗船していないことによる。一九八四年八月三一日、午後五時二〇分出港。五時五五分網代(大崎上島鮴沖の佐組島)到着。六時三〇分縄延え開始。以後、ノートに不記載。

(24)漁師たちの名前には、石、松、兼(カネ)などの腐敗しにくい固い材質の名称があてられている場合が多い。もちろんこうした命名にも流行があるはずであるから、その流布・展開の過程を把握していく必要があろうが、そこに志向の傾向性を読み取ることは可能であろう。

(25)箱崎、吉和、豊島には、それぞれ一九二八年、一九二九年、一九五五年に学寮が設置されている。『広島県史　民俗編』広島県、一九七八年、四四四—四五〇頁。

(26)この言い方にたいしては、これに反する「漁師は高校卒業してからでも、やろう思やできる。最初は道具のつくり方なんかわからんでも、これで食わにゃいけん思うたら覚える。最初はわからんでも、ジュウセン（前掲註15参照）について同じようにやりよりゃわかる。だれも、「ジュウセンに入れてくれ」いうて言やあ、断りゃせんよ」（豊島　一本釣り）という言われ方もするが、もちろん、どちらが正しいなどと即断できるような問題ではない。基本的に、本文での言い方は、「自然に」「ひとりでに」漁師になっていった人、ないしは、そういう漁師像を描いている人による表明であるのにたいして、ここでの言い方は、前者の動きと異なる形で漁師になった人、あるいは、そういう人を念頭においての表明であろうが、いずれにせよ、就学や漁業以外の就業への機会の増加、あるいは、漁船、船具、漁具などの大量生産化、機械化の進展などの背景を考慮に入れて考えていかねばならない問題であろう。

（27）吉和で小学校教員をしていたある人によると、不就学児童宅を訪れ、その親に、なぜ学校へ来させないのか尋ねると、たいてい、「高等小卒業したもんは小卒のもんには、とても技の太刀打ちができん。網代覚えささにゃいけんけえ……」との答えが返ってきたらしい。

（28）ここでふれた親子関係、船頭・船方関係のような技能の熟達度における差のある関係のほか、ジュウセン間では、網代やシオによっては、「いっしょに」「ともどもに」漁をする機会もあったようである。もっとも、「いっしょに」やることは「あまり便利なことじゃない」という声もあるが、漁に関しては「話し合い」、「同じように」やり、「あの兄さんよう引っ掛けるのう」という表現の生じる「場」のあり方については、技能の習得について考えていく場合にも、大きな問題となろう。そのさい、漁の側面以外の、沖においてたがいに「助け合い」「付き合い」「いっしょにやる」関係をもふまえて考えられるべきであろう。また、「昔は、船によって速い遅いあるけ、網代へ先着いたもんは、他のもんが来るまで待ちよった。今そがいなことない。わしが先行って獲っちゃろういうだけ。エンジンでチャーと先行きよる。力弱いもんは魚獲れん」（二窓　延縄）、「昔はよけ釣れる人がおったら「邪魔しに行くけえのう」言うて断りいうてついてきよった。今の人は、市場で「あれよう釣れとるど」言うてみたり、釣れた場所聞いたりしたら、先行ってやりよる」（吉和　一本釣り）などの表現にみられる沖という「場」の変質についても、問題とされねばなるまい。

（29）小型機船底曳網のこと。元来、ノマ、ダベ、スの上を漕ぐものであったのが、エンジンの馬力の強化、仕掛けの改良を通じて、ハバリ、イシを漕げるようになり、問題が大きくなっている。老漁師たちにいわせると、「コギいう商売は素人でも、わりとすぐできるんよ。同じ網代で、一隻は一〇年やっとって、もう一隻は初めてのものじゃあっても、どっちがよけ獲るかわかりゃあせん。ヤマ見たり、ここに石があるとか、同じエビでも大きい小さいがシオと場所で違う、いうようなことは、長年やっとる人のほうがよう知っとるが、知らん人間でも、人のやりよるの見ながらついて回りゃ、たいてい失敗はせん。こうやってやりよる人も多いんで……」（能地小網ほか）ということになるが、近年、最も工夫のあとがみられ、また、「現在」の問題が集約されて現れている漁法なので、より内在的に問題を考えていかねばならないと思っている。

（30）初レジャーで延縄や網をやるものはいないので、これについて声高なのはやはり釣漁師である。釣り以外の漁師でも、風のなかを沖へ出ていく船を見かけたり、油切れで沖合をプカプカ浮いている釣船に時おり出食わして、曳航してやるようなこともあるらしく、なかばあきれ気味というところか。「こいつらシオがないけ、何時でもやりあがる」「あちこちよけおるんで、シオ躱してやろういうてもできん」「ナグサミが釣ったら徹底的に釣るけえ」等々、コギ網同様に大きな問題。

（付記）本稿は、一九九〇年六月一六日、和敬塾（東京）において開催された第一民俗芸能学会第六回研究会での発表をまとめたものである。会の世話人橋本裕之氏をはじめ、上野誠、大石泰夫、大月隆寛、笹原亮二、塩田光善、松田直行の諸氏から貴重なコメントをいただいた。記して感謝したい。また、全員の名前を記せないが、吉田百松（二窓）、小町芳数（能地）、松本与茂三、宮本昇（吉和）、箱崎兼好、箱崎初由（箱崎）の各氏のほか、「気前よく」雑談につきあってくださった数多くの老漁師たちにも、あわせて深謝したい。

2 〈ハリキ〉について——漁民集団史研究のための覚え書

一 問題の所在

私は一九八四年の春頃から瀬戸内海地方の主として広島県竹原市忠海町二窓、同県三原市幸崎町能地、同県尾道市吉和、同県因島市箱崎、同県豊田郡豊島で漁師のおじさんやおばさんたちと付き合いを続ける中で、研究をすすめてきた[1]。本稿の目的はこうした研究を今の時点で省みながら問題点を見出し、それをふまえたうえで今後いかなる方向へ向けて研究をすすめていくべきかについて自分なりに検討してみることにある。

漁師や魚商のおじさん、おばさんたちとの付き合いを続ける中で、私が身に染みて感じてきたことは、それが漁労や魚介販売といった自分の仕事に取り組む姿勢にであれ、世の中の様々な事柄に向かう構え方にであれ、私に話を聞かせてくれる際の語り口にであれ、日々の生活を繰り返すことそのものから生ずると思われる迫力とか底力のようなものである。この迫力や底力のゆえんを解明するには色々なアプローチをとることができると思うが[2]、本稿では漁師のおじさんやおばさんたちの日常生活の断片を社会構造全体との連関のもとに記述し、その連関のうちにそのゆえんを見出そうとする視点をとりたい[3]。大雑把な記述・分析になるかと思うが、こうした作業の末に解明を必要とする問題点はより明確化するはずだと思われるし、今後の研究方向を模索するうえでも自分自身にとって必要な試みであると考えている。

ここで、本稿の題名にもなっている〈ハリキ〉という言葉について説明しておかなくてはなるまい。以前、能地の小町芳数さんとかつて春先に行なわれていたイカナゴ漁についての雑談をしているときに、その漁をめぐって次のようなことを話された。「わ（自分）がやるんは（やる時には）船頭じゃけえ、自分の商売をしたいんじゃが（したいのだけれども）、イカナゴがおらん時にゃ（には）、よその船（打瀬網などの）に奉公せにゃ（しないと）しょうがない。商売して損するやら得するやらわからんけど、自分でやる方がハリキがある。「自分も商売したいのう」思う」。もちろんこのハリキという言葉は辞書には載っていないが、自分の力で何事かを成し遂げようとする際の構え方を感じとしてよくつかめ得ている言葉ではないかと思う。この近辺でこの言葉が「公用」されているのかどうかは、確かめたことがないのでよくは分からないが、多分小町さん自身の造語だと思う。こうした個人的造語が頻繁になされること自体、本稿の主題と関連して意味のあることだと思えるが、それについては本稿を書きすすめるうちに、とりわけ第五節あたりで次第に明らかになってくると思えるのでこれ以上の説明は避けたいが、いずれにせよ先に触れた私に感ぜられた迫力・底力のようなものを言い表すのに「自分でやる方がハリキがある」というこの言葉が最も適しているように思えるので、本稿の題名として借用させていただくことにした。したがって以下の本稿では、このハリキという言葉の意味をめぐって私なりに模索を試みてみることに紙幅がさかれることになる。

二　「現場の知」とは

以前、私は「漁する老漁師たち」［本書、1章］という論考[4]において、老漁師たちの漁労の経験について記述し、その経験のあり様といわゆるレジャーの「なぐさみ」釣りの経験との差異と拮抗の関係について指摘した。前者においてはこれからやろうとする漁労の具体的な時と場所を自らの経験をたよりに出漁前にあらかじめ組み立てておく「支度」の過程が重要であるとされ、さらに漁場においても道具を操りながら組み立てられたその時と場所に「再び戻る」技能が不可欠であるとされるのに対して、これも実際には「なぐさみ」釣り師たちに話を聞いてみなくては何とも言えないのではあるが、漁師たちの眼には後者にはそれがないと映り、このこと自体が「現代」を考えていく際の契機になる、という議論の骨子については今日でもそう思っているが、なさなくてはならない肝心なところで議論の単純化や短絡がみられるように思えるので、手始めにこうした問題点を繙いていくことから始めることにしたい。このような単純化や短絡には単に私自身の研究や学問それ自体としての問題のみならず、漁師や魚商のおじさん、おばさんたちをも含めた私たちの社会の全体の仕組みを理解していこうとする際に考慮に入れなくてはならない重要な問題を見て取れるからである。

　およそ上に記した問題は次の二つの点において表れているように思える。一つは道具を用いてなされるいわば「現場の知」といったものをいかに把握すればよいかという問題にかかわっており、もう一つは微細な日常の活動をものや情報の市場といった社会の全体をかたちづくる構造との係わりのもとに把握するにはいかにすればよいかという問題にかかわっている。前記の論考においては、前者の問題については、はっきりしたかたちで論じられていないし、また、後者に関しても、その問題が重要であることに触れながらも、ではいかにすればその問題に積極的に取り組んでいくことができるのかについては論じられていない。したがって、ここでは、この二つの残された問題に一先ずの答えを与えておかねばなるまい。

そこで、上記の問題を模索していくために、先ず「現場の知」の問題から検討を加えていくことにする。本節の冒頭に記した論考のなかでは、「シオをつくる」技能の習得過程を把捉することは難しいとのみ指摘したが、その難しさをもう少し適切にいえば、道具を用いることによってある個別の時と場所を身体で知っていき、さらに知られた個別の時と場所に再び立ち戻るのも道具を用いることによってである、といった技術や知識のあり様を、いかに把握したらよいのかということに係わる難しさである。ここで少し、漁師のおじさんたちの声に耳を傾けてみたい。能地でコギ網漁を営まれる小町芳数さんは漁労について次のように説明される。

わしらみとうに（のように）三〇年もやりよりゃ、もう同じ網代をやりよっても、潮が引き潮と満ち潮とで、エビでも太いのと細いん（細いの）が、シオによって分かるんじゃけえのう。満ちにゃ北の口が太い、引き潮にゃ南の口が小まいいうのは、もう自分で何十年もやりよるけえ、腹へ入ってしもうとるんよ。帳面付けんでも、日記を付けんでもの。何日頃にゃあ（には）、どういう魚が出てくるいうのが、もうひとりでに腹へ入ってしまうんよのう。／何十年もやりよりゃあなあ、どこの山とどこの山が食い合うた時分にゃ（には）、ここに石があるいうものはひとりでに分かるんよの。その間に何べんかそこへ引っ掛けとる。潮のトロミにここに石があるいうたら、この石へ一回引っ掛けてみにゃあ（みないと）いかんのよ。ここでこの石へ引っ掛けてみて、それで網が止まって巻きしめ（巻き付くことか）ていった時点で、西東、北南の山食い合いをぴしゃっとみて、初めて「ああ、あ。あの人が言いよったようにここには石があるんじゃのう」と。そしたら、次からは、書かんでもどうせえでも（書かなくても）、漁師専門にやりよりゃ山食い合いで分かるけに（から）。／潮行きも一潮六時間いうて暦のようなことが上にはあっても、五時間しか行かん網代もあるんじゃけん。そうようなことが早う腹へ入らんにゃいかんのんよ。そういう所があるんじゃけん。暦の上の一時が満潮じゃったら、六時間行って七時まで行くのが当たり前で（だよ）。ほいじゃけど（しかし）、五時間しか行かん所もあるんじゃけん。早うウズになって。

小網、打瀬網、コギ網などの底曳き網漁における魚、潮、網代の「分かり」方についての説明である。もちろんここでの「分かり」方は船と網を操りながらのことであるが、その主張点をまとめれば、およそ次の三点になろう。

㈠「自分で何十年」もやっていれば魚や網代のことは「ひとりでに腹へ入ってしまう」こと。

㈡網代に石があることが「分かる」には何度かその石に網を「引っ掛け」て失敗を繰り返してみなくてはならないこと（底曳き網では石を曳いてしまうと網が破れてしまう）。そして「引っ掛け」たその場所が「山食い合いをぴしゃっとみて」「腹へ入ってしまう」と、再び同じ食い合いをみた時にはそこに石があることが「ひとりでに分かる」こと。

㈢「書い」たり、「帳面」や「日記」に付けたりしなくても「腹へ入ってしま」えば、魚、潮、網代のことは「分かる」こと。また、暦のような表にのっとったのでは決して「分かり」得ない、換言すると「腹へ入ってしま」っていないと決して「分から」ないウズのような網代もあること。

記憶―認識を成立させる二つの仕組みが対比されて説明されていることに注目しなくてはならないだろう。つまり、一つは道具をこの日この場所で実際に日々繰り返し用いながら、しかもとりわけ道具の扱いの失敗を契機として、この魚、この潮、この網代を覚えていく、「腹」と「分かる」という言葉で言い表わされる仕組みであり、もう一つは、「帳面」、「日記」に書き付けられ（読まれ）ることによって、暦のような一覧表として作成され（読まれ）ることによって、成立する仕組みである。そして、漁労を成立させているのは前者の仕組みなのだと。

さらなる考察をすすめていく前に、他の漁法ではどうなのかということをみておきたいので、つづけて一本釣・延縄漁での話に耳を傾けてみたい。底曳き網では海底を強引に曳き回すだけの「腕力」（潮力、風力、動力などが用いられる）が不可欠で、実際魚が入っているか否かは網を揚げてみるまでは分からないという、どちらかというと「乱暴」な漁法であるのに対し、一本釣や延縄では手にした道具で潮や網代の感触を確かめながら操業しなければならず、しかも魚自身の「好物」を食わせようとするわけだから、「現場」での感覚はより敏感にならざるを得ないように思われる。箱崎で一本釣りおよび延縄漁を営まれる箱崎初由さんの説明に耳を傾けてみよう。

六つ、七つになったら、釣り道具やなんかやって遊ばすんじゃ。歩くようになったら船の子いうのは釣り道具を引っ張ってみたりするわいの（しますよ）。船の上じゃけえ（なのだから）。学校へ行ったものがことにならんちゅうのは（というのは）のう、学校へ行ったものは一四も一五（歳）にもなって船へ乗ろう（乗るだろう）。そしたら、赤子の子よりまだつまらんのじゃけえ。それまでが学校で遊んどるけえ。学校が済むまでには、子供の子が一人前に皆なるんじゃ。それで、その時分にゃどうじゃのこうじゃのいうて、金儲けすりゃあええいうことでの、この浜でもわしらみたいに年の多いものは、一〇人に八人や九人も学校へは行っちゃおらん（行っていない）。うちの息子も学校へは行かしたんじゃけどのう、魚を釣るのが好きで好きでなあ、土用の休みとか寒の休みとかいうのを休ましたらのう、学校へいくのを嫌うてなあ。死んだおばあさんが言うのに「しょうがないのう。漁師をして生活をするんじゃけえ…。」その時分にゃ学校やなんかいくことなかったわけよ。／釣り道具か延縄かやってみて、掛かって（引っ掛かって）みて、「あっ、こりゃあ岩があるのう」思うて、その時「あっこの山がああようになって、こうようになって、山をみて、「岩があるの」いうことが知れるわけじゃ。結局は、道を歩いても、「ここをこう歩きよりゃ尾道へ行かれる」いうても、途中で道が二本も三本もあってみいや（みろよ）、どっちの道へ行ったらええやら分かりゃあすまあ（分からないだろう）。一度歩いてみりゃ（みれば）、「この道を歩いたら尾道に行けるんじゃ」いうことが分かるけど、人に話を聞いたって、尾道へ行くんでも道が二つあってみない（みろよ）、どっちの道を歩いてええやら分かりゃあすまあ。現場の仕事は一度現場へあたってみにゃあ（みないと）分からんわいの。「この食い合いにゃ磯がある」とか、「石がある」とか、現場の確かなことは自分が、それだけの仕事をしてみにゃ、全然分からんわいの。口で言うたってひとつもほんまにゃあない（本当のことはない）。図面で書いてもろうてもだめよ。海の図面があるじゃろ（だろう）。ここに岩があるとかは図面にあるけど、この岩のここが浅いとか深いとかは、図面にはないんじゃ。／いっぺん見たら、一年経っても二年経っても忘れん。腹へ染み込んどる。「あの山がああようになって」いうのを、いっぺん見たら何年でも…。そこへ行ってな、「あっこの山がああようになって、木がああようになって、こうようになっとったがのう」いうて考えてみて、「ははあ、こうじゃった、ああじゃった」いうて。それでもなあ、釣り道具をやってみにゃ（みないと）、知れんことが多い。

一本釣りおよび延縄漁における岩、石つまり「現場の仕事」、「現場の確かなこと」の「分かり」方についての説明である。先ほどと同様、その主張点はおよそ次の三点にまとめられよう。

㈠「歩くようにな」ると子供は釣り道具で「遊ぶ」ようになり、「学校が済む」一四、一五歳頃には「一人前」になっていたこと。また、学校へ行ったものは「赤子よりつまら」ないうえ、かつては「金儲け」ができればよいと考えていたので、「学校やなんか」にいく必要はなかったこと。

㈡石、岩、磯を「知る」には、釣りや延縄の道具を引っ掛けてみなくてはならない。「現場の確かなこと」は現場で仕事をしてみなければ、「全然分から」ないこと。また、道具を引っ掛けた時には「山をみる」が、一度見ると「腹へ染み込ん」で忘れないこと。さらに、いくら「腹へ染みこん」でいても、実際に道具を手にしてみないと、「知れ」ないことが多いこと。

㈢「口」で言われたことを聞いたり、「図面」に書かれたものを見たりしても、本当のことは何一つないし、「現場の確かなこと」は決して「分から」ないこと。

ここでも、やはり記憶―認識を成立させる二つの仕組みが対比されて説明されている。一つは、道具で遊びながら、また、道具をこの石に引っ掛けたりして、「現場」で仕事をしながら、この山にはあの石があるということを覚え、再び道具を手にしてみることによって記憶が呼び戻される、「腹」と「分かる」・「知れる」という言葉で言い表わされる仕組みであり、もう一つは「口」で話したり聞いたりすることによって、「図面」として書き込まれ（読まれ）ることによって、成立する仕組みである。そして、漁労を基本的なところで成立させているのは前者なのであると。

ここでの説明をその場に居合わせた私の方へ向かってなされた主張であることを考慮に入れるなら、

その主張の骨子は、「帳面」や「図表」では「分から」ない「現場」の「分かり」方があるのだ、ということであり、しかも、「現場」の「分かり」方を拠り所にして批判の矛先が向けられる方向に、「帳面」を付けたり読んだり、「図表」を作成したり読んだりすることが挙げられていることをふまえるなら、この主張には「帳面」や「図表」を扱うものとしての私やその他の者による、自分および自分たちの日頃行なっていることへの「無理解」に対する不信の念が潜んでいるように思われる。細かな事実の確認よりも、先ず、このような「無理解」者およびその「無理解」を支える仕組みに対する批判と不信の念をこそ、この主張のうちに読み取らなくてはならないのではないか。それ故、この主張の拠り所となる「現場」の「分かり」方とはいかなることであるのかということと同時に、主張の矛先が向かう「帳面」、「図表」などを通じた「無理解」とはいかなることであるのか、という二つの問題をめぐってこの主張の意味は問われなければならなくなる。

いうまでもないことだが、こうした主張（と思われる）のあり様を配慮せず、「現場の仕事は一度現場へあたってみにゃあ（みないと）分からん」という一節に目をやるやいなや、「やはりフィールド・ワークはやってみなければ分からない」などと、自分の都合のいいように勝手に解釈すべきではないだろう。もちろんその次元の議論もできないわけでは決してないが、上の主張の文脈において、漁労を成立させる仕組みを「分かり」得ないとされる「帳面」、「図表」を通じて形成される仕組みこそが今日のフィールド・ワークを支えていることを考慮に入れるなら、議論はもう少し慎重になされなくてはなるまい。いずれにせよ、私たちが「当たり前」のこととしてやってきたやり方では「分から」ないことがあるのではないか、という主張の意味を自分なりに問いながら、それを問うことが同時に自らの学問のあり様を問い直してみることでもあるような試みが必要なのではないか。

ここで、本節の冒頭で触れた二つの問題、つまり「現場の知」なるものをいかに把握すればよいのかと、日常の活動を社会構造全体のうちにいかに把握すればよいか、という問いに対する一先ずの答えを記しておきたい。

前者については、こうすればよいだろうということを明確にできるまでには思索を深めてはいない。したがって、ここでは、先にも触れたように「現場」で「分かり」得るものには「口」で話したり聞いたり、あるいは「帳面」、「図表」を通じて書いたり読んだりするだけでは「分から」ないことがあるのだという主張の意味を自分なりに問うてみる必要があり、私たちが平生何気なくやっている安易な聞き書きではそれを把握することは難しいだろうという認識を得られた、ということで満足しておかねばなるまい。ただ、これまでみてきたように、ここにみる「現場の知」とは私たちと道具との係わりのうちに生ずることは明らかであると思われるので、したがって、先にみた漁師のおじさんたちによる私および私たちの「無理解」に対する批判と不信の念には、私および私たちの道具をめぐる知見の乏しさに起因しているところが大きい、と解釈することは可能であろう。それ故、「腹へ染み込む」と表現される、道具を用いながらの「知り」方の仕組みを把握していくための視点や方法の模索が今後必要となろうが、その模索は「帳面」、「図表」までも含めた、私たちの日常生活における道具の用いられ方を問おうとする試みとしてもなされなくてはなるまい。

後者についても、上にみた主張の意味を問うていくところから始めることができるだろう。つまり、「帳面」、「図表」といった技術が何をいかにもたらしていったのか、それらによって形成されつつそれらを運用していく社会の仕組みを社会関係における具体的なやりとりをふまえつつ解明していかなくてはなるまい。例えば、上の漁師のおじさんの説明にもみられた「金儲け」をする仕方にしても、帳面、図表、さらにはコンピュータといった情報管理・処理技術、あるいは電報、電話、ファックスといった情報伝達技術、また高速エンジン、大型船舶、保冷車といった輸送技術等々の有無によって、そのなされ方に差を認めることができるように思えるので、それ故、このような差をつくりつつ利用していく仕組みこそが解明されなくてはならないだろう。本稿の冒頭で触れた、ハリキという言葉で言い表わされる生活を繰り返すことによって培われる迫力のようなものも、このような仕組みのうちで「自分で」やろうとすることの意味を問うことによって把握されなければならないであろう。

そこで、次節以降では、とりわけ後者の問題をめぐってさらなる検討を加えていってみたいと思う。

三　「月給取り」と「自分の商売」の間で

前節では、「帳面」や「図表」では「分から」ない「現場」の「分かり」方があるのだという漁師のおじさんたちの主張と、その主張が「帳面」を付けたり読んだり、「図表」を作成したり読んだりする者たちおよびそれを支える仕組みに対する不信の念に支えられているのではないか、ということを指摘した。ここではこの主張およびハリキの意味をさらに問うていくことにしたい。

先にみた「現場の知」を拠り所にする「帳面」、「図表」に矛先を向けた批判とほぼ同じ方向に向かい、そして恐らく同じことを意味しているように思われる一つの主張がある。冒頭で掲げたハリキの説明のところでもみられたように、私が話を伺わせていただいた漁師や魚商のおじさん、おばさんのほとんどの方たちは、徹底して「自分の商売」を重んじられる。「損するやら得するやら分からんけど、自分でやる方がハリキがある」と。そしてこの「自分の商売」で気が張るのは、これは前節で触れた「現場の知」のあり様とも関連してくるのであろうが、「次にどこ（どの時と場所）をやるかを考え」たり、「自分の頭を使って、シオ（操業する時と場所）を考え」たりするからである、とされる。そしてこの地点から批判の矛先が向けられるのが、「月給取り」、「給料取り」、「弁当持ち」と呼ばれるいわゆる「賃労働」の仕事のあり方である。「そりゃあのう、造船所に行きゃあ（けば）、馬鹿みたいな（のようだ）。「これせえ（これをやれ）」いうたら（といわれたら）、やりゃあええだけよ。漁師の三分の一も体を使わんの。気を使うのう。窮屈なわいや（だよ）、神経が。ほやほやほやほやするのが阿呆らしゅうなる。ぶらぶらしよるのが阿呆らしゅうなる」と。

　自分の道具を用いながら身につけた「現場の知」をたよりに、誰にも気兼ねをせずに自らの「責任」で「自分の商売」を営んでいくことに充実感を覚えることは、何も漁労に限られるわけではないだろうし、また、組織化された単純労働を「阿呆」らしく、「馬鹿」らしく感じることも、私たちの日常でも実感されることであろう。しかし、ここでの主張の意味を捉えようとする場合、やはり後者は不毛で、前者こそ大切だし見直されなくてはならないなどと、単純に納得してしまうと、この主張がいかなる文化的、社会的文脈のもとに発せられているのかという大切な点を見落としてしまうことになり、そのこと自体ある「無理解」へ至ることになりかねないように思われる。その点をもう少し詳しく検討してみたい。前節でもその話を引かせていただいた箱崎初由さんは第二次大戦中に因島にある日立造船所で働いた時のことを、次のように説明される。

　仕事をする時分の手伝いよ。「これ持っとれ」いやあ（といわれれば）、「はいはい」いうて持っとるし、「これ、お前持ってこい」いやあ、持ってきたり、「ここ持っとれ」いやあ、持っとったりする手伝いよ。工場で（人）手が足らんけんな（足りなかったからね）、皆徴用にとられ、召集にとられしとんじゃけえ（していたのだから）。そうせにゃあ（そうしないと）、仕事は多いし…。どぎゃあなもんでもこぎゃあなもんでも（どんなものでもこんなものでも）、頭さえついとりゃあ（ていれば）、連れていって（連れていかれてか）、「ここ持っとれ」いや、「はいはい」いうて持っとるようなこと。「そこ、こうせえ」いやあ、「はい」いうて。「あれをたたくんじゃ」いやあ、気を付けてたたかんにゃ、おこられよったわいの。エンジンさばく（分解する）んでもなあ、わしがさばいたらもうどうもこうもつかん（無茶苦茶になる）。ちいと（少し）字画の偉あような（字の読める）者が、さばく折りに図面を見てのう。「こっちの下のエンジンを見とけ。組み立てるのにあれがこっちへきてこれがあっちへいったら合やあへんど（合わないぞ）」いうちゃあ（といったりして）…。図面を見るものが見て、さばくのは、こうやってどうしてやってああやって（なんとかして）知れるけえのう。（図面を見るものがいないと）今度は、組み立てるのが知れんようになるんよ。さばくのは、ナットで（「を」か）さばきゃあええ。引っ付いとるものは、叩きもいいでもとられるけど、今度は組み立てるのが合わんのじゃ。

これは第二次世界大戦当時の話であるが、基本的に今日の造船所での仕事についても、ほぼ同じような事態を想定できるのではないか。正確に調べてみたわけではないので、何とも言えないが、多くの場合、ここで言われている「頭さえついて」いれば出来る「手伝い」のような工場内での位置から見られることによって、先の「馬鹿」らしいと評される「月給取り」の評価はなされているはずであることを、考慮に入れておかねばなるまい。そして、そこにおけるある微妙な感ぜられ方に注意しておかなくてはならないであろう。つまり、「図面」を見なければならない仕事に従事した時に、「字画の偉」いもの（字の読み書きの出来るもの）は「図面」を見ながらエンジンを組み立てる仕事ができるのに、自分にはそれができないという、この微妙な差を認識した時に感ぜられる、ある圧迫感のようなものである。前節でみた「現場の知」と「図面」との間における「知れる」と「知れん」の関係が、ここでは正反対になっている。前節からみてきている批判や不信の念のあり様を考える時に考慮に入れなければならないのは、こうした圧迫感を日々ことあるごとに感じなければならない日常のあり方である。それを抜きにして、ここでの「自分の商売」が主張されることの意味は捉えられないように思われる。こういう日常のあり方を考慮に入れない限り、「自分の商売」を主張する際の「図面」への過敏さや執着は起こり得ないのではないか。しかも、「字画」や「図面」の読み書きを「当たり前」のこと（大切なのはその中にも様々な次元がありその種々相を把握することにあると思われるが、ここにみる「落差」も重要な問題だと考える）とする私たちには、余計にこうした圧迫感のあり様を捉え難いのではないだろうか。もちろん、前節でも指摘したように、「現場の知」のあり方そのものを把握するための視点を模索することは必要であろう。しかし、その把握だけでは、それを拠り所にして実際の主張のなかで批判がなされることとの意味を捉えそこねることになってしまうのではないか。

工場の同僚たちから「字画」を教わろうとされたこともあったらしいが、詳しくは第五節で触れることになると思うが、恐らく、五十音といった一覧表を頼りつつ徐々に習得していくのではなく、目の前にある文字をその都度「現場」感覚で覚えていこうとする気の遠くなるような把握の仕方に起因していると思われるが、うまくはいかなかったようである。

このような主張の意味をさらに詳しく検討していきたいので、つづけて、これまた前節でも引かせていただいた小町芳数さんによる「小型船舶の試験」についての説明に耳を傾けてみたい。

ここら（能地）でも、（小型船舶の免許証を）組合員は全部もっとるけえのう（もっているからな）。うちのおばさんら、「来て寝よってくれえ（寝ていて下さい）。名前だけ書いとったらええけに（よいので）」いうて貰うとるんじゃけえ。ほいじゃけん（だから）、いかに金儲けをするかいうことよの。いらん人間に取らしよるんじゃけえのう。最初はわしが（漁協の）組合の世話をしよる頃じゃったがのう、お前ら（役人か）、「全員が来い」いうて言うけど、八〇（歳）を過ぎた人間もおるんじゃあるしのう、まあ、自分の名前ぐらいは書こうけど…。そりゃあ学科を試験して通らすんじゃったら、お前らが講師じゃけえ、大学出じゃけんのう、字画はよう知っとろうけど（知っているだろうが）。「実際に、ほんなら（それなら）お前が船に乗って走れ」いうた時分にゃ（には）、「八〇（歳）のおじいさんの方がまだ巧者など（だぞ）」いうのよのう。結局は、「ほんなら一週間来てくれりゃあ、出しましょう」いうことよ。あんまり難しいことを言よったら（言っていたら）、（免許証を）取りゃあへん（取らない）わいの。更新すりゃあ、なんぼか金になろう（なるだろう）。のう。更新するのに六千円か七千円か要ったで。

「全員が来い」、「名前だけ書」け、という自らの事情に対して何の配慮もなさない上に、いい加減な態度をとるものによる「強制」に対する、不満と不信の念を見て取ることができよう。なぜ試験が必要であるのかなどの説明もなされないまま、しかも、文字の読み書きのできないものが居るということを、試験をする側では全く前提されていないという一つの「無理解」のあり様に、その不満や不信の念は発していると思われる。しかもそのようにして遂行される「免許」制度自体、自分には決して出来ない「金儲け」の仕方でもあり、そこに「字画」を知った「大学出」は「月給取り」として「付着」している、と見える。ここにもやはり先にも認められたあの微妙な圧迫感を読み取ることは可能なのではないか。ここでは、それが一気に跳ね返そうとされている。「字画」はよく知っているだろうが、「お前が実際に」走ってみろ、と。多分、ハリキのゆえんはこの類の力関係のうちに把握されなくてはならないであろう。こうした「強制」や圧迫に「字画」や「金」の力で対峙し、介入し、回避することができないとしたら、他に頼れるものは自分がそれまで身に付け扱うことのできる「現場の知」より他にはないのではなかろうか。もちろんこの場合の「現場の知」とは漁労に限られたものではなく、相手の様子を伺ったり、うまい嘘をついたり、脅し喧嘩をしたり等々までをも含めた生活技術全般のことをいう。もちろん、これらのあり方を捉えようとする際には、それと対応する形でなされる、例えば「気づかい」や「懇請」といったここにみる役人側の振る舞いをも考慮に入れなくてはなるまい。

以上のごとく、前節から検討してきている主張の意味を捉えるには、一方で、いい加減で何も理解しようとしない「月給取り」に支えられた自らを「強制」する仕組みに圧迫感を感じながら、しかもその一方で、その仕組みに「自分の商売」では積極的に対応することの出来ない限界を感ぜざるをえないという、前も後もない緊迫した状況でなされていることを、ふまえておかなくてはなるまい。そして、こうした緊迫した状況の中で、しかも徹底した自分の「現場」感覚からなされる批判だからこそ、そこに迫力と同時にナイーブではあるが鋭い観察が時折みられるのだと思えるし、同時にまた、それが私および私たちによる「無理解」を衝こうとするのである。それ故、ここにみられる関係の様態の具体的諸相とその歴史的変遷がさらに詳しく解明されなくてはなるまいし、そしてその試みは同時に、「現場の知」のあり様とここにみる「字画」を通じて形成される「理解」の仕組みの双方を問う試みでもなくてはなるまい。

とはいえ、ここでその話を引かせていただいている漁師のおじさんたちは、こぞって老齢であり、その点で暮らしも比較的安気に送ることができるし、断念と同時に「海の生活」へのある種の居直りのようなものが感ぜられる。そのこともあってか、話を伺わせていただいていても、それほどの悲壮感は感じられなかった。ところが、五〇歳代の方々から話を伺わせていただいている時には、先ほどからみてきている圧迫感の感ぜられ方はさらに厳しいように思われた。

吉和で船行商を営んでおられた故松本えみこさんは、漁師たちの生活に対して次のように批判される。「漁師の人は、釣り一本で凝ってしもうて、頭の切り替えいうものがいかんわけよ。海とにらめっこじゃけえ。漁師の人は見るだけで釣るだけじゃけえ、ここが偉うならんのよ。偉うなるのは、ただ魚がどっち向いて行きよるかいうことしか考えられんのよ。シオに問うたところで、何の答えもないじゃろ。行商する人は、偉い人に出会うか、阿呆な人に出会うか、出会いよる中には、「字というものはこんなんで（こういうことで）要るんじゃな」いうことが分かるから、学校へ行かすわけよ」と。「海の生活」への嫌悪と忌避が表明される。

では、「陸上がり」はうまくいっているのか。船行商のみを取り上げるだけでは、「陸上がり」すべてを論じたことにはなるまいが、さらに松本さんは今日の行商について、以下のように説明される。「昔はなあ、（問屋が）「これを売ってくれんか」いうて小まい店（行商人の所へか）に来よったんじゃ。今は「経済連」がかんで、「デパート」をつくるけえ、売れんようになるんよ。米によらず、野菜によらず、何でも「経済連」を通さなんだら、こっちには落ちんような式にしとるわけよ。もう、「こういうように売りなさい」いうてから、問屋で、「経済連」が決めて自分らが取ってしもうたら、もうそれなりに行くんじゃけ。どっちにしても、今は偉い人の世ようなあ。行商やなんかじゃ、太刀打ちできゃあせん（出来ない）。偉いさんばっかりが会議をして、その中をくぐってきとるんじゃけえ、もう一人や二人じゃ太刀打ちできゃあせん（できはしない）」と。ここでの「経済連」とは先の小町さんの説明にみられた「免許」制度同様、日常の感覚ではその全体像や仕組みを把握しきれない、しかも日常の細部にまで入り込んでくることによって自らを立ち行かなくさせる、巨大な「何ものか」として捉えられたものへの命名ではないか。そして、それらは「偉い人」たちによる「会議」によって運営されているので、「一人や二人」の力ではいかんともしがたい。

もうここには、漁師たちによる人に気兼ねをしなくても済む「海の生活」のような、かろうじてよって立つ「拠点」さえどこにもみられない。本当の意味で前も後もない緊迫した状態とは、こういうことをいうのであろう。ここでも、この状態を強いる要因は「字」にある、として捉えられている。松本さんは説明される。「字を知らんもん（者）が何に出られるんな。行商しかすることありゃあへん（することはありはしない）。字を見んでもできることは、漁師か行商かじゃ。糸をくることは、字を見んでもくくられようがの（結べるでしょ）。（行商も）それと一緒よ。ほんじゃけえ（だから）、（吉和では）他の商売をする人はおらん（いない）。字を知らん人に、何ができるんな。ほんなら（それなら）、乞食をせにゃあ（しなければ）、行商しかありゃあへんが（ないでしょ）」と。現代の日本社会で「字」を知らないことによって強いられる社会的、精神的圧迫には凄まじいものがあることが察せられる。この状態を問題にしようとする際に「個人的責任」についての議論を何の配慮もなくもちだしてきたところであまり意味をもたないだろうと思われるし、また、このような「孤立」した生活を強いられてきたものたちに、「いい加減」に支えられた「善意」によって接しようとしたところで、受け容れられはすまい。

ここにみられる問題を、これは「少数者」の問題だからとして特別視してしまうことは適切ではないだろう。少数者自体私たちの社会の仕組みそのものによって、そのうちにつくられるのだという観点に立つならば、これは特別な問題なのではなく、私たちの生きる社会それ自体の問題として捉えられていなくてはなるまい。一先ず私は、これら少数者の生活がいかにして形づくられ、展開してきたのかを明らかにしようとすることが、同時に私たちの社会の仕組みと生活のあり方それ自体をその複雑さを考慮に入れつつ解明することでもあるような、そういう研究を自分なりの仕方で試みてみたいと考えている。話を伺わせていただいている最中に、松本さんは「わしらはもう早う死ぬのが一番じゃ」といって大笑されたが、冗談として流しきれないように思われた。…そして、話を伺わせていただいた一九八八年の二年後、本当に病気で亡くなってしまわれた。

四　漁民集団史研究の視角

前節では、第二節で認められた主張の意味を把握するには、社会構造のうちに生じる、社会的、精神的な圧迫のあり様を考慮に入れなければならないことを説明してきた。そして、こうした圧迫のあり様のもとにこの主張の意味をさらに探ろうとするには、こうした社会関係の生起する具体的諸相とその歴史的展開を詳細に解明していく必要があることを指摘した。そこで本節では、前節で説明を加えてきた主張の意味をめぐって、さらに補足的な説明を加えておくことと、前節で一言だけ触れた、これら主張の意味をさらに問うていくにはいかなる視点が可能なのか、という二つの点について論じていくことにする。

まず、前節の補足的説明から始めなくてはなるまい。前節ではとりわけ、帳面・図面・暦・字画・字等々といった「書かれたもの」を中軸として形成される、工場、学校、「経済連」といった組織、あるいはその具体的な動きとしての「免許」制度に主として社会的な圧迫のゆえんを見出すことが出来た。本節ではこのことに付け加えて、「書かれたもの」とも関連して表れる「金」と「旅」という二つの社会的、精神的な圧迫のありかについて触れておきたい。

「金」をめぐる経験についてみていくに際し、まず、二窓で延縄漁を営んでおられた故吉田百松さんによる次の説明に耳を傾けてみたい。

家は、皆が皆持ちゃあせん（皆が持てるわけではない）。親の分け地で家を貰うたもん（者）は、よけぇ（たくさん）おらんわい（いないよ）。漁師じゃったらの、自分の甲斐性で借家を貰うて（借りて）でも家をつくるわいの。自分の腕次第よ。漁方（漁師）の家なんか、金を儲けてくれんのじゃけえのう。上を向いて寝よっちゃ（寝ていたら）銭にならん。船が家じゃけえ、船をええ具合にする。道具と元手をようせにゃあ（よくしないと）魚が獲れんのじゃけえ。ほいじゃけえ（だから）漁師に金が残らんのよのう。船頭が元気なんと（なのと）、元手をようする、これが一番。体が悪かったら休まにゃあいけまあ（休まなくてはならないだろう）。それで借金がいるのよ。子供でもおったらよう借金にあいよったのよ。保険とかなんとかなんか無かったんじゃけえ。「家督は人間の体じゃ」いいよったんじゃけんのう。夫婦が元気なものが、金を残しよったわけよ。借金を負うとる人で、年をとるまで船に住む人もおったよ。一〇のうち一人ぐらい。家をつくるいうものは少なあんで（少ないのだぞ）。今はみやすいの（簡単）よのう。個人から借りんで（借りないで）、ドン（ローン）じゃなんじゃいうのがあるんじゃけん。山田、安岐、藤村が分限者（この場合、地元で商店を営む財産家）じゃけえ、金を借りるわけよ。千円やそこその家じゃけえ。そこで金を借ってから、借金戻せんけえ、とられるわけよ。船に材料つっこまにゃあいけまあ（いけないだろう)。どうしても船の方をせにゃあ(しないと)、獲って食べられまあが(食べられないだろう)。払うよりか、ジシ(利子)が増えるけえ、(建てた家を)戻すんよのう、自分が建っても(建てても)。

およそ、主張点は次の四点にまとめることができよう。㈠そもそも「分け地」(屋敷地か)を持たないため、「船住まい」から始めるしかないこと。㈡船頭の「腕」とよい「道具」こそが「金」をもたらし、家をつくる道を与えること。㈢かつては保険やローンはなかったので、病気、子供の養育、船の材料などに費用がかさむため、「分限者」から「借金」を負うことが多かったこと。㈣「借金」を戻せず、建てた家を抵当としてとられることもあり、年をとっても「船住まい」するものもいたこと。

具体的な家計の詳細は、ここでは詳らかにできないが、資産がほぼ皆無であり、したがって、生活のすべてが自らの「腕」にかかってくるという状態そのこと自体がすでに大きな社会的、精神的、肉体的圧迫となっているだろう。また、こうした零細で不安定な生活条件のもとでは、「借金」の重圧も極めて大きかったことを推測できる。能地の小町芳数さんのいわれる「日和り破り」(悪天候の日に無理をして出漁すること)の決行も、こうした「借金」に追われてのことでもある。「昭和二四年に一三〇〇円で船をつくって、こっぽり借金をやって、少々の日和りを破ってでもやりよった」と。また、この「日和り破り」は魚価とも関連している。吉和で一本釣りを営んでおられた宮本昇さんは次のように説明される。「風や雨の時には商売し難かろう(し難いだろ)。(魚が)少ない時に獲って戻りゃあ(れば)、値がええんじゃけえ。ガバ(がめついか)な人は、日和りの悪いのを目掛けていきよったが、今の世の中にゃ、こういうような張りがなあ(無い)」と。ここでの「張り」はハリキのハリであろうから、その意味を捉えるには、やはり「借金」の有無や「魚価」の高低による影響を考慮に入れなくてはならないであろう。

「自分の腕次第」という言葉が発せられるに際し、「海の生活」にいかに厳しい社会的、精神的、肉体的な圧迫がかかっているのかをふまえようとすることは大切であろう。そのことは、例えば、船自体が仕事場でもあることについての、箱崎初由さんによる次のような説明からも伺うことができる。「ここ（箱崎）の人はのう、漁師いうものは皆、体の細いもんよ。ここのもん（ここの人）で一〇人行ってから、兵隊へ行ったもんが二人も平均でおったかのう。ほじゃけど（だけど）、召集には、寸法の足らんもんでも、貧乏くじじゃけえ、皆えっと（たくさん）引っ張られたよのう。本当に兵隊にかかりがあって行ったもの（志願兵か）は、この浜でも一〇人もおったかのう。すべて漁師ちゅうものはから（体）が細いもんでのう。からが細いちゅうのが、「狭いところで寝るけえ、からが細い、低いんじゃろう」いよったんじゃけど（言っていたのだけど）なあ、そういうこたあない（そうではない）けど、やっぱり船の家じゃあ細いうち（子供のうち）から、無理な仕事をするけえなあ（するからなあ）。人間が太られんのじゃ」と。

それが事実であるか否かよりも、むしろ「人間が太られん」ことの主因は幼少の頃からの「無理な仕事」にあると自認されていることの方が重要であろう。第一節で引かせていただいた漁労についての説明では、子供が釣りを「好きで好きで」仕方がなくなってしまうことが触れられていたが、釣ること以外にも、昭和一桁代以前には機械船はなかったわけだから櫓を押すこともあったであろうし、網を引いたり、マテ貝を突いたりする手伝いもあったであろうし、また漁法によっては夜間操業であったことなども考慮に入れられていなくてはなるまい。大人であっても、これらの仕事については、口を揃えるようにして「つらい商売」、「えらい仕事」、「体がえらい」などの言葉が発せられる。そして、肉体的苦痛をともなう「つらい」生活が繰り返される中で、ハリキと称される身に付いた迫力・底力のようなものも形成されていくのだと捉えられていなくてはなるまい。

つづけて「旅」の経験についても触れておかねばなるまい。旅もまた「つらい」思い出のようである。箱崎初由さんは次のように説明される。

わしが五〇なんぼ（幾歳か）になるまで、あっちこっち余所におったがなあ、余所ちゅうのは浅ましいもの。この世で、貧乏人より、余所へ住むちゅうことがいっちゃん（一番）浅ましいこと。付き合いいうのがなあ、とにかくどこへ旅へ行っても、こっちが頭を下げて付き合いをせにゃあ（せねば）ならんわけよ。こっちが酒を買うて飲ましてやって、怒られるわけよ。飲ましてやって「ああでもなあ、こうでもなあ」いうて文句いわれるんじゃ。相手が旅のもん（一番）じゃ思うて。それで、旅ぐらい浅ましいものはこの世じゃ（には）、なあ（無い）わけよ。地の（地元の）者は自分の所じゃけえ港に入っておろう、旅船がちょいと入っていったら、「そこへ入っちゃいけん」いうて怒られるんよ。余所の家へ子供が入って悪さをするようなもんよ。地のもん（者）が釣りをしよっても、「釣りの邪魔になろうが」いうようになるわけよ。どこまで行っても同じこと。／漁師ちゅう者が、いっち（一番）さえん。どこへ行っても、住み込みいうことをすりゃあ（すれば）、ええけど。住み込みいうことをせんのじゃけんのう。ただそこで漁師をして、金を儲けて戻ったらしまいじゃけえ。どっからどこへ行ってもそれを嫌うんよ。ええ商売がありゃ、ええ商売をして、そこへ釣りなら釣りの税金（入漁料か）いうちゃ（といって）組合（旅先の漁協か）から掛かる（掛けられる）わけじゃが、県の税金は掛からんわけよ。愛媛県へ行っても山口県へ行っても、住まにゃあ（住まなければ）、税金は掛からんわけよ。家が無けにゃあ（無ければ）。そういうことで嫌うわけよ。

「貧乏」するより「旅」は「浅ましい」。この世で一番「浅ましい」と、何度も繰り返されるのはよほどの屈辱的な体験に見舞われてのことだと思う。「頭を下げ」、酒を振る舞ったところでなお「嫌われ」、「怒られ」、「文句」を言われる。具体的な現場のやりとりがどのようであったのかは、よく分からないが、不安な旅先で、しかもあらかじめ明らかな優劣の関係を再確認するかのようになされるこういう精神的屈辱は、「貧乏」を越えて達者なものの足腰を立たなくさせるくらいにこたえるもののようである。これも、一つの「無理解」のあり様を示してはいるだろうが、鼻で嘲ら笑いながらなされるいじめやいたぶりのそれに近い類のものではないか。初由さんのお兄さんの兼好さんは、私が「東京に家がある」といった時に、「それなら腰が強いわ」といわれたが、こういう旅先での精神的圧迫のなかでなおかつ立っていられるための「腰」という意味で多分用いられたのであろう。そしてまた、こうした「つらい」目にあった旅先での記憶があるからこそ、自らのトコロ（地元）を訪ねる旅人や余所者を決して邪険にできない精神的態度が生まれてくる余地も生じうるのではないか。このように、ここでいう「旅」は、地図やガイドブックを片手に日頃気ままに行なっている私たちの調査旅行とは、基本的に異質な経験として捉えられていなくてはなるまい。

以上のごとく、第二節で認められた漁師のおじさんたちによる主張の意味を理解しようとする際に、前節ではその主張を「書かれたもの」の「影響」のもとに把捉されていなくてはならないことを説明したのにたいし、ここではそれに付け加えて、「金」、「旅」の「影響」も大きな問題としてふまえられていなくてはならないことを示した。そこで、本節の冒頭で掲げた二番目の問題点、つまり社会構造のうちに生ずる圧迫とそれに呼応する形でなされる批判や不信の念との間の連関の具体的諸相とその歴史的展開をいかに解明していけばよいか、という問題に係わる議論に移らなくてはなるまい。

私は、本稿の冒頭に掲げた、私がこれまで付き合いを重ねてきた漁師や魚商のおじさん、おばさんたちの属する集団に関連してその成果が報告されている以下の研究を自分なりにふまえるところから始めることが最も適切であろう、と考えている。つまり、一八世紀初頭から一九世紀中葉にかけての能地、二窓漁民による出職を幕府による貿易政策および漁村開発・漁業奨励策との関連のうちに把捉しようとする池内長良[5]、小川徹太郎[6]の研究。箱崎の漁業集落の形成を、一八世紀の揚浜式塩田から入浜式塩田への転換期における前者の消滅を契機としていることを指摘し、明治期には箱崎漁師によって捕獲された魚のすべてが当地の商主（現地集荷業者）によって独占的に買い取られ大阪魚市場に運搬されたとする漁師と商業資本との特約関係について指摘する藤井昭[7]の研究。明治期の瀬戸内地域における大阪魚市場資本、淡路・下津井の鮮魚運搬業者らによる漁場、漁村、集荷業者等の開発の歴史を、資本蓄積と技術革新の動きを通じて把捉しようとする河野通博[8]の研究。二窓他、百島（現尾道市）、田島（広島県沼隈郡）等からのマニラ湾出稼ぎ漁業を、明治三〇年代の日本政府による遠洋漁業奨励策および「南進」政策との関連のうちに把握しようとする早瀬晋三[9]の研究。能地において、古歌、古典、伝説等を引用しながら江戸期文人によって作成された「系図」、「絵巻物」といった表象が、「歴史」や名所を「開発」していく過程を分析する河岡武春[10]の研究、等々である。

これらの研究をふまえるなら、歴史・社会を形成していく推進力としての「開発」、「政策」の動きや仕組みを漁民集団の形成・展開と関連させながらいかに把握できるのかが、主要課題として浮かび上がってくる。そして、こうした動きや仕組みとの係わりのなかで、漁師や魚商のおじさん、おばさんたちの言葉や振る舞い方の意味を理解していこうとすることによって、本稿で認められている社会的、精神的、肉体的な圧迫や「無理解」のゆえんもさらに解明していくことができるのではないか。時代により「開発」、「政策」を支える知識や技術のあり様は異なるため、それらの諸相を具体的な資料や現地調査に基づきながら解明していこうとすることが肝要と思うが、この「開発」、「政策」を支える主要な技術として、ここでも漁師や魚商のおじさん、おばさんたちによって再三触れられている、「字画」、「帳面」、「図表」といった「書かれたもの」に注目しておくことは必要であろう。漁場開発に不可欠な魚・海をめぐる体系的知識の獲得や運輸・通信技術の革新もこれらの技術を前提としているように思われるし、「金」をめぐるやりとりや運用にもこれらの技術が中枢的な役割を果たしているように思われるからである。

このような観点から「開発」、「政策」の動きや仕組みを把捉しようとするに際して、例えば、J・グディによる次のような指摘はふまえられておいてよいだろう。口頭のコミュニケーションと「書くこと」とを比べた場合、後者には「貯蔵の機能」と「脱脈絡化」の機能という二つの特徴的な機能が伴うという。つまり、「ひとつは貯蔵の機能であり、それによって時と場所をこえたコミュニケーションが可能になり、またそれによって人間は記し、記憶を助け、記録するための方策を得るようになったのである。この機能は明らかに、メッセージをテープに録音するといった貯蔵手段によっても果たすことができる。けれどもそのような聴覚的再生の方法では、書くことのもつ二つ目の機能を果たすことはできないだろう。その機能とは、言語を聴覚の領域から視覚領域に移し、文章に限らず個々の言葉についてもそれを新たな方法で検討し、組み直し、みがきあげていくことを可能にする、というものである。言語の形態素は本文や口頭での議論の流れから取りはずされ、また文章の中だけでなくその枠組みをこえたところでも位置を与えられるような切り離された単位として、取り出すことができるようになる。そうして取り出したものは、ひとつのまったく異なる非常に「抽象的な」脈絡の中に置かれるのである。私はこれを、概念的にいくつか問題のある言い方だけれども、脱脈絡化（decontextualisation）の過程と呼ぼうと思う[11]」と。そして、この「書くこと」に伴う二つの機能を通じて、批判的議論を蓄積したり、懐疑主義を累積していくことが初めて可能となり、ここに新たな認識の過程がもたらされることになるとするが、上にみた「開発」、「政策」を基本的なところで支えているのもこの認識過程といえる。もちろん、この過程は、古典や伝説を引用しつつなされる「名所」の「開発」などにおいても認められるわけであるが、これらにおいては、図示表現を通じた「開発」の動きを把捉する観点も同時にまた必要となろう。それ故、本稿に関連していえば、具体的な「開発」、「政策」の文脈のなかでこの認識の過程がいかなる形で表れ、しかも、その過程を通じて獲得された知識や技術が「書かれたもの」以外の伝達手段とも連携しながら[12]、本稿でみてきているようなやりとりのみならず、具体的な社会関係における様々なやりとりにおいていかなる影響をおよぼしていくのかがさらに詳しく把捉・検討されなければならないだろう。漁民集団の形成・展開の把捉も基本的にこの観点から可能になるのではないか。

五　「非識字」者としての日常

これまで、社会構造のうちに生ずる様々な圧迫や「無理解」とそれへの「応対」の種々相について検討を加えてきたわけであるが、本節では、これまでのような仕事に関連したやりとりの他に、日常の消費生活のうちにそれらがいかに表れているのかについて触れておきたい。これまでも何度も話を引かせていただいている、箱崎初由さんによる説明を中心にここでも検討を加えていってみたい。「若い者とのやりとり」、「街そのものとのやりとり」について、順次みていくことにする。

何にしても、余所へ行くに嫌う（余所へ行った時に嫌われる）ちゅうのはなあ、字画を知らんのを嫌うわけよ。わしは八二（歳）になってものう、どこへ行ってもいちいちそこへ何が書いてあるか知れんけえ（知れないので）、問うてみにゃあなるまあ（みなければならないだろう）。問うてみてもなあ（みたところで）、教えてくれる（方の）人は「このおっさん字を知らんけえ（知らないのだなと）」思うものはおらん（いない）けえのう。ほいじゃけえ（だから）、それを嫌うんじゃ、小若い者はなあ。小若い者に「字を知らん」いうて教えてもらおう思うてものう、「ああせえこうせい」いうて教えてくれりゃあせん（くれはしない）わいの。今どこかへ行ってから「あんたの名前を書け」いわれて（いわれた時に）、「わしゃあ字画が知れんけえ」いうて言われもせんが（言うこともできないが）、小若い者は書いてくれりゃあへんけえ。わしらみとような（のような）年寄りちゅうものは「まこと、字画を知らんのんじゃのう」思うて、ちゃんと何もかんも教えてくれる。書くことでもどこへでもすぐ書いてくれる。昔は百姓やなんかでも字画を知らんものは多いこっちゃけえのう。その当時の者は百姓でも、自分の名前ぐらい書くことは習うとるけどの、細い文字の小説を読めとか、本を読めとかいうようなのは、知らんものは多いことじゃ、余所へ行っても。「あっ、文字が細いけえ知れん」とか、「うじゃうじゃ引っ付いとるけえ知れん」とか、いうてなあ。今でも年を寄った人は、そういう人が多い。あんたが今どこかへ行って「あんたの名前を書いて出しなさい」言われて、「わしゃ知らんのじゃけえ書いてくれんか」といわれもせん（いうこともできない）けどのう、（書けないことを）本当にしゃあせん（本気にしてはくれない）けえ。具体的にいかなるやりとりがあったのかは定かでないが、「小若い者」が字画を「書いてくれ」ないのは、字を知らない人が目の前に居るということをはっきりと認めた上で、というより、「何か変なことを言っている人が居る」といった、まさに「嫌う」という表現がぴったりくるようなものだったのではないだろうか。前節でみた、「旅」の経験に基本的に同質の関係、つまり「小若い者」は「嫌う」し、「教えてくれ」ないし、字の読み書きができないことを信じてもくれないという関係、を認めることができると思うが、「旅」の経験ほど切迫しているようにみえないのは、ここでは「小若い者」と付き合わなくても生活が立ち行かなくなるわけではない、という置かれる空間の質的違いとそこからくる社会的距離の確保からであろう。そしてまた、この同じことが「信じてもくれない」関係をも形成するのだと思われる。以前には社会のうちに「非識字」者を受け入れる用意が、それなりにあったのに対し、年寄りはともかく「小若い者」はそういうものがいることを本気にもしない。ここに至って「非識字」者は「この世に居ない」者となったかのようである。

つづけて、「街そのものとのやりとり」についてみていくことにする。

広島へ行ってものう、一人でパス（バス）に乗ろう（乗るだろう）。パスに乗ったらどこへ引っ張っていなれる（いかれる）やら分かりゃあせんじゃないか。神戸から兵庫をずっと回ってものう、パスへも乗ったこともなあ（無い）が、車へも乗ったことはない。歩くばあ（ばかり）よ。広島へ行っても汽車からあがる（降りる）とちょっとも何も乗らんのんよ。歩くのものう、町を歩きよって、いっち（一番）高い建物を見るんよ。煙突の高いのを。工場がえっと（たくさん）あるけえのう。どこでも家の無い広いところへ行って、煙突を見ちゃあ（ては）、歩くんよのう。「あっ、煙突がこっち向いとるけえ、こっち向いて歩きよりゃええ」思うて。そりゃあ、何遍も歩きよりゃあええんじゃがのう、一遍歩いたばあ（だけ）じゃったらのう、間違う。その道を真っすぐ行って真っすぐ帰りゃあええがのう（いいけどな）、こっち行きあっち行きしよったらのう、その道へは絶対戻られりゃあへん（戻れない）。煙突がなかったら戻って来れん思うて行かんのよのう。パスやなんかでも、同じようなパスいうてもあっち行くんとこっち行くんがあろうが（あるだろう）…。行くとこ（所）がぴしゃっと分かっとりゃあ、ハイヤーでもええんじゃ。ハイヤー頼んでものう、宛て（行き先）なしじゃあ、連れて行きゃあへん（行ってくれない）。なんぼ金を出すけえいうても、向こうは「行きようが知れんもんを、おっさんどこへ行くんな」言うわい。

知らない街へ初めて一人で降り立った時の、あの不安に近い類のものが説明されているように思えるが、バスの路線図も行き先も標識も読めず、いわんや地図やガイドブック等に頼らずに街を歩くことがどれほどの不安を伴うのかは、想像を絶するものがある。あらかじめはっきりした地図が頭にあったうえで、わざわざ「迷子」になってみたいという願望や経験の類いとは、全く異質の経験ではないか。「どこへ引っ張っていなれる（いかれる）やら分か」らない、「煙突がなかったら戻って来れ」ないので行かない、という辺りにその不安のありかを読み取ることができるように思える。逆からいえば、私たちの何気なく住む街がその細部に至るまで「識字」を前提として形成されているか、ということであろう。ここにみる街路での体験のみならず、ここでは触れられないが病院、警察、市場等々で、例えば「名前を書きなさい」といった何気ないやりとりそのこと自体が身にこたえるようである。こうしたやりとりを理解しようとするに際して、不便であるか否かといった効率の観点からだけでは、これは初由さんの言葉ではないが、「字が読めんことほど情けないことはない」、「字の読めんことほどつらいものはない」という「情けない」、「つらい」といった言葉に込められる意味を逃してしまう恐れがあるように思われる。これまでもみてきているように、自分自身の事情への「無理解」や「いい加減」な態度をめぐる不満や不信の念や、「この世に居ない」者とされることへの不安や恐怖の感情をこそ先ず読み取らなくてはならないのではないか。

では、このような不安のなかで街をいかに「知って」いこうとするのかというと、ここでは漁具の類は用いられはしないが、どうやら魚、潮、網代を「腹へ染み込」ませる際におけるのと同様に、煙突で「山見」をしながらその道を「知って」いく、第二節で見た「現場」の技法が用いられるようである。しかも、漁場における「現場」の技法は、「都市」のような抽象・情報空間を知るにはほとんど力を発揮できないようである。そして、このこと自体を理解しようとするにも、前節で検討したように歴史・社会的なゆえんを考慮に入れなければならないと考えるものである。「現場の知」の問題を考えていくには、ここでみられるように、漁場のみならず、日常の様々な局面をもふまえていかなくてはならないであろう。

以上の人や街とのやりとり以外でも、例えば家庭内の日用品とのやりとりなどにおいても同質の経験がみられるように思えるが、これまでにみてきた仕事に関連した様々なやりとりと同様、日常の消費生活の様々な局面においても、「字画」やそれを通じて形成される仕組みによる社会的、精神的な圧迫は厳しいようである。ここでもまた、八〇歳になる老人では、比較的気楽に話がなされるのに対し、とりわけ五〇歳代の者では、同質の経験であっても感ぜられる苦痛の度合いは全く次元を異にするようである。

最後に、「字そのものとのやりとり」について、みておくことにしたい。初由さんは、文字の読み書きを習うことほど難しいものはないといわれる。

字いうのは難しいもんど（ものだよ）。書いてあるもん（もの）を見て習うてもなあ、何もかんもその通りに書いてありゃあええわけよ。何が（ところが）皆違おうが（違うだろ）。上が下になったり、下が上になったり、字を書いたものは。一つことなら何遍も書きよりゃあすぐ付けるようにならあの（なるよ）。（ところが）一遍一つことを書いて、今度また違いまた違いじゃけえのう、後には（しまいには）やる気にならん。一つこと（ばかり）書きよりゃあ、何ぼなっても（いくら時が経っても）一つことしか書けん。仮に、貝なら貝いうたところで、貝へもってきて（貝の次にまた）貝を書きゃあ（書けば）、「貝、貝…」いうようなもんでのう、そのあえ中（貝の字以外のところ）に違う字がありゃあその違うた字を知れにゃあ（を知っていないと）、貝たあ言わりゃあすまあが（貝ばっかり書いているわけにはいかないだろう）。そりゃあ難しいもんじゃ、字は。／（話し言葉の場合なら）言葉が違ういうてもの、一遍聞いた言葉はすぐ分かる。言葉が違うても、少々わしの言うのが違うてもの、（自分が）「こうじゃ、ああじゃ」いうてもの、向こうが聞きはするし（聞いてくれるし）の。（話し）言葉はそうも（そうでも）ないんじゃがのう、字だけはちょっとすぐ習えん。／工場でも、エンジンを書いてある図面があったり、品物に（字が）書いてあったりするけどのう、あっちこっちあっちこっち次々（に）字が書いてあろう（あるだろう）。（ある一つの字を覚えていて）それで今度合わしたらの、反対になったりなんかしてからのう、その字をまた探すいうんが難しいわい。習ういうたら、全部習わにゃならんじゃろ。全部習うのは、子供で字画を習わんにゃ（習わないと）、大きうなって字画を習えいうても、絶対だめじゃ。字にならん。

恐らくこういうことを言われているのだと思う。その字、つまり「一つこと」を読めるなり、書けるなりしたところで、その字だけでは、「あっちこっちあっちこっち次々に字が書」かれているもの（文や図面などの）を読めもしないし、また同じようなものを書けもしない。そうならないためには、たくさんある字を「全部習わ」なければならないだろうが、それは子供の頃からやらないとだめだ、と。

その都度、目の前にあるその字、「一つこと」から字の読み書きを習得しようとすると、多分こういうことになるのだろう。言葉を換えていえば、その字、「一つこと」にその都度係わりを深めていこうとする「現場」感覚だけをもってしては、多量で複雑な字の読み書きの習得は極めて難しいということではないか。逆から言えば、字の読み書きの習得は、五十音や辞書といった一覧表になったものを頼りにしながら徐々になされないと、難しいということであろう。そして、この説明のなかにみられる「全部習う」とは、同じ内容のことを別の時には「腹へ入っとりゃあええ（入っていれば大丈夫）」といわれているので、これらの「表」のことを指してはいないように思われる。細かな字が無数に散りばめられているかに見える文字の世界に、徹底した「現場」感覚で取り組もうとするこの難行では、どうやら降参されてしまったようである。

このように、文字の読み書きの習得は難しかったものの、文字的世界の抱える基本的な問題点については、文字の読み書きされる「現場」に居合わすところから知りうる「現場の知」として、的確に把握されているのではないかと思われる。「反撃」の口調をもって、初由さんは次のように主張される。

> 字を知っとる者は、なかなかツブケじゃ。ツブケじゃ言うのがのう（というのは）、気が馬鹿じゃ（だということだ）。何も考えちゃおらん（考えてはいない）。一〇人が（いたら）一〇人、字を付けるものは、すぐその場で付けんかったら、もう分かりゃあせん。ちょっと暇がいったら（時が経つと）分からん。その場で付けりゃあええけどのう、その場で付けにゃあ（付けなかったら）のう、ちょいと暇がいったら、「ありゃ、ほうじゃったか（そうだったか）のう」いうて、「こう

じゃが、ああじゃが」（と）こっちが言うと、「ほうかいのう（そうかなあ）」いうて付けるがのう。あれだきゃ（だけは）、一〇人が一〇人その通りじゃ。あんたらにしても、どこへ行ってもちゃんと付けるものを置いといて、すぐ付けるんじゃ、ものを。ちょいと暇がいったら、もう分からん。字を知らんちゅう者はのう、二年や三年や前のことでも、なんもかんも皆考えとる。それがのう、身に染み込むんじゃのう。／それじゃなかったら、字を知らん者は生きちゃあおれん（生きてはいられない）。金のことでも何でも、すぐ覚えんかったら「この間はああじゃったこうじゃったかのう」言うても（言われてもか）のう、「何がこうじゃったああじゃった」（と）言えん。字を知っとる者のような気分じゃったら、字を知らんものは生きちゃおれん。／字を知っとる者は、思うた通りに、皆さっさっさっさっ書こうが（書くだろう）。書くけえ、それより他のことを覚えんのじゃ、物事を。三年や五年や一〇年のことでものう、年寄りと話してみんさい（みなさい）。三年や五年や前のことでものう、あんたが書いたより、まだまだ詳しいことを知っとるけえ。

お金のやりとりに際してなされる読み書きのみならず、様々な読み書きのなされる場を想起しながら説明されているように思えるが、基本的な主張の方向は第二節で認められたのと同様に、「現場の知」で分かることから「帳面」、「図表」によってなされる「無理解」の方へ向いている。ただ、ここでは漁労の「現場」から「書かれたもの」への不信を表明するという係わり方ではなく、読み書きのなされるその場に即応しながら主張が組み立てられている。

「すぐその場で付け」ないと「分から」なくなる、および、書いたこと「より他のことを覚え」ない、という二つの指摘は重要なのではないか。この指摘は、前節でみたグディの指摘している「書くこと」の二つの機能、つまり「貯蔵」と「脱脈絡化」の問題を、グディのごとく「書くこと」の仕組みそのものを解明する視点から把握するのではなく、その仕組みの「外」側からこの二つの機能が可能となる文字化の瞬間に潜む問題点として、的確に把捉し得ているのではないだろうか。つまり、「付け」られないものは「貯蔵」されはしないし、「脱脈絡化」するには「他のこと」を切り捨てざるを得ない。当たり前のことといえばそれまでだが、本稿でこれまでみてきたような、自分たちがさらされている「無理解」のゆえんをここに直観的に「現場の知」として突き止められているのだとすれば、私たちの社会の仕組みや学問そのものの存在を問い直していこうとする際に見逃すことのできない指摘であるように思われる。

どうやら分からないことだらけで、本稿を閉じなくてはならなくなったようだ。初由さんがいわれるような「身に染み込む」分かり方や道具を介した「知り」方とはいかなることで、それをいかに把握したらよいのだろうか。また、グディが分析し、初由さんが不信の念を投げかける私たちの社会や学問の仕組み自体もうまく分かり得ていない。分からないことがあるから、分かろうとすることができるのだと、とりあえず自分を納得させて、前節で触れた研究視角のもとに、今後踏張りたいと考えている。

六　結語

いくつかの点について、ここで確認しておきたい。

本稿では、漁師や魚商のおじさん、おばさんたちによる主張の意味を問おうと模索するなかで、主として「帳面」、「図表」といった「書かれたもの」およびそれを通じて形成される社会の仕組みによって加えられる社会的な圧迫のあり様について指摘してきた。しかし、だからといって、「書くこと」は否定されるべきだ、といった単純な主張を行なっているわけでは決してない。「書くこと」や「書かれたもの」の影響は、私たちのものの見方、感じ方、考え方、あるいは生活のすみずみの様々な事物にまで浸透しているわけだし、漁師や魚商のおじさん、おばさんたちにしてもこうした動きから逃れられているわけではない。問題は、このようにあまりに「書くこと」や「書かれたもの」を読むこと、あるいはそれらを通じて形成される社会の仕組み自体が私たちにとって自明化されてしまっているためにそれらをしっかりと把握できず、しかも、そのことによって知らず知らずのうちに本稿でも触れたような様々な「無理解」を起こすことになっている、ということではないか。それ故、課題となるのは、このような問題をしっかり認識しようとしたり、認識していくためにはどのようにすればよいのかを考えていくことであり、「書くこと」や「書かれたもの」の単純な否定では、自分の日々行なっていることからの横着な責任逃れにしかならないであろう。そして、このような課題と取り組むことによってのみ、「身に染みる」分かり方や道具を介した「知り」方、あるいは「現場の知」についても問題にしていくことができるように思われる。

また、現代社会において、識字の能力がしっかりと自らの生活や歴史・社会を把握し、それらをめぐって思索をめぐらし、「生活改善」の方途を探ってみる、といったことに積極的に用いられているのかどうかは疑問である。民俗学の方法的課題が「自省の学」たることにあるなら、私たちの様々な層にわたる「理解」をもたらせる様々なメディアの特性およびそれらの間の相互連関の仕組み、そしてその中での人間のあり様といった、今日の識字者をめぐる複雑な現状をふまえつつ、文字の読み書きの能力を軸に形成される民俗学的「自省」の実践がいかに可能であるのかが検討されなくてはならないだろう。また、「非識字」者の問題を個人的な問題に還元することは出来ないことを本文中でも触れたし、実際その問題を歴史・社会のうちに解明していかなくてはならないと考えるものであるが、識字教育の実践の文脈においては、例えば、P・フレイレ(13)が主張しているように、機械的な識字能力の習得ではなく、民俗学的な「自省」の観点がふまえられなくてはならないであろう。そして、この「自省」の観点のうちに先に掲げた、本稿でも指摘してきた「無理解」のゆえんを問うことが同時に自らの歴史・社会の解明でもあるような問題等々、は問うていかれなくてはなるまいし、私自身もこの観点から研究をすすめていきたいと考えている。

註

(1) 小川徹太郎「船住まい漁民の漁労活動体系――広島県二窓浦木江組の場合」『ふぃるど』一、明治大学社会人類学研究会、一九八六年、一三―二六頁、同前「文献資料にみる戦前日本の水上生活者」『ふぃるど』二、明治大学社会人類学研究会、一九八七年、五七―七五頁[本書、3章]、同前「ある行商船の終焉――瀬戸内の漁村から」『民話と文学』二〇、民話と文学の会、一九八八年、九四―一〇〇頁[本書、5章]、同前「近世瀬戸内の出職漁師――能地・二窓東組の「人別帳」から」『列島の文化史』六、日本エディタースクール出版部、一九八九年、七五―一〇〇頁[本書、11章]、同前「漁する老漁師たち――「シオをつくる」ことをめぐって」網野善彦・大林太良・谷川健一・宮田登・森浩一編『瀬戸内の海人文化』海と列島文化 九、小学館、一九九一年、四八九―五二五頁[本書、1章]など参照。

(2) 例えば、声のもつ情動性(=力)について指摘し、それが口承史の文脈において果たす「過去」を喚起する力の仕組みを文字史との比較のうちに分析する川田順造『口頭伝承論』(河出書房新社、一九九二年)の研究、律動的な性格をもつ物質の抵抗と常に「争う」ことからなる手の仕事が、それを行なうものの身体やエネルギー、表現や言葉にまで根源的な力を与えるとする、労働者による世界の能動的、力動的理解について指摘するG・バシュラール、及川馥訳『大地と意志の夢想』(思潮社、一九七二年)の研究などがある。また、戸井田道三は『歴史と風土の旅――みかんと猿田彦』(毎日新聞社、一九七三年)の中で、萩の町を散索しながら、この町を武家屋敷とみかんの町とのみ捉えるのは間違っていて、他の地区よりもごみごみしてはいるが生きている活気の感じられる漁師町こそ、「毛利家の城下町を引寄せたほんもとの力が生きているところ」（九〇頁）であるのかも知れないと、直感しているが、これは、「文明史」を通じて、職人は技術・経済的基礎を支える全能の「支配者」であったにも係わらず、技術・経済組織における位置では常に「従属の位置」であったと、「挫折」（一八〇頁）にみちた職人の歴史を説くA・ルロワ＝グーラン、荒木亨訳『身ぶりと言葉』（新潮社、一九七三年）による指摘と同様のことを言おうとしていると思われる。

（3）ある集団の編成や個人的状況を、その外的諸関係および全体社会の構造のうちに把捉しようとする、R・ウィリアムズ、小池民男訳『文化とは』（晶文社、一九八五年）やC・W・ミルズ、鈴木広訳『社会学的想像力』（紀伊國屋書店、一九六五年）らの研究にその視点が示されている。また、「より強くなければならない」とする意思をその境涯から聴きとることができる盲目の巫女たちを「芸術家」になぞらえ、彼女たちによってになわれてきた慣行を微視的な権力関係のあり様をふまえた地域社会の文脈のうちに解明しようとする川村邦光『巫女の民俗学――〈女の力〉の近代』（青弓社、一九九一年）による「地域民俗学」的研究、職人たちにみられる「つっぱり」として形容される物腰や語り口が、狭山事件の当事者におけるようなすさまじい重圧のもとでは生きるために必要な技法であることを示し、そうした物腰や語り口に歴史を読むことを通じて同時代史を問い直しうる視点を提示する市村弘正『漂識としての記録』（日本エディタースクール出版部、一九九二年）の研究などがある。

（4）小川徹太郎「漁する老漁師たち――「シオをつくる」ことをめぐって」前掲。

（5）池内長良「近世における漂泊漁民の分散定住と地元との関係――瀬戸内漁村の歴史地理学研究第二報」『伊予史談』一四二、一九五六年、一―一三頁。

（6）小川徹太郎「近世瀬戸内の出職漁師――能地・二窓東組の「人別帳」から」前掲。

（7）藤井昭「因島箱崎における家船の成立をめぐって」『芸備地方史研究』八三・八四、一九七〇年、三三―三九頁。

（8）河野通博「鮮魚運搬業」『漁村の生活――岡山県児島市下津井田ノ浦』瀬戸内海総合研究会、一九五四年、二七八―二八八頁。同前「瀬戸内海の活魚運搬業（第一報）――明治以後淡路富島におけるその展開過程」『瀬戸内海研究』六、瀬戸内海総合研究会、一九五四年、一五―四一頁。

（9）早瀬晋三「明治期マニラ湾の日本人漁民」『海人の世界：アジア・太平洋地域における民族文化の比較研究　シンポジウムII　プログラム抄録』国立民族学博物

館、一九九一年、八四―一一九頁。

（10）河岡武春「漂泊漁民の伝承文芸――「浮鯛系図」考」五来重・桜井徳太郎・大島健彦・宮田登編『講座・日本の民俗宗教　七』弘文堂、一九七九年、二〇一―二一四頁。

（11）J・グディ、吉田禎吾訳『未開と文明』岩波現代選書、一九八六年、一四四頁。

（12）以前、私は「近世瀬戸内の出職漁師――能地・二窓東組の「人別帳」から」（前掲）の中で、怠け者の若者が海鼠との競争に敗れることによって勤勉家になっていくという筋の話を紹介し、それを出職の「激増期」という歴史・社会的文脈における労働観を表すものとして把捉すべきことを指摘したが、こうした話が、いついかなる場において、誰が誰に向かってどのようになされたのかを明らかにするところから、ここにいう「伝達手段の連携」の具体的諸相を把握することが可能となろう。また、『〈口承〉研究の「現在」――ことばの近代史のなかで』（筑波大学歴史・人類学系日本民俗学研究室、一九九一年）では、「口承」をそれだけ孤立させて把捉するのではなく、文字、物品等との相互作用をふまえたメディアの重層的連関のもとに把握する視点が提示され、この観点から「伝承」概念を再検討しうることが示唆されている。

（13）P・フレイレ、柿沼秀雄訳、大沢敏郎補論『自由のための文化行動』A・A・LA教育・文化叢書Ⅲ、亜紀書房、一九八四年など参照。「認識主体としての人間が、自らの生活のあり方を定めている社会文化的現実と、その現実を変革する自らの能力とを深く自覚する過程を指」（五九頁・「編者注」）す「意識化」は、単に識字教育における課題としてのみでなく、とりわけ本文中でも触れたような今日の社会の現状をふまえるなら、私たちにとって切迫した課題として捉えられていなくてはなるまい。

（付記）「いい加減」な私に、様々なことを気付かせ、物事を学び、考えていく契機を与えて下さっている、本稿で話を引かせていただいた小町芳数さん、箱崎初由さん、故松本えみこさん、宮本昇さん、故吉田百松さんをはじめとした漁師や魚商のおじさん、おばさんたちに、この場をかりて感謝の意を表したい。また、いまだ中途半端な研究しかなし得ず、気が引けるのではあるが、一九八六年一月に成城大学野口武徳ゼミナール「野の会」（於早稲田奉仕園）で修論を発表した際に適切なコメントをいただいて以来、本稿で示した視点を模索する営みを徐々にすすめていく契機を与えて下さっている佐藤健二さんと、当時の会の世話人としてとりわけ場の設定において御尽力下さった大月隆寛さんにも、同様に感謝の意を表したい。

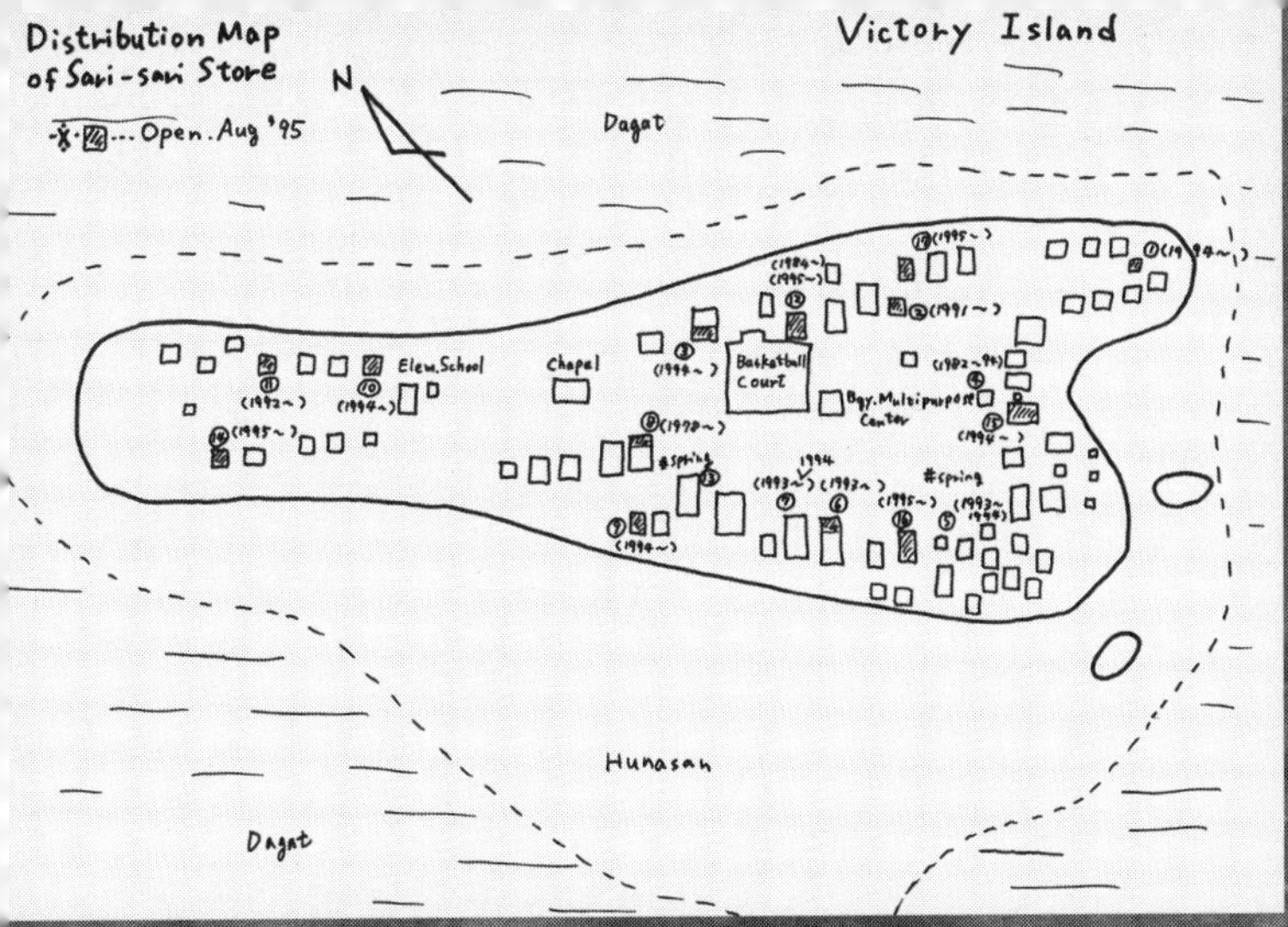

第二部　方法の問題——歩く・聞く・考える

扉図版：著者が描いたヴィクトリー島（フィリピン南西部の小島）のサリサリストアー分布図（8章参照）

3　文献資料にみる戦前日本の水上生活者

はじめに

管見の限りでは、これまで人類学・民俗学の分野から水上生活者を取り上げたものは、戦前には西村真次の東京の水上生活者に関する調査報告[1]が、戦後では桜田勝徳による『日本社会民俗事典』の中の「水上生活者」の項目[2]が存在するに過ぎない。

ここで新たに研究を始めるに当たって、まず目的ないしは方法論的・理論的枠組を提示すべきであろう。しかし、本稿の目的は、さらに前段階の作業として、水上生活者についてすでに「書かれたもの」に対して検討を加えておくことにある。とりわけここでは、資料の信憑性を問うのではなく[3]、時代的文脈の中で資料を位置付け、そこに「水上生活者観」を読取ることに力を注ぐ。また本稿では、紙面の制約と区切れのよさにより、原則として戦前の刊行物のみを取り上げて、戦中・戦後のものについては、後日、別の機会に発表することにする。

一　水上生活者とは

まず、本稿の題名にもみられる「水上生活者」という用語について整理しておかねばなるまい。表1〔一一三―一一五頁参照〕の諸論文の中から「水上生活者」を定義していると思われる一節のいくつかを抜き出してみよう。

「水上生活者トハ噸数帆船五噸未満、石数帆船五十石未満及倉庫船、伝馬船、耕作用船、其他（達摩〔ママ〕船、五大力船、団平船、荷足船、高瀬船（以上東京）、天奪《ママ》船、胴船、獅《ママ》牙船、上荷船、茶船、剣先船（以上大阪））艪摺《ママ》ノミヲ以テ運航シ若クハ主トシテ艪擢《ママ》ニ依リ専ラ河川又ハ港内ヲ運航スル小船ノ中ニ住居ヲ有シ家族ト共ニ其処ニ労働シ生活スル徒輩ヲ称ス）〔表1―No.5―私見1（以下では表のナンバーだけを記す）、四四頁〕

「水上生活者といふのは、船舶に居住する船頭、舸子（人夫《ママ》）水上行商人等の水上労働者及びその家族を指す」〔26、三五頁〕

経験に基づいて、船種・業種・船の大きさなどについて言及されてはいるものの、船内に居住するという「居住形態」に着目して用いられていることがわかる。すなわち、この用語は、雑多な業種に従事する船内居住者を総称して社会事業家が便宜上用いているに過ぎず、「水上生活者」という社会集団が実在するわけではないのである。[4] 現在確認できた限りでは、この用語が初めて見られるのは大正一〇年三月の東京市社会局による「水上生活者及浮浪者」『東京市内の細民に関する調査』（調査は大正九年九月中旬―一一月中旬）（1）であり、[5] さらに、この調査期間と第一次国勢調査の時期（大正九年一〇月）が重なることや「市民が大正九年のセンサスに目醒めて騒ぎ廻る」（2、八五頁）などの記述を併せて考えるならば、国勢調査が「水上生活者」という用語の成立の起源であると同時に、社会問題として「水上生活者問題」が登場してくる契機となったことは充分考えられる。国内常住者の全数調査を完遂する上で、移動性の高い住民の把握がいかに困難であったかは自ずと窺い知れる。したがって、水上生活者が対象化される背景には、全数把握という認識のあり方が存在していたことを予測しうるのである。[6]

二　社会事業調査の系譜

水上生活者に関する記述に考察を加える前に、社会事業調査の系譜について概観しておきたい。[7] というのも、戦前の刊行物の多くが社会事業調査の一環としてなされているからである。

我が国の社会事業調査は米騒動期に端を発しているといわれている。[8] 諸々の社会運動が激化する中、行政にとって治安維持を前提とした貧民・窮民[9]の把握は急務であったことはいうまでもない。大都市では救済課・社会課[10]が設置され、相いついで調査の成果が公表されることになった。例えば東京市では、この時期に「細民調査」が実施されている。[11] 本調査は三段階に分けて行なわれる予定であったが、実際には第三次調査は行なわれていない。[12] 第一次調査は「所謂概念調査にして主に部落を為せる客観的細民即ち本局調査員又は関係官公署の常識判断による細民につき普く全市に亘りて細民生活の概要を調査」[13]したものであったが、ここで得られた資料をもとに翌年三月『東京市内の細民に関する調査』[14]が公刊されている。中川清は、「都市下層が主として集住と収入の二つの視点から捉えられ、明治期の下層調査の具体性を保証していた職業視点が外されることになった」ことと、「「概数」にとどまるとはいえ市内の都市下層の全数を把握しようと試みた点[15]」で画期的であったと本調査を評している。その後、大正一〇年には六大都市で「細民集団地区調査[16]」がなされ、東京市では「細民生計状態調査[17]」が行なわれているが、前者は「不良住宅地区調査[18]」に引き継がれ、後者は細民を生活水準によって捉える「貧民・窮民調査[19]」を経て、「要保護者調査[20]」へと展開していくことになる。この「貧民・窮民調査」は、方面委員制度の確立[21]と軌を一にし、窮民をカードに登録する作業を伴いながら進展した。こうして、困窮者の存在を確認し掘り起こす性格の強い「貧民・窮民調査」は、生活標準によってあらかじめ調査対象の確定している「カード階級調査[22]」へと移行することになる。この時期（大正中期―昭和初頭）が社会事業調査の成立期とされる。

昭和恐慌期に入ると都市内困窮者の問題はさらに一層深刻となり昭和四年四月には救護法が制定され[23]、これを機に社会事業調査は増加することになる。この時期の調査では、先の「カード階級調査」にとってかわり、「要保護者調査」が主流となった[24]。中川清は、東京市による「要保護者に関する調査[25]」を評して、「ここにおいて初めて、「要保護」という独自の政策視点が打ち出された。「標準」以下の生活を営むがゆえに都市下層と認められていた世帯集団は、「保護を要する世帯」として、すなわち政策対象として把握されたのである。「要保護世帯」としての政策把握は、東京市における「細民調査」以来の下層認識の到達点であった[26]。」としている。この「要保護者調査」は昭和六、七年に最も多くなされ、昭和七年一月の救護法実施に相前後して、同法対象の「要救護者調査[27]」「被救護者調査[28]」ないしは「特殊対象調査[29]」へと分化していくことになる。以上の時期（昭和恐慌期―救護法実施直後）が社会事業調査の確立期とされる[30]。

その後、昭和一二、一三年頃になるとしだいに社会事業調査の数は減少していき、太平洋戦争突入以降は全くみられなくなる。戦時体制に移行する中で、軍事費中心の財政が救貧財政・調査予算を削減したことや、徴用・徴兵などによって労働力需要が増大し、失業者が減少したことなどが関係していたのであろう。この時期が衰退期とされる。

以上の社会事業調査の大まかな流れをふまえた上で、水上生活者に関する記述に目を転じていくことにする。

三　社会事業調査報告・論文にみる水上生活者の記述

第一節でも触れたように、水上生活者に関する記述の初見は、大正一〇年三月の東京市社会局による「水上生活者及浮浪者」『東京市内の細民に関する調査』である（1）。そこでは細民(31)が居住状態によって定居的細民(32)と不定居的細民(33)の二つに分類されており、水上生活者は、木賃宿宿泊者、浮浪者とともに後者に属するものとして取り上げられている。東京市ではこの分類規準が後々まで用いられ、表1―28にみられるごとく、水上生活者は浮浪者とひとくくりで捉えられることになる(34)。ここでの内容は、前節で紹介したように「所謂概念調査」をもとになされた関係上、「区別及其の職業の内容」、「世帯数及人口」、「生活状態」、「児童」の項目について概観されているに過ぎない。

その後の調査報告・論文を大観すると、㈠水上生活者の生活状態や基礎知識を把握しようとしたもの（3、5、6、7、8、10、18）(35)。㈡直接社会施設について言及しているもの（11、12、13、16、17、20、21、22、23、25、26、27、29、33、35）。㈢社会変化による生活状態の再調査（30、32）、の三つに分類可能であろう。㈠は昭和三―五年に多くみられ、㈡は昭和七―一〇年に集中し、㈢はそれぞれ昭和一二、一三年に刊行されている。㈠が昭和三―五年に集中することの要因には、①不景気による水上生活者の窮貧化、②その窮貧化の結果とも捉えられるが、救護法制定（昭和四年四月）により、それまで把握され難かった「不定居的細民」の詳細な実態を明確にする必要が生じたこと、などが考えられる。㈡は、㈠に連動するものとして捉えられ（例えば10→13）、㈠で得た基礎知識をもとに、具体的な施策に転じようとしたものといえる。これをさらに細かくみると、前期（7、11、13、16、17）には教育問題（不就学児童問題）に焦点が当てられ、後期（12、14、20）では方面委員制度の設置問題に主題が変化していることを指摘できる。

前節でみた社会事業調査の大きな流れと対比させながら水上生活者に関する調査報告・論文を整理すると以下のようになる。社会事業調査の成立期（大正中期―昭和初頭）には、東京市社会局の細民調査、第一回国勢調査（ともに大正九年）、中間調査（大正一四年）によって水上人口・世帯などの概数は提示されてはいるものの、水上でなおかつ移動性の高い属性のためか、方面委員制度を通じて困窮者の存在を掘り起こす「貧民・窮民調査」へとは容易に発展しなかった。その後、「要保護者調査」が社会事業調査の主流を占めるようになった確立期（昭和恐慌期―救護法実施直後）の初期の段階になって、ようやく㈠のごとく基礎知識を把握しようとする調査が各地の大都市で行なわれるようになった。この㈠は、方面委員制度は用いられてはいないものの、意味的には先の「貧民・窮民調査」に該当するものと理解できる。確立期の後期、すなわち救護法実施に相前後して「要救護者調査」・「被救護者調査」が主流となる段階になって、㈡のごとく社会事業関係の雑誌が水上生活者特集（20、21、26）を組んで社会施設について言及することになった。この機に至り、水上にも方面委員制度を必要とする気運が高まり、例えば東京市では昭和八年八月一五日より二七名の水上専任の方面委員が嘱託され、水上方面委員制度が設置されている[36]。このように、陸上に遅れること約一五年で水上にも方面委員制度が適用されることになり、それまで常に陸上の施策の埒外にあった水上にも、ついに陸上と同一の制度が持ち込まれることになるのであった[37]。

それでは、行政担当者・社会事業家によって水上生活者はいかに捉えられていたのであろうか。それらがよく現われていると思われる一節のいくつかを掲げてみよう。

「これを要するに彼等の社会的生活は今なほ水平線下にある。而して次代を形成すべき水上児童のためには何等見るべき教育施設なき現状にある。想ふに世の識者、社会事業家、為政者等の等しく想ひを致すべきはこの点であって、彼等が現在及び将来の生活を深く注視することによってその施設を適切ならしめ、彼等の生活をして一日も速かに水平線上のものたらしむべきである。」(7、三五・三六頁)

「此処に於てか彼等に学問をなさしめ趣味を高尚にして精神的娯楽と慰安を与へて彼等をして滅亡に陥らざる様指導するを急務とする。」(15、一二〇頁)

「水上児童は、全体的に観て其の智能、其の体位、其の性格素質に於て一般陸上児童に比し、一段劣って居るとは言へ剴切適正なる養護、教育を施すならば実に卓越せる健実な精神と筋骨逞しき体躯を取り戻し、興亜の大業を継承するに足る陛下の赤子となり得るのである。」(35、三八頁)

ようするに、彼らにとっての水上生活者は、「文化より遺棄」(20、「巻頭之言」)された、いまだ「水上線下」(7、三五頁)にある「食乞《ママ》」(16、七七頁)、「病人」(35、三二頁)、「欠陥ある人物」(3、四一頁)であり、「教育」を施すことによって、「匡正」(3、四五頁)、「矯正」(35、三九頁)し、いずれ「全廃」

(26、六九頁)されるべき対象に過ぎなかった。[38] 教育に係わる部分を恣意的に取り上げているように見えるが実はそうではない。水上生活者が貧困であったことは紛れもない事実であるが、救護対象として把握されるのは不況期に限られていたし、[39] 救護法の適用範囲も「六十五歳以上ノ老衰者」、「十三歳以下ノ幼者」、「妊産婦」、「不具廃疾、疾病、傷痍其ノ他精神又ハ身体ノ障碍ニ因リ労務ヲ行フニ故障アル者」に限られていた。むしろ、終始問題とされていたのは不就学児童問題であった。[40] ここに、貧困を「病い」と認定し、それを学校で施与する「処方箋」によって対処できるとする社会事業を貫通する論法を見出すことができるのである。この論法は、帰結として「学校の論理」と「水上生活者の論理」との間に葛藤を引き起こさざるを得なかった。なぜなら、学校は固定して動かない存在であるのに対し、当然のことではあるが、水上生活者とは船内居住者のことであり、船は移動用具だからである。「陸上」と「水上」、あるいは「定着」と「移動」の対立と言いうるであろう。この対立は、いうまでもなく、前者が後者を「同化」する方向へと進展した。「我々は路上に於ける救済網を更に水上に延長する」(20、「巻頭之言」)という一節に如実に現われたこうした動向は、具体的には陸上的論理の代弁ともいえる方面委員制度が適用されることによって、徹底化されることになるのであった。

以上にみた社会事業の論法を支持するものとして次のような一節がみられる。

「現今では何とかして吾児を就学させたいと心を悩ます父兄も少なくないのであるが、是れは己れが無学文盲として苦い経験から其必要を感じるからである。」(3、四四頁)

「「自分が教育を受けなかった為め出世出来なかったから、せめて我が子丈には教育を授け度い」と言ふ熱烈な希望と期待をかけて居るものもある。」(35、二八頁)

なるほど文字通り理解するなら、水上生活者が教育を受けたいと欲しているわけであるから、社会事業家の施策は当を得ているということができよう。しかし、何故にこうした言葉が水上生活者の口をついて出ることになったのか、彼らの意識の変化の深層をもう少し掘り下げて理解してみる必要があるであろう。

かつてI・イリッチは、教育制度について論じる中で、「福祉関係の役所は、社会の創意工夫を専門的にも政治的にもまた財政的にも独占することを主張し、何が価値があるか、何が可能であるかということに基準をもうける。この独占が貧困の近代化をもたらす元凶である。個々の簡単な要求に制度的な対応がなされるたびに、新しい種類の貧民や、貧困の新しい定義が生まれてくる。(中略) 基本的な諸要求が、一たび社会によって、科学的に生産された物資への需要で置きかえられると、貧困は専門技術者が気ままに変えることができる基準によって定義されるようになった。そして貧困者とは、何か重要な点において一般的に考えられている消費の理想的水準に追いつかなくなった人々のことをいうようになった。メキシコでの貧困者とは三カ年の学校教育を受けなかった者であり、ニューヨークでは十二カ年の学校教育を受けなかった者ということになる。貧困者はいつの時代にも社会的に無力だったのであるが、制度的な世話に依存する度合がしだいに高まってくると、彼らの無力さに新しい要素が加わった。それは心理的な不能とか、独力でなんとかやりぬく能力を欠くとかいうことである。アンデス山脈の高原に住む農民は、地主や商人に収奪されている。それがリマに移住すると、その上さらに政治的なボスに依存するようになり、学校にいかなかったということで、無能力化される。近代化された貧困とは、状況に影響を与える力の欠如と、個人としての潜在能力の喪失とを結合したものである。貧困の近代化は世界的な現象であり、現在人々の潜在的能力を未開発のままにしておく根本原因となっている」[41]として、古典的貧困にとってかわる新たな貧困を定義している。そして不就学児童ないしその家族は次のようにして近代化された貧困へと向っていく。「学校は、彼らに学校のための支払いをさせる収税吏を通して、あるいは、学校についての期待をあおる煽動政治家を通して、あるいは、一たび学校に結びつきをもった後の彼らの子供たちを通して彼らに劣等感をもたせる。それで、貧しい人々は自尊心を失い、学校を通してのみ救いを与えてくれる一つの教義に帰依することになる。少なくともキリスト教の教会は、人々の臨終の際に、彼らに懺悔をするチャンスを与えた。それに対して学校は彼らに、彼らの子孫がそれを成し遂げるであろうという期待（むなしい望み）を抱かせるのである。その期待とはもちろん、一層多く学習することであり、その学習は教師からでなく学校から与えられるものなのである。[42]」

いうまでもなく筆者は、I・イリッチと同様の立場から水上生活者の供述を捉えるものである。水上生活者は、都市生活における様々な矛盾の原因を自らが不就学であることに転嫁して考えるようになった。以前には[43]陸上とは異なる知識・技能の体系が、その間に「搾取」、「排除」あるいはその裏返しの「羨望」などの関係を生じさせてきた。しかし、そこには自らの技能に対する確信があったであろうし、それを積極的に改良したり、他の職業へ転換利用する知恵も存在していた。近代的一元的価値は、これすらも打ち消す方向へと進展することになった。彼らは、より大きな近代制度の中に組み込まれることによって、それまでとは違った「平等性」と「競争」を原則とした新たな生活の局面を迎えることになるのであった[44]。

四　西村論文にみる記述

西村真次（一八七九—一九四三）は、大正から昭和にかけて歴史学、考古学、人類学の分野にまたがって活躍した古代史研究家である。とりわけ船舶研究は終生変わらぬテーマであった。昭和七年には『皮船』（'Skin-boats'）その他の業績に対して文学博士が授与されている。(45) ここで取り上げる「東京の水上生活」（2）は四二歳の時に著わされたものであるから、壮年期の西村の作である。また、大正一〇年八月に掲載された当論文は、同年三月に刊行された『東京市内の細民に関する調査』（1）とともに水上生活者に関する文献資料の中では先駆的なものとして位置付けることができる。

西村は水上生活者の研究を始めた経緯について次のように述べている。

「久しい前から船舶の構造の発達の歴史を調べていた私は、南方、たとへば安南の河々に竹筏を泛べて、それに屋根を作って常住の棲み家としている印度支那人と、東京の河々に宿船を浮べて、その中で生活している日本人との間には、何等かの人種的関係がありはしないかと疑った。宿船の生活者、船を住居としている船頭達にとっては、船は定まった住居であるけれど、船を繋留する場所は必ずしも一定している訳ではない。言はば船はシベリア人の天幕《チュム》のやうなものである。かうした住所を定めぬ生活法は、それが環境に支配されて現はれたものであるか、或はまた遺伝的に来ているのであるか、ことによると、かの山窩のやうに、系統的のものであるかも知れないといふのが私の考へであって、私は東京の水上生活の研究に足を踏み込んだ。」（八四頁）

ライフワークでもあった船舶研究への尽きせぬ関心が東京の水上生活者、とりわけ宿船の生活者に目を向けさせたことがわかる。また、東京の宿船生活者を問題にする時でさえも、東南アジアの筏船生活者を併置させ、その間に「人種」、「環境」、「遺伝」、「系統」などの関連を想定しているところなどは、当時の人類学・民族学の状況がよく現われているといえよう。

さらに、次のように続けている。

「水上生活の研究を、始めは好奇心から殆んど無目的でやっていた私は、土俗学の立場、経済学の立場、社会学の立場などから試みるようになり、今日では大分深い興味と少なからぬ理解とを持つやうになった。ここに書くのは、その研究のほんの一部である。」（八四頁）

前述の直感に依拠する立場からさらに一歩進んで、同時代の社会的文脈の中で水上生活者を捉えていく際の学的立場が明らかにされている。

以上のような研究の契機、関心、方法のもとに、次のような論文構成がとられている。「一　境遇か伝統かといふ問題」、「二　東京の船舶数と搭乗者」、「三　船舶の種類と業務」、「四　水上生活者の故郷」、「五　船型と船頭気質」、「六　宿舟の生活」、「七　炊事船の生活状態」、「八　船乗の児童の義務教育」、「九　川筋に於ける通船と停船」、「一〇　貨物集散と船舶との関係」、「一一　水面に於ける警察事故」、「一二　緒言」(46)。全体を通じて網羅的・概略的であることは否めないが、「宿舟」、「船頭気質」、「貨物集散」の項は、前節の社会事業調査報告ではみられないものであり（31を除く）、当論文を特徴づけているといえる。とりわけ「宿舟」には、間取りと写真が掲載されており、関心の深いことがわかる。

さて、西村は水上生活者をどのように捉えていたのであろうか。彼らの出身地（千葉、東京、茨城の順）に船乗、漁民が多いことから、「思ひ付いた儘」（九一頁）と断わりながらも、次のような見解を示している。

「彼等の運命が今日の状態を展開するのには、そこに大きな共通の原因―「寰境」の支配といふものがなければならぬ。寰境は個人によってそれぞれ異ふであらうけれど、しかも彼等を水上生活に導いて行ったことは、そこに同一の力の作用の存在していることを認めしめる。寰境にも種々の姿相はあるけれども地理的のそれ、社会的のそれが、重要な力を持っていなければならぬ。

我邦では物質文化が進んだといひながら、まだまだ地方にはそれの普及していない場所があって、其地方地方では、特殊の様式の生活が営まれている。私の考へでは、其特殊の生活様式がそれ自身に、其地方民衆に取って大きな「寰境」となり、それに影響され、支配せられて、一地方に共通な、他地方とは異った、一種の職業生活が世襲的に行はれることがある。」（八九頁）

「特殊の生活様式が河川の為めに作られているといふことも言へるのである。」（九一頁）

ここで西村のいう「寰境」とは、「寰」の字が充てられていることからも地域的なニュアンスが含まれていることがわかる。また、生活様式という用語は包括的な文化概念として使用されているから[47]「寰境」とは、生活様式（文化）を共通にする地理的範囲、すなわち文化領域（「生活圏」）[48]と理解されるべきであろう。こうした文化領域は、西村のいう地方化（Localization）[49]によってもたらされるが、「河川の為めに作られている」という件からも察知されるように、地理的環境に強く規定されて形成されるものであることがわかる。ここではこの「寰境」の概念が「地方」＝「物質文化の普及していない場所」に適用されていることに特徴がある。地理的決定論が当時の西村の「古代」を捉える際の枠組であることを考え併せるならば[50]、ここでは「地方」が「古代」として捉えられていることになる。西村にとっての「古代」とは、「近代」と対峙させて考えられるものであり[51]、「近代」を相対化する手段でもあった[52]。とすると、ここでの「地方」は「近代」に対立するものとして捉えられていることになる。こうした論法、すなわち「古代」と「地方」が同一枠組で把握可能とすることや、それが地理的決定論であることはやはり問題である[53]。したがって、こうした論法から設定される河川に共通する「特殊な生活様式」すなわち「河川文化」も妥当性を欠くことになる。河川に沿った地域に「陸上」とは異質な生活様式が見出せることは確かであろう。しかし、この差異は、ここで用いられた論法で捉えられるよりも、むしろ全体社会（「陸上」）の「下位文化」（「水上」）さらには職業差として捉えられる方がより的確であるように思われる。職業にはそれぞれに特有な知識・技能の体系が存在するという理由によってこの差は保証されるであろう。「職業生活」という言葉が使用されていることからも、西村に、水上生活者を職業的観点から捉える認識が無いわけではないし、この点こそが注目されるべきであろう。[54] こうして、差異が全体社会の「下位文化」として、あるいは職業差として捉えられたなら、水上での移動生活に備わる知識・技能の体系が明確な形で把握されねばならないし、こうした体系が、種々な制度の中でいかに対抗しつつ展開してきたのかが問われねばなるまい。

さらに、続けている。

「下江しながら私は色々と考へた。其考への中の一つは、「土一升金一升」の地代の高い東京市では、盛んに宿船を浮べて新式住宅を市民に提供し、住宅難を緩和することとしてはどうか。船舶航行の妨礙になるといふ説の如きは、場所の選択と、繋留の方法とによってこれを消滅せしめることが出来るといふことであった。私の頭脳は、いつしかシャムの宿船だの、ロンドンの宿船《ボウト・ハウス》だのを思ひ浮べていた。」（九八頁）

「水上生活者は、今後益々多くなって行くべき筈、またそうあらしめねばならぬ」（一一一頁）

やや思いつきの感があるが、前節でみた水上生活者を「全廃」する方向とは別の方向を示唆しているように思われる。しかし、西村には、前節の「社会事業の論法」にみられた「学校の論理」（「陸上」）に対抗しうる論理が構築されていたわけではないし、学校の弊害が看取されていたわけでもない。「陸上」と「水上」の差異に着目し、後者が前者に「同化」されない方向を目指していたなら、後者が存立しうる論拠をもう少し明確な形で提示すべきであったであろう。「水上」の可能性を主張するにはやや論拠が稀薄であるといわざるを得ない。西村の発想を無駄にせぬためにも、我々は「水上の論理」をより明確化しておく必要があるであろう。

まとめと今後の展望

水上生活者に関する文献を収集し、それを年代順に並べてみると一定時期に特定の内容を持つ調査報告・論文が集中することを発見した。そして、こうした傾向には、それなりの意味があるはずであろうと考えた。とりわけここでは、水上生活者に関する記述の大半が社会事業調査報告・論文であったので、社会事業の大きな流れの中でそれらを位置付けてみることにした。当該時代について、あるいは社会事業全般について充分な認識を持ち得ていないので汗顔の至りなのであるが、第一回国勢調査（大正九年）、救護法（昭和四年公布、昭和七年施行）などと関連しつつ、調査報告・論文で「水上生活者」問題として対象化されながら近代制度に組み込まれていく様には、明らかに時代性を読取ることができた。さらに、行政担当者、社会事業家の「水上生活者観」を検討した結果、貧困を「病い」と認定し、それを学校で施与する「処方箋」で対処できるとする社会事業を貫通する論法を見出すことができた。一方、西村は、独自の文化概念を駆使して水上生活者を捉えようとしたが、その論法はやや妥当性を欠くものであった。さらに、異なる体系が併存する方向が示唆されてはいたものの、その論拠は明確にされてはいなかった。いずれにしても、「学校の論理」に替わる論理を提示し得るか否かが今後の課題となろう。

最後に、以上の諸点をふまえた上で、今後の指針のいくつかを掲げておく。

㈠戦後に刊行された調査報告・論文について整理を行なう。とりわけ、昭和四〇年代の経済構造の転換、コンテナ化の促進などによって水上生活者の消滅していく過程を分析する。その結果と、ここで扱った戦前のものを合わせることによって、日清・日露期に出現し高度経済成長期以降消滅していった「水上生活者の一代記」を作成する。そこには、日本の近代が凝縮した形で現われるであろう。特に艀運送業に関連するものについては、「業務」に注目して整理しておく必要があろう。

㈡ここにみた社会事業調査を踏み台として、日本の社会調査、民俗調査などの系譜を明らかにする。とりわけ、全国にまたがる連絡機構をもって展開した方面委員や郷土史家の調査、あるいは、警察その他の調査項目、調査票を用いた調査などについては、調査を実践するものとして、自らの位置を確認するためにもその性格を把握しておく必要があろう。また、本論中でも指摘しておいたが、国勢調査と移動性の高い住民との関係についても明確にしておく必要があろう。

㈢水上生活者に対する行政的施策、さらにはそれに対する水上生活者の対応(補註)を考察することから始めて、広く移動民と権力との関係ないしはその変遷を明らかにする。例えば家船、船住い、旅芸人、山窩、あるいはヨーロッパにおけるジプシー、運河・川の民などが近代国家の中でいかに位置付けられてきたかは重要な問題となろう。

㈣産業構成の異なる都市を、単に水に面しているという理由で比較することは短絡的過ぎるかもしれないが、この点をふまえた上で、西村の指摘していたごとく、「水上」の可能性について考察することは重要なことであろう。とりわけ、東京、大阪を出発点として、香港、バンコク、スリナガルへと、アジアにおける生活の場として水上を捉えつつ比較を行なうことは興味深い作業となろう。

㈤最も力点を置きたい部分なのであるが、近代水上都市の民族誌を作成する。かつての水上には艀だけでなく、曳船、宿船、料理船(牡蛎船)、水上方面船、病院船、風呂船、渡船、巡航船、あるいは鰻採り、沙蚕採り、水上行商人〈ウロ〉、砂採者、仲仕〈アンコ〉、ニゴ屋（関西）・サナ屋（関東）、河《ガ》太郎《タロ》（関西）・ヨナゲ屋（関東）など多種に亘る船種・職種が存在し、河岸には多くのスクォッター達の杭上家屋がひしめきあっていた。こうした水上、水辺を舞台とした人々の関係が織りなす世界を記述していきたい。とりわけ、水と陸をつなぐニゴ屋・サナ屋に注目したい。聞き書が中心となることは間違いないであろうが、方法は目下検討中である。

（補註）**家船**　小船を住まいとして家族が居住し、主として海産物の採取と販売に従事しながら常に一定の海域を移動・出稼する漁民。もともと家船は長崎県西岸での呼称であったが、民俗学をはじめとした人文科学では長崎県という地域的な文脈を離れて同様の特徴を示すものを総称する言葉としてこの語を用いている。長崎県の家船は、エンブとも呼ばれ、近世には大村藩では瀬戸（西彼杵郡）・崎戸（西彼杵郡）を松浦藩では平戸をそれぞれ本拠地とする集団がみられ、このうち崎戸からは近世末期には五島樫ノ浦への移住がみられた。漁法はいずれの集団においても銛突き・潜水漁・雑魚曳き網が行われ、瀬戸・崎戸ではこれらに加えて追い込み漁の葛網が行われた。銛突き・潜水漁では四、五隻、葛網では一〇～二〇隻からなるクマセと呼ばれる船団が編成され領海内の漁場を移動しながら沿岸農村の得意先と交易を行なった。大村藩の家船では藩吏により「家船由来書」「家船の由来」と呼ばれる由緒書が作成されているが、そこには家船が藩主に尽くした忠誠に対する恩賞として領海内を自由に操業する特権を保証されるとともに船公役を船手御用の義務を課せられたことが記されている。このような交通・軍事に関する公役に加えて、長崎俵物貿易にあてられるアワビの納入も課せられている。幕末・明治期にはこうした慣行漁業権による漁業を行う家船と新興の漁民との間の葛藤が顕著になっている。瀬戸内海にも家船の特徴を示す漁民がみられた。船住まいと総称され、能地（広島県三原市）・二窓（同竹原市）の漁民は手繰網を漁法として近世より瀬戸内一円に出職を行い、出職先では長崎俵物貿易に用いられる御用煎海鼠の生産にも従事している。出職には『浮鯛抄』と呼ばれる由緒書を携行している。吉和（広島県尾道市）では明治以降に船住まいが発生しているが、ここでの漁法は一本釣・延縄であった。研究者による長崎県家船についての最も早い記述は、一九二一年（大正十）に長崎市商業会館で行われた柳田国男による講演の記録「家船─水上生活」である。また同年には東京市社会局から水上生活者についてのはじめての報告書が刊行されている。前年に実施された第一回国勢調査は領土内人口の全数・一斉調査を通じて新たな社会問題が構成される機縁となったが、こうした国家内の周縁文化の再編成とその国家化のプロジェクトの過程に家船研究の発生は位置づけられる。民俗学では桜田勝徳が一九三二年（昭和七）に家船探訪記を表わし、瀬川清子が一九四〇年に家船女性の交易に注目した論考を発表した。一九四〇年代には木島甚久による長崎県瀬戸での民族誌学的研究のほかに吉田敬市・小笠原義勝・羽原又吉らによって日本全国のみならずアジア全域の家船を俯瞰する研究が発表された。これらの認識の特徴は、船所帯と頭上運搬という外観を家船を識別する指標とし、そうして識別される家船を本来の海民として古代海人族の子孫とみなすものであった。ここには国家内に認められる周縁文化やアジアという周縁とみなしうる外国文化を日本の国民文化の基層として再分類するナショナリズム的な観点が認められる。こうしたナショナリズム的な言説は一般向けの歴史書では今日でも認められるが、野口武徳にみられる戦後の研究では、近代国家を構成するさまざまな制度と家船の文化の間に生じる諸矛盾を分析することに論点が移行している。これらの分析では漂泊と定着という対比的な枠組みが使用されるため、前者の対象を後者の措定物としてロマン的に固定化しやすく、こうした枠組によって示されることの間でなされる複雑な実践を捉え難くさせる。現在の家船研究には二つの傾向がみられる。一つは、家船を国民文化の基層として語るナショナリズム的な言説の発生と働きを分析する系譜学的なアプローチ。近代日本人と他者という観点において重要となる。二つめは文化的、政治的、経済的権力の働きを視野に入れつつ日常生活に認められる力関係を分析する民族誌学的アプローチ。移動と権力、支配と抵抗、表象と操作といった観点において重要となる。最近の民族誌学的研究は、長崎県の家船や瀬戸内海の能地といった現在ではそれほど漁業が盛んでないところよりも、近代的な制度や装備の普及に伴い移動することに積極的になっていった瀬戸内海の豊島（広島県豊田郡豊浜町）などで主として行われている。

註

（1）西村真次「東京の水上生活」（表1―2）。

（2）桜田勝徳「水上生活者」日本民族学協会編『日本社会民俗辞典』第二巻、誠文堂新光社、一九四五年、七七〇・七七一頁。

（3）実際のところ、的確な実数が把握され難いために水上生活者は対象化されるのであるが、行政調査報告

（表1―7、8、9、10、18、28、30、31、32）にみる資料の収集方法は、㈠悉皆調査や㈡情報の均質化・記号化によって、科学性が重視されているといえる。

（4）ここでみられる業種の他、家船、船住いなどと呼ばれる漁民をこの用語に含めることもある。例えば亀川信人（長崎県社会課）「家舟生活者の生活と習俗」『厚生問題』二六―二、一九四二年、四〇―四七頁や、桜田「水上生活者」（前掲『日本社会民俗辞典』）。しかし、筆者の知りうる限りでは、当事者達は、自らを「船頭」、「漁師」、「漁方」などと称して、決して我々「水上生活者」とは言わない。

（5）この時期に水上生活者が取り上げられた理由として「世界戦乱の影響を受け我財界の活躍したりし時期に於ては、彼等の収入は常に高額にありて、殊に救済上の対照として調査の範囲に入らざりしも、本年三月以降財界の激変を来すに及び、艀業は著しき打撃を蒙り繋船の増加、収入の減少、生計の困難、失業を斉し其の傾向今後益々深酷ならんとす、之れ殊に水上生活者を以て本調査の一部に加へたる所以なりとす」（表1―1、東京市社会局『東京市内の細民に関する調査』一二六・一二七頁）と述べられている。

（6）残念ながら、ここでは、これ以上国勢調査と移動性の高い住民との関係について論じる用意はないが、この問題についてては、さらに詰めた議論を行なう必要があるであろう。

（7）ここで提示する時期区分は、社会福祉調査研究会編『戦前日本の社会事業調査』勁草書房、一九八三年に負うている。

（8）同前書、三一頁。

（9）「貧民階級を一般貧民と極貧の窮民との二種に見、前者は一家が漸く衣食住費の最少限度を得るのみの者とし、後者は一家が生存上必須の最少限度をも充たし能はざる者と定義するを最も適当なりとす」（内務省社会局『本邦社会事業概要』一九二二年、四四頁）。

（10）大阪市では大正七年一一月に救済課（大正九年四月に社会部と改称）が設置され、翌年一月には横浜市に慈救課（大正九年九月に社会課と改称）が設けられ、同年一二月には東京市に社会局が設置されている。

（11）大阪市では工場職工を対象とした「労働調査」が中心であった（大阪市役所『大阪市社会事業概要』一九二〇年一月、一〇三―一〇八頁）。

（12）「右第一次調査は大正九年九月中旬に始め同十一月中旬を以テ完了し、第二次調査は同十二月上旬を以テ完了し、第三次調査は大正十年六月を期して之を実施せん予定なり」（前掲『東京市内の細民に関する調査』「緒言」二頁）。

（13）同前書、「緒言」一・二頁。

（14）論文構成は以下のようになっている。「第一篇

定居的細民の調査……第一款　分布地域、第二款　世帯及人口、第三款　住居、第四款　職業、第五款　生計、第六款　細民生活の諸事情」、「第二篇　不定居的細民……第一款　木賃宿宿泊者、第二款　水上生活者及浮浪者」、「第三篇　今次財界不況の影響」。

(15) 中川清『日本の都市下層』勁草書房、一九八五年、二二三八頁。

(16) 内務省社会局『細民集団地区調査』一九二三年。

(17) 内務省社会局『細民生計状態調査』一九二三年。

(18) 例えば、大阪市社会部『密住地区居住者の労働と生活』(労働調査報告第二六号) 一九二五年、京都市社会課『不良住宅密集地区に関する調査』(調査報告第六号) 一九二九年、東京市社会局『東京市不良住宅地区調査』一九三二年など。

(19) 神戸市社会課『神戸市内ノ細民ニ関スル調査 (第一回生計之部)』一九二四年、神戸市社会課『神戸市内ノ細民ニ関スル調査 (第二回環境ノ部)』一九二六年、大阪市社会部『本市に於ける窮民』(労働調査報告第四八号) 一九二六年など。

(20) 例えば、東京市社会局『東京市内要保護者に関する調査』一九三〇年、大阪市社会部『大阪市要保護世帯調査』一九三二年など。

(21) 方面委員制度は大正七年一〇月に大阪府で施行されたのを皮切りに、横浜市大正九年八月、東京市大正九年一二月、名古屋市大正一二年七月、兵庫県大正一五年五月と相ついで施行されている (全日本方面委員聯盟『方面事業二十年史』一九四一年)。大阪府の方面委員制度の立案者小河滋次郎は、施行の経緯について次のように述べている。「最近数年の間に、市の発展に伴ふて新たに出来た所の貧民地域を指して、台湾又は新台湾と唱へておるが、(中略) 独り貧民窟に限らず、市の場末なり、接続町村なりに於ける無秩序無節制なる無産階級者の生活状態は、其の総てが殆んど絶海の孤島に新開せられた殖民地の加きものであって、(中略) 都市生活の安寧秩序を破壊し脅威する所のすべての禍源もまたこの地域内に伏蔵温醸せられて居る、大大阪に取ってこの地域は恰も危険なる一大火薬庫の何等防備なくして開放せられておるやふなものである。こう言ふ理由からして、先づこの地域を選んで社会民衆生活の気象台又は測候所とも称すべき方面委員制度を設置するに至った次第である」(「社会事業の基礎的施設としての方面委員制度」『救済研究』九―八、一九二一年、八・九頁)。

また、小川政亮は、大阪府の方面委員制度を次のように評している。「日常救助を要する者と然らざる者の別を立てるということで、全く困窮するものとそれほどでない者――「第一種貧困階級」と「第二種貧困階級」――いわば窮民と細民を峻別し、ひとしく貧困者と考えられる階層を更に細分類することを通して、救貧行政の能率化と、ひいては救貧財政の効率化を企図すると同時に、労働者、貧困者の居住地区について、直接抵抗感を誘発することなしに——警察官がサーベル下げて戸口調査をすれば反感と警戒を招くが、方面委員ならそうではない——綿密な調査と貧民管理を日常的に行うことのできる機構と態勢を整備することによって、治安維持、支配階級にとって危険人物乃至は不穏状勢の迅速な把握や防遏に役立てることができるという、いわば一石数鳥の役割を担って登場した」(「大正デモクラシー期の救貧体制」日本社会事業大学救貧制度研究会編『日本の救貧制度』勁草書房、一九六〇年、一九〇頁)。

(22) 例えば、京都市社会課『貧困者に関する調査』(調査報告第五号)一九二七年、東京市社会局『特定地域に関する調査』一九二七年など。

(23) 救護法の制定から実施までの経緯については、柴田敬次郎『救護法実施促進運動史』巌松堂書店、一九四〇年を参照。

(24) 加瀬裕子「困窮者調査」(前掲『戦前日本の社会事業調査』五頁)は、「要保護者調査」と「カード階級調査」の違いについて㈠調査対象の規模、㈡対象の明確化、㈢方面別に調査を行い、調査分析も方面ごとに行う方向の定着の三点をあげている。

(25)「本調査は本市内要保護世帯の数、分布、内容等を詳にし、本局事業の基礎的参考資料とせん為め、曩に昭和四年三月二十五日現在に依り施行したる第一回の要保護世帯調査を同年十一月十五日現在に依りて訂正、補充したるものにしてこゝに発表するは其の概要なり」(前掲『東京市内要保護者に関する調査』「凡例」)。

(26) 前掲『日本の都市下層』二五二頁。

(27) 例えば、京都市社会課『要救護者に関する調査』(調査報告第一三号)一九三一年、東京市社会局『東京市内要救護者に関する調査』一九三二年など。

(28) 京都市社会課『昭和七年救護状況報告』(調査報告第二六号)一九三三年、東京市社会局『被救護者に関する調査(昭和八年度)』一九三四年、大阪市社会部『本市に於ける救護状況調査』(社会部報告第二一四号)一九三六年など。

(29) 例えば、東京市社会局『要保護世帯に於ける老衰者の調査』一九三四年、東京市社会局『要保護世帯に於ける乳幼児の生活状態』一九三五年、東京市社会局「東京市における要保護母子調査結果報告」『東京市社会局時報』一〇・一一・一二月号、一九三六年など。

(30) 一番ケ瀬康子「日本社会事業調査史」(前掲『戦前日本の社会事業調査』三六・三七頁)は、社会事業調査確立の直接契機として、㈠恐慌による貧困層の増大にともなう社会事業体系の整備の必要性、㈡方面委員制度を基礎とした調査機関の組織化、㈢就職難による優れた調査者の獲得と失業応急事業として調査が実施されたことの三点をあげている。

（31）「主に部落を為せる客観的細民即ち本局調査員又は関係官公署の常識判断による細民」（前傾『東京市内の細民に関する調査』「緒言」一頁）。

（32）「借家居住の細民なり、其の生活の本拠確定的にして、概ね家庭生活を営むを常態とす」（同前書、一・二頁）。

（33）「主として木賃宿宿泊者、浮浪者及水上生活者なり、之等は生活の本拠不確定にして、且水上生活者を除けば過程的生活を営むもの極めて寡し」（同前書、二頁）。

（34）昭和二年中に警察犯処罰令、庁令、府令違反によって処分された水上生活者のうち最も多かったのは浮浪罪（警察犯処罰令第一条第三項「一定ノ住居又ハ生業ナクシテ諸方ニ徘徊スル者」）によるものであった（表1―7、草間八十雄『水上労働者と寄子の生活』四頁）。

（35）表1―5、6を除くと、いずれも「船種、業種」、「世帯数、人口、船舶数」、「出生地」、「労働関係、所得関係」、「就学状況」の項目について触れられている。

（36）東京市役所『東京市方面委員制度十五年誌』一九三五年、三八・三九頁、昭和八年八月二八日社発第五三七七号各方面事務所主任宛社会局保護課長通牒（「水上生活者ノ取扱ニ関スル件」）では次のように水上生活者の取扱いについて定めている（東京市社会局『東京市内保護事業要覧』一九三九年、一七九・一八〇頁）。

水上生活者取扱要項

一、急迫ノ事情アル場合ヲ除クノ他水上生活者トシテノ保護ハ船住ヒノ者ニ限リ且船籍又ハ定繋所々在地ノ方面ニ於テノミ之ヲ取扱フコト

二、水上専任ノ方面委員アル方面ニ於テハ水面ニ付水上専任委員ノ分担区域ヲ定メ水上専任委員ナキ方面ニ於テ、水上生活者ノ取扱ハ方面事務所ニ於テ之ヲ行フコト

三、取扱方法ハ陸上ノ取扱ニ準スヘキモ左ノ諸点ニ留意スルコト

イ、方面カードハ別ニ定ムル様式ニ依リ作製シ陸上ノモノト区別スルコト

ロ、現実仕込金ノ給付ヲ受クル者ノカードノ作製ニ付テハ右仕込金ハ収入金額中ニ算入スルコト

ハ、差当リ保健救療ニ主力ヲ注グヘキコト

四、カードノ完成ニ努ムルコト、但シ陸住ヒノ者ハ陸上居住者トシテ陸上取扱委員ニ於テ作製スルヲ以テ特殊ノ場合ノ外之ヲ省略スルコト

五、救護ノ実施ニ当リテハ之カ為従来ノ仕込金ニ減額ヲ来サシムルカ如キコトナキヤウ充分注意ヲ払フコト

ここで注目すべきは、三項ロ、五項で仕込金と救護を厳密に区別するように規定していることである。というのも、水上方面委員の中に船頭の所属する回漕業者が多数含まれていたため（千葉勇編『東京方面委員名鑑』

東京市方面委員名鑑刊行会、一九三六年）、施米券、配給品を仕込と称して給与する不正を警戒したからである。

（37）こうした動きは、いうまでもなく救護法の性格と密接な関係にある。救護法はそれ以前の恤救規則（「太政官達第一六二号」）による救助と異なり、「公的救助義務を認めた」（寺脇隆夫「被救護者・要保護者調査」、前掲『戦前日本の社会事業調査』九四頁）ことに特徴があるが、それが機能するには方面委員制度の設置を前提としていた。「救護を適正有効に行はんが為には、細民の状態を精査し、個々の家族の実情に応じて懇切なる指導と救護とを行ひ進んでは貧困の根源の芟除に迄努むることを必要とする。而して此の目的を達せんが為には是非共細民に直接し以て其の指導並に救護に当るべき機関の活動に俟たねばならぬ。現在斯る使命を帯びて発達して来たものに方面委員制度があり、本法は此の制度を採入るることを方針とし、市町村に救護事務の補助機関として委員を設置する旨を規定した（法第四条）」（中央社会事業協会『救護法の説明』一九三二年、一七・一八頁）。山崎巌（内務省社会局書記官）は、昭和四年二月一七日より三日間豊山派宗務所講堂で開催された方面委員講習会において、「従ひまして救護法が施行に相成りますまでには成るべく全国の各地方に方面委員制度が布かれることが望ましいことであります。此意味に於きましても皆様の地方に於て、未だ方面委員制度の施行を見ない方面がございますならば、成るべく速かに此の制度を施行せらるるやうにお願ひを申上げたいと思ひます」と述べている（豊山派社会事業協会『救護法と方面委員』一九三〇年、五二頁）。その他、救護法と方面委員の関係について論じたものとして、村松義朗「救護法の実施と方面委員制度の統制に就て」『社会事業』一三―八、一九二九年、牧野虎次「救護法の実施と現行委員制度との関係」『社会事業』一三―八、一九二九年、林市蔵「救護法実施と方面委員の責務」『社会事業』一五―一〇、一九三二年などがある。

（38）もちろん、「識者」、「社会事業家」、「為政者」などから援助をうるには、憐れみをかう大げさな言辞を使用することがより効果的であったことは考慮に入れておかねばなるまい。しかし、こうした言辞は、あまりに彼らの知識や技能の価値を低く見過ぎであると言わねばならない。これらの動きを主導する行政担当者、社会事業家を支えていたイデオロギーは、「一本の指のうづきは同時に全身の苦痛であらねばならぬ」（表1―21、三五頁）という「社会連帯主義」（小川「大正デモクラシー期の救貧体制」、前掲『日本の救貧制度』二一八頁）であった。

（39）「要するに漂浪流転の水上生活者は何日も西に東に移動生活をするために其生活の程度左まで貧困にあらずとするも、根拠不定のために就学の機会を失ふことの大なるは明らかなる事実にして、其就学奨励と方法とは考究を要す」（表1―3、草間八十雄「水上労働者の生活」四二頁）。

（40）「水上生活者の教育問題と斯う云へば直に不就学児童問題かと皆様から合点されます程、それ程此の問題も今日では皆様とお名染深くなっている問題でありまして、事実は此の可憐なる不就学児童問題があればこそ水上生活者問題も起り、又た凡べての興味も同情も皆様に持続けて戴いている。それ程に重要にして且つ重大なる問題で之はあるのです。之れこそは実に水上生活者問題に就いて皆様に喧伝する取って置きの宝玉であり、中枢的生命ででもある問題です」（表1―14、鈴木英男「水上生活者の話」八号、一二三頁）。

（41）Ivan Illich: The Deschooling Society. Harper & Row, 1970. 1971.（東洋・小澤周三訳『脱学校の社会』東京創元社、一九七七年、一六・一七頁）。

（42）同前書、六五頁。

（43）近代制度に組込まれる以前の艀船、廻船の船頭や漁民などを指す。

（44）極端な例ではあるが、野口武徳（「漂海漁民と国家――陸上民＝秩序への収斂の構造」『情況』三月号、一九七三年）は、長崎県家船の陸地定着過程について論じる中で、「その変化を促した要因の大部分は、政府を中心とする中央集権統一国家の体制のなかに、日本の末端、それも陸上に住居を持たぬ人々をまで組織化し、法の権威のなかに組み込んでいくという過程であった」（二九頁）、さらに「近代国家の枠組のなかに統合され、はめこまれていくということは、何ひとつ彼らにとってプラスにはならなかったし、お役所からくる「調査」と称するものは彼らにとって憎しみの対象以外の何物でもなかった」（三二頁）と指摘している。

（45）西村の学風、年譜、著書目録については、西村朝日太郎「西村真次」『西田直次郎西村真次：日本民俗文化大系一〇』講談社、一九七八年を参照。

（46）資料については、二、三、四、八章には第一次国勢調査、二、一一章には水上署調査（大正九年一二月末日）の数値が用いられている。九章は東京市臨時調査課（『東京市内外河川航通調査報告書』一九二三年）の調査（大正一〇年三月五・六日に実施）により、五、六、七章は聞き書によっている。

（47）西村は、アメリカの人類学者C・ウィスラー（一八七〇―一九四七）に従って、「文化は或人種若しくは或部族の生活様式である」（西村真次『日本古代社会』ロゴス書院、一九二八年、一一頁）としている。また、生活様式に内包されるものとして、「一言語、二物質的特性、三芸術、四神話及び科学的知識、五宗教的行事、六家族及び社会組織、七財産、八政府、九戦争」（同前書一七・一八頁）を掲げている。

(48)「或一定の区域内に共同の生活様式があり、それを一個の生活圏といふ。一個の生活圏内に存在する生活様式は多く共同で、個人によって異っていない。それが即ち文化であるといふことが出来る」(同前書、一一頁)。

(49) 西村は、E・スミス(一八七一—一九三七)、W・J・ペリー(一八八九—一九四九)の影響を受けて文化単元説(Theory of single origine of culture)を唱えているから、「いくつかの生活圏は初め一つの生活圏から分かれたもの」(同前書、二九頁)と理解しているが、一端土着固定した生活圏は長い間に地理的環境の影響を受けて変異を生じるとする。こうした作用を地方化と呼んでいる。

(50)「古代に於いては人類は、殆んど全く自然の支配を離れることが出来ず、自然の威力下に屈服して其生活様式を造り上げた。其自然の威力を地理学者は地理的制限(Geographic limit)と呼び、それを人類が打破することの出来ないものであるといふ風に考へる」(同前書、一四頁)。ここでいう地理学者とは、F・ラッツェル(一八四四—一九〇四)、E・C・センプル(一八六三—一九三二)、E・ハンチントン(一八七六—一九四七)などのいわゆる環境決定論者のことを指す。同時に西村は「現代は少くとも人類が自然に打ち克たうとする時代であって、人力の為めに地理的制限が打破せられようとしている時代である」(同前書、三七頁)として、P・ヴィダルドゥラブラーシュ(一八四五—一九一八)、L・フェーブル(一八五八—一九五六)らのいわゆる環境可能論の立場をも容認している。西村においては、前者を「古代」を、後者を「現代」を捉える際の手段として考えており、認識論として把握されていない所に特徴がある。

(51)「距離及び時間が人類に変種を作り、変種に部族を生じ、従って方言やら土俗やらに発生を与へたのであるが、それらが短縮されてしまへば、方言や土俗やは発生する暇がなく、既に発生したものは次第に特性を失って、最も勢力の強い中央の形式に統一、均化されてしまふに相違ない。此意味に於いて、近代文化は古代文化と反対の現象を呈している」(同前書、四〇・四一頁)。

(52)「それらの中には私達が路を踏み誤らなかった以前の姿も認められ、また今日まで進んで来る間に、色々廻り路や横路へそれた失敗の過程もまざまざと跡づけられるので、結局それらは私達にこれから先き進まうとする前途のインデックスとなるのである。此意味に於いて、古代社会研究は興味もあり、或は義務でもあるかも知れないと私達には思はれるのである」(同前書、四二頁)。

(53) 差異に囚われ過ぎるあまり、あらゆる差異を「伝播論」、「系統論」、「環境論」などの図式へ組込んで理解することは戒められねばなるまい。水上生活者だけでなく、専業漁民、山窩などの移動性の高い住民が、起源を重んじる当時の研究者から異種族として捉えられていたと同時に、社会問題の対象として行政に把握されていたことは興味深い。差異を「発見」し体系化するシステムと差異を「同化」するシステムが接合し易い側面を持っていることは確かであろう。「暴走族」、「竹の子族」、「アパッチ族」などという場合も含めて、こうした認識のあり方については検討を要するであろう。

（54）こうした職業的観点は、西村の他、草間八十雄の諸論（表1—3、7）にも認められる。これらが、水上生活者に関する資料の先駆けであることに着目するなら、本稿とは異なる論の展開が可能となったであろう。二節の「社会事業調査の系譜」の教科書的理解を越えることとともに今後の課題としたい。

表1　戦前における水上生活者関係の文献　[ゴチックは本文中に言及のある文献]

年代	No.	論文・調査報告	調査期間	調査員	備考
大10 1921	1 2	東京市社会局「水上生活者及浮浪者」**『東京市内の細民に関する調査』** pp. 126－151 西村真次「東京の水上生活」**『大観』** 4－8，pp. 84－111（『民俗断篇：日本民俗叢書』磯部甲陽堂，1927年に所収）	大正9年9月中旬～11月中旬2日間	社会局調査掛	警察署，区役所，尋常小学校から協力を得る水上警察署，東京市臨時調査課から協力を得る
大11 1922	3	草間八十雄「水上労働者の生活」**『社会事業』** 5－3，pp. 31－46			
大15 1926	4	用象生「水上生活者の生活ぶり」『東京』5月号，pp. 84－87			
昭3 1928	5	鈴木英男（メグミの友会主事）「我が国の水上生活者問題に関する私見1～4」**『社会事業』11－12**［私見1］，**12－1**［私見2］，**12－2**［私見3］，**12－3**［私見4］			
昭4 1929	6 7 8 9	鈴木英男（隅田川水上隣保館）「東京府の水上生活者問題に対する一考察」**『東京府社会事業協会報』13－3，4** 草間八十雄（東京市社会局主事）**『水上労働者と寄子の生活』** 文明教会 神戸市社会課 **『神戸港内に於ける艀乗組員並に其の家族の生活状態調査』** 東京市社会局「水上生活者に関する調査」**『東京市社会局時報』第2号**，pp. 1－53	 昭和3年8月12日午前6時より日没 昭和4年2月初旬より4月末日まで		 神戸艀業組合から協力を得る 東京水上警察署，竹芝尋常小学校，水上協会，東京水上生活者教化同志会，東京水路助成会より協力を得る
昭5 1930	10	大阪市社会部 **『水上生活者の生活と労働』**（社会部報告第124号）〔林英夫編『近代民衆の記録4－流民』新人物往来社，1971年に所収〕	昭和5年6月初めから1ケ月		水上警察署から協力を得る
昭6 1931	11	鈴木英男「水上児童保護問題」，蒲栄司「水上生活と水上学校」，伊藤伝（水上小学校）「水上児童保護に就いて」**『社会福利』15－7**，pp. 9－43			
昭7 1932	12 13 14	鈴木英男「水上方面制度実施に関する一私案」**『社会福利』16－3**，pp. 83－90 大阪市社会部 **『水上生活者の社会施設調査』**（社会部報告第153号） 鈴木英男「水上生活者の話」**『社会福利』16－7，8**	 昭和6年10月末現在		 大阪を中心とした全国50の主要港湾都市の官・公・私水上社会施設

年代	No.	論文・調査報告	調査期間	調査員	備考
昭7 1932	15	浅田福一郎（労働者慰安会）「水上生活者考」『社会福利』16－7，pp.123－130			
	16	寺阪藤楠（東京水上尋常小学校長）「水上生活者の母性及児童保護」『社会事業』16－4，pp.69－77			
	17	伊藤伝「水上児童の話」『社会福利』16－8，pp.151－159			
昭8 1933	18	東京府学務部社会課『水上生活者の生活現状』（社会調査資料第19号）	昭和7年10月25日から1ケ月		東京水上警察署から協力を得る
	19	東京府学務部社会課「調査資料・水上生活者の生活現状に就いて」『社会福利』17－5，pp.77－94			
	20	寺阪藤楠（水上協会）「水上方面委員制度に就いて」，鈴木英男「水上方面委員制度実施に際して」，伊藤伝「水上生活者の生活問題」金熈明（東京府社会事業主事補）「水上生活者の生活実状」，「座談会・水上生活者問題に就て」『社会福利』17－7（水上生活者特集）			
	21	酒井利男（大阪市社会部労働課長）「水上生活者の現状と保護問題」、下松桂馬（東京府社会事業主事）「水上生活者の特殊性とその救護に就て」，伊藤伝（東京水上尋常小学校主事）「水上生活者の環境的考察」，鈴木英男（隅田川水上隣保館主事）「対水上生活者隣保事業小論」『社会事業』17－4，（水上生活者特集）			
昭9 1934	22	伊藤伝「水上生活者の母性と乳幼児」『社会事業』18－1，pp.75－79			
	23	中村遥（大阪水上隣保館長）「水上生活者の医療保護問題」『社会事業研究』22－6，pp.47－54			
	24	大浦飛騨雄「水上生活者の夏」『社会福利』18－8，pp.83－86・123			
昭10 1935	25	中村遥（大阪水上隣保館長）「水上隣保事業に就て」『社会事業』19－3，pp.72－79			
	26	下松桂馬「水上生活者の社会的保護」，鈴木英男「取り残された問題」，伊藤伝「水上生活者の社会保護問題」，社会事業研究編集部「水上生活者と社会事業」，中村遥「水上生活者愛護に関する根本問題に就いて」，小田俊三（日本海員掖済会大阪病院院長）「海上生活者の衛生状態とその救護現況」『社会事業研究』23－7（水上生活者特集）			

年代	No.	論文・調査報告	調査期間	調査員	備考
昭10 1935	27	鈴木英男「水上社会事業の現状と将来を語る」『社会福利』19－7，pp.66－72			
昭11 1936	28	東京市臨時国勢調査部『浮浪者に関する調査・水上生活者に関する調査』（東京市昭和10年国勢調査附帯調査）	昭和10年9月30日から10月4日まで	東京水上警察署員290名	警察庁関係諸官より協力を得る
昭12 1937	29	鈴木英男『水上生活者に対する隣保事業に就て』隅田川水上隣保館			
	30	横浜市社会課『水上生活者調査』	昭和12年5月1日より末日まで		
昭13 1938	31	大阪市社会部『毛馬・都島両橋間に於ける家舟居住者の生活現況』（社会部報告第223号）			
	32	大阪府学務部社会課『水上生活者調査』	昭和10年6月より12月まで	昭和10年度施行の小額給料生活者失業応急事業に従事する350名	水上警察署，各艀業組合から協力を得る
昭14 1939	33	鈴木英男「東京市の水上児童保護施設に就て」『社会福利』23－10，pp.23－32			
	34	鈴木英男「水の上」『社会福利』24－7，8，9			
昭16 1941	35	荒井貞雄（神戸市水上児童ホーム寮長）「水上児童救護上の諸問題」『社会事業』25－5，pp.26－39			

註）・『大観』は大隈重信の主宰。大8.8～11.3。
・『社会事業』は中央社会事業協会の機関誌。同会（大10.3以前は中央慈善協会）は明41.10に「慈善家と慈善事業との連絡及慈善事業相互の連絡」を目的として設立。初代会長は渋沢栄一。『慈善』（明42.7～大6.4），『社会と救済』（大6.10～10.3），『社会事業』（大10.4～昭16.12），『厚生問題』（昭17.1～19.12）と改題。
・『社会福利』は東京府社会事業協会の機関誌。同会は大6.2に東京府慈善協会として設立。事務所は府庁。会長は府知事。『東京府慈善協会会報』（大6.4～6.7），『東京府慈善協会報』（大9.12～昭4.10）『社会福利』（昭4.11～15.9），『厚生事業』（昭15.10～19.6）と改題。
・『社会事業研究』は社会事業研究会の機関誌。同会は大2.5救済事業研究会として発足。事務所は大阪府庁。『救済研究』（大2.8～11.7），『社会事業研究』（大11.8～昭17.12），『厚生事業研究』（昭18.1～19.1）と改題。

4　フィールド再考──調査と経験の間

高度経済成長に伴う社会変化の中で、「民俗」の「消滅」や「変貌」、あるいは調査者―被調査者間の関係の変質、伝承者の変質と、それによってもたらされる「民俗学」の存立基盤の危機についての問題は当然生起せざるを得なかった。こうした問題提起を早くからおこなってきたものとして、それぞれ観点は異なるものの、桜田勝徳と宮本常一をあげることができる。ここでは、彼らの指摘を整理した上で、彼らの問題提起が、その後約三〇年を経た今日の「民俗学」の中でどのように捉えられつつ継承されているのかをまず明らかにしたい。さらに、その結果を踏まえた上で、最近の（自らの）調査体験を省みることによって、自らが抱え込むに至った問題を提示してみたい。それは同時に今日の「民俗学」の問題でもあると思われるからである。そのため、この文章自体もまた、桜田らと同様、問題提起の性格を有していることをあらかじめおことわりしておく。

一　桜田勝徳の指摘

桜田が「民俗」の変貌・消滅の問題に躍起になりだしたのは昭和三〇年以降、それも昭和三四年に『日本民俗学大系』の編集に携わることを契機としていることは周知の通りである。戦後の経済復興がようやく一段落つき、高度経済成長へ向けて社会の構造そのものが転換を迎える中で、種々の事物の消失を眼のあたりにする「経験」を通じて、問題が萌芽していったことは確かであろう。こうした事態に対処するために、桜田が「民俗学」に対して行なった提言を私なりにまとめると次の四点になる。

① 現在の村落構造とその関連で「民俗」を捉えていこうとする「現地調査」
② 老人の記憶に残る生活体験を記録する「潜在民俗」の調査
③ 「村」をよそにした人たちの「民俗」への注目
④ 「調査」と「文献」を結び付けた研究の路

基準がややあいまいであるが、以上の四点が問題の中心に据えられていたことは間違いないであろう。そこで、まずこの四点に問題を絞りつつ、桜田の指摘を振り返ってみることにする。

まず、①に見られる「村」そのものを調査しなければならないという立場が現われてくる経緯はいくつか考えられるであろうが、桜田に関する限り、㈠効率的な生産組織の在り方の模索、㈡隣接の他学との連携、というふたつの要請が存在していたことに注目しておく必要があろう。

㈠については、桜田が水産行政に長年携わっている（一九四〇・六・一六―一九四三・一二・八 農林省水産局嘱託、一九四三・一二・九―一九四六・九・二 中央水産業会、一九五〇・一二・二五―一九五五・二・一五 日本常民文化研究所、一九五五・八・一―一九六五・一・三一 農林省水産資料館）ことの当然の帰結であろう。例えば、この時期に、民俗調査が指導者的な側に立って村の経済的な困難の問題を構造的に究明しようとしなかったことに批判的な見解を示しているし、部落総有的な生産機構と村落組織の結び付いた能率的漁法として、揚繰網や定置網が将来盛んになるべきことを奨励している。

㈡については、CIEの調査（一九四六・九・一一―一九五一・六・三〇）、八学会連合（のちの九学会連合）の調査（一九五〇　対馬）、あるいは琉球科学調査（一九五一・八・一五―一〇・二四）やユネスコの依頼による調査（一九五二）などと関与する中で、「村」を他学と議論を交わす共通の「場」として把握していくことと無関係ではあるまい。しかし、以上のことよりも、従来の民俗学の在り方の「自省」のうちより、「民俗」のその「村」における在り方や意味を問うことが、「村」生活の理解へ通ずるという認識に至ったと捉えることがより重要であろう。桜田はこの立場を、古い村世界に眼を向け、日本全土を郷土に見立てた柳田国男ないしその直系の弟子筋に対する批判のうちに確立している。このような立場は、その後の民俗学の主流を形成する「地域民俗学」に継承されていくことになる。この「地域民俗学」を十把ひとからげにとらえることは難しいが、「村」における「民俗事象の有機的な相互連関」を把握することが「村」を全体として把握したことになる、という論法は共通して言えるであろう。

こうした論法には不明な点がいくつかある。「村」が「民俗継承の容器」の単位として分節し得ると同時に、何故「村」が「社会的統一体」として捉え得るのか。おそらく、「村」を実体として捉えていることが「社会有機体観」を成り立たせる根拠となっているのであろうが、とすると、「村」が何故「実体」として存在するのか、私にはよくわからない。後半でもう少し詳しく触れるが、こうした立場が「村」を「囲い込む」危険性をはらんでいることには注意しておかねばならない。

さて、②の「潜在民俗」という言葉は、「製作・使用・保管の方法は確実に民間に伝達されているにも拘わらず、その実物はもう無いもの」に対して、渋沢敬三が「潜在民具」と命名したことにちなんでいるが、こうした状況はいうまでもなくアチック・ミューゼアム創設期からすでに見られ、「限にする能わざるもの多き」という状況こそが民具収集へ向かう原動力になったことは明らかである。このように「民具」という可視的な対象を扱う立場から「湮滅」の問題が生起したことは決して偶然ではないだろう。もっとも、ここで焦点を当てている昭和三〇年代以降では、こうした状況が文化財保護法のもとに制度化されていることにも注意しておかねばなるまい。

このような立場は、それまでの「民俗調査」の在り方をそのまま維持しようとするものであるが、桜田の場合には「潜在民俗」を調査するには「時と場の条件」、「継承する個人の経歴」「その人をとりまいてきたものの沿革や現状」を調査した上で、「なぜその人がその民俗を継承する最後の孤塁的な存在となり得たか」を問題にし得る資料整備を行なうことを主張している。資料をクロノロジカルな時間に固定して整理することは、後続の者たちが利用し得る基準を設けていくという点で、資料をストックしておく際に重要なことではあろうが、それにしても「民俗」の「変貌」に積極的に対峙した立場ではないことだけは確かであろう。

ただ、桜田が「民具」について次のように述べることには傾聴すべきであろう。

「近頃では日常生活の利器を使用する我々は、それを生み出した「体験累積」(専門家による)とは無関係に、それに対する知識を充分持つことなく、「享受」させられており、これらを一部「専門家」にゆだねてしまうのではなく、せめて我々も「裸の人間」に立ち返ることを忘れたくない。そして、眼まぐるしい物的条件の今日の変わり方の中で、その選択の条件の方は先へ先へと勝手に行く。そこで、かたちあるものの変わり方に限定して、その意図から変化の相に入って行くことを心がけてみたい。」

このような一節は、モノからの疎外状況にあることによる「喪失感」を表明しているように思われるが、こうした大量生産時代における「モノと人」との関わりについては「民俗学」(立場)からも積極的に問題化されるべきであろう。なぜなら、こうした立場は、同時代を「普通」に生活するものに、自然に萌芽するはずの問題意識であり、広い意味でのエコロジー運動へも連絡してゆく筈のものだからである。桜田の場合、「民具」の問題に関与し始めるのは晩年になってからであったこともあって、こうした問題に対する方法論的枠組みなどは提示するには至らなかったが、同時代的な「問題解決の学」としての民俗学は、このような問題について論じることを避けるべきではなかろう。

次に、桜田にとっての「村」をよそにした人とは、①に見られる「村」を起点としてその対比のうちに捉えられるものであり、上記①、②のように、明確な立場を示してはいないものの、桜田にとって、研究を始めた頃から常に重要な問題であった。これらの具体例として、マタギ、サンカ、蓑作り、木地屋、家船、ノウジ、シャア、蜑、あるいは都市に吹きだまった村外者などの広い意味での「流民」があげられている。彼らの「村」と農民の「村」の比較、あるいは両者間のハレの場とケガレの場の比較。さらには、彼ら特有の処世術、由緒を語る伝説などが注目されている。いずれについても、着想を披露しているに過ぎないが、「原理的」な意味での「流民」の「起源」に触れていることは評価されてしかるべきであろう。七〇歳を超えた晩年の著作の中で、この問題に充分にくみできなかったことに「悔いが残る」と称していることには傾聴すべきである。

さらにより重要なのは、桜田がこれら「村外者」について語る時、彼らに自らの姿を見ていたことがほぼ間違い無いことである。とりわけ、晩年においては、位牌を背にしてひとり流れていく老人の新聞記事を思い起こしつつ、「筆者もまた、孤老となって何ほどの違いも無い」と表明している。若さにまかせて旅に明け暮れ、壮年においては水産行政、民俗学会に多忙な生活を送り、老いた身になりふと足跡をふりかえると、自らも「村外者」そのものであることを実感をもって強烈に意識化せざるを得なかったと言えるだろう。しかし、桜田においては、この問題を自らも含めた問題として自覚化しつつ学問的な方法化へと向かうことはなかった。これらの問題については、いずれ桜田論を論じる機会でもあれば、もう少し深く掘り下げてみたい。

最後に、④については、とりわけ「漁村」研究のための具体的な手法として語られる。それは、明治初期と近世中期以降の漁業には大差はなかった筈だ、という前提に始まる。近世資料をいきいきさせるには、明治初期の漁村状態をおさえなければならないのであるが、幸いにもこの時代には多くの文献資料が作成されており、しかも明治初期は今日（昭和二九年一〇月）聞き書きで及ぶことのできる限界でもある。したがって、こうした現存資料を下敷きにした上で、明治初期から今日に至るまでの調査、さらには、それを出発点としてそれ以前にさかのぼり得る調査がなされるべきである、と。草創期の民俗研究者が対象としていた「民俗」を昭和二九年の地点でいっそう深く問題にしようとするなら、当然、こうした手法がとられるより他はなかったであろう。とりわけ、この時期は、日本常民文化研究所による漁業資料収集事業の最中であったので、こうした手法をとりやすかったのであろう。もし、今日我々が桜田と同様のことを行なおうとしても、聞き書きはすでに不可能としても、こうした手法をとるより他は難しいことは言うまでもなかろう。

以上の如く、いくつかの向かうべき指針は示されてはいるものの、いずれも問題提起的であることは免れ得ず、民俗学の存立基盤については決して楽観的であるとは言えない。しいて言うなら、④の「文献」を用いた研究のみが今日においてもなお妥当性を有する立場と言えるであろう。

しかし、桜田が「民俗の変貌」について語る時、以上の指摘にもまして、我々は次のような主張に耳を傾けねばなるまい。高度経済成長の中での生活しか知らない若い人には桜田らのように「民俗」を自分自身の存在や生活に直接結び付けることは、いくら「ディスカバー・ジャパン」の掛け声にのって旅行してみたところで難しい。したがって、こうした若い人の中で、「民俗」に興味を持つような者がいたところで、桜田とは全く異なる観点からしか興味を持ちようはあるまい。また別のところでは、次のように述べている。こうした変貌を経たのちにおいては、調査する者もされる者も、今の日本人とはかなりに違っている筈だから、近代以前からの伝統と、しからざるものとの間にあって、苦慮する中で生まれた従来の民俗研究に対する理解を桜田と共通の地盤においてなすことは望まれない。時代によって人間の生活上の問題には少なからず相違が見られるのはむしろ当然であるわけだし、「民俗学」が同時代的な「問題解決の学」として存在するならば、桜田の主張はむしろ当然過ぎるぐらいのものであると言わねばなるまい。かく言う桜田とて、「民俗学」に接する際に、自らが地方都市や東京、大阪を転々と転住した経験の中で、そこからあまりの距離にある「民俗的世界」にひかれていったことをあちこちで表明していることを見るならば、前代、あるいは「地方」と自らの「断絶」こそが桜田の認識の基底に存在していたことは言うまでもない。とするならば、簡単には言えないことだが、桜田（老人）が若い人との間に見出している世代間の「断絶」こそを我々の認識の基底に据える積極的な立場が模索されてしかるべきだと思う。ということは、我々が今、現に生活していることの中から、新たな問題も「発見」されなければならないであろうし、「自省の学」の「自」とは、今まさにここにいる私であることを忘れてはなるまい。自らの生活の中で考えることは、我々が「民俗学」に取り組む際の基本線だと思う。

二　宮本常一の指摘

桜田が「民俗の変貌」をめぐって「民俗学」に問題提起をなしたのに対し、それとは観点は異なるものの、ほぼ同時期に「民俗調査」や「民俗」の在り方に疑問を投じたのが宮本常一であった。宮本の指摘は大別すると次のふたつになろう。ひとつは「調査地被害」その他の論考に見られる調査者—被調査者間になされる「搾取」、あるいはその関係の変質の問題であり、もうひとつは伝承者の変質の問題である。ここでは、このふたつの問題を中心に宮本の指摘を整理しておく。

「調査地被害」という言葉において表わされる調査者—被調査者間の関係は、いかなる「構造」をもっているのであろうか。宮本の論法を整理すると次のようになる。

a　しばしば調査する者はされる者より偉い、という感覚を持つことがあるが、これは調査する者の側の意図に沿ってあらかじめ知ろうとすることが確定していることによる。今日の大学生に一般的な、あらかじめ聞く項目を羅列して、一斉に聞き取るやり方は、まさにその典型である。

b　その結果、調査の「場」において、しつこく「訊問」したり、叱りつけるようになる。

c　この調査者の態度に反応する形で、被調査者は、もうこりごりだ、と感じたり、調査が来なくなるだろうと習俗を廃止して対応する。

d　反面、紋切り型の質問を何度も聞かされることによって、答えをあらかじめ用意しておいたり、いちいち相手をしていられないので話し上手の人に専門的にまかせたり、あるいは、気に入られるような伝説を作ったりして対応する。

↓とりわけ、dにおいては、紋切り型の質問を行なう調査者と、それにあらかじめ答えを用意して対応する被調査者の間の関係が固定化することによる「共棲関係」＝「共犯関係」（罪名は文化偽造罪）が認められる。

e　被調査者に、自らの時代遅れの感を強く抱かせることによって、自虐的にさせたり、調査結果がどうなるかわからないことによる「不安」を引き起こさせたりする結果しかもたらさない。もっともひどい場合には、地元から調査費を搾り取ることさえする。

以上を図式化すると、図1のようになる〔図表は初出にはなく、発表会場で別紙資料として配られたと思われるが不明。以下同〕。aの意図が、完遂されるようにあらかじめ設定された情報収奪機構にあることを読み取ることが出来る。発信主体は常にaの側であり、その意図が被調査者の側からブラインドになっていることに特徴がある。しかしこの意図を被調査者側がその経験とカンによって暗号解読的に——しかし、極めて表面的に——あらかじめ看取するようになると、その自閉した関係の中で答えが固定化されていくようになる。それは、日常的な理解を超えた存在と自らとの関係を維持するために用いられるある種の「超自然観」として捉えられるのかも知れない。要するに「なんか知らんが、こう言うときゃすむ」わけである。こうした両者の関係が固定化して形成された共棲関係が、点線に囲まれた部分である。

さて、こうした調査者被調査者の一方通行的関係、あるいは、あらかじめ「項目」「分類」を設定しておこなう調査を宮本が批判する時、自らの拠って立つ立場とはいかなるものであろうか。以上の指摘をわかりやすくするためにも、宮本の立場を明確化しておく必要があるだろう。

宮本は、先に見た今日的調査の在り方を批判する時、意図を反映した「分類」「項目」が用いられることによって、これらを抜きにして何をつかむかがおろそかになり、フィールドでの意外性が尊重されず、民俗学が「発見の学問」でなくなってしまうこと、そして根本的に人間の限界や可能性を問う立場が備わっていれば、「民俗学」に体系など必要ないかも知れないこと、さらに、相手の立場に立ってものを見、考えること、すなわち相手に自由に話してもらったり、対象に自らを没入させ、対象に一切を任せきること、を言っている。そこで、彼の言う「発見」の学たる民俗学における調査とはいかなるものであったかを宮本の「調査論」を吟味しつつ振り返ってみよう。

宮本における自らの調査に対する立場や被調査者との関係については、いくつかの箇所で触れられてきているが、ここでは、ふたつの点に注目しておきたい。

① 旅先の村人から宿を借りつつ行なう乞食同様の旅行であり、そこに信頼関係が見出せたこと。

② 自らを、農業技術を伝達する「伝書鳩のようなもの」として捉えており、それが調査するものの役目だと自認していること。

つまり、「調査」とは何かを奪ってゆくものであるから、逆に与えるものもなければならぬという、ギヴ・アンド・テイクを調査の鉄則にしており、先に宮本の言う「信頼関係」とは、こうした意味においてである。

このような立場を考える際に、とりわけ戦後の農業技術指導や、離島振興事業の経験（一九四五・四―一二　大阪府経済部農務課嘱託、一九四六・四―一九四七　新自治協会、一九五三・五―一九六〇・五　全国離島振興協議会）を無視することは出来ないが、それにもまして、こうした方向へ向かわせることの基点でもあるかの如く、自らを「一介の農民に過ぎない」とか、「農民たちの代弁者」、さらには

「全国の古老や伝承者たちの代弁者である」とまで規定していることは注目されなくてはならない。さらに、自らは百姓の子であり、百姓自身であり、「人は、その生まれ育った時のものを背負って生涯を歩いていくものであり、「転向」を必要としないものの見方もあっていい」と語る時、宮本にとってものの見方、考え方、行動の仕方を教えてくれた「郷里」の持つ意味はことさら重要であった、と言わねばなるまい。ここでは、「人生論」を説くつもりはないが、「生き方」と「研究」とが密接に関わりあっていた宮本の調査方法を考察する場合、後者だけを切り離して考えることは難しいように思われる。

この「生まれ育った時」から後の生活は幼少時の親身の人たちから教えられたことの延長である、とする時に、ここで教えられたことのもっとも主要な点は、旅（「出稼ぎ者」）と農業（「百姓」）であったように思われる。

宮本は、自らの出郷は離郷ではなく出稼ぎのようなものであり、旅行者ではなく出稼ぎ者である、と自らを捉えている。だから、折を見て毎年三、四回は郷里に帰っているのだと。こうした出稼ぎ者感覚は、直接的には父から教えられたもののようであるが、郷里の周防大島自体出稼ぎが盛んなところであり、旅へ出ることは当時ではむしろ自明のこととする気風があったようである。また、大正四、五年頃まで自らの家が「善根宿」をしていたことも、旅する者の感覚を身につける契機になったことは間違いあるまい。こうして学んだ出稼ぎ者感覚をもって、「三千回という膨大な旅が」その間幾度となく郷里をはさみながら、積み重ねられていくのである。そして、この「出稼ぎ」の在り方こそが、即ち、宮本の「調査」に対する立場そのものであったと言ってもよかろう。

もう一方の自らを「百姓」と規定していることについては幼少期に「土を耕し、種子を蒔き、草を取り、草を刈り、木を刈り、落葉をかき、稲や麦を刈り、穀物の脱穀を行ない、米を搗き、臼をひき、草履を作り、菰を編み、牛を追い、船を漕ぎ、綱を引いた」体験と無関係でないことは確かである。そして、こうして学んだ百姓経験こそが、村人との間に仲間意識を生じさせ、初対面でも旧知の如く話し合えるもとにもなったようである。さらに、こうした百姓同士の関係の中で蓄積された知識を「武器」にして、先に見た技術伝達者としての立場が、とりわけ戦後において、確立されていくのである。

以上のように、百姓という共通コードのもとに宮本の「調査」は展開していったわけであるが、これらの宮本の供述を図式化すると表二のようになる。表一と比べてもっとも違いが大きいのは、調査者―被調査者がともに百姓であることによって、互換性のある「閉じた関係」を成立させていることであろう。百姓というコードを共有することによって、「百姓システム」の内側を縦横無尽に歩き回ることが宮本の「調査」だったのであり、こうした立場こそが、彼をして公然と「百姓の抱える問題を外側からでなく内側から見ようとする人が少なくなった」と言わしめることになる。自分は学者などではなく、農民たちの代弁者であり、役人でも政治家でもない一介の農民に過ぎない、と自分を言いきかせるかの如く自己規定することによって、この立場はより一層頑強なものとなる。

ただここで、一般に「百姓」とひとことで言われるものの内容について、明確にしておく必要がある。なぜなら、自らを「百姓」である、とする宮本を理解することは、当時の瀬戸内の「百姓」がいかなる性格を有していたかを明確にさせることとほぼ同義であるように思われるからである。ここでの「百姓」を、文字通りの百姓のイメージに当てはめてはならない。先に見たように、農閑期には旅（「出稼ぎ」）を行なうことがほぼ自明な百姓である。瀬戸内では、近世末から畿内などへ大工、木挽、石工、水夫、浜子などの出稼ぎが盛んで、帰郷の際には各地の名産を売り歩きつつ戻り、加工技術を身につけ、郷里に産業を興させることさえあった、筆、針、団扇、ござ等々、瀬戸内は近世近代を通じて地場産業の盛んなところであり、そのほとんどが農家の余剰労働力を利用して行なわれていたと言える。このように、百姓とは言うものの、士農工商賃労働などを兼ね備えたほぼ「雑民」に近い性格を有していたと言わねばなるまい。宮本が「百姓」である父から授かった教訓の中にも、こうした世界観が如実に現われている。まさにこうした「雑民」こそが宮本の言う「世間師」なのであり、メディエーターでありイノベーターの役割を果たしていたのである。そして、受付手の側の百姓も、「雑民」的性格を有していたからこそ宮本的コミュニケーションは成立したわけである。

宮本は自ら百姓として各地で近代化を奨励しつつ、一方で「民俗調査」を行なっていった。こうした一見矛盾するように思われる行為が、宮本の内部でいかに均衡を保っていたのかは、今のところよくわからない。いずれにしても、宮本の「調査」は自らが百姓であることによって初めて可能となったわけであるから、こうした「体験」を持たない我々が容易に真似できるものではない。しかし、宮本の如く、自らの生き方に呼応する「調査」の在り方は、当然それぞれにおいて模索されて然るべきだと思う。

次に、当初に掲げたもう一方の伝承者の変質の問題について、ここで簡単に触れておきたい。昭和三〇年以降、宮本はいくつかの場所で、これまでのような古老たちの聞き書きを中心にして資料採集する時代は過ぎ去った、と明言している。というのも、戦前においてもすでにそうだったのであるが、かつての老人は自分の知識に私見を加えなかったが、明治の興隆期に青年時代を送った人は、自分の見聞に私見が加わっているので、信用がおけなかったし、その上、いまやその人たちが八〇歳を超えているのだから、と。そして、最近の民俗学的資料はまた聞きのまた聞きで、これは本物ではない、とも言っている。

それでは、こうした本物の伝承者とそうでない伝承者の基準はどのように設定されているのであろうか。こうした議論は、戦前に年寄りたちから聞き書きをしていく中で、明治維新以前を知っている人とそうでない人との間に、話し方やものの見方に大きな差があることに気付いた時から始まる。すなわち、維新以前の人には語り口調があり、言葉が抑揚があり、リズムがあり、表現に叙述があり、物語的なものがあったが、維新以後の人の言葉は、散文的、説明的、概念的であった。そして、この差異の理由を、知識を文字を通して記憶するようになると説明的、散文的になっていくと推定して、「無字」「有字」の対比の関係として捉えていくことになる。文字を学んだ者は、文字に書かれたものを多く記憶し、口伝えの話を忘れていくことによって生じる両者の間の「断絶」を、調査の「場」において音声、リズム、抑揚などを聞き分ける中で捉えていったことは、フィールド・ワーカーの面目躍如たるべきところであろう。

この「断絶」において、宮本が「有字」の側に属することは言うまでもない。そして、そのことに気付く時、民俗学の研究対象を「無字社会の文化とその伝承」と規定することになる。ここにおいて、「無字」の人々こそが「本物」の伝承者ということになるのである。そこで、民俗学が文字以外のものによる伝承を文字化することから始まり、そのためには「無字社会」をまず文字を通さずして理解できる感覚を持たなければならないと認識する時、先に見た音声、リズム、抑揚などで体感した「無字」をいかに文字化するかが問題となる。宮本は、自らを回想しつつ『屋久島民俗誌』（一九四三）の頃は、年寄りの話は語りものを聞いているように体感していたものの、言葉そのものの響きのようなものは洗い落とし、散文的に書くことが学問としての価値のあるように思っていた。しかし、今日では、そこに住む人たちの本当の姿を物語るのは、話の筋――つまり、ことがらそのものではなくて、ことがらを包んでいる情感であり、それを文字で再現するのがどれだけ難しいことかを自覚するに至っている。このように、民衆が民俗伝承を「無字社会」で持ちつづけてきたような気持ちで記録するためには、調査者自らもまた、伝承者のひとりであらねばならない、と自覚する時、自らを「無字」（「世間師」）の代弁者＝「有字」（「文字を持つ伝承者」）と規定していたことはほぼ明らかである。両者の「断絶」を体感し、さらに前者が世に対して敏感であるにも関わらず、努力の大半が効果もあげず埋没していった無力さを感知する時、前者を世に伝えようとするだけではなく、生活を向上させるための努力も合わせて実践していく立場が萌芽してくる。

したがって、先に見た宮本の調査者―被調査者の関係も、百姓という閉じた関係の中で捉えられるだけでなく、その内部では「有字」＝「文字を持つ伝承者」＝「自分」と「無字」＝「世間師」＝「祖父」の関係として、捉えられる必要がある。つまり、それは、百姓／百姓の関係だけでなく、祖父／孫の関係として捉えられていたことになる。皮肉な言い方をすれば、彼は「お年寄りに話を聞く」という「民俗学の基本」に忠実だったと言えるのかも知れない。

さて、このように見てくると、昭和三〇年以降、宮本が、今までのような採集の時期が過ぎた、と主張することの意味が明らかになったであろう。つまり、宮本にとって「無字」の伝承者がいなくなることは、研究対象がいなくなることと同義なのである。宮本は、こうした状況の中で、みなが状況を自覚し、これまでの方法を変えなければならない、と提言しているものの、具体的な方法までは明示していない。ただ、フィールドの場で体感したことをそのまま文字化しようとした営みは、フィールド・ワーカーとして心得ておくべきことであろう。

宮本が、「有字」／「無字」、すなわち、読み書きの能力の有無の間の差異の認識とその止揚を目指した視点をさらに今日的状況に延長するならば、「ラジオ・テレビ時代の伝承者（？・）」とはいかなるものかがまず問われねばならないであろう。これを捉える枠組みがまず提示されない限り、おそらく今日の民俗学の存立は難しいことは確かであろう。

三　桜田・宮本に見る調査観

これまで見てきたように、桜田は主として「民俗の変貌」への対処について論じ、宮本は「調査地被害」や「伝承者の変質」について論じており、それぞれ異なっているものの、昭和三〇年代以降のほぼ同時代に民俗学の現状に対して問題提起をなしてきたことは注目されなくてはなるまい。これらの要因として、双方とも水産行政（桜田）、生活改善運動、離島振興事業（宮本）を通じて、同時代的な社会問題に直接関わらざるを得ない立場にあったこと、あるいは、可視的な民族〔ママ〕資料である民具の問題に多少たりとも携わっていたことが考えられるが、ここでは、民俗学的認識の生産現場である「調査」に対する彼らの捉え方を通じてこの問題に接近してみたいと思う。

まず、彼らに共通して言えることは、「項目調査」に対して批判的であることである。

宮本の「項目」批判についてはすでに述べた通りなので詳述しないが、「項目」などで何かをつかむことがおろそかになって「発見の学」になっていないことがその理由の骨子であり、この「起源」を『郷土生活の研究法』（一九三五）の分類に沿って表わした自らの『越前石徹白民俗誌』（一九四九）においている。一方の桜田は、直接「項目」批判を行なっているわけではないが、昭和九年以来の村の調査では、大体において優等生の答案のような行き届いたものになってはいるものの、それまでの柳田や早川の本で得られたような驚きや、胸をはずませるものはなくなってきた、と感想をそのまま吐露している。このように彼らが「項目調査」を捉える時、自らの理想とする「調査」とはいかなるものだったのであろうか。

双方共に言えることとは、調査地の人々の生活の「実感」を得たい、と考えていることであろう。それでは、この「実感」とは何によって感得されるかというと、桜田においては、眼で見、耳で聞いたことは容易に忘れず、たとえ忘れてしまっていても、同じような事物や光景に再び出くわすと記憶がよみがえってくる、この「体験」をさしているように思われる。そして、そのためには広い地域を「遍歴」することをすすめている。一方、宮本が戦前の屋久島での年寄りの語り口の記憶をたぐりつつ、新たな記述スタイルを見出していったことは先に見た通りである。さらに、彼は、資料には人それぞれの目的があって調査されたものだから、自分の学問に必要な資料は自分の手で探し求めるより他はないのだし、ひとつのテーマに絞って調査をしていると、どこもかしこもみな同じように思えてくるが、「旅」をしながらの調査の方がかえって印象深いものになる、として目的を持った「旅」を考えている。

以上のことから共通して見られる「項目調査」でない「実感」を得ることの出来る調査とは、具体的には両者の口振りから察する限り、戦前の調査にそれがあったとおよそ推定できる。桜田が、『明治大正史・世相篇』の編纂事務の手伝い報酬として柳田から貰った三〇〇円で四国旅行（一九三一・二―三の約四〇日間）のひとり旅に出、それ以来、「旅」に病み付きになったという話は、彼の晩年のいくつかの小記事の中に見られるし、よく知られたところである。この際の旅行ノートが四、五冊残されていたらしいが、いずれも紛失したらしく、旅先で繰り広げられたこまやかな人間関係はここでは知り難い。だが、限られた記事の中からこの旅を振り返ってみたい。

昭和六年当時、鉄道は池田～高知間は未だ開通しておらず、その先、大歩危・小歩危まではバスで行き、吉野川を舟で渡ったところから、土佐、さらに、伊予へと宿を転々としつつ、当てもなく歩き回ったようである。彼の「旅」がいずれも鉄道の終着点より先ということは注目されてよく、そこで繰り広げられる人々の生活は、都市育ちの桜田にとってかなりのショックだったようである。この旅の特徴は、「民俗など調べてみる心持ちなど少しもなかった」ことにあるのではないだろうか。つまり、桜田の理想とした調査、すなわち、「調査する者とされる者との対立感のない」、あるいは厳密には「調査以前」の関係がそこで展開されていたことはほぼ疑いない。四国遍路の道順の中で、とうの昔に死んだはずの「お大師さん」が未だに巡ってくる世界のあることを眼のあたりにし、雪のちらつく夜に港町で船を待っていると親切な人が「寒いから」と家へ招き入れてくれる。つまり、全くの「遍歴の体験」だったわけである。当時の四国の人々の眼には、弘法大師と若い桜田が二重写しになって見えていたかも知れない。そこでいくら「私は科学者」などと叫んでみたところで、「若いのに感心な人じゃ、あがってイモでも喰うていきない」と言われるくらいがオチだったであろう。鉄道も敷かれていない当時の四国の僻村では、このぐらいの「落差」は存在したと思う。水車の軋む音、ほんのり明るい囲炉裏の明かり、けわしい峠道などと共に、「遍歴」の体験を呼び起こす時、四国の旅が実感を持つものとして語られる。そして、「死ぬまでにもういちど、他にわずらわされることなくワラジばきで国の一隅を歩いてみたい」ということになるのである。

桜田が生まれて初めて「民俗的世界」に触れることになった四国の旅に出かけた昭和六年頃、宮本は、大阪での教員生活中に肺を患い、郷里に戻り療養中であったが、この期間に『旅と伝説』に祖父や周囲にいる人々から聞いた昔話を投稿している。宮本の「調査」を語る時、生まれ育った周囲の「環境」を無視し得ないことは先に述べたが、生活そのものの中にすでに「民俗的「旅」」が組み込まれており、それがそのまま「民俗調査」へと移行し、終生その在り方を強引に押し通した感が強い。既存の「民俗的「旅」」のシステムに「民俗調査」がそのまま乗っかったわけで、宮本の場合、「調査」とは「自分の能力の限界を試すよい機会」でしかなく、比較的自明性のもとに「調査」に取り組めた筈であり、その点、桜田とは対照的である。

戦前の宮本は、昭和一四年一一月から昭一七年二月まで、ほぼ全国にわたって一九回、五〇〇日で一〇〇〇円しか使わないという「乞食旅行」を送ったらしいが、そこには旅人を受け入れてくれる社会があった。民家へ二、三日も泊まれば、その家の者やその親戚ともなかよくなり、村の中のさまざまなことがわかってくるし、祭の客に呼ばれたり、結婚式の客に招かれたりするようなことも起こる。しかし、戦後こうした体制が崩れ、宿屋へ泊まることが多くなると、戦前のような調査ができなくなったとして、戦前、戦後の間の調査の在り方の変質を説いている。そして、ものを貰って歩く、人の情けにすがって歩く、その中に本当の人間関係を見ることができるのではないか、とさえ言っている。

調査への入り方はかなり異なるものの、彼らの「原初的体験」としての「四国の旅」（桜田）「全国調査」（宮本）は、共に「民俗的「旅」」の経験であったと言えるであろう。それは、純粋な意味での「遍歴」ではないにしても、それは調査者―被調査者の間の未分化の状態、つまり「調査以前」の段階であったと言えよう。現地で繰り広げられた人々との関係は、宮本がいみじくも称しているように、「乞食」的交流であり、既存の「経済外」的交流であった。宿泊施設が整い、調査者側の組織的な採集のための制度が確立するに従って、しだいにこの関係が分化していったと言えるであろう。おそらく、それは今日の我々の「調査」の対極に位置するものであることは確かであろう。

もっとも、こうした「調査」は、宿、鉄道などの今日とは全く異なる「調査環境」のもとでなされたので、同じことを我々ができるわけではない。ただ、「調査」は他人との関係を一般的前提としたものと言えるだろうから、その場で「実感」を得ようとする試みは、おそらく「調査」がある限りなされてよい筈であろう。もっとも、はっきりしておかねばならないのは、我々の場合、こうした「実感」そのものをも疑ってみる必要があるということであろうし、それを捉える枠組みさえもが考えられない限り、真の意味の「民俗学的方法」へとは進展しないことは確かであろう。

四　桜田・宮本とその後の民俗学——最近の調査体験を中心に

桜田においては「民俗の変貌」に対処するためのいくつかの視点が提示されてはいたものの、積極的に「変貌」に対峙する立場は示されてはいなかった。そして、あるとするなら、桜田らの世代のものとは全く異なる観点からであろう、とするだけで、その提起は決して楽観的なものではなかった。一方、宮本は、調査者—被調査者の関係の変質、あるいは、伝承者の変質について論じていたが、「今日ではこれまでのような採集の時期は、過ぎ去ったとして、みなが状況を自覚し、これまでの方法を変えねばならない」というものであった。このような当時の両者の提起からすると、これまでの民俗学の在り方では、学問的存立基盤は何もないということになる。そこで、両者の提起を起点として、その後約三〇年を経た「民俗調査」の今日的状況を彼らの提起と対比しつつ、しかも自らの調査体験を踏まえつつ、ここで論じてみたい。

「民俗調査」の今日的状況を単純に断定することはできないが、昭和四〇年以降、ほぼ民俗学の主流たり得た「地域民俗学」の調査法を集約していると思われる『民俗調査ハンドブック』を中心に論じていくことは、決して見当違いのことではあるまい。当書は、市町村編纂事業などによる「民俗調査ブーム」に要請されたものであり、当該時代の状況認識として、①民俗の「変貌」により、フィールドで前代の型を捉えにくくなったこと、②分析的な民俗誌を作るための共同調査の必要、③話者との世代差によって話が理解しにくくなっていること、の三点があげられている。そして、これらの「民俗調査」が抱え込んでいる「技術的難問題」を「なるべく調査地にあって、すぐ解決できるように」まとめられている。

さて、②の「分析的」な民俗誌というのは、正直、よく意味がわからない。おそらく、「民俗事象の相互連関を捉える」というのであろうが、このことについては、なぜ「村」が単位として分節し得るのかを明示しない限り、説明できないことがらであると先にも述べた。①は、桜田、宮本の状況認識と変わらないし、③についても桜田と同様である。しかし、これらの問題を「技術的問題」として捉えていることに当書の特徴がある。これが、桜田の提起に積極的に対峙する立場でないことは言うまでもない。一方、宮本の提起した問題については、全く視野に含まれていないと言えるであろう。

そこで、こうした現状のもとで行なわれている「民俗調査」の在り方の問題と思われる点のいくつかを、自らの経験に即して整理しつつ、指摘しておきたい。

宮本の指摘していることがら、即ち、調査者―被調査者の関係の変質、あるいは伝承者の変質の問題については、宮本のように戦前から「調査」に従事している者なら、比較的簡単に感知し得る類いのものなのであろうが、私のような宮本がこうした問題に言及し始めた頃よりのちに生まれた者には、当然ながら識別できる方がおかしいであろう。さらに、同じく先に宮本の個所で触れた調査者―被調査者間の共棲・共犯関係についても、判断基準を持ち得ないわけだから、知らないうちにそのような関係に巻き込まれている可能性は充分にあるであろう。

経験的に言って、郷土史家と呼ばれる人の多くは、いわゆる「項目」的分類によってあらかじめその「知識」が整理されているように思えることが多かったし、それらの人々に紹介してもらう「話者」の家の書棚に、『定本柳田国男集』がズラリと並んでいるのを眼にしたこともある。あるいは、話を聞いていると、そのような話者がどうも民俗学の教科書的な話を知り過ぎているように思えて、「どこで聞いたのか」と尋ねると、「これに書いてある」と地方の郷土雑誌を持ってきて見せたりする。大抵の「調査地」には、「そういう話なら、あの人がよく知っていて、みんなあそこに行っているからおまえも行ってみろ」と言われるような人がいるものである。いずれにしても、これらの現象が起こっているのは、昭和四〇年代以降の日本のフィールドである。また、こうした市町村史の現場に触れなくても、新聞、雑誌、テレビ、ラジオ等々を通じて、広い意味での「民俗学的知識」に触れなかった人はいない筈である。

このような状況の中でも、雑談などの中で、多くの話者たちが熱っぽく主張していたことがある。だが、それらは多くの場合、いわゆる「項目」から全くはみ出る領域のものであった、という印象は何も私だけの経験ではないであろう。

私の経験では、次のようなことが主張された。戦争体験、戦争直後の混乱期のさまざまな記憶は、しばしばいきいきと語られるし、その頃から始まる密漁、あるいは昭和三〇年代に入ってからの埋め立てその他による補償金の問題、さらには、最近ではローン（月賦）や国、県の金融公庫のことなどについても同様である。

「今の人ら、借金、イボぐらいに思ぅとら」

「ハンつきゃ、月賦で船買える、いま、何買ゥてもカネいらんのじゃ、月賦払い込むのがどォもならん」

「自分ら二百万持っとっても、預けるのは銀行預けて、借りるのは国や県から安い利子で借りよら、銀行の利子の分だけもォけよら、若い奴ァ社会出て賢ゥなっとらのォ」

とりわけ、私が老人と話をする機会が多かった関係もあって、医療問題や年金の話はあちこちで聞く。

「医者もええんじゃ、行きさえしよりゃカネもォかる、あんた来るなたァ言わん、いらんのに、つきもんじゃ、言うて（薬袋に）名前書いとるけェ、そのへん捨てりャせんけェ、ためといて沖出た時に捨てよら」

「みな年とったら医者行きよら、自分のカネ払うんじゃったら行くもんおらんわい」

「昔は今みたいに年寄りのカネ（年金）なかったんじゃけ、漁師せにゃいけん」

「世の中、都合のええことやりよる」

その他、漁協からのハワイ旅行等々、私が鈍行に乗ってフィールドに向かっている間、彼らはスーパージャンボで海外旅行である。書けばきりがないが、私の耳がおかしくなければ、以上のような話はとりわけ熱を込めて語られていたような気がする。

そんなことは当たり前である、と言われればそれまでだが、このような私自身の調査体験を省みつつ、次のことだけは指摘しておかなければなるまい。つまり、規格化された民俗学的「項目」や「分類」を持ち込んで、今日の調査地に入った場合、現地での体験に分裂が生じるという事実である。「調査項目」が用いられた当初から、こうした分裂は感じられたであろうことは予測し得るが、おそらく、今日ほどその度合いは大きくなかったであろう。また、これは、新しい分野・項目を追加して編成すればすむ問題でもない。むしろ、ここでは「項目」が経験の分裂を生むこと自体を問題化せねばならない。「分類」「項目」に忠実であればそれだけ、宮本が言ったように、「分類」抜きに何をつかむかがおろそかになることは確かであろうし、「発見の学」から遠のいていくことも、確かであろう。「世間師」などというひとりの人間が、士農工商賃労働者いずれでもあるようなものを捉えることも難しいであろう。それだけではなく、「項目調査」が「話者」という全体的人間を「項目」「分類」へと「囲い込む」作業であるなら、こうした在り方で現地で生活する人間の全体像を捉えられないことは明らかであろう。たとえ、雑談の中で彼らの熱い主張を聞き得たとしても、それを捨象して「民俗誌」をまとめた時、それが人々の主張を反映した真に現在に生きる人間を表わせていないことだけでなく、そこで「話者」の「囲い込み」がなされていることになる。こうしてまとめられたものが、たとえ「分析的民俗誌」であったとしても、それが現に生活する人間像からあまりにかけ離れていたとすれば、それは問題にされなければなるまい。以上のようなことが、調査地で繰り返され、調査者―被調査者の関係が固定化した時、つまり、宮本の指摘の箇所で触れた「共棲関係」「共犯関係」と化した時、原理上、フィールドは単なる「居留地」と化し、「囲い込み」はほぼ完成した状態となる。こうなると、そもそも調査の構造は「情報搾取」システムである、と捉えられることだけは確かなのだが、その意識さえもが奪われてしまう。従って、「調査地被害」の問題ももはや出てこなくなるであろう。

もちろん、このような関係だけが全てだとは言えないが、少なくとも、こうした傾向が認められつつあることは注意されなければなるまい。「搾取」が問題にされるということは、される側が「潜在的革命状況」にあると言い得るわけであるから、両者を往来する「旅」によって、人は「意識化されぬまま自らを拘束している状況」を相対化することも可能であったし、また、かつての柳田や宮本のように、

「文字による近代」を相対化する戦略をとることも可能だった筈である。その契機さえ、この関係には残されていない。

以上に見た、昭和四〇年代以降の「民俗調査」、ないしは「民俗学」の今日的状況とは一体いかなるものなのであろうか。少なくとも、高度経済成長期以降に「自己の学問の人間的目標が何であるかを明確に問うことを事実上辞めてしまった状況」であることは確かであろう。これは学問における「非物質的貧困化」の状況であり、今日においては別に「民俗学」だけに見られる特殊状況でもあるまい。しかし、この時期にこうした民俗学をとりまく環境も共に大きく変わっている。とりわけ、万博以降の「ふるさと志向」「ディスカバー・ジャパン」などを通じて、「日本回帰」的な動きが見られたことも「民俗学」と無関係ではあり得なかった。こうした状況認識について、人類学者の小西正捷は次のように述べている。「この「再発見」運動自体がすでに「日本の伝統美」の喪失を宣言するものであることに気付かれるであろう。それがたとえ、「再発見」されたとしても、それが本来あるべき脈絡から切り離されて近代的思考や、近代生活の中に組み込まれる時、その本質はまさに終息するのである。」

けれども、イベント・プランナーたちは、こうした復活イベントとしての「まつり」「市」「初詣」などの路線は、今後強まることはあっても弱まることはない、という。こうした中でも、沖縄博では本部の地元が不況に見舞われ、店仕舞いする店が続出したのに、間接的「精神博」としての柳田民俗学などに関する書籍の東京の出版企業が好調に売ったという現実を冷静に反省してみる必要がある、と電通やイベント・プランナーを「反省」させているぐらいだから、さすがと言えるのかもしれない。学問は、社会的、政治的に中立である、と開き直るかも知れないが、こうしたブームの目的とするところと、民俗学のそれとが奇しくも一致していることからは、逃れることはできまい。この先、民俗学者はこのまま文部省、文化庁、電通の庇護のもとに、「大衆」と共にどこにもない「日本」を捏造しつつ、求め、さまよい続けるのであろうか。その行為そのものが「喪失感」の表出であることに気付くこともなく。あるいは、こうしたからくりなどとっくに承知の上で、自らにはね返ってくる影響を鑑みて、公言しようとしないのかも知れない。

知れば知るほど嫌な話ばかりだが、自らが少なからず関与してきたことであるからには、責任を逃れられるわけではあるまい。かくいう私も、昨年、修士論文を提出し終え、少しゆっくりとものごとを考えることができるようになって、おそまきながらこうした事情を最近痛感しているわけで、具体的に今後の見通しを提示せよと言われても、正直なところ難しい。ただ、先にも触れたように、「項目」「分類」によって「話者」や「村」を「囲い込む」ことだけは極力避けたいと思う。わざわざ調査地まで赴いて、他人と関わりを持つわけである。せめて、同時代に生きる人々がその興味のおもむくままにとくとくと語るものをゆっくりと聞ける耳だけは持ちたいものだ。全く些細なことかも知れないが、今日でも「調査」があり得るなら、まずここから始めるより仕方はあるまい。

5 ある行商船の終焉——瀬戸内の漁村から

瀬戸内の浦々で一斉に行商船が流行ったことがあった。いわゆる闇市時代である。大小とり混ぜた船が大活躍したのは、最近ではこの時より他にあるまい。多くの国民が食料を求めて右往左往せざるを得なかった時、船という移動用具を有す漁民が自在に立ち回れたことはいうまでもない。したがって、この時代の行商とは、特定のトクイとの間に恒常的な関係をとり結ぶようなものではなく、全国というより東アジア全般にわたって無限に拡がっていく物々交換ネットワークの一端を担うものであった。とりわけ零細漁民の多くはこの時とばかりにこの流れにまぎれこんでいったが、瞬時的ではあったにせよ、中には資産を拵えるものもあったようである。「播磨灘の狼」、「鳴門の龍」、「南海の虎」などの異名で呼ばれるこの時代に西南日本一帯を暗躍した一種の文化英雄は、いずれも船を巧みに操るものたちであった。

（Yさん）「蜜柑で儲ける、燐寸で儲ける、下駄で儲ける、帽子で儲ける」

（Mさん）「ほいじゃけなあ、もうなあよなったたんじゃ」

（Yさん）「ほんじゃけえ、家もなかったんじゃ。家を買う、土地を買う」

（Mさん）「ハッハハ。ハハ。もうなあ、アンタにいうけどもうなあよなったんじゃけえだめよ」

朝鮮戦争のさなか、対日平和条約が締結された昭和二十六年。十月二十一日付けの『中国新聞』には尾道市の吉和漁協に関連して次のような記事がみられる。

「内海漁業者はどこへいく／行商面に転換の運命／過

剰と漁区小が悩み」

「吉和漁協では漁民の救済対策として戦前二百隻内外の行商船（五トンくらい）を復活し海産物（イリコ、塩乾魚）、尾道物産（畳表、花むしろ）、食料品、日用品などを内海一円に販売、漁船を戦前の隻数に限定して、他は行商船に転換する計画を進めこのほど転業救済資金として一隻当り船体改造修理費十万円、資本金十万円、計二十万円、総計四千万円の補助金を水産庁に陳情した」

　そして、この計画は、「内海漁業者窮乏の打開策のモデルケース」と評されている。

　この「転業計画」の経緯については、占領軍の主導による当時の水産行政の動向に注目しておく必要がある。つまり連合国総司令部天然資源局は、沿岸漁業の経済危機の要因として、㈠引揚者・失業者の吸収による漁業従事者の激増、㈡乱獲による漁獲高の減少、㈢操業費の増加と漁獲物の販売価格の低下の三点をあげているが、こうした状況に対処するために、同局は昭和二十六年一月に五項目よりなる計画書を作成し、同年二月十七日に日本の内閣より正式承認を受けている。そして、この五項目中の第一項の具体的施策は、「昭和二十六年には漁船一二九〇隻を削除し、昭和二十七年には八五八隻を削除する。漁業者は他の仕事又は幾分ゆとりのある漁業に転向させる」（傍点筆者）ことであった〔ウィリアム・C・ネビール編／農林大臣官房渉外課訳『日本の漁政――昭和二十年→二十六年（Fishery Programs in Japan, 1945–51）』（連合国総司令部天然資源局報告第一五二号）一九五二年、七七頁〕。

　こうした政府レヴェルの施策がいかなる形で各漁協ないしは個々の漁家へ浸透していったかについては、ここで詳しく論じる余裕はない。こと、吉和にかんしては、この時に「三割ぐらい換わったろうのう」という話も聞かれる反面、「整理したって今度の日から沖でていきよんじゃけ」などの話も聞かれ、どうもはっきりしないようである。もっとも、組合に記録が保管されていれば、それを見れば何戸が転業資金の交付を受けたかは容易に確認できようが、それよりもむしろ船という用具の形式の問題について掘り下げた議論を行なうことのほうがより重要であろう。つまり、船が海を越えて異なる地点の比較を可能にすることにこそ注目されるべきで、比較によって差益の大きい情報を取捨選択することができるのである。だから状況に応じて、漁を行なったり、行商を行なったり、渡船を行なったりしうるわけで（もちろん漁の場合、操船とは別な特殊技能を必要とするものもあるが）、定まった行商船数というのは出し難いことになる。こうした点をふまえたうえで、昭和二十八年二月の組合推定によると、行商に従事するものが一三〇―一四〇隻、そのうち行商を専業とするものが三十―四十隻となっている（余田博通「内海漁民の階層分化――尾道市吉和町の実態調査」『経済季報』一―一、一九五三年、二二一頁）。当時、吉和の総船数は約六五〇隻であったから、そのうち約二割が何らかの形で行商に関与していたということになる。

ともあれ、国内物資の欠乏による統制経済という状況と海外引揚者・復員者などによる急激な人口増加に大きく規定されて出現した戦後の行商船は、吉和に関する限り、経済統制が解け、特需景気を迎え、いわゆる復興期に入った後にも消滅することなく、むしろ増加しつつ存続することになるのであった。というのも、高度経済成長期には、瀬戸の島々や豊後水道方面では緻密な交通網は整備されていないところが多かったようであるし、北九州・瀬戸内・阪神地帯の重化学工業は活況を呈し、人々の購買意欲も旺盛だったので、比較的凌ぎやすかったからである。しかし、経済成長の帰結として、こうした状況に陰りが見えだしたとき、行商船の雲行きも次第に危ぶまれるようになっていった。

「金儲けは万博の年までじゃったなあ。それからこっちは不景気ななあ。まあ、石油のアレから不景気な思うなあ」

戦後、播磨灘沿岸を中心に行商してきたIさん（昭和十年生）の話である。内臓をわずらって十年ほど前から陸上りし、現在では夫が一人で船に乗り込みトクイ回りを続けている。

こうした自らを取巻く状勢に対してIさんは次のような判断を下している。

「それがいうたらな。今あのなあ経済連が嚙むけん。昔皆、商売人でも行商じゃったんじゃ。これを売ってみてくれんかいうて小まい店行きよったんじゃ。今経済連が嚙んで大きるデパートを作るけえ売れんよなるんよ。ほでもう何売ったけえいうたって経済連が入ってきたら、もうニイサン儲けやなんかありゃあへん。もう、こうに売んなさいいうてから、経済連がもう決めて自分らがとってしもうたら、もうそれなりにいくんじゃけ。野菜じゃろうが莫蓙じゃろうが何んじゃろうが、経済連通さなんだらもうこっちは落ちんような式にしとるわけよ。ほんじゃけ儲けない」

ここで語られている「経済連」を、そのまま「経団連」などという実在する団体と捉えてはなるまい。むしろ、自らがそれまでやってきた作法が突然立ち行かなくなった時に、その原因をまさぐり当てるようにして浮び出てきた言葉として理解されるべきであろう。おぼろげでつかみ所のない漠然とした「何か」。それに、突然「噛み」つかれたのである。また、「デパート」というのもいわゆる百貨店ではない。先の「何か」が顕在化した姿ではあるのだが、ずらっと並んだレジスターに黄色いカゴ、おまけに年中安売りをしている「あの」お店のことである。スーパーマーケット、生協、農協、日用大工用品店（東急ハンズのような）等々。

ある日突然、見知らぬ異人さんがやってきて、座敷に上り込んでくるなり二、三発ビンタを食らわされ、それ以来すっかり居着いてしまって、「こっち」は「それなりに」されてしまったわけである。

さらにIさんは続ける。

「経済連通ってくるいうたら、皆アンタ偉さんばっかりが会議して、その中くぐってきとんじゃけ。もう一人や二人じゃ太刀打ちゃできゃあせん。どっちにしても、今は偉い人の世ようなあ。まあ、ボチボチとなあ、うちらみたあな年寄りが交流をして売ったり買うたりで、うちらが死ぬるまじゃあ元気なかったら食べりょうけど、今からの若あ者あそういうことをしても食べらりゃあへん。給料とりになってから、その日を千円くれるんか一万円もらわれるんか、それで細々とやらんことにゃもうだめじゃわ、ニイサン」

突然、居着いてしまった「あの」髯もじゃのオジサン（？）。迷惑きわまりないのだが、どうもバックにど「偉い人」がついているらしい。ど「偉い人」にゃかなわない。そうとわかりゃ、私の息子をあなたに捧げます。どうか立派な「給料とり」にしてやって下さい……アーメン。という感じであろう。

それにしても「偉さんの会議」とはただならぬ様子であるが、テレビに映し出される背広姿のいかめしい人達の集まりなどからこうしたイメージが作られるのであろう。いずれにせよ、自らの命運さえもこうした伺い知れない場で一方的に決定されてしまっていて、「こっち」はそれに対して何んら発言し得ないという、Iさん達の感じる無力感と疎外感こそ注目すべきであろう。

現在吉和には、行商船は四・五隻、車（ライトバン）による行商が十四・五台といわれている。車による行商は今から二十年ほど前から始められたというが、今日置かれている状況は行商船のそれと何ら変わりはない。いずれにおいても、経営者の平均年齢は五十―六十歳である。

先のIさんだけではない。出会えた行商の人達は、いずれもやりたくて行商を続けているわけではなかった。五・六十歳という年齢から今さら受け入れてくれる会社は早々みつからないのである。かといって、漁業に戻ることもできないし、魚屋などの小売店に転業した人もいるらしいが、うまくいっていないらしい。まったく八方塞りの状態で、どこへも行き場がないために、仕方なしにこれまで手慣れた行商を続けているというのが現状である。今まで築いたトクイがあるではないかという見方もあろうが、まだトクイがあるから今日でも細々と続けていられるのであって、いわゆる「流通革命」とそれを成立させた社会状況は比較的安定していたトクイ関係さえも根こそぎ突き崩してしまったのである。とりわけ、乱立する「デパート」に若者層が雪崩込んでいく様には、口を開けて眺めているより他手はなかったようである。

Iさんは次のように話を締めくくった。「も時代の流れじゃけ仕方ないわなあ。今はもうだめなんじゃ。もそんなとこじゃ。わしら一代は終わった。フフフ」

「仕方ない」というあきらめと同時に、「今は」という一言が不気味な余韻を残している。

こうした経緯に対して、例えば、「古いものに固執して変革を怠った」とか「企業努力が足りなかった」などの紋切型の文句を当てはめて事足れりとすべきではない。また、零細業者の宿命であるなどと簡単に納得すべきでもあるまい。自らの足取りについて語るIさん達の言葉の内から考えを進めていくことを続けてみたい。というのも、これまで見たような「経済」的な領域を越えたもっと広範囲に渡る問題がそこに見え隠れしてくるからだ。

それでは、行商の人達は、今日の行詰りに至るまでの自らの生立ちをいかに捉えているのであろうか。再びIさんに登場願おう。

「吉和いうとこあ、皆これで、無学にやられてもうたんじゃけ。このマチに生まれて何んが情けないいうても無学ぐらい情けなあこたあ、ニイヤンない。親が字に関心がないけんな。もう宗教のことも知らにゃあ、何んも知らん。そりゃあもう、算盤の上でせえいうたら、習うたもんより、オバサンらじゃったら、その必要なけなあ、覚えてしもうとる。頭の暗算がもう出てくるわけよなあ。じゃけど、「習わんお経は読めん」いうてなあ、字だけはなあ、新聞の番組はわかっても、肝腎な所がわからんけなあ、無学の場合は。覚よう思うとってもなあ、あの番組のアレは字、皆読める。ほんで今度、ほんなら書けいうたら書けんの。覚えてなかったらな」

「皆これで」という件に暗黙了解の領域にあるものがかいま見られるような気がするし、「このマチ」という一言にことの根深さが包み込まれている。

Iさんは九人兄弟の四番目。九歳の時に、両親は漁師から行商船に転業し、それを契機としてIさんより下の兄弟は「学校行き」になった。不就学児童問題が顕在化し、吉和に託児所が設けられたのは昭和四年のことであり、その後、年を追うごとに施設は拡充されていったが（『広島県史・民俗編』一九七八年、四四六頁）、こうした状況の中で学齢期を迎えながら、「狂や狂うほど」Iさんは進学させてもらえなかった。だから、「石にかじりついてでも、学校だけはささにゃいけん」と思っていたから、四人の子供には「勉強屋」にも行かせたし、全員進学もさせた。そのうち三人までは「学寮」から通学した。

さて、ここでは「やられて」しまったという意識には注目すべきであろう。先に「経済連」に「入って」こられ、「噛ま」れ、「とって」しまわれ、それに「太刀打ち」できないどうにもならない様について語られるのをみたが、ここでの話も「やられ」っぱなしの状勢をどうにもすることができず、ただ「情けない」と嘆くしかできないやり場のない無力感に支えられているという点では同じことである。「経済連」と同様に、ここでの「学」や「学校」も自らの意に反して執拗に襲いかかってくる「何か」を表していることでは変らない。

その他、暗算の技法が識字のそれと対比して語られていることは興味深いし、これらの技法によって形作られていく世界がそれぞれどのようなものであるのかについては掘り下げて論じられるべきであろうが、ここではその余裕はない。また、役所や病院などで用紙に事項を書き込む機会がますます増えていく今日において、こうした消極的な目的のためだけでなく、このような今日的状況を見つめ直すためにも、読み書きの技法を習得できる場をどのように設定しうるのかについては、遅まきながらも模索されるべきであろう。

ともかく、あるせめぎ合いの場で一方的な力によって圧倒されたと感じる時、大方の人は自虐とともに馴化される方向へと歩み寄ることになるのである。だからIさんは行商という自ら行なってきた仕事を次のように罵る。

「ニイヤン考えてみい。字知らんもんが何にい出られるんな。行商しかすることありゃへん。行商はバカでもチョン《ママ》でもできるわけよ。字のなあごめにできるいうたらなあ。もうこの辺では、AとBとC（註　いずれも瀬戸内の漁師の本拠地）しか無学な人間おらんのよ。ほたら、するこというたら行商しかないいんじゃ。漁師か行商かじゃ。字見んでもできるこたあ。糸くくるこたあ字見んでもくくられようがの。それと一緒よう。ほんじゃけえ、他の商売する人はおらん。字知らん人に何ができるんな。ほんなら、アンタ乞食をせにゃあ行商しかありゃへんが」

やはり、識字の技法によって作られる体系から排斥されるものとして行商の仕事や「糸くくること」が捉えられているのであるが、「行商しか」することがなくて、それは「バカでもチョンでもできる」という件に行商の終焉的状況とともに、自虐のニュアンスが込められているように思う。

ここまでくると、もう行商の全否定とそこから「出られる」方途を模索する以外にやることはなくなる。そのためには、「乞食」になり下がりたくなかったら、識字をマスターするより外はない。とすると、常識的に考えるなら、身近にある学校に唯一執着せざるを得なくなるであろう。自らが無理な場合には、この脱出の試みは我が子に託されることになる。

「行商しよる人は、その昔から頭の進みが早いけ学校へでも行かす。そしたら、子供が市役所でも入る。楽に食う。な。停年なりゃ、まあお金でもじっとしてももらう」（Iさん）という道筋が想い描かれるのである。

この一節は漁師と比べた時の行商について述べられている。「頭の進みが早い」という件に、「暗算」ペースの「思考」の片鱗が窺われるように思えるし、こうした道筋の設定こそを「算盤」をはじくというだろうが、この辺はあまり人のことを言えた義理ではない。

ここで、余計なことかも知れないが、次のことを確認しておきたい。つまり、ここまでみてきたIさんの話は、いうまでもなく、行商が立ちいかなくなった状態でなされたものであり、さらに、経験的にいうならば、およそ七十歳より上の世代では漁師・行商に限らず、変幻する豊かな表情に抑揚の利いた声をとり混ぜて、生き生きと海の生活について語ってくれるし、Iさんと同世代でも男の人は細かなことに割りと無頓着な気がするのである。冒頭に談話を掲げたYさんやMさんはこうした人達である。また、若い衆に話を聞けば随分違った様子になるだろうし、Iさんにしても、数十年続けたこの仕事の話についつい熱がこもってしまう時の口調は自信に溢れ、こちらを惹付けるものがあった。とりわけ、Iさんも「捕まるいいもって行商して面白かった」と語り、吉和全体が活況を呈したいわゆる闇市時代の人々の生活については機会があれば詳述してみたいと思っている。しかし、それにもまして、ここでのIさんの主張の中には、こうしたいくつかの局面を越えて考えていかねばならない構造的な問題が含まれていたように思えるのだ。

これまでみてきた話をもう一度思い返しつつまとめておく。

Iさんは、訳のわからないまま押し切られてしまったという体感によって、それがいったい「何か」をまさぐり当てようとしてきた。それらは、「経済連」、「デパート」、「偉い人の世」、「会議」、「学校」、「市役所」として語られた。いずれも対抗することも介入することもできない巨大な存在であった。こうしたことから、ここでの話はすべて、この「何か」に「やられた」(別に「噛まれた」でも何でもよい)と感じる瞬間の記憶が噴流しつつ形成される類のものだといえるであろう。とりわけ、真正面から真っ直ぐ仰むけに押し倒されるような、「やられ」方に重量感があるのもここでの話の特徴としてあげられる。

このような形でIさんの話をまとめようとする地点に立つ時、これまでの話は、次の二つの点で我々自身の間題でもあることに気付くのである。

一つは、Iさんが「何か」としていい当てようとした巨大な機構の「内側」に意識的であるか否かに係わらず位置するものとして(例えば、この文章もテープレコーダー、原稿用紙、ペンシルという定着用具の産物である)。もちろん、我々にこうした「何か」にあたる存在がないといっているのではない。ただ、文字による組織化の「内側」にあるかどうかの違いはやはり無視できないように思えるのだ。今日では、文字以外のテレビ、ラジオ、ビデオなどのメディアが普及しているが、読み書き技法の有無によって日常生活の感じ方がかなり異なってくることもまた確かであろう。文字とは何かを問うことと共に、こうした「較差」

の問題についても考えていかねばなるまい。

もう一つは、先の「やられた」瞬間の記憶を内在化した身をもつものとして。これは一番目の点をも包括しうる観点といえるであろう。ここでの「やられ」方は随分強烈であったが、より穏やかなものもあるだろうし、ほとんど感じられない類のものもあるかもしれない。しかし、今日に生きる我々がここでみられたような類の「何か」を感じないで過ごすわけにはいかないだろうし、むしろ、この「何か」との関係の中で我々の「現実」が形作られているのだともいえるであろう。とすると、こうした「何か」を越えていこうとするためにも、我々の「現実」の端々を紡ぎ取ることによって「現代」を織り上げていく試みこそが「現代の民話」学に望まれるのである。

6　終りのない仕事——「ニゴ屋」聞き書き

「ニゴ屋」の話　瀬戸内のとある漁村で話を聞いている時だった。

「夜寝とったらな、伝馬に機械据えて、男四人ぐらいで荷をとりにくるんじゃ。艀は艫《とも》で寝よるんじゃけ。表からきてじゅんぐりじゅんぐりとっていぬん。米袋じゃったら丸ごと持っていくようなことはせんの。どの袋からもちょっとずつの。

　きても黙っとる。何するやらわからんけん。こっちゃ夫婦じゃし……。「泥棒きたのう。ええわ、面倒くさあ、黙っとけえ」、いうて。

　会社のもんもいやあせん。こういうのは余裕みて積んどるんじゃけ。鉄とね、米、麦、砂糖、塩……こがいなん積んだら必ずきとるよのう。

　昼もくるんで。道頓堀川、木津川、尻無川……、どこの川いってもおった。一人じゃこんの。たいてい二、三人。あれらのグループがあるんじゃ。尻無川なら何曳、いうて、縄張り持っとる。

　積荷揚げて、バラバラ残っとるのを掃いてもらうんよ。これを粟おこしに使うんよのう。叺《かます》じゃけえ、裂けたりしたらバラバラ落ちるじゃろ。

　倉庫におる間はこんの。船出したら直に寄ってくる。「船《せん》ちゃぁん、掃かしてくんない」いうて。へえへえ、掃除していにない。掃いていにない、いうわい。煙草銭ぐらい置いて戻るで。顔馴染みもできよったの。

　当時、それが一番儲かるんよ。わしらの言い方じゃニゴ屋いうていよった……」

　戦前、艀船頭をしていたおじさんの回想の中にある、大阪港の情景の一こまである。よほど印象が強かったのか、ニゴ屋の話になると、喋り口が妙にはずんでいた。呆れと蔑み、驚嘆と羨望、種々な感情が入り乱れている様子だった。

かすかに湖の音の聞こえる薄暗い四畳半の、生暖かい炬燵に足を入れた雑談の中で、ニゴ（荷粉ないし荷後。荷揚後の積荷の残滓のこと）という不思議な響きを持つ言葉を初めて耳にしたのであった。三年前の春先のことである。

大阪港へ　その翌年から、折りをみて大阪へ通うようになった。瀬戸内で聞いた話に出てくる場所を直に見てみたいと思っていたし、艀をはじめとした船運業の現状についての情報やその歴史的資料の有無などを確認しておきたかったからだ。

よく晴れた眩しい真夏の朝だった。誰かに聞いてのことか、自然に足が向いたのかよく覚えないが、多分、配船所の人か誰かに聞いてきたのだろう、築港の税関裏の脇道を海岸に向けて歩いていた。白く輝く背景に街路樹のプラタナスの緑が映え渡り、地面に濃い影を落としていた。貨物の引込線を渡り、岸壁の見える所までやってくると、行き止まりのアスファルトの上に、黄金色の砂のようなものが一面に敷き詰められ、その上に座り込んで砂場遊びでもしているかのような五、六人の人影が目に入った。ドンゴロスが数枚取り散らかされてあり、篩《ふるい》と箒が無雑作に投げ捨てられていた。倉庫の影に佇み雑談しているかのように見えるその人の群は、だが、手だけは確実に動いていた。

コゲを選り分けているのである。貨物船から買い溜めておいたコゲを、篩にかけたり、手で選ったりして、まっ黒なコールタール状の塊を見つけては捨て、残ったアメ色のものだけをドンゴロスに梱包する、いたって簡単な作業である。手持無沙汰だったので中に入って一緒にやってみたが、やはり、砂場遊びに近かった。ケロイドのようになったアメ色の塊が脳裏に焼きついている。

「あんまり勉強ばっかりしたらあかんど。わしの知っとる人で、勉強しすぎて頭おかしゅうなった人がおるんや……」

作業が一段落つくと、どこからともなく一台のトラックがやってきて、コゲの一杯詰まったドンゴロスを慣れた手つきで手際よく荷台に積み終えると、足早に走り去っていった。恵比須町の岩おこし屋だった。

辺り一面に散らばっているニゴの又ニゴを溝の中に掃き捨て、道具の後片付けがすむと、一日の仕事はほぼこれでお仕舞い。煮染の怪物がうずくまってでもいるかのように見える掘立小屋の、その薄暗い内側では、今日一日の帳簿整理が行われていた。傍では、安全靴に作業ズボン、ランニング姿の男が敷居の上に腰を掛け、缶コーヒーを片手に、互いに談笑していた。薄緑色の羽をした巨大な扇風機がコトコトと、とぼけた音を立てて回っていた。窓の無い小屋の中にいると、開けっ放しの戸口の四角い部分が、そこだけくっきりとスクリーンのように白く浮かんでみえた。白砂のように輝くコンクリートからにょっきりと顔を出した簡易水道の蛇口の所で、心地よい水飛沫があがっていた。向かいの倉庫の影になっているところでは、ブロックの上に腰掛けて、どこから引っぱり出してきたかは知らないが、竹の切れ端を器用に削っては、凧の骨を作る人がいた。てんでにくつろいでいる様子だった。

こうして一服し終えると、誰からともなく自転車に手を懸け、銭湯で一風呂浴びた後と見間違うかのように、ゆらゆらと仲良く家路につくのであった。まだ昼前だった。

頭上で櫓を漕ぐ　この後、ここの貨物船専門のニゴ屋の組合の理事長をしているMさんと連れ立って、税関前の喫茶店に入った。常連客ばかりの集まりそうな、カウンターだけの小さな店だった。その時は、確か戦中のシンガポール、広東辺りの港の情景を思い出して語ってもらったが、どこの港町にもニゴ屋はいるとのことだった。「パン食え、パン食え」とやたらサンドウィッチをすすめられたような気がするが、パン、パンという破裂音だけが妙に耳に残っている。

それから二度ほど、八幡屋商店街にある喫茶店で雑談する機会をもっている。

大正三年生まれのMさんが沖へ出ていくようになったのは、尋常高等科へ上がって間も無い頃のことだった。背伸びをしないと櫓のウデの所まで手が届かず、そのため、鉄棒にぶら下がるような格好で櫓を押していたというのだから、まったくタダモノではない。それも、お父さんと一緒に組んでやっていた伯父さんが突然亡くなってしまったからだった。それ以来、風が吹いたり、雨が降って時化た時を除いて、学校へは行かなくなってしまった。

「沖へは行きとうなかったんやけど……」

当時にしても、作業の内容は今日とさして変わりはない。ただ、戦後と違って、隻数も少なかったせいもあってか、競争も激しくなく、まったく呑気なもの

だったそうだ。
「来たもん一緒に仲良うやりよったから……」
Mさんのお父さんは、岡山の田舎から出てきて、もともと梅田にある機関庫で働いていたらしく、そこでこの仕事を見つけたのだそうだ。
それに、その当時、陸の月給とりの給与が三十円ぐらいの時、一人で百五十円くらいは稼いでいたというから、割りのいい仕事でもあったのである。

遊び人の日々　大体、ニゴ屋の仕事ほどラクなものもないらしい。通船の待合室へ行って貨物船の入港予定表を事前に見ておいては、朝方、三十間堀にある船溜りから艫綱を解いては小船を漕ぎ出す。本船に横着けして、ニゴの買付けに成功したら、早速、持参した袋に詰め替える。あまりニゴの量が多いと、別の艀に助けを借りるようなこともあったらしいが、いずれにしても、陸の寄せ屋へ漕ぎ着けたところで、たいてい昼にはなっていない。これだけだと、確かにラクである。
ところが、櫓船の頃には、客船の大波を食らって転覆することがざらにあった。積荷は全滅だが全く気にかけはしない。タダ同然で買ってくるのだから。ヨットでするように、片側に重心をかけて、ひっくり返し、船腹に溜ったアカを掻き出すと、ずぶ濡れのまま何もなかったかのように、再び漕ぎ出す。冬などたまったものではないだろうが、とにかく気ままである。

では、昼から何をして過ごすのか。

「昼になったら風呂いって……。風呂いって背広チャーッと着替えて……」

たいてい、行きつけの喫茶店へまず顔を出す。夕凪と朝潮橋の間に商店街があって、そこに十二、三軒の喫茶店が軒を連ねていたそうだ。「三十日が三十日」出向いていく。港湾労働者の現場監督が片手間で開いている店で、暇な若衆の出入りも頻繁にみたようである。

「レコード、ジャンジャン鳴らしてなあ。こんな店でも女の子が四ったりぐらいおったわ……。ウイスキーやら何んでもよう呑みよったからなあ、酔うたらオヤジにな、ちょっと寝るでえ、いうて。ほた、○○ちゃん、ちょっと寝間ひいたり、いうて、奥さんがな……。二階上っていって寝るねん。自分の家みたいにしてなあ。

女の子連れて、映画いっつも行きよった。ちょっと、女の子かっていくで、いうて。あんまり遅うまでおったらアカンで、いうて……。

金もよう使いよったからなあ。奢ったりなんかもしたるやろ」

通いつめた甲斐もあったのか、二十五歳で召集にかかり、丸亀の連隊へ入隊する時には、女の子が七人も八人も天保山の船着場まで見送りにきて、名残を惜しんでくれたそうである。しかし、その余韻も覚めやらぬ明くる年の六月には、汕頭で敵前上陸に参加させられ、「エライ目」に会うことになるのであるが……。

終りのない仕事　最初に組合を尋ねた日から一カ月ほど経ったある日、再びこの小屋に立ち寄ってみた。

「もう、やってもアカンのや。品もんが安うなってな。赤字ばっかりやもん。〝会社〟に置いてある金が減っていくばっかりやけ、もうやめんか、いうて……」

解散を前にして、大掃除の真っ最中だった。冷蔵庫、双眼鏡、雨傘、釣竿、漏斗、ポリバケツ、ペンキの空罐に入った刷毛に工具箱等々、戸口の前にきちんと並べられていた。小屋の中は、帳簿、伝票の処分などでごった返していて、丁度、帳場に雇っている「お姉ちゃん」のイヤリングが「無い無い」と騒ぎ立てているところだった。真っ暗な机の下に潜り込んで、手さぐりでぼくが見つけ出してくると、「姉ちゃんによういうとくわ」と、何度も言って喜んでいた。

アルバムも数冊でてきた。大半は家族連れの慰安旅行の時のもので、宴会の模様や記念物をバックにかしこまって整列している様子が写されていた。金毘羅とか伊勢とか、確かその辺りだったような気がする。一張羅の背広姿で神妙な顔付きをしているのがなんともほほえましかった。仕事用の船を写したものが数枚あったので、そのうちの幾枚かをもらって帰ることにした。

片づけをしながら、ある人がぼそっとつぶやいていた。「わしら長いことこの商売やってきたが、なあんも残らなんだのう……」

あれから二年の歳月が流れた。今でも別の組合の船が一叟だけ、沖へ出ているそうだ。小屋は近くの運輸会社に譲り渡したそうだから、多分、今行っても跡形もないだろう。

一緒にやめた中の一人は癌で亡くなったらしい。また、ある人は高速道路の料金所で切符切りをしている。Mさんも暇を持て余して仕方ないらしく、月のうち二十日は近くのパチンコ屋へ通っているそうだ。ずらっと並んだ箱の中から、キラキラ輝く無数の粒々をとり出してきては、せっせと両替所へ運ぶ。仕事は果てしなく続くのである。

7 タコの家主

今から六年前のある夏の朝、瀬戸内のとある漁浦の船だまりに面した路上を私は歩いていた。修士論文に際して、この地方の一本釣・延縄漁師からの聞き書きを行なっていたのであるが、島嶼部にあるこの漁浦を訪ねたのは、この夏が初めてだった。誰もまだ知り合いもできず、漁船のひしめき合う船だまりに沿ってあてもなく歩いていた時、道端で何やら作業をしている男に出くわした。肌着に麦わら帽子姿のその男は、たらいの中に手を入れて、細かな泡《あぶく》のたった灰色の物体をちょうど雑巾にするようにもみ洗いしていた。近づいてよく見ると、つるっとした頭のタコであった。

「ぬるぬるがとれるまで、何回も何回も塩もみせにゃいけんのじゃけ、割りとめんど（面倒）いんで」といいながら、これでもかというぐらいしつこく、ぐにゃぐにゃにもみつくしていた。ぬめりをとられたタコは、泡を水で流され、頭を中心に八本の足が横に均等に広がるように竹串で形を整えられた後、なぜかてっぺんに風車の付いた竹竿にするすると吊り上げられた。干しダコ一丁あがりである。

「ほうか、取材にきたんか」と、その場でタコ談義になった。主としてタコ縄（タコ壺）漁法の要領やタコの習性などについて話をしたのだが、他漁法に比べると「数（量をたくさん）やる商売じゃけ銭はかかるが、縄は年中同じ所に捨てといて、時々揚げに行きゃあええんじゃけ、百姓よの」と、「攻撃」的でないと共に、陸《おか》でいうならさしずめ角のたばこ屋のような、暇な時間の多い、余力を残せる漁法であるらしい。「一番美味いのは、桜の花見の頃で、デボ（出穂か）のタコ。

値も高いしの。今の時期のタコはババダコいうてまずいんじゃ。つわりして人間が寝るようなもんよ。皮はごついし……。ババダコいうんじゃババダコ」と、上空で揺れるおババに対してはえらく憎々しげであった。

幾日かして、私の投宿中の民宿へこの男が訪ねてきた。といっても、部屋に戻ってみると、すでにこの男がつけっ放しのテレビを前に、備え付けの漫画を読みながらきょとんと座っていたのだが……。

夕刻で、テレビではニュース番組が放映されていたが、男は何を思ったかその画面にちらりと眼をやると、いきなり「おい、ありゃあ宇宙か」と口を開いた。アメリカのスペース・シャトルの乗組員候補として三人の日本人が選出されたという内容の報道だったと思うが、そのうちの一人の女性がインタヴューを受けていた。その映像を見るなり、「あの女、宇宙でコレされるんじゃないんか」と、人差し指と中指の間から親指の突き出た右手を私の眼前に差し出したのである。にこりともせずにこれをやられるのだから、こちらはたまったものではない。笑いをこらえるのが精一杯で、しかも慌てていたのでとっさに判断もできず、確か、

「あれは、電波で地球と通じておるから、そういうことをするには難しいのではないか……アワワ」といったようなことを口走ったように思うのだが、定かではない。一方男は、何も起こらなかったかのごとく平然と、「ほうか」と再び漫画に眼をやり、それから数分も経たないうちに、長居は無用とばかりにそそくさと立ち去っていった。別に用も何もあったわけではないのである。一発かまして即退散。自己紹介も兼ねた、まことに絶妙なサーヴィス「芸」であった。

それ以後、この男とはほとんど雑談する機会を持たなかったのであるが、神出鬼没、いたる所でこの男の姿を見かけるのである。どうやら、周期性をもって浦内を回遊しているようなのである（このことは他ならぬ私自身がこの男同様の周期で回遊していることを示しているのだが）。恵比寿・大黒のごとくすわりのいい体軀に、シンサイ刈り（頭頂部のみ残して刈り上げた上、残した髪を七三風に横分けにした珍妙な髪型。この男によると、頭頂部以外燃えて無くなった関東大震災の罹災者にこの髪型の起源はあるらしい）、しかも右腕に桃の刺青をちらつかせながら、堂々と闊歩するのだから、浦では知らない者もいないくらいの名物男。村相撲ならぬ、村博徒（博物館員ではない）のお

でましである。

裏街の軒先、喫茶店などたまり場に出没しては、巻き舌で例の「芸」を披露する。喫茶店でばったり会った時には、「ええわいの」とおごってくれたのだが、その勘定は私の見ている前で（見えるようにか）他の客からふんだくっていた。その時、ふんだくられたのは初老のおばさんだったが、別段、不機嫌そうな様子でもなかったし、別の機会に、裏街に数人でたむろしているのを見かけた時には、このおばさんも一緒だったから、多分、元々気安い仲だったのだろう。おごられてばかりでは面白くないので、たむろしている軒先へかき水を持って行くと、ばつが悪そうにしながらも、皆、行儀よく並んで食べていた。こうした場では、たいていい競艇、カブなどの博打の話がなされているようだった。

これだとただの遊び人だし、実際、この男の口から「わしゃ、これまで働いたことないんじゃ。子供を働かせるようにしとるけえ」という言葉が洩れたこともあった。大言ともとれるが、そうともいえないような気がするのである。恐らく、「百姓」的なタコ縄漁はこの男にはあまりに退屈で、働くこととして意識されないのであろう。普段はあちこちで適当に愛想をふりまきながら「流し」ておいて、儲け仕事の機を見るやここぞと「走る」。こうして「走る」ことこそがこの男にとって働くことであり、そこに自らの生の凝縮されていくのを感じるのであろう。この機敏で突発的な動きを維持・充足するのが博打なのではないかと私は思う。したがって、この男が誰をどう連れてどこへ向かって「走る」のかを見届けるまでは、一見無意味にみえる普段の「流し」や先のサーヴィス「芸」についても簡単な評価は下せないのである。タコを塩もみするだけの、ただ純朴なタコ縄漁師でないことだけは確かである。とはいえ、普通だったらすってんてんになりそうな生活（もっともどのくらいの金が動いているのかは定かでないが）を長期にわたって続けられ、しかも常時「走る」ことに身構えていられるのも、何よりこの男がタコの家主だからだとはいえるであろう。

翌年、最初に出会った時と同じ場所で、再びこの男に出くわした。「どうしよんな。……ええもん見せちゃろう」といいながら、碇泊中の息子の船に私を招き入れ、艫《とも》（船尾）から海面をのぞき込むようにして、「見てみいや」といった。真黒な土管のようなものが海底に横たわっていた。

「何これ」

「おう、ガラガラよ。……保安庁（海上保安庁）がきたら捕まるけえ、こうやって隠しとくんよ」

ガラガラとは小型機船底曳網（通称コギ網）の網の入口に桁状に取り付ける漁具のことで、鉄製車輪を横に連ねて海底を転がるようにしてあるので、この漁具を装着することによって、高級魚の棲息する石の上でも漕ぐことができる。この浦では、一九八三年に四国の今治からこの漁具のつくり方を教わったそうだが、鉄工所にたのんで約五十万円かかるという。もちろん、小型機船底曳網漁業取締規則及び漁業調整規則違反で発覚すれば十万円の罰金と四十日間の出漁停止処分が科せられる（当時）。

昨晩も、息子のグループは出漁したらしい。「昨日は六隻出たが、四隻は保安庁がおったけいんで（戻って）、あとの二隻は夜中の二時頃からやったんじゃないんかのう。金曜日じゃったけえ、保安庁もよけ（たくさん）出とる。最近、向こうも電気皆消してやりよるんじゃけ、やれんよ。こっちも、他所の船とも無線で交信しながらやるけえ、中々捕まりゃあせんがの……」。この男における働くことと、「走る」方向の一つを垣間見られるように思えるが、どうやら紙幅も尽きてしまったようだ。今でも時折この初老のトッパモンを思い出しては、一人吹き出すことがある。

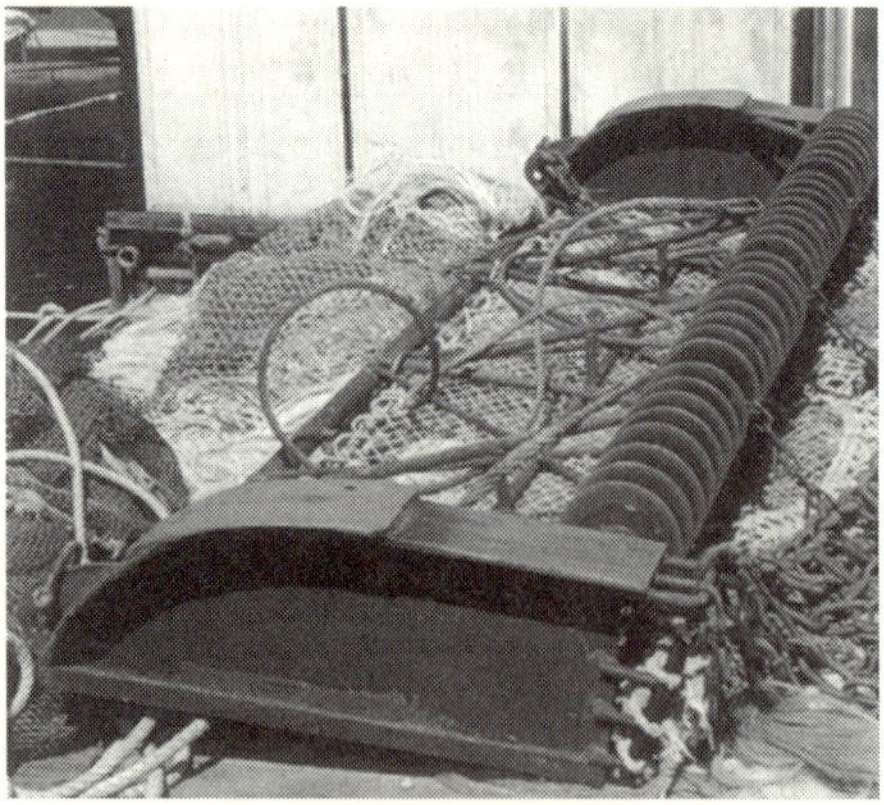

ガラガラ以前に、1965年頃から流行をみた通称「戦車」。ソリとコロで滑走させて、ス（砂）、ハバリ（小石）の上を漕ぐ。尾道市吉和にて。

8　フィールドワークで用いた技術
——フィリピンのフィールドノートの検討

論文名および内容　"The general situation of field research in the islands of Victory, Eastern Samar and Pamilacan, Bohol 1993–94," 『族』第二四号（筑波大学歴史・人類学系民族学研究室、一九九四）。調査研究の中間報告。パミラカン島の、タガ（taga）という大型の鈎を用いて行なわれる漁労をめぐる生産と消費の過程について略述し、ヴィクトリー島の、漁具・漁法の種類や利用法について同様に略述する。

"The Kogengaku approach to the study of Sari-sari Stores in Victory Island, Eastern Samar," In Iwao Ushijima and Cynthia N.Zayas (ed.), *Bini-saya nga Kinabuhi [Visayan life]: Visayas Maritime Anthropological Studies II (1993–1995)*, Quezon City, College of Social Sciences and Philosophy Publications, University of the Philippines (1996). サリサリストアーという雑貨屋でなされる人々のやりとりから、島の日常生活とその変化にアプローチをするという視点からの記述。考現学的な方法を用いて資料を採集し、売買行動と集まり行動について考察を加える。［本章は上記の小川の二論文が作成される前段階となったフィールドワークの手法について述べたものである］

「方法とは、自分が何をしているかの自覚であり、経験の組織化にかんする意識である。したがって一般的な方法というものはなく、各人固有の方法があるのみである。」西郷信綱（『国学の批判』[1]）

調査のきっかけ　ここ数年私は、それまで取り組んできた瀬戸内海の漁村での民俗学的、地域社会史的な調査研究と並行しながら、フィリピンのビサヤ地方で調査研究をすすめている。フィリピンのビサヤ地方ですでに継続されていた文部省の科学研究費補助金（国際学術研究）を得た「フィリピン・ビサヤ内海域の漁村構造と

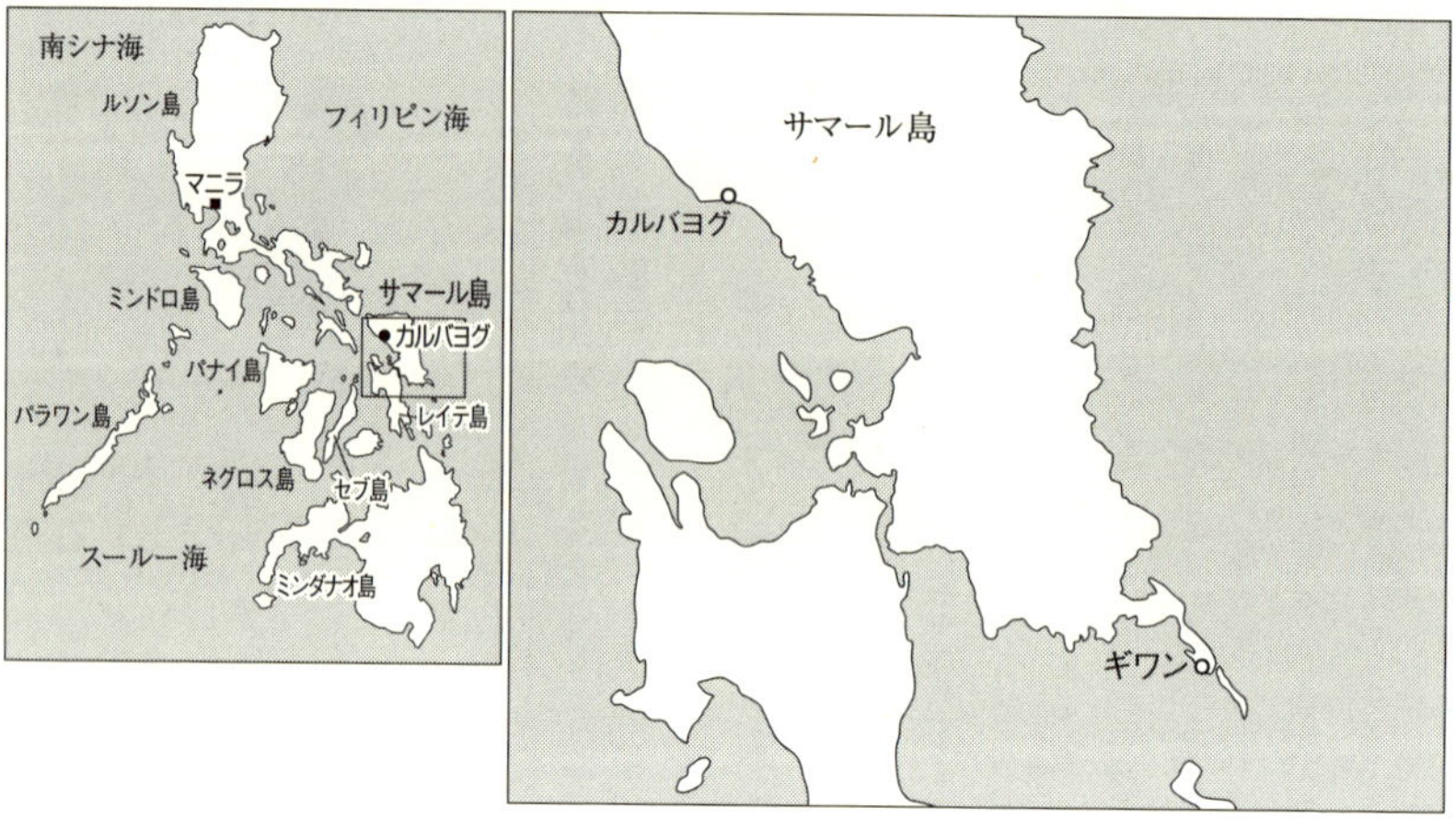

サマール島周辺図

漁獲物流通網に関する文化人類学的研究」（研究代表者・牛島巌）と題した研究プロジェクトに三年ほど前に参加させてもらうことになったのがきっかけである。[2] 不充分ながらもそれまで瀬戸内海で行なってきた調査研究の諸成果や諸体験と突き合わせながら、フィリピンの漁村で考察をすすめることができれば、それぞれの生活や文化を相互に対照する視点が得られ、問いを見出したり思索を深めたりすることのできる新たな場を得られるかもしれないと漠然と考えて、引き受けたわけだ。

一九九三年の春だったか、筑波大学でこの研究プロジェクトのためのミーティングが開かれた際に、それまでの研究経過や今後の研究の概略について説明を受けたのにあわせて、牛島巌氏が撮影したパナイ島での一本釣りのビデオとサマール島での中国人資本による活魚運搬業の現地での集荷作業の写真を見せていただいた。

瀬戸内海では江戸中期以降にみられた「出職」という、広島県の能地・二窓という漁村から瀬戸内海の一円にわたって行なわれた移住・寄留の現象に注目しながら、中国地方の歴史―社会を考えていくということをひとつの大きなテーマとして研究をすすめてきた。[3]

いまだ江戸期におけるラフな考察しか行ない得ずにいるが、同様の視点から明治期以降の諸資料を材料にして研究をすすめていきたいと思っており、それと関連する論文や著書を読んだりいくらかの聞き書きを行なってきてはいた。とりわけ、早瀬晋三氏による二窓のほか日生、瀬戸、百島といった瀬戸内漁村から明治期にみられたフィリピン・マニラ湾への出漁について のフィリピン・日本関係史的視点からの論文と、同じく明治期に西日本の漁村とかかわりながらなされた朝鮮沿海への出漁に主導的な役割を果たした漁業資本の資本蓄積の過程を淡路富島における活魚運搬業を事例として経済地理学的な視点から考察をこころみた河野通博氏による論文は、興味深く読ませていただいていた。[4] こうした論文の読書が思い出され、サマール島で現在なされている活魚運搬業やそれと漁村とのかかわりというものに注目すれば、それらをめぐって瀬戸内海との間で比較が可能となり、双方の文化や日常生活の考察を深めていくきっかけをつかむことも可能かもしれないと考え、牛島氏に写真を見せていただいたサマール島へ行ってみることにしたわけである。

現地へ　その年の夏に、フィリピンには不案内な私を関一敏、シンチア・ネリ・ザヤス、川田牧人という研究プロジェクトにかかわる諸氏がサマール島南端にあるギワンという街の周辺の村々を連れ歩いてくださり、ちょっとした土地勘をつかむことはできた。また、日常生活の細々としたことの要領などもこの時に教わることができた。その後私は三年間にわたって、とりわけ学校の春休みや夏休みの期間を利用して、このギワンという街の周辺で調査を行なうことになったわけだが、英語が広く通用すること、また、牛島氏たちが以前にこの街に訪れたときに町長に会ってプロジェクトの趣旨を伝えてありまったくコネがないわけではなかったこと、さらに、ギワンの沖合にあるマニカニ島にヒナトゥアン・マイニングという日本の太平洋金属株式会社の子会社のニッケル鉱山がありその施設を使わせてもらえたことなどから、現地語であるワライワライ語を習得しそれによって現地の細かな日常感覚をふまえながら研究をすすめていくといったアプローチをとることは望むべくもなかったが、日常の生活に支障をきたすというほどのことはなかった。

さて、どのようにして私はサリサリストアーという主題を見出していったのか。先にも触れたように、サマール島で調査研究を始めるに際して、活魚運搬業とその漁村の生活とのかかわりという問題に取り組んでみようと思っていたので、その概況を知るために、ギワンにある活魚運搬業者の現地集荷場や農業省の漁業開発研究出張所を訪ねてみることから始めてみた。いくつかの文書資料の収集やインタビューを続けるなかで、活魚を多く供給する漁村としてヴィクトリー島という名をしばしば耳にするようになった。そこで、せっかくなので訪ねてみたいと思い、出張所の所員に案内してもらうことにした。ギワンの西約二・五キロメートルにあるこの珊瑚礁の小島には、ビサヤ地方の中心都市セブ市の南東の沖合にあるボホール島から戦後移り住んできた人たちが住んでおり、主に篭網、延縄、一本釣りなどの零細な漁業に従事していた。ヴィクトリーという地名は、サマール島に住むこの島の地主のヴィクターという名にちなんでいることがわかった。村長に会い来意を告げ、上に触れたような問題をめぐってインタビューを行ない、その後、何回かこの島に通うことになった。当初から、小さい島で他所から人が買いにくることもないだろうと思われるのにやけにサリサリストアーが多いなあ、と訝しく思ってはいたのだが、何かの話のおりに、サリサリストアーのことが話題になり、こんなにストアーが氾濫するようになったのは活魚運搬業者がギワンにやってきてからのことであり、それ以前には島には二軒くらいしかなかったのだということがわかったのである。一九九五年三月の時点でギワンに四社ある活魚運搬業者の集荷場が最初に設置されたのは一九八六年頃のことであり、また、一九九五年八月の時点で五三世帯中十三軒がサリサリストアーを営んでいる。ようするに当初の問題意識と気になっていた光景が結びついたのである。そこで、先に触れたような問題に全体として取り組むには充分なアプローチとはいえないかもしれないけれども、サリサリストアーを題材にして活魚運搬業者の到来以降の島民たちの生活とその変化にアプローチをしてみよう、とりあえずここから始めてみようと思ったわけだ。

フィールドノートから　ここからが調査の本番ということになるわけだが、これまで記してきたような調査の体験の記憶をたどりつつその経過に沿いながら語っていくという記述のスタイルを以下ではとらないことにする。そうではなく、調査をしながら記していった三種類のフィールドノートの扱い方を紹介し、それに検討を加えることに記述の主眼を移し、調査の経過についてはこの記述の文脈のなかで適宜注釈の形で触れていく、そういう記述のスタイルをとってみたいと思う。というのも、フィールドワークの技術という本稿の主題について積極的に語っていくには、その中心を占めると思われるフィールドノートを書き読むという実践に焦点を絞りながら語っていくことの方がより効果的であると思われるからである。[5]

①フィールドノートI――スケジュール帳　さて、スケジュール帳から見ていこう。Y3判のコクヨのSKETCH BOOKを使っている。この記録の読み書きの実践は直接に調査研究の遂行につながるわけではないが、現地で日常生活を送る際に随分と役に立つ。この三年間で五冊に達している。

私はこのノートをフィリピンでのフィールドワークの当初から用いていたわけではなく、上に触れた、同じプロジェクトに参加する人たちにいちばん最初に現地を連れ歩いてもらった際に、彼らが使っているのを見て、とりわけそれ以降の調査からは基本的に一人で歩かなくてはならなかったという必要性から、用いてみることになったものである。瀬戸内海での調査では用いていなかった。ようするに真似なのであるが、だからといって他の人たちと同じように用いているわけではおそらくなく、きっかけはそうであっても使用を繰り返すなかで自分なりの使用法を編み出していっているように思われる。ちなみに、ヴィクトリー島の人たちはこうした真似を介したものごとの創発的行為をナナギンと称している。以下に、私の使用法を紹介し

フィールドノートI――スケジュール帳

ておく。

およそ次のことが記載される。日付、曜日を冒頭に掲げ、以下その日にあった主な用事を時刻をそえて逐次記していく。この用事には例えば、ミーティングでの議題、出会った人とのちょっとした会話の内容やその人の住所、初めて聞いた単語と意味などがもりこまれたり、利用した諸機関、店、宿などの地図、値段、利用手続き、寸評が記されたり、時刻表が書き写されたり、等々も含まれる。また、レシート、チケットなどを貼りつけることもある。そして一日の終わりに枠で囲んで翌日の予定を箇条書きにしておく。この基本形が日々累積されていくことになる。また、表紙の裏にはプロジェクトの本部から配布された「マニラ情報」というB5判の紙の裏表に種々な情報が記されたものを折り畳んで貼りつけておく。関係者の住所録、銀行、ホテル、旅行会社の情報などが細かく列挙されていて、誰の発案なのかは知らないが随分と重宝した。さらに、裏表紙の方の一枚目の頁から「旅行に際しての必須事項」と題して、その都度気づいた時点で、あると便利なもの、足りなかったものことなどを箇条書きの形式で書き加えていく。「冷房しのぎのための薄手のジャンバーかカーディガンはいる」、「傘は日除けのみならず、ボートでの水飛沫よけになるので重宝」、「サインペンは心地いいリズムですらすらと綴れるので、多めに持っていこう。ボールペンよりインクの無くなるのは早いみたいだが」等々。その後二、三頁をあけて名刺を貼り付ける。

では、こうして書かれていったものはどう読まれるのか。まず、その日の朝や必要な時に「翌日の予定」のところに目をやりそれを再確認する。もちろん状況に応じて新しい用事ができたり、その日にできないことができたりは当然のことである。これがいちばん頻繁になされる読書。次は、何か必要な事態になった時にひもといて眺めるというもの。ようするに記載全体が住所、電話番号、地図、時刻表などをもりこんだ情報誌の体裁になっているわけだから、自分用につくられた『地球の歩き方』のようなものとして利用することができる。とりわけ私のように、学校の休暇を利用して調査を行なうものは、期間が開くと前にやっていたことなど頭から無くなっていることが多く、旅行の前の荷造りの時には特に「必須事項」のところを読み返すことが多かった。そして小さくて軽いので調査のたびごとに以前に書いたノートをすべて梱包して持ち歩き、必要な時に取り出して見返していた。余談にな

郵便はがき

169-8790

料金受取人払

新宿北局承認

3362

差出有効期限
平成19年7月
31日まで

有効期限が
切れましたら
切手をはって
お出し下さい

260

読者アンケートハガキ

東京都新宿区
西早稲田三ー一六ー二八

株式会社
新評論
読者アンケート係行

お名前	SBC会員番号 L 番	年齢
ご住所 (〒) TEL		
ご職業（または学校・学年、できるだけくわしくお書き下さい） E-mail		
所属グループ・団体名 連絡先		
本書をお買い求めの書店名 市区郡町 書店	■新刊案内のご希望 □ある □ない ■図書目録のご希望 □ある □ない	

●このたびは新評論の出版物をお買上げ頂き、ありがとうございました。今後の編集の参考にするために、以下の設問にお答えいただければ幸いです。ご協力を宜しくお願い致します。

本のタイトル

●この本を何でお知りになりましたか

1.新聞の広告で・新聞名（　　　　　　）2.雑誌の広告で・雑誌名（　　　　　　）3.書店で実物を見て
4.人（　　　　　　）にすすめられて　5.雑誌、新聞の紹介記事で（その雑誌、新聞名　　　　　　）　6.単行本の折込みチラシ（近刊案内『新評論』で）7.その他（　　　　　　）

●お買い求めの動機をお聞かせ下さい

1.著者に関心がある　2.作品のジャンルに興味がある　3.装丁が良かったので　4.タイトルが良かったので　5.その他（　　　　　　）

●この本をお読みになったご意見・ご感想、小社の出版物に対するご意見があればお聞かせ下さい（小社、PR誌「新評論」に掲載させて頂く場合もございます。予めご了承下さい）

●書店にはひと月にどのくらい行かれますか

（　　　）回くらい　　　書店名（　　　　　　）

●購入申込書（小社刊行物のご注文にご利用下さい。その際書店名を必ずご記入下さい）

書名　　　　　冊　書名　　　　　冊

●ご指定の書店名

書店名　　　　　都道府県　　　　　市区郡町

るかもしれないが、このノートにある漁師に描いてもらった魚の絵を拡大コピーして着色を施し写真に撮り、去年の年賀状に使わせていただいた。もちろんその漁師にも出した。このように、このノートは調査研究そのものを形成していくものではないが、私はこのスケジュール帳を書き読むことを通じて新しい土地に馴染んでいき、調査の日々を組み立てていったわけであり、研究の基本となる日常を組み立てる道具として、大事なものと考えている。もちろんここでのノート論を徹底化しその限界と効用を自覚しながら使用法を考えていこうとすれば、自らの体験をも参照しつつそれを用いることによって形成される知覚や認識の上での諸特徴というものを検討してみることが必要であるし、それはシステム手帳といったものが広く一般に普及している現在のわれわれの日常を再認する試みとしても重要であるとは思うのであるが、これらは今後の課題である。

②フィールドノートⅡ――雑記帳　次に雑記帳である。B5判のいわゆる大学ノートを用いている。初めてのところへ行くのだから何でもいいから少し書いてみようと思い立ち、最初のフィリピン行の時に真新しいものを携行し、三年間で三冊に及んでいる。もちろん、書いたことを後から読んでみれば面白いだろうというぐらいの期待はあったのだろうが、いわゆる「告白」の文学者のようなセンスも勇気も問題・方法意識もいまのところ私は持ち合わせていないので、ただ、手なぐさみ用にと購入したものである。瀬戸内海での調査

フィールドノートⅡ――雑記帳

では、この類の記録は、たまに印象深いことがあったときに、日頃から用いているカレンダー式の手帳にそれを記すことはあった。

これをどのように用いたのか。雑記というわけだから、これといった目安というものはなく、ただ筆に任せていただけである。日付、曜日、滞在地名を冒頭に掲げ、以下に、諸々の観察や着想の類を書いていく。ほぼ毎日記すようにはしていたが、就寝前や早朝といった暇な時間を利用したり、何日か分のメモをためておいて暇がある時に記したりしていた。では、何が書かれているのか。これまでにも取り出してめくってみることはあったのだが、このたび本稿を執筆するに際して一度全体を通覧してみた。目につくものや逆に見かけられないもの、さらには体感される匂い、音、湿度、光、風といった日常の体験や光景に触発された思索や分析。人の意見、立ち話、世間話、私も交えた問答などの紹介。ちょっとした乗船記、乗車記、伝記の作成。何かのおりに自分の内にふっと生じる諸感情とそれに対する注釈。人から問いかけられて始められた思考。研究の視点や問題設定をめぐる思索ややってみてみると面白そうなこと、などと感覚の用い方や視点のとり方、さらには言述の織り込まれ方や織り込まれたものにおいて種々雑多な要素が錯綜しているように思われる。

とはいえ、しきりに繰り返し現われてみたり、あるいは発展の過程をたどってみたり、といった特徴としてとらえうるものを認めることはできるのではないかと思われる。(a)ひとつは、関心事について。断続的にではあるがことあるごとに立ち上げられる関心事として、「移動」する生活とそこにみられる生活術というか「技」の問題をあげることができる。瀬戸内海での研究で主題のひとつであった「出職」の問題をみる視角が私のうちに強く仕組まれているとともに、現地の社会においてもまた自分の存在においても根本的な問題であると無意識も含め了解しているからであろう。また、心の和む光景や生き生きとした光景にも関心が向けられているように思われる。これらを読むと、思いやりのあるしかも的確な判断を下しているなと思われたり、リズムがあって解放されて心地よさそうだなと思えたりすることもある反面、なんという無知かつ高慢な発言をしているのだと激しい自己嫌悪に陥ることもあった。いずれにせよ私は自己分析のための材料を手にしているようである。(b)もうひとつは、様々なことがらについての印象や理解が次第に修正され複雑化していくとともに、様々な問題があぶりだされたり様々な視点が模索されたりという絶え間のない過程を認めることができること。もちろんこのノートそのものがこの過程をより活発に進展させる役割を果たしていると思われるし、また、この過程は、次の③で紹介することになるテーマを絞った調査の実践とも分節するものと思われる。このことに関連して驚いたのは、これまでに私は二度ほどサリサリストアーを主題にした研究の発表を行なっているのだが、詳述はできないが、その時に受けたコメントに対して重要な視点の指摘であるとは思ったのであるが充分な回答ができず、その点はっきりしないので今後調べ直してみたいと答えたことが二、三度あったわけだが、この度この雑記を読み直しているなかでこれに決して充分ではないにせよ答えうる着想や素材を自分で記しているのを発見したことである。それがどのようにしてなのかはここでは定かにできないが、いずれにしても自分で記したことを「忘れ」てしまっているのである。

さて、このノートには、サリサリストアーという主題の見出される過程はどのように記されているのか。先に「現地へ」という項では、島に通い始めた当初からサリサリストアーの多い光景を訝しくながめていたと記した。この段階において、私は現地で次のような体験を記している。一九九四年の「3／8（火）マニカニ」。まだマニカニ島からヴィクトリー島に通っている頃だった。調査から戻ってきた私はニッケル鉱山のある人事課員に会っている。

「夕方、ゲートの所でオフィランさんに会い、トゥバ（椰子の発酵酒）を呑ませてくれるというので、彼の妹婿の家に行く。あいにくトゥバは切れていて、仕方がないのでラム酒をやる。ところが面白かったのは、入り口に近い応接セットのような所で呑んでいたのだが、この家は外から見るかぎり商店でも何でもないように見えるのに、夕食前の時間だったこともあってか、来るは来るは子供のお使いが。一～二時間の間に、十人以上はきているると思う。買っていき方もすごい。三本ほどのタバコ。おそらく晩ご飯に使うだけの量だろう、容器の底に約二センチメートルくらいの量の醤油。小さなビニール袋にこれまた一回分と思われる量の酢。よく分からないがミルクコーヒーのような色の液体をネスカフェか何かの空きビンに半分くらい。ガスランプ用のオイルをラム酒のハンディタイプの空きビンに。皆、小銭をにぎりしめてやってきては、これらを買っていく。

その都度、彼の妹は、台所やもっと奥の部屋へ行ってはこれらを出してくる。普通の民家などではなく、ジープニー（ジープを改良した乗合自動車）か何かに乗っているような錯覚に陥った。どういう経済感覚なのだろうか。昔の日本の長屋もこういう感じだったのかもしれないけれど、この経済の在り方は、フィリピンの民衆生活を知ろうとするうえで重要だと思う。はたしてこれを「商店」といっていいものか。むしろ路上で見かけるもの売りやジープニーなどの経済に近いのでは。そしてストックをしない、必要な時にその都度、必要な分だけ購入する小出しの消費。いわゆる「消費者」といっていいのか。買い食いとかに近い気がする。とにかく細かくかつ濃密にものや情報がうごめく、この経済はそういうイメージだ。たとえば、あんなに狭く戸数の少ないヴィクトリー島にどうしてあれほどサリサリストアーが多いのか。そしていったい全体、どういう風に使われているのか。よく考えてみると不思議というしかない。この家でなされているようなやりとりが毎日、毎晩なされているのではないか。一日店番（?）のようなことをして、誰が、何を、どのように買いにくるのかを記録してみるだけでも、何か見えてくるものがあると思うし、そこからこの経済—社会生活にアプローチをしていく糸口も見出せるのではないかと思う。」

今であればそれほど驚きはしないのだが、慣れないうちのちょっとした興奮を窺うことができる。どうやら「現地へ」での記載とは異なり、活魚運搬業とサリサリストアーとの連関を見出すよりも前に、ある光景に触発されて、民衆生活を問うという文脈のなかで、考現学的なアプローチの実践を発想しているのである。この連関が見出されるのは、この次の調査の一九九四年の「8／19（月）ヴィクトリー」においてである。

「ブヒブヒトレイダー（活魚運搬業）の事業が本格化したのは一九八六年頃だというが、それ以前にはサリサリストアーは二軒しかなかったという。現金収入が増えることによって、次第に増えていったそうだ。今では十軒。やったりやめたりが割りとあるらしく、かつてやっていて今やっていないのが二軒。ブヒブヒ論とサリサリ論はどうやら密接な連関のもとに、一つの経済—社会現象として捉えうるようである。」

ようするにこのノートは私に記憶の欠落やその不確かさ、あるいは「嘘」というものを示唆するようである。

③フィールドノートⅢ――資料ファイル　最後に資料ファイルを見ておこう。上に触れた①、②のノートは、いわゆる日記や日誌に近いものといえるのに対して、ここで取り上げるノートこそ、現地で研究資料を収集・記録する道具として、一般にフィールドノートと呼ばれているものである。

私は様々な資料の記録にB5判のレポート用紙を用いている。例えば、インタビューの内容はその場でこの用紙に逐次書き記していく。長引けば、二枚目、三枚目とつぎつぎに書き加えていく。一回のインタビューは、多少話題が二転三転しようが、ひとまとまりにしてホッチキスで止め、冒頭の所に、表題、日付、インフォーマントの氏名、滞在地名を記し、数頁にわたる場合には番号も打っておく。「夜の集い」などで披露される様々な物語も、聴いたものを後から思い出しながら同様の形式で記しまとめる。また、出漁記、事件記の類はその経過にそって、場合によっては数日にわたるものを、同じくひとまとまりに編成する。さらに、考現学的な手法にもとづく、スケッチや測定にもこの用紙を用い、それぞれの実施ごとにまとめたうえで表紙を付けそこに表題、日付、滞在地名を記入し全体をホッチキスで止める。「sari-sari　business について：no.2 で」、「no.2 Bitang & Dado の店での売買行動観察記録」、「ある一日の Taga 漁の出漁記録」、「bantay dagat 事件のこと」等々の表題。このようにして次々に作成されていく資料を、私は、同じくB5

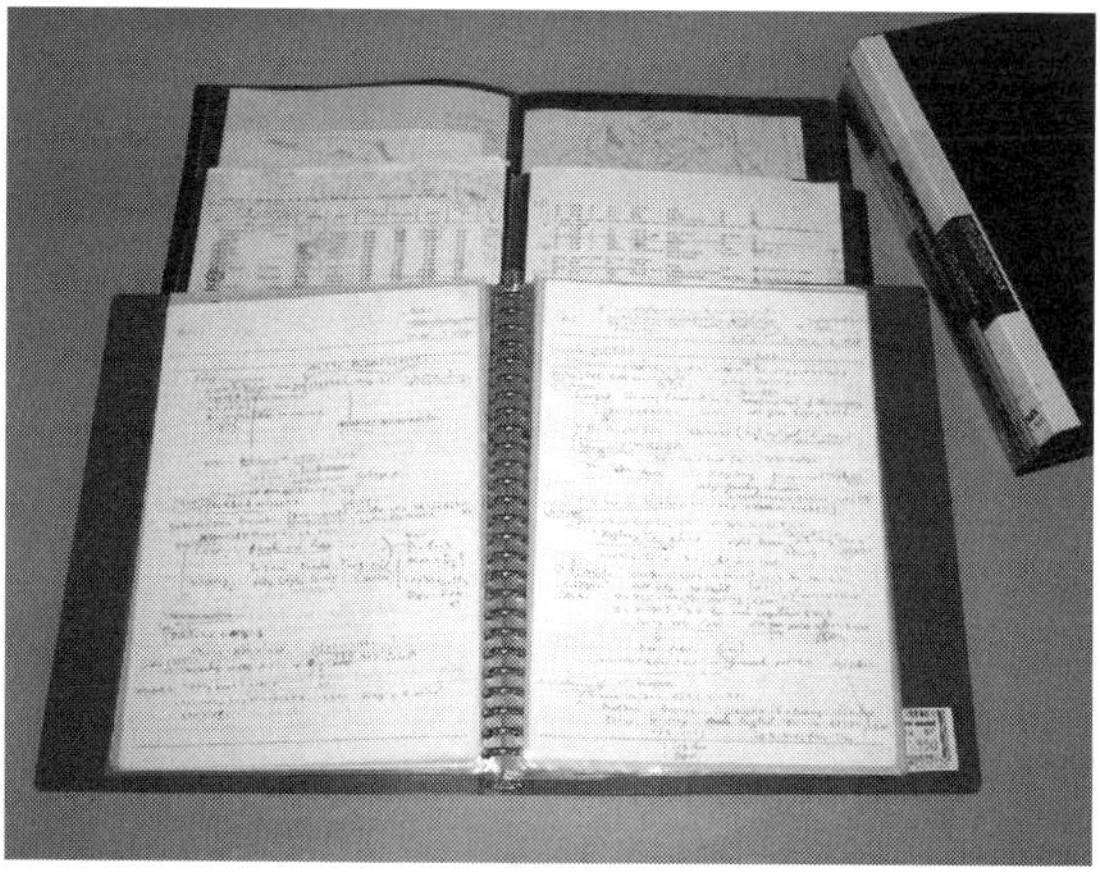

フィールドノートⅢ――資料ファイル

判のノート形式のファイルのビニール袋に逐次収録していく。

調査の実施に際しては、おおよその指針は用意しておくので[6]、それに基づきながら基本的に調査を行なっていった順に資料を収めていくが、テーマ等において重なることがらであれば、別の機会に実施されたものであっても同じ袋に入れてまとめることもある。また、調査を継続していくなかで、指針に手が加えられる場合には、それに応じて資料の配列を組み替えることもある。このようにして調査を継続していくと、原理的には無限に資料は増加し、収拾がつかなくなるように思われるが、私の場合、春と夏の休暇という限られた期間を利用して行なったので、その期間に収集される全資料は必ず一冊のファイルに収まるように努めた。ひとつの期間の終わりの方に近づくと、新たに作成される資料がそれまでの配列のままでは収まり切らなくなるような場合もあったが、そうした場合でも、もう一冊ファイルを増やすというようなことはせず、無理矢理にでも全体の配列を組み替えたりして、一冊に収まるように努めた。一冊の形にしておく方が手にとって読むときに扱いやすいと思えたからである。先に記したような資料のほか、調査の指針を簡単に記したもの、私なりの調査の整理や総括といったもの、地図や行政資料、などもこのファイルに収められている。こうして形成されたファイルは三年間で四冊に及んでいる。瀬戸内海での調査ではこのスタイルをとってはいなかった。修士論文の作成の時にはB6判カードを用いてみたが、細片化された知識はそれらの間で着けたり離したりという操作を行なうには便利ではあるが、保管に際してかさばるのみならず、手にとって眺め返してみるといったことが極端に行ないにくい。この時のものは段ボールに眠ったままである。そこで途中から、A6判の小型のノートに変えてみたが、書き込める字数が少ない分ノートの数だけがやたらと増えてしまい、しかも資料の配列の組み替えは一切できないので、これまたきわめて扱いにくいものとなってしまった。こうした体験をふまえつつ、資料の配列の組み替えを行ないながら、しかもある条件のなかで作られた知識の文脈をそのままいつでも手軽に取り出して眺めることのできる形を追求するうちに、ここで紹介したスタイルが編み出されていったものと思われる。

さて、収集された資料はいかに読まれたか。(a)ひとつは現地で。先に私は、調査を継続していくなかで、指針に手が加えられ、それに応じて資料の配列が変えられることもあると書いた。いくら明確な指針を設定したとしても、それを現地の文脈のなかで積極的に追求していくためには、そこでの諸体験をふまえたり、調査の経過を顧みたりしながらすすめていく必要がある。そのうちのひとつの重要な契機として、自らの収集した資料の読み返しをあげることができる。調査の指針をはっきりさせて以降、およそ十日おきくらいに、まとめて資料を眺め返し、問題の立て直しということを行なっていたが、そこで重要な点に気づいていったことが案外と多かったように思う。そうした便宜のため、以前の調査で作成したファイルも、面倒ではあるが常に携行していた。現地での読書も重要なのである。

(b)もうひとつは自宅で。もちろん、出漁記、事件記、お話集の類やあるいは統計集であっても、それぞれそこだけを取り出して読んでも味わい深いのだが、他方で、明確な指針を立てながら収集していった資料は、その指針に込められた問題をより精緻に考察していくための材料になる。今回の論文では、現地で収集した「扱い品目とその店内での配置」、「売買行動の観察記録」、という図表化された資料を手許に置き、読み返しながら論点を見出していった。概況や注などを執筆するに際しても、この資料ファイルを手許に置き、必要に応じてひっぱり出しては眺め返した。また、論点を見出し、それを追求していく際には、指針を作成する際にふまえた研究の設定する諸問題やそれと関連するいくつかの概念に検討を加えたりしながら考察をすすめていった。この過程で発表の機会を持つことができれば、まとめたり、思考を深めたり広げたりする契機をつかみやすい[7]。ようするに、このノートを書くだけではなく、いく重にも読むことを通じて調査研究はすすめられていったわけである。

終わりに　ある知人が私にこういったことがある。調査とかいっていちいち細々としたことまで記録をしなくても、その人にとって大事なことは憶えているだろうし、忘れてしまうことというのはその程度のことでしかないのだから、もうそれで充分なのではないか。また、ある瀬戸内海の漁師はカセットテープを回しながらインタビューをする私にこういった。「あんたらにしても、どこへ行ってもちゃんと付けるものを置いといて、すぐ付けるんじゃ、ものを。ちょいと暇がいったら（時間が経つと）もう分からん」、「字を識っとる者は、思うた通りに、皆さっさっさっさ書こうが（書くだろ）。書くけえ（から）、それより他のことを憶えんのじゃ、物事を」。

たしかに、書くことは、記憶の能力を弱めたり、ものごとに対する視野を狭窄にしたりするところがあるのかもしれない。また、これらの言述は、聞き書く行為がある状況にあるものたちに大きな圧迫感を与える場合があること、いわゆる記録というものを用いずに文化の探究を行なう方法もありうること、などを示していよう。

ようするに、これらのことは、われわれの学問や方法を根本的なところから問い直してみる余地のあることを示している。とはいえ、当然のことではあるが、ここから、ノートを捨ててフィールドに出ようとか、あるいは逆に、ノートなくしてフィールドなし、などといったナイーヴな選択を引き出してこと足れりとすべきではないだろう。本稿の記述をみるだけでも、読み書きの実践といっても様々なレヴェルにおいてありうるわけであるし、そのなかには、色々な形をとりながらもわれわれによる自己省察の契機を形づくりうる場合も認められるのである。それに、根本的な問題というのは、記憶か記録かといった二者択一的なことがらそれ自体にあるのではなく、何をどう視てどう書くのか、あるいはどう読むのか、という点にあることはいうまでもないことである(8)。こうすればすむといった処方箋などないだろう。自らの経験や学問の歴史を問い返すことと、その実践の可能性を模索することを同時に行ないながら、もう少し日本とフィリピンの間で歩きながら思索を続けてみたいのである。

註

(1) 西郷信綱『国学の批判——方法に関する覚えがき』(一九六五) 未來社、一四八頁。

(2) プロジェクト自体の成果は、『族』一七号、一八号、一九号、二四号〔筑波大学歴史・人類学系民族学研究室〕(一九九二—一九九四)、Iwao Ushijima and Cynthia N.Zayas (ed.), *Binisaya nga Kinabuhi [Visayan life]: Visayas Maritime Anthropological Studies I・II*, Quezon City, College of Social Sciences and Philosophy Publications, University of the Philippines (1994・1996), など参照。

(3) 小川徹太郎「近世瀬戸内の出職漁師——能地・二窓東組の「人別帳」から」『列島の文化史』六(一九八九)日本エディタースクール出版部〔本書、11章〕、「浮鯛抄」物語」網野善彦・石井進編『内海を躍動する海の民』「中世の風景を読む」六（一九九五）新人物往来社［本書、12章］、など参照。

（4）早瀬晋三「明治期マニラ湾の日本人漁民」『海人の世界』アジア・太平洋地域における民族文化の比較研究シンポジウムⅡ プログラム抄録、国立民族学博物館（一九九一）。河野通博「瀬戸内海の活魚運搬業――明治以後淡路富島におけるその展開過程」『瀬戸内海研究』六（一九五四）瀬戸内海総合研究会。

（5）記録の道具には、フィールドノートの他に、カセットテープ、カメラなどを用いることもあるが、これらについての議論は別の機会に譲り、ここでは、フィールドノートに主題を限定して論じてみたいと思う。

（6）指針はいかにして作成されるのかについて、略述しておく。現地を歩き始める当初のうちは、そこで実際に追求しうるテーマというのはなかなか決定しにくいものと思われる。したがって、自らの関心とそこでの経験とを互いに突き合わせたりしながら感触をつかんでいくことが必要となろうが、そうした場合、自らの行なってきた研究や読書の記憶というものが指針といえばいえなくはない。私の場合、本稿の冒頭の「調査のきっかけ」、「現地へ」で触れた通りである。最初に、サリサリストアーに焦点を絞りながらその存立の概略について調査を行なった時には、現地で、即興的に指針を作成している。考現学その他の読書や調査の体験を思い出しながら作成したものと思われる。本調査の際には、現地にむかう途中で、現代文化を考察しうるように考現学の方法の読み直しを行なっている、佐藤健二『風景の生産・風景の解放――メディアのアルケオロジー』（一九九四）講談社、寺出浩司『生活文化論への招待』（一九九四）弘文堂、という携行した二冊を読み、それらの読書ノートを作成しながら調査のための指針を練った。これ以降の調査では、基本的にこの指針を基本としながらも、現地での経験をふまえたり、調査の経過を顧みたりして、それに手を加えていきながら、調査をすすめていった。そしてこうした過程を経るなかで次第に論文のイメージも定まっていったものと思われる。

（7）本稿で掲げた論文をめぐって生じると想定されるいくつかの問題に簡単に答えておきたい。まず、日本という文脈で「発明」され発展した方法をフィリピンで応用するのは適当かという問題。たしかに生活者による自己認識の実践という点からすれば問題があるのかもしれない。しかし、考現学には比較法という観点がみられ、フィリピンで行なった調査と同一の方法を用いて日本のたとえば地方の雑貨屋で調査をこころみることができれば、フィリピンでの調査結果を参照しつつ、現代日本の日常生活の特質を考察することが可能となり、そうであれば、生活者による自己認識の実践という点からしてもそう外れることにはならないものと考える。また、日本で「発明」された方法であるとはいえ、もの―身振りを通じて文化を考察するという視点や方法は学問の立場として普遍性をもちうるものと思われる。もうひとつ、なぜ英文の論文など掲げるのかという点。これは、たまたま私がフィリピン人研究者との連携を重視するプロジェクトに参加することになったため、まず英語で書かざるをえなかったことによる。もちろん近いうちに日本語で書く用意があるので、その点を了承願いたい。また本稿では、フィールドノートを材料にしつつ、フィールドワークという実践を全体として問題にしようとしたため、考現学的手法の適用の具体的諸相についてはほとんど触れることができなかった。この点についても論文の方を参照願いたい。

（8）私見によれば、現代民俗学において、認識論の問題、つまり何をどう視てどう書くのかということの基本問題については、ひとまずの了承は得られているものと思われる。ここで私が念頭においているのは、佐藤健二『読書空間の近代——方法としての柳田国男』（一九八七）弘文堂、である。端的にいえば、そこでは、読み書きという限界芸術を通じてわれわれの存在を拘束するメディア—構造・様式としての近代という課題に取り組むための認識論の構想が記されている。

［地図および写真は編者が挿入した］

9　いま民俗資料論は成り立つのか

民俗資料論について語ることはいかなる意味をもつのであろうか。民俗資料論とは民俗について考えるための資料をいかに扱えばよいかという方法についての議論を指すのだろうが、それに方向付けを与えたり、資料に学問的な意味を付与するのは民俗とは何でありそれを問うとはどういうことなのかという概念的思考であろうから、理論的な位階においてはこのような基本概念のうちに位置付けられる。とはいえ民俗資料が収集され、その資料の読解を通じて民俗や文化について語るプロセスは、別の言葉でいえば、他者と係わりをもちながらその人やあるいはその民俗・文化を表象する過程でもあるから、そこには諸々の力の作用を認めうるしまた相互に象徴的な操作や駆け引きも認められ、こうした複雑なやり取りをふまえるならこのプロセスは、それだけが唯一の契機ではないにしても基本概念やあるいは学問制度を問いなおす機会にもなりうるといえる。このように民俗資料論について語ることは、どうすればうまく資料を得ることができ、それをうまくまとめられるかという技術論としてよりも、むしろ資料の収集―読解の過程でいろいろな矛盾や抵抗に出会いそれをふまえようとすることを通じて理論や制度を再考する批判的思考を経験的次元から立ち上げるきっかけについて語ることをも意味する、と考えておきたい。

本発表［第五一回日本民俗学会年会研究発表］では、民俗資料論という方法論的言説の批判を中心に据えるが、理論体系としてはその上位に位置する基本概念についても同様に検討を加える。また民俗学における民俗資料論の系譜には、一九三〇年代の柳田国男による二つの方法論、一九四〇年代後半から五〇年代前半に和歌森太郎、平山敏治郎、牧田茂、堀一郎、有賀喜左衛門、関敬吾らによって交わされた学問の基本的定義をめぐる論争、一九七〇年代に盛んになる市町村史運動の理論的枠組を提供した地域民俗学や文化財保護において示される調査方法論などの重要な動きがみられ、民俗資料論批判を事例に即しながら精緻に行っていくにはこうした動きをふまえる必要があるし、その意義を認めるものであるが、その詳細な検討は本レジメ／発表?では紙幅／時間?の制約により割愛する。

民俗学の基本概念は細かくみれば時代や論者によって違いは認められるものの、これまでそれほど大きな変化はみられなかったようだ。平山和彦(「民俗学的発想」)による要を得たまとめによると、従来民俗および民間伝承は、

(1)個性的ではなく類型的で、

(2)一回的ではなく反復的で、

(3)個人的ではなく集団的で、

(4)上層ではなく基層文化に属する、

と説明されてきたという。そして忘れてはならないことは、こうした民俗や民間伝承の認識は国民・民族文化あるいは国民・民族の存在の証明をするとともにその解明ともなるという論理であろう。平山による民俗理解は上記の民俗概念を大枠として認めつつも、民間伝承ではなく上層の現象をふまえうる伝承という語を用いること、上記の定義には慣習も含めうるので民俗を伝承と慣習の複合体とすることなどが補足されるが、こうした理解は現在の多くの民俗学研究者に共有されているものと思われる。そして平山は民俗研究つまりその比較や変化型の把握には、多数の地域調査を通じた分布調査が不可欠であることを示唆している。ところが現代の民俗資料論／調査・記述論では上記の民俗概念とは容易に結びつかないと思えるような議論が普及しているようだ。たとえば中込睦子(「認識と記述」)によると、いわゆる地域民俗学は資料の客観性を重視する自然主義的観点を通じて、現地の人々による選択や解釈を捨象してしまうのみならず、中立的存在として虚構されることによって観察者の文化的位置を不問に付してしまい、それによってかえって認識の目を曇らせてしまったのではないかという。それゆえに聞き書きとは自他の解釈のせめぎあいであり、それをふまえることによって相互の位置関係を批判していく試みであり、この過程こそが記述されるべきなのだ

という。

私は何も現在優勢な基本概念と方法論の間に認識論的な不整合が認められることをあげつらいたいわけではない。むしろそれをふまえた上で次の二点を指摘しておきたい。

(1)中込によって示される文化の解釈学的、政治学的観点を通じて基本概念を再定義する必要があること。民俗を観察者の視点から客体化して認識するのではなく、集団的利害を通じた過去の解釈として構築されるものであり、その客体化や流用といった操作は現地の人々のみならずマス・メディアによっても行われるとみなすべきであろう。また大事なことだが、民俗の認識が国民・民族を語る言説の中に占める位置を事例に即しながら検証すべきであろう。

(2)(1)で示される課題が現在重要であるには違いないが、それのみに限定せず現場で働く諸々の力作用をふまえた文化批判/叙述を試みるべきこと。

第三部　越境と抵抗——海の民俗学をこえて

扉写真：著者のフィリピンでのフィールドノート（スケジュール帳）

10 海民モデルに対する一私見

本大会［地方史研究協議会第五二回大会］の趣旨にみられる、海の視点から「日本」の歴史を描き直すという試みが提唱され、大衆的な聴衆を獲得するようになるのは、一九八〇年代半ばに『日本民俗文化大系』（小学館）が刊行されるあたりからであろうか。高校教科書も含む旧来の歴史像を、帝国を志向する政策や教育と関連する農本主義的な視点から描き出された「島国」イメージであると批判し、それに替わって、そのような記述によって周辺化された商業、金融、貿易に携わる「海民」の活動を、海を介して人や地域を結びつける行為として肯定的に評価することによって、新しい歴史像を描き直すことが提唱された。「農と商」、「陸と海」という二元論的な図式のうちの下位に位置するとされるカテゴリーを中心化させようとするこの「挑戦」的な試みは、多種の文化事業を通じて多くの聴衆を得ると共に、本大会の趣旨にも認められるように、各地の研究者に新たな「実証」研究のための分析モデルを提供することにもなった[1]。そこで私は、このモデルに認められる「海」という概念に関連する日頃あまり言及されない反復について指摘をするとともに、そこで問題とされるべき点を明示し、さらにこのモデルに認められる「民」という概念に関連する「交流」あるいは調和モデルに対しても同様に問題とされるべき点を提出することによって、「瀬戸内海地域の生活と交流」を「海を中心に分析」するという共通論題に取組もうとする際にふまえられるべきいくつかの問題を提起したい。

よりはっきりと言えば、ここでいう反復とは、戦前に活発に語られた海国思想に認められる言説上の特質をこのモデルにも認めることができるということである。海国思想とは、明治二〇年代の初めに水産、海運などの特定産業の振興を唱える重商主義的な言説として「出現」し、日清戦争に前後して主として男性向けの国民思想として語られることになる思想であるが、その特質として、「島国」、「小国」に閉じこもる国民像を退けつつ、海外雄飛する「海国民」を持ち上げるという二元論的な図式の操作、また海外雄飛を唱える海事思想が近代以前に欠落していたとする歴史認識を「自ら卑しくする」ものとして退けつつ、近代以前とりわけ鎖国以前にも海事思想は見られ、今日の海国日本の発展はこの伝統に基づいているとする、聴衆に自信と愛国心を植えつけることを目指した事後的な自己追認などを挙げることができる。この思想はまた、その「出現」の日付からも推察できるように、戦勝を経て新たに植民地を保有することになった帝国の臣民として、植民される人びとや女性などから自らを際立たせることを通じて、「指導者」として自己を定位するよう主体に呼びかけるという、植民地主義的な民族主義としての特徴を持つ。たしかに海民思想では、海民の形象や想定される聴衆が男性に制限されるわけではないし、後に触れるように、その形象が相手と対等な関係を取り結ぶ「民」として形象化されている点でも、両者の間に明らかな差異を認めることができる。しかし「農と商」、「陸と海」という二元論的な図式のうちの前者を退け、後者を持ち上げるという操作を通じて、近代以前からの「国民」や民族の伝統を描くという実践がまさに帝国を志向する政策や教育の一環として試みられていることを忘れてはなるまい。そうであれば、近代の「日本」思想を省みる限り、「農」と「陸」に偏向した記述のみを帝国を志向する政策や教育と関連するものとして退ける一方で、「商」と「海」をそれとは無縁であるかのごとくに持ち上げるという語りは、「農も商」も、「陸も海」も共に帝国を志向する政策や教育の一環として語られていたという現実から、聴衆の目をそらすように働くことが推察される。私には、近代日本の「海の思想」とその働きを批判的に捉え直すことを通じて引受けていこうとした場合に、最も肝心なことは、この思想のもつ植民地主義的な民族主義という言説上の特質やその構造といかに「格闘」するかという点にあると思えるのであるが、海民思想はこのような問題設定をむしろ回避させるように働く語りとして構築されているようである。たしかに内容からみれば、海民思想では、植民される人びとや女性を「他者」化しつつ自らを「指導者」として卓越化させる「海国民」の形象は、対等な関係を表わす「海民」という形象で置き換えられているのであるが、それ自体「日本」の「内側」からの理解を構築するための道具である「陸と海」という二元論的な図式が用いられ、しかもその理解を主として鎖国以前からの伝統を発明することによって構築するという[2]、「内向け」の集合的な記憶を表象する形式においては、反復を認めうるのである。

さて「海から見た日本」という構想を提唱した宮本常一は、日宋貿易を評して「一三世紀の頃から民衆の目ざめによる海国日本が海の彼方に向って展開しはじめた」、「民衆と民衆との接触によって、どれほど日本の沿海民の目をさまさせたものであろう[3]」と語っているが、ここに見られる「海国日本」は、「民衆」しかもその間の「接触」つまり「有機的な関係」を通じて創出されるものとして表象されている。たしかにここでは、「日本人」とその「他者」との関係は支配する／されるという形象から「民」の間の対等な「接触」に置き換えられており、したがってここでの伝統は、戦後の民主主義的な社会観を通じて事後的に構築されたものであることを推察できる。とはいえ、このような「民」の間の対等な関係、「有機的な関係」として「日本人」とその「他者」との関係が表象されるのは、戦後になって「出現」したわけではないことをここで付け加えておかなくてはなるまい。たとえば、太平洋アジア戦争期の海国思想では、欧米との関係は太平洋問題として覇権を競う語彙で語られる一方で、アジアとの関係は東亜新秩序構想として共同体を論じる語彙で語られるという極端な地政学的な対比の図式が用いられる言説の文脈において、「東亜ブロックの持つ重要な特徴の一つは「海によって結ばれている」と言ふ事実である」(4)とする、海を介した共同社会として「東亜」を表象する語りや、さらに「常民」に関する言説でいえば、日本の「海人」を「日本原住民」として東南アジア、中国、朝鮮、沖縄の「漂海民」に種族的に結びつけることによって、基層文化を共有する共同社会にそれらを配置する同化主義的な同祖論の語りなど(5)が認められるからである。この点では、「民」の言説に関しても「海」と同様に反復を認めうるのである。このような戦中に見られた「日本」とその「他者」としてのアジアとの関係を共同体的な調和モデルを通じて表象する語りを、植民地主義的な支配と関連する言説として理解しなくてはならないことは言うまでもないことであるが、一般的にみても、支配的な位置において構築される調和モデルが、社会構造に起因する現実の矛盾や葛藤、あるいは「他者」による抵抗を隠蔽したり、国家や資本主義の支配構造から人の目をそらしたりという、イデオロギー的な言説として働くことに我々は注意しておく必要があろう。そうであれば調和モデルとして構築される「民」の形象の働きに認められる政治性を見極めていくことが同時に、その働きによって排除される支配体制や社会構造に起因する矛盾や葛藤、さらには周辺化された位置からの場合によっては批判的な語りや沈黙などを積極的にふまえるための問題設定や分析モデルを構築していくことでもあるような試みが不可欠となろう。そのために必要なこととして、民衆の概念を、支配体制とは無縁な存在としてロマン的に形象化したり、「日本」文化の基層を担う存在として民族主義を通じて本質化して語ったりするのではなく、支配体制の中で従属的な位置を占める集団や主体と見なしながら、とりわけ自らを従属的な位置に押しやる多様な次元の力の作用に抗する多様な試みが、たいていは失敗に終わりながらも、時には状況を打開したり、構造を変革することに道を開いたりすることもあるというような、社会的弱者の力を出来事に即して評価するための概念として再定式化すること、(6) さらには最近のポスト帝国主義的な研究(7)によって、たとえば植民する側／される側という異なる位置や社会構成体にある「民衆」を同じようなものと見なすことはできないことがより明確化されてきていることをふまえるなら、近代日本で民衆を概念化するには、「日本」の「内側」からの理解を構築するための視点よりも、植民される側との関係性において理解を構築するための視点が重要となることの二点をさしあたり掲げておきたい。

以上の認識に見られるように、「国民」や民族の伝統の構築においてであれ、「東亜」やアジアの伝統の構築においてであれ、「常民」や「海人」の形象化が「彼ら」自身による語りや記憶、「我々」との関係も含めた社会的な対立や葛藤の否定や抹消を通じて行われていること、このような鎖国以前からの伝統の構築が基本的に現在の政治的な利害関係を通じて行われていること、さらにこうした点に関する批判的な省察が現在に至るまでほとんど見られないのであるが、(8) その要因の一つとしてこのような支配的な位置において「内向け」の伝統を構築する言説の構造を今日の歴史研究に影響力を持つ海民モデルが反復している点を挙げられることを改めて確認しておきたい。したがって私は、こうした認識をさらに深めていくこととともに、「常民」、「海人」、「海民」などの形象化を通じて否定され、抹消され、曖昧化される研究も含めた語りや記憶、あるいは社会的対立や文化的闘争の過程に目をそらすことなく新たな関係を結んでいこうとすることが重要であることを強調したいのであるが、この点は瀬戸内海地域での研究についても言えることなのである[9]。

註

（1）私自身もこの文化事業に関連して「漁する老漁師たち」（『瀬戸内の海人文化』海と列島文化　九、小学館、一九九一年）〔本書、1章〕、「『浮鯛抄』物語」（『内海を躍動する海の民』中世の風景を読む　六、新人物往来社、一九九五年）〔本書、12章〕などを寄稿している。

（2）たとえば「海から見た日本」という構想を提唱した宮本常一『海と日本人』（八坂書房、一九七三年）の歴史叙述は鎖国の前で終わっている。

（3）宮本常一、同前、一二五頁。

（4）東村大三郎『海国日本——商船士官を志す青少年のために』全国商船学校十一会本部、一九四一年、一頁。

（5）たとえば、羽原又吉「日本蜑族考」（『三田学会雑誌』三八—七、一九四四年）参照。

（6）このような見通しを示唆する歴史叙述論として、W・ベンヤミン／野村修訳「歴史哲学テーゼ」（『暴力批判論』ヴァルター・ベンヤミン著作集1、晶文社、一九六九年）、市村弘正「失敗の意味」（『標識としての記録』日本エディタースクール出版部、一九九二年）、R・ロサルド／椎名美智訳『文化と真実——社会分析の再構築』（日本エディタースクール出版部、一九九八年）などを挙げておく。

（7）たとえば、G・スピヴァック／清水和子、崎谷若菜訳『ポスト植民地主義の思想』（彩流社、一九九二年）、R・グハ、G・パーンデー、P・チャタジー、G・スピヴァック／竹中千春訳『サバルタンの歴史——インド史の脱構築』（岩波書店、一九九八年）、E・サイード／高橋明史訳「捏造・記憶・場所（上・下）」（『みすず』四二—九・一〇、二〇〇〇年）など参照。

（8）「海の思想」を直接問題にしているわけではないが、数少ない考察の例として、柄谷行人「一九七〇年＝昭和四十五年——近代日本の言説空間」（『終焉をめぐって』福武書店、一九九〇年）、小森陽一「文学としての歴史／歴史としての文学」（『ナショナル・ヒストリーを超えて』東京大学出版会、一九九八年）を挙げておく。

（9）したがって、「瀬戸内海地域の生活と文化」の分析についても、「情報伝達の速さ」や「細密なネットワーク」を時間を越えて地域に内在する本質として記述することによって地域に固有な特質を描こうとするのではなく、多様な社会的諸勢力の間の現実の対立や、思想や語りをめぐる闘争を通じて、主権をめぐる転位が複雑に展開する場所として「瀬戸内海地域」を描こうとすることが肝要となろう。漁民や漁師という集団に関して、このような叙述を試みている例として、支配体制による政策や奨励との関連で漁民の移動や出職の分析を行っている、小川徹太郎「近世瀬戸内の出職漁師——能地・二窓東組の「人別帳」から」(『列島の文化史』六、日本エディタースクール出版部、一九八九年)[本書、11章]、早瀬晋三「明治期マニラ湾の日本人漁民」(『海人の世界』同文舘、一九九八年)、金柄徹「帝国主義と漁民の移動——広島県豊島漁民の「朝鮮海」出漁に関する歴史人類学的考察」(『国際関係紀要』九—一・二、亜細亜大学国際関係研究所、二〇〇〇年)、出稼・移住先の複雑な地域社会の文脈をふまえながら出来事の中で社会的対立が尖鋭化される過程の分析を試みる、角田直一『十八人の墓——備讃瀬戸漁民史』(手帖社、一九八五年)、藤隆宏『近世瀬戸内における入漁小漁民の存在形態——安芸国二窓漁民の讃岐国御料直島への入漁を通して』(神奈川大学大学院歴史民俗資料学研究科一九九八年度修士論文、一九九九年)、集合的な記憶をめぐる文人/役人/漁民/人文科学者の間の文化的抗争や社会的に従属的な位置にある漁民による批判的な語りの叙述を試みる、小川徹太郎「〈ハリキ〉について——漁民集団史研究のための覚え書」(『国立歴史民俗博物館研究報告』五一、一九九三年)[本書、2章]、小川徹太郎「「浮鯛抄」物語」前掲、などを掲げておきたい。

11 近世瀬戸内の出職漁師——能地・二窓東組の「人別帳」から

一 俵物貿易の時代

一六八五年（貞享二）長崎、それまで三三年の間布かれていた遷海令[1]が前年に解かれ、それに伴ない、前年の二四隻にとってかわり、大挙八五隻の中国船が押し寄せた[2]。慌てふためいた幕府は、この年、対中国の年間貿易額を銀六〇〇〇貫に制限する「定高制」（「貞享令」という）を布いたから、八五隻のうち一二隻は積戻し処分となった。しかし、中国船の来航は減るどころか、翌年には一〇二隻、翌々年には一三六隻、その明くる年には一九四隻とますます増え続けていった。もちろん、その内積戻船の数も多数にのぼり、それぞれ、一八隻、二二隻、七〇隻を数えた。その後、幕府は、一六八九年（元禄二）には、中国船の来航隻数を七〇隻に制限する法令を発令したり、塹壕《ざんごう》と牆壁《しょうへき》とで隔てられた「囲い場」としての唐人屋敷を敷設するなどして、こうした窮状に対処しようとしたが、一たび解き放たれた船の来航ラッシュは多少の施策を講じたくらいで止まるものではなく、抜荷や密貿易の頻発を招来することとなり、その他、一六七二年（寛文十二）の西廻り航路の開設をはじめとした日本列島をくまなく網羅する交通網の整備もあいまって、むしろ、この期以降、物流の活発化とそれに対する制御・統制の視線はこの時代の社会に構造的に内化され、幕末社会の常態を構成する現象として定着していくことになる。

ところで、この「定高制」における取引内容をみると、例えば一六八六年（貞享三）には、中国船売上高六〇五三貫五九〇匁三分四厘六毛二弗に対し、日本側の売上は、三六一六貫二八八匁六分六厘五毛（その他、中国側の遺捨銀一八四〇貫六〇六匁五分八厘一毛二弗。差引き五九六貫七五五匁一分の日本側の債務）を数え、その内の三五七六貫六四九匁五分は銅によって占められている。つまり、この時代の日本側の輸出額の大半（この場合約九九％）は、銅によって賄われていたのである。その後もこの傾向は続いたが、「定高制」によって促進された、抜荷・密貿易件数の増加や、輸入品の品不足とそれに伴なう物価高騰などの問題に対処するため、一六九五年（元禄八）、定高を越えて中国船の売残品を特定商人に買入れることを許可する「銅代物替」の制度が適用されることになって以降、さらにその需要は増していった。

ところが、江戸期を通じて記録的な銅輸出額をみた一六九七年（元禄一〇）のその翌年には、上方銅の払底が取り沙汰されることになり、これをピークとして、次第に銅不足の状態は慢性化していく。そして、この年幕府は「代物替」総額を従来の五〇〇〇貫から七〇〇〇貫に増額した上、その増加分二〇〇〇貫（「追御定高」という）に俵物・諸色をあてること（「雑物替」という）を決定している。ここに、俵物が正規の取引品目として顔をのぞかせることになるのである。翌一六九九年には、町年寄俵物掛り役二名が配置され、専門的に俵物取引業務にあたることになり、以後、漸次生産・集荷機構の拡充をみ

路上に干される煎海鼠《いりこ》。神戸の問屋にて。

るのであるが、一七六四年（宝暦十四）には、領主への「献上并御残之外余分之仕込不致、長崎廻し請負之者へ売渡候様(3)」と国内販売を禁止する「御触」が出されるなどして、幕末にかけて、俵物は主要な貿易品目として幕府に把握されていくことになる。

とはいえ、何故に俵物なのかという疑問が残る。もっとも、一六八九年以前においても、俵物取引が皆無だったわけではないようであるから、元々、中国側に俵物需要を支える嗜好性の存したことは確かであろうし、日本側に煎海鼠《いりこ》・干鮑《ほしあわび》・鱶鰭《ふかひれ》などの調理法の見かけられないことからも、輸出品目として俵物が浮上してくる背景に中国人の嗜好性の問題を設定して考えていくことは、多分間違いではないだろう。

同型の、しかも叩けばカンカン音がするまでに水分を取り除かれたブロック群をみる時、長距離輸送を前提とした加工技術が施されているものと、感じざるを得ない。ところが、幕府が俵物を正式取引品目として取入れることを決定した当初、中国側は執拗な拒絶反応を示している。これには、単純化していえば、中国市場における、銅と俵物の位置の違いが表明されているように思えるが、こうした両者の間の問答や先の銅の払底状況などを考慮に入れるなら、俵物の取扱量が大量化していくことに関する限り、むしろ、日本側の事情・意向が反映されているものと理解できる。

沖合に停泊する積戻船を幕府役人はいかなる面持ちで眺めていたのであろうか。放っておけば密貿易の要因になりかねないし、取引をするにしても、それらの船腹すべてを埋めつくすだけの品物の「量」をまず確保しなければならない。いくら生産力の拡充がみられたといわれる江戸中・末期とはいえ、当時の中国ほど大量生産装置が整備されていたわけではなかっただろうし、中国の需要にそぐう形で、手っ取り早く「量」を揃えるには、いわゆる一次産品を掻き集めてくるより他、方法はなかったのかもしれない。金属資源はすでに底を突く兆しにあったようだから、その他「雑物」の中から、「量」を賄える産品を創出せねばならない。寄せられてくる品々の中から、あるいは積極的に「海・山」へ出向いていって、「量」の確保のための基盤づくりが模索されねばならなかったことであろう。そうした中で、最も迅速に、しかも継続して「量」を確保しうる体制を整備し易い産品として、多分、俵物が注目を浴びることになったのだろう。

多少、前置きが長過ぎたようだ。本稿の目的は、題名にも示されるごとく、近世期における瀬戸内の小漁師の動向を明らかにすることにある。そして、その際に、かの小漁師による出職の子細な展開を描述するのみならず、彼らの属した「制度」の中で、その関係性の内に彼らの姿を描き出すことを心掛けてみたい。(補註)そうすることによって、従来、「漂海民」「漂泊漁民」などという形でつくられてきた彼らのイメージとは多少なりとも異なる像をそこに浮び上がらせることができるように思えたからだ。ここでは、彼らの位置した「場」を叙述するための資料として「人別帳」と「御用日記」を主として取り上げていくつもりであるが、これらの記述に目を転じていく前に、まず、こうした記述の生成される背景を、とりわけ本論でも後述することになる俵物貿易との係わりの中で触れておくことが、以後の議論をスムーズに進めていくためにも適当であると思われたため、粗雑ではあるが、冒頭に掲げておくことにした。

（補註）漂泊漁民　欧米の研究者は東南アジアにみられる、小船を住居として家族が生活し、主として海産物の採取と販売に従事しながら常に一定の海域を移動・出稼するものを指す言葉として海の放浪者 Sea Nomads やジプシー Sea Gypsies という語を用いてきた。日本では一九四〇年代に欧米の研究が参照・翻訳されるようになるが、その際にこれらの言葉の訳語として漂海民・漂泊民という語が当てられ、東南アジアのみならず中国南部の蛋民や日本の家船を指す言葉として用いられるようになった。欧米の研究が現地調査と民族誌という方法による人類あるいは帝国内の未開と文明の考察であったのに対して、この時代の日本の研究は文献資料の読解に基づく大東亜共栄圏の未開と文明の考察であることを特徴とする。第二次世界大戦後の研究ではこのような東南アジアの漂泊漁民を原始文化を継承するのみならず、日本原住民とみなすナショナリズム的な民族論は一般向けの歴史書を除いて影を潜め、香港やスールー海での現地調査を通じて近代国家や市場を構成するさまざまな制度と漂泊漁民の文化の間に生じる矛盾や葛藤を地域の文脈をふまえながら分析する民族誌学的な研究が主流となった。最近では、ナマコを社会関係を構築するメディアとみなし、国境を越えながらその生産・交易に携わる漂泊漁民の活動に注目し、国民国家の枠組に拘束される歴史的思考に批判を加える歴史叙述が試みられている。また、支配者によって語られる歴史表象をみずからの利害を通じて再解釈し領有するスールー海の漂海民、バジャウによるアイデンティティー操作の過程を分析する歴史人類学的研究などもみられる。また研究者間の国際交流も近年盛んになり、一九九五年（平成七）に催されたバジャウ＝サマ国際会議では、民族的多様性と歴史、沿海地域社会—社会変化への弾性など九つのセッションがもたれ、移動性や同時代性を重視する緻密な社会分析が目指されている。

二　「人別帳」にみる能地・二窓東組漁師

俵物貿易が本格的に展開されてゆく、十八世紀初頭の頃より、瀬戸内の能地《のうじ》（補註）（現・三原市）・二窓《ふたまど》

（竹原市）東組の小漁師による瀬戸内全域におよぶ盛んな寄留・移住現象がみられる。両浦漁師の檀那寺である臨済宗善行寺《ぜんぎょうじ》の「過去帳」には死亡時の場所が「〇〇行」と記録されているので、それをたよりにして、おおよその彼らの活動範囲を知ることができるのだが、その地名を分布図に落とし、彼らの近世から明治にかけての展開の様相を明らかにしたのは河岡武春である。(4) それによると、両浦漁師の活動範囲は、東の小豆島から西は小倉の平松浦までの広域に渡っていたことがわかる。ここでも、この河岡の論考を敷衍する形で、もう少し丹念に彼らの寄留・移住の展開の詳細について触れた上、こうした展開を明らかにしうる「過去帳」、「人別帳」の記述そのものの意味についても言及しておきたいと思う。

「過去帳」によると、明らかに出職先での死亡であることを判明しうる一筆の初見は、能地では一七〇九年（宝永六）に「讃岐行」、「風早行」、「広行」、二窓では一七一九年（享保四）に「備前行」とある。さらに、行先の藩ごとに過去帳記載の初見年代をみていくと、讃岐には、先に見た能地の一七〇九年（宝永六）・二窓の一七二一年（享保六）、備前には能地の一七八五年（天明五）「犬島行」と二窓の一七一九年（享保四）「備前行」、伊予には能地の一七二一年（享保六）「大三島行」、「袖ケ谷行」、備後には能地の一七一六年（享保一）「三原行」・二窓の一七二四年（享保九）「草深行」、安芸には先の能地の一七〇九年（宝永六）「風早行」、「広行」と二窓の一七二四年（享保九）「御手洗行」、「大長行」となっている。多少の差はあれ、およそ十八世紀初頭、とりわけ享保期の件数が目立つことから、この頃には瀬戸内に面した五か国にまたがる出職がみられたことがわかる。

手元にある二窓に関する過去帳の写しを見ると、この期（一七〇〇―二四年）には、記載件数の全くみられない年もあり、最も多い年で八件、平均すると各年二件ほどにしかならない。もちろん、出職者

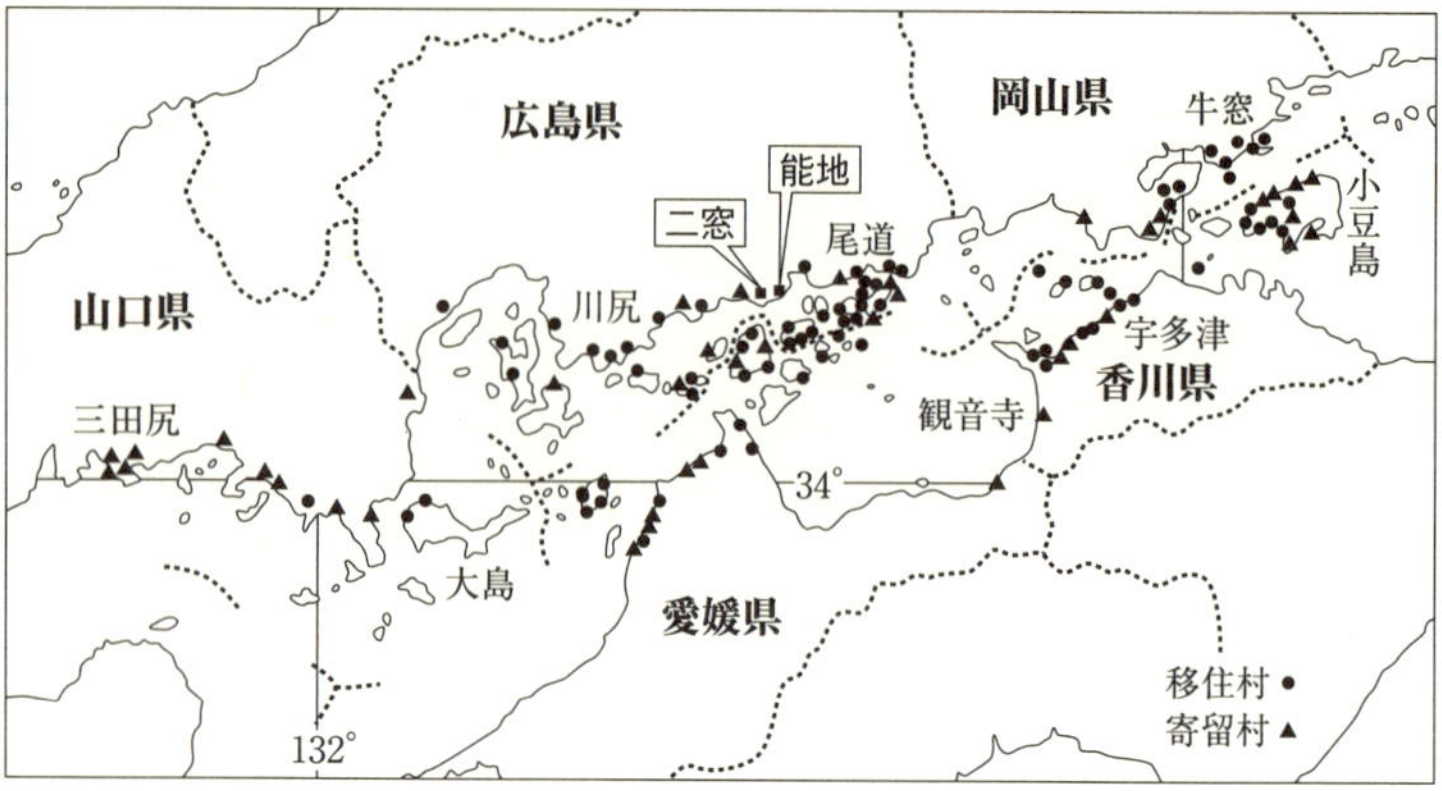

能地および二窓の位置と出職地　善行寺の過去帳をもとに河岡武春によって作成された。出職地は瀬戸内全域にわたり、百箇所をこえる。この地図に記されているものの他、豊前の平松浦（福岡県北九州市）、豊後の津留（大分県臼杵市）にも出職はみられた。天保四年（1833）に作成された「宗旨宗法宗門改人別帳」によると、出職者の人口が地元在住者の約三、四倍を占めている。羽原又吉『漂海民』（岩波新書、1963年）より。

の件数もこの二五年間に四件ほどしか見当たらず、事情はよく解らないが、記載される絶対件数と共に、出職者件数もごく僅少であることがわかる。その後、両件数とも漸次増加をみるが、それから約一〇〇年を経た一八〇〇年代になると、異常なまでの激増をみる。一八〇〇―二四年の間に二二二件、うち出職者八五件、一八二五―四九年の間に四二三件、うち出職者二六六件、一八五〇―七四年の間に五五二件、うち出職者二七五件となっており、両件数とも幕末期における上昇が目立つ。もちろん、記載の方法如何によって捕捉される件数も異なってくるはずだから、ここでの件数の推移についても、時代的趨勢の中に位置付けて捉えられねばならないのと同時に、それぞれの時代における捕捉手続の子細についても明らかにしておく必要がある。以下で、一八三三年という特定時点における捕捉の方法については詳述していくつもりであるが、残念ながら経年的にそれを確認していくための資料は今のところ見当たらない。しかし、これだけ目に見えて幕末期に件数の増加がみられることは、捕捉方法如何に、という問題は残されているとはいえ、この期において、どういう形であれ人口増加と他国への頻繁な出職がみられたことだけは、ほぼ間違いのないことであろう。

そこで、この漁師の捕捉されていく仕組みについて、ここに一八三三年（天保四）の「宗旨宗法宗門改人別帳」（以下、「人別帳」とのみ記す）の活字翻刻版があるので(5)、そこに記された記述を通して、検討を加えていってみたいと思う。こうした小漁師を認知していく視線の様態を明らかにすることによって、これまで見てきた寄留・移住現象を、それらを成り立たせているより全体的な関係性の「場」の内に捉え直すことができるように思えるし、「書かれたもの」をたよりにする場合、こうした「読み」以外に難しいと思えるからだ。

この「人別帳」の作成された一八三三年というと、先の過去帳記載件数の激増期にあたるが、その最中にあって、それまで、浜浦役人に厳しく申付けられていた「年々宗門人別改并増減之改」や毎年「一艘も不残諸方出職之者呼戻シ、寺へ宗門届等に参詣」(6)するよう義務付けられていたことが守られなくなってしまっていたようだ。一八二九年（文政十二）、両浦庄屋へ「御番組厳敷」との藩命が下り、それを諒承する形で、「諸方出職之者共宗旨宗法勤等乱ニ付」(7)という現状認識のもと、能地の割庄屋、二窓の庄屋・組頭それぞれと善行寺住職が「示談」の末、極めの手段として廻船による「見届」実施を決定している。

期日は、一八三三年二月—七月六日。出職者の「見届」については、能地では組頭を、二窓では役代のものをそれぞれ付添として同伴し、住職自ら「出勤」の上、すべての出職先を廻船している。

漁師に対して働きかけられた事柄は、およそ次の三点である。(1)「浦条目」の申付け、(2)「化縁」の催促、(3)「出船入用銀」つまり必要経費の出費の要請。もちろん「人別改」であるから、それについての取決めが明文化されている「浦条目」を徹底化させる(1)に主眼が置かれていたことは断るまでもなかろう。

「浦条目」は次の通りである。

宗旨宗法宗門改人別帳

申渡頭書

一、善行寺本尊南無観世音菩薩ト常可信心事
一、死躰死去之節ハ当歳子ニ至迄早々連帰事
一、年々年頭・盆二季之勤ハ全ク宗門届故、堅相勤可申事
一、先祖年廻生子たりとも決而不可流事
一、寺建立・修覆之節ハ勿論、其外心附可申事
一、年々壱度ハ五人より組下宗門人別帳寺へ差出候事
一、往来所持不致者ハ其所々ニ召置不申候事
一、御公儀御掟、寺旦宗門之拾五ケ条、此度細ニ申聞候通リ、宗旨宗法委乱無之様堅相守可申者也

天保四巳年

二月日

善行禅寺現住

範洪室比丘
当浜浦庄屋
儀三次
組頭
永吉一（此度寺出）勤代添役
同
源右衛門(8)

本尊を常に信心せよ。死亡者は、たとえその年に生まれた子であれ連れ帰れ。正月・盆の宗門届は固く勤めよ。先祖の法事は、それが赤子であれ、決してうやむやにするな。寺の建立・修覆の時ならず、心付けを行なうこと。年に一度は、五人組を通じて人別帳を提出すること。往来手形を持たない者は、出職先に召し置くことはできない。宗旨宗法を違乱なく守れ。

以上の内容の「条目」を各船ごとに申付けた後、いずれの船からも「請印」をとり、さらに「条目」に違反する「不埒之方角」の者からは「誤証文」を差し出させ、以後の規則遵守を確約させている。しかも、その上でなお「条目」が守られない場合には、「御上」へ申し上げて、「御苦労」にあずかるよりいたしかたないと、半ば脅しの口調も見受けられることから、かなり強硬な態度でのぞんでいることがわかる。

こうして実施された廻船の成果は三冊から構成される「人別帳」のうちの二冊分としてまとめられている。一巻「当村地方・浜方、二窓地方　渡瀬、忠海、小坂」、二巻「能地浜浦諸方出職之者」、三巻「二窓浦諸方出職之者」。このうち、出職者に関連するのは二・三巻であるが、双方とも、巻頭に「此

「人別帳」より。「本国瀬戸田行　十人頭喜代蔵」とある。

宗帳天保六午八月浜庄屋江借用せられ、壱人も不残書出、宗旨御奉行衆之目前ニ而拙僧慥《たしか》に請印形相調候事[9]」と記された但し書きと、先の「浦条目」が掲げられ、その内の二巻の方には「此通リ相調へ、御公儀江出し候者也[10]」と明記されている。

住民登録の部分の記載スタイルの特徴は、出職先を共にするグループごとに類別されて記されていることにある。このまとまった記載の冒頭の一行には、「〇〇行」という行先の地名と、「拾人頭」(能地)、「五人頭」(二窓)の名が見出しとして掲げられている。グループ構成員の記載には、一船ごとに一筆のスペースが設けられており、最上段に船頭名、以下、女房、倅、娘、父、母など、成員の個人名が連なっている。規模の大きいグループは、二九筆、小さいところで一筆から構成される。成員には、いわゆる夫婦家族のみならず、父母などの直系親族、あるいは兄弟姉妹などの傍系親族の含まれる例が、前者は全体の約三割、後者は二割と、かなり目立つが、移住者などは、出職先に住居を構えている場合もあったはずだから、ここに記された成員全てが乗船していたわけではあるまい。こうして、行先別にまとめられたグループが順次、並列され、巻末には、先に概説した本「人別帳」の由縁や作成経緯とともに、船頭数つまり筆数と、成員数の総計が記されている。それによると、「能地浜浦」在住者一四二筆、六四六人、「二窓地方」在住者五四筆、二四六人に対し、「能地浜方諸方出職者」四二〇筆、二〇五三人、「二窓浦諸方出職者」一九二筆、一〇一三人となっており、両浦浜合わせた「諸方出職者」の員数は、地元在住者の約三、四倍を占めることになる。

ともあれ、「人別帳」作成のための住職その他の廻船「見届」は、実際はどうであれ、のぞむ態度としては「壱人も不残」個体を識別・登録しようとする視線によって支えられていた。と同時に、この「見届」は、「浦条目」の申付けにみられるごとく、成員個々の訓化を目ざしてもいた。この「見届」の遂行には、とりわけ、組頭・組頭役代の介添が重要な役割を果していたように思えるが、彼らは地元に居ながらにして、浦浜構成員全体の大雑把な活動状況を頭に描くことが多分できたのだろうし、その「知識」様態に基づいて廻船プランは組まれたものとみられる。とはいえ、この「見届」は、基本的に、庄屋―組頭・組頭役代―十人頭・五人頭―船頭―「個人」という、当時の統治機構の枠組そのものを通じてなされたのであり、いくら廻船期間中、島影に隠れて「見届」を拒絶するものがいたとしても、さらに、「請印」をとったところで「条目」の内容がどこまで遵守されたかは全く解らないとはいえ、ここでの記述は、期せずして海上においてもこの機構が機能しうることを証明するものでしかない。藩権力による遠隔地管理の、当時としてはぎりぎりの手法が示されているといえよう。「人別帳」にみられる種々な記載はこの機構の発動形態そのものを表していると、基本的に読まれなければならないのである。

（補註）**能地**　広島県三原市幸崎町能地。能地の漁民は近世から瀬戸内海一円に船所帯で、出職を行なってきた。出職先では主として漁業に従事し、農村に漁獲物を販売したり、農産物と物々交換を行なったほか、近世には幕府御用の煎海鼠の生産に携わった。近世の浦条目には、盆・正月には帰村し宗門届けを勤めるべきことが掲げられているが、出職先の村に寄留したまま申付を守らないものや出職先の檀那寺に転籍し移住するものもみられた。大多数の漁民の檀那寺であった能地の善行寺の過去帳によると、出漁先の記載されたものの初見は一七〇九年（宝永六）であり、それらは、讃岐・備前・伊予・備後・安芸・周防・長門・豊前・豊後に百ヵ村を数える。また、一八三三年（天保四）に作成された宗門改人別帳によると、地元在住者が六四六人であるのに対して出職者は二〇五三人を数え、出職者が在村者の約三・二倍となっている。このように能地では近世中期から瀬戸内全域にわたる出職がみられたが、民俗学研究者はこのような出職の原因を、物々交換および魚介小売りの生業形態と末子相続制という家族制度にもとめ、さらにこうした単純なものとして把握される生業形態や家族制度を前段階の生活様式として日本民族の創世に結びつけようとした。しかし近世には伊予や讃岐に出職をした漁民が幕府御用の煎海鼠生産に従事し、明治期以降では、水夫や貰い子を他所から受け入れたり、魚問屋とさまざまな集団的な駆け引きを行なったり、石炭運搬船や行商船に転業したり、朝鮮に能地町を開発したりしたことなどをふまえて、出職の考察は行われる必要がある。日本民族論という表象を再考するとともに、そうした物語に矮小化しない歴史的文脈をふまえた日常的実践へのアプローチが望まれる。

三　出職漁師と俵物生産

さて、これまでみてきたような能地・二窓東組漁師の移住・寄留現象をめぐって、これまでに、およそ次のような所見がみられる。

(1)出職中はゴニン（五人組のことか）を単位として活動すること、(2)出職先の多くは地元漁師の稀少なところであること、(3)移住・寄留による集落の多くは、地元集落の端に位置すること、(4)出職先で、彼らを類として識別する漁法や出身地にちなんだ蔑称の存すること、(5)出職先で、地元漁浦成立の契機を与えていること、(6)地元農家「召抱」の子方として入稼する場合もあり、その際、農家を「トト・カカ」という身内に対する呼称で呼ぶこと、(7)出職先の地元との通婚はなされぬ一方、穀物類と魚介・藻場・下肥等のやりとりの存すること、などである。[11]

いずれの指摘においても、じっくりと掘り下げて考えていかねばならない多くの問題が含まれているように思えるし、(6)(7)にみられる、地元農家との間の直接生産者同士のパーソナルな関係の内には、単に機能的な言辞によっては解消しきれないような、より全体的な相互関係を読み取ることも可能なはずであり、とりわけ興味深い。しかし、ここでは、これらの指摘にみられるような種々な現象の生起する「場」を外側から規制する、いわば外的勢力についての指摘を行なっている、池内長良の論考[12]に注目しておきたい。そうすることによって、前節の叙述を補足的に、しかもより幅広い視野の中に位置付けておくことができるように思えるからだ。

この論考は、その題名の示す通り、能地漁師の出職先での地元との関係について、フィールドとする愛媛県菊間、和気浜、興居島、中島近辺に残る庄屋文書や地元寺院の過去帳をもとに解明しようとしているのだが、それは、「菊間に於ける漁業集落の発生及び発展は、かかる漂泊漁民の入稼定住を除外しては考えられない。これは単なる菊間のみの問題ではなく、瀬戸内全般に共通する現象である。ここに漂泊漁民の入稼定住を考察する意味が存在する[13]」という、瀬戸内における漁村史を構成する目的においてであった。

ところで、伊予への能地漁師の出職は、先の善行寺過去帳によると、「大三島行」、「袖ケ谷行」の一七二一年（享保六）を初見とし、菊間、和気浜、興居島、中島へは、それぞれ一七二三年（享保八）、一七三六年（元文一）、一七二二年（享保七）、一七二二年（享保七）とあり、十八世紀初頭には出職者のみられたことがわかる。しかし、この期の彼らの動向を記す資料は見当たらないのか、池内の論考に用いられる資料はいずれも一八〇〇年代、つまり、先にみた能地・二窓における他国出職者の激増期に残されたものである。それによると、一八一九年（文政二）には、能地漁師七名が菊間で「かぜ網（藻打瀬網）」操業を希望し、村役人を通じて三津浜の「御役所」へその旨を申請したところ、年々十二匁の運上銀を差出すことで「御札」の交付を受けており、一八四一年（天保一二）にも、瀬戸田漁師七名の連名で「小網」の操業を村役人に申請し、船ごとに年札銀六匁を提出することによって、同じく「御札」が授けられている。さらに、一八四七年（弘化四）には、能地漁師が地元寺院の「仮宗門」に加えられ、地元の「村方漁師」として漁撈を営んでおり、一八一八年頃（文政初年）に入稼した福田漁師は、地元農家の「召抱」として家族同様の取扱いを受け、総て「抱主」の指図によって「村方漁場」において操業を行なっていたと、明治期漁師によって語られている。[15] これらのことから、先の激増期における能地・二窓東組漁師の一部は、出職先において、庄屋・役所に対して、行先を共にする数隻のグループを単位とした働きかけを行ない、先方の藩から「御札」の配布を受けた上、地元農家の「召抱」として、あるいは地元寺院の「仮宗門」に加えられて、漁撈を営んでいたことがわかるのであるが、さらに池内は、次のような興味深い指摘を行なっている。つまり、一八〇〇年代の庄屋文書・過去帳に現われてくる入稼漁師（能地と岩城があげられている）は、幕府御用の生海鼠生産が課せられていたというのである。

「地元漁師の皆無或は至って少ない村では、入稼漁師の居住する場合、これら漁師に煎海鼠生産を課していたことは、「和気浜村ハ来住漁師者御座候得共漁場無御座掘江村ハ生海鼠ハ多く居候得共漁師人高ニ寄取リ余候」によって明瞭である。又前述の菊間における煎海鼠御用の差支えから岩城漁師の入稼を求めたことは、甚だ注意すべき点と謂わねばならない。[16]」

「前述の菊間」の例とはこうである。十八世紀から十九世紀初頭にかけて、菊間（浜村）では、鰯地曳網を除いて地元漁師はほとんど皆無であり、その地先は近村の佐方《さがた》漁師の主要網代として利用されていたが、天保・嘉永期に入ると、その網代に岩城漁師の入稼がみられ、それによって「従来曳来網代他より曳荒候而者忽漁業之衰微与相成候」と佐方側から浜村に苦情を訴える文書が提出される。これに対する返答として、浜村側は、その網代をまるで自分達のもののごとく申出ているがそれについて記した「書類」でもあるのか、さらに、我々の村の地先分の網代に対して「村方之漁業」が成り立たないという言い草はいったいどういうことか、などと問い質した後、「岩城村より置越候者村方に夫々地頭有之家等ヲ建遣人々召抱同様之儀ニ而（中略）煎海鼠御用差支候ニ付岩城村庄屋所へ掛合外ニ壱弐艘置来候何程岩城者参候共左様之仕成ニ而村方漁師同様之儀ニ付佐方村より被是申筋者無御座候[17]」として、佐方側の申出を突っ撥ねるのである。

もっとも、この件に対する池内の評価は、「漁業の至って少ない浜村では、岩城漁師として確認し、地先操業を認めることは、隣村漁師の侵入を防禦する最良の方法[18]」であったとして、地元における「漁村」、「非漁村」間の対立構造の内に生起した「非漁村」側の主体的選択として捉えることにあるのであるが、この場合、これほどまでに地先海面の権益確保を主張することについての動機のあり様については全く不問に付されていることは多少気にかかるし、こうした構造の顕在化するための触媒の役割をはたしている入稼漁師を、それ自体として捉えていく視点も見逃されてはなるまい。

この他にも、本拠地の二窓においても、東役所によって、一八〇四年（文化元）、一八一〇年（文化七）、一八一一年（文化八）、に、それぞれ五〇斤代一七匁二厘、三六二匁四分三厘、三〇〇目の御用海鼠が買上げられた記録がみられるし、さらに一八〇九年（文化六）には、出職先の小豆島で生海鼠を供出している文書もみられ[19]、しかもこの期の小豆島近海では、「寄魚猟業并長崎生海鼡猟之外ハ、一円相成不申候[20]」とされているから、海鼠漁の生活の中に占めるウエイトなど、不明な点を多く残しているとはいえ、一八〇〇年代のいわゆる過去帳記載件数の激増期における能地・二窓東組の出職者が深く俵物生産に関与していたことだけは、ほぼ間違いないことなのである。

ここで、確認しておかねばならないことは、入稼漁師が俵物生産に携っていた時期における、俵物生産・集荷機構の仕組みについてであろう。

その要点だけを端的にいえば、ここでの入稼漁師による生海鼠生産については、漁師の有無に係わらず、全国に渡るすべての浦浜に強制的に俵物生産が課せられることになった、いわゆる生産高「請負制」の導入される、一七九九年（寛政十一）以降の問題として基本的に捉えられていなければなるまい。池内論文に用いられる資料の多くも、この体制下において、各地の浦浜へ俵物の生産請負高を設定して回わる幕府役人による諸国廻浦に際して、村庄屋の答弁として残されたものである。

冒頭で触れた俵物貿易の開始から、中国より金銀輸入の始まる一七六三年（宝暦十三）までは、銅を中心に輸出品は構成され、俵物生産への幕府の介入も比較的緩やかだったようで、その生産・集荷も長崎の俵物一手請方問屋と地方の下請商人に任せられていたようである。ところが、この金銀輸入を契機として、その見返り品として俵物が取沙汰されることになり、これまで「漁猟不仕馴浦方」が生産を始める場合、つまり「新浦」には当分の間運上銀は課さない、などの内容を持つ「出方相増」の「御触」が、一七六四年（宝暦十四）より幕末にかけて、相次いで出されることになる。[21]こうした、増産奨励策が展開される動きの中で、一七八五年（天明五）には、長崎会所によって俵物の生産・集荷過程すべてを掌握していこうとする「直仕入制」がとられ、ここに、会所役人による諸国廻浦とともに、一部地方に生産高の「請負制」が布かれることになり、さらに、十四年後の一七九九年、全国規模でこの制度が

適用されることになったのである。(22)

この「請負制」の基調をなすのは、「出増相増」という語に集約される俵物生産力の拡充にある。そこで、施策の具体的内容をもう少し詳しくみておくために、一八一一年(文化八)の廻浦に際して、小豆島草加部村においてなされた幕府役人の「出増御紅」に対する、地元の漁師惣代、庄屋、年寄による「請證文」の記述を取り上げてみる。(23)

その内容を要約して示すと、(1)「俵物之儀者、唐方御渡方一之品ニ而、右代り物唐紅毛持渡候薬種之儀者、万民病苦相遁候肝要之品ニ而、本々取扱候売薬一粒之内ニ茂、右之御恩沢相籠居候」と、俵物生産の「意味付け」がなされ、そのため、(2)「縦令《たとい》生海鼠壱つたりとも見当り候節は、等閑に捨置可申品ニ無御座、尤食用留と申御沙汰者無之候」と、「虱潰し」の採取と「節約」の視点がみられ、それを奨励するため、(3)「御褒美被下置候積リニ相成居候」と、「褒賞金」の施与がなされ、さらに、(4)「稼方相怠候様有之候而者、甚心得違之儀ニ有之候」と怠惰の「厳禁」、(5)「密売等仕間鋪段者、天明巳年御触流之通厳敷相守」と密売の「厳禁」がうたわれ、(4)や(5)に背く者を見聞きしたなら、(6)「早速所御役方筋々江申立候」と「密告」が奨められている。その他、この「御紅」に際しては、各浦浜の「家数・人別・船数」、「煎海鼠年々斤高」つまり過去十年間の生産実績の申告も要請されている。

細かくみていかねばならない問題もあろうし、以上の内容がいかにとり行なわれていったかについては、又別の視点を設定して考えていかねばならないだろうが、全体として、増産の奨励と流通統制を基軸とした、ある種の「総動員」体制を形づくる言説であることは確かであろう。小豆島でのようなやりとりが「国内」の全浦浜においてみられたわけだから、それまでの「漁業」構成そのものを大きく再編していく契機になったであろうし、とりわけ、新たに請負高を課せられることになったいわゆる「新浦」においては、重大な出来事として捉えられていたことのように思える。実際、直島《なお》・男木島《おぎ》・女木島《めぎ》の三島では、一旦請負高を引き請けてしまうと完納の義務が課せられ、苦しむことは目にみえていたので、それを逃れようとして、一七九七年の「御紮」の際に「猟師漁船は一切無御座候」と、虚偽の答申をしているくらいである。この場合、役人側に勘繰られて、「他国猟師共入込、生海鼠猟之義ハ御免」と、自らの地先漁場に他国漁師を入込ませられるはめになりかねない結果となり、渋々と請負高を承諾することになっている。[24]

この三島や先の岩城漁師による菊間への入稼の例に限らず、「漁人漁船無之浦々之分呼出、稼方いたし候浦々より稼方として入込候ハヽ、故障なく為相稼可旨申渡」、「右場所は漁人無之場所故、雇漁師を以相稼、請負之積り取極置」[25]とする「御紮」もみられることから、役人側の増産奨励策の内に予め入稼漁師を派遣する手はずが整えられていたことを窺うことができる。もちろん、ここにみられる入稼漁師の例が能地・二窓東組漁師であるとはいえないにしても、両浦漁師の出職先が地元漁師の稀薄なところであることや実際に俵物生産に従事していたことが明らかになっていることなどから、廻浦役人の「御紮」にみられる「稼方」、「雇漁師」と無縁な存在ではなかったかもしれないし、いずれにせよ、過去帳記載件数の激増期における両浦漁師の寄留・移住現象を、ここでみたような「請負制」を構成する言説とそれをめぐって生起する種々な問題と同時代的現象として捉えておくことだけは必要である。「藻が三本ありゃ曳いて通れ、家が三軒ありゃ売って通れ」[26]という、両浦漁師の間で伝えられる教訓めいたこの言い方も、その忙《せわ》しない響きからも、「纔《わずか》たりとも生海鼠見当リ候ハヽ、不差置、煎海鼠ニ相仕立」[27]と同様に、この「総動員」的な時代状況を反映しているように思えてならない。

ともあれ、池内論文にみられたように、一八〇〇年代に伊予へ出漁した能地・二窓東組漁師は、本拠地の寺院のみならず、出職先においても、船役所―寺院―浦庄屋―抱主―入稼漁師という、地元における住民統治機構の内に捕捉されていたのであり、さらに、一七九九年以降の「請負制」下においては、この統治機構は、そのまま俵物集荷機構でもあった。しかも、この制度は、伊予のみならず、「全国」規模で展開されたから、列島を縦横に張りめぐらされた俵物生産・集荷機構の網の目からまったく逃れて彼らが存在することは、まず有り得ないことといってよかろう。彼らの機動性に富んだ小網船がこうした機構をかい潜って、抜荷、生売りなどと巧妙に立ち回わることもあったかもしれない。しかし、それにしてもこの機構からまったく無関係でいるわけではない。善行寺の過去帳記載件数の激増期にみられた、能地・二窓東組漁師による瀬戸内各地への展開は、本拠地・出職先双方おいて彼らを捕捉する機構の存した上での出職だったのであり、こうした二重の管理の視線の内に彼らは曝されつつ伴にあったことを、ここで確認しておきたい。

四　廻浦役人の眼

そもそも「請負制」は、俵物生産高の増加を目指して導入されたことは前節で触れた通りであるが、この制度を円滑に運営していくためには、俵物にしうる魚介類の棲息状態に応じて各浦々に年間請負高を設定していく廻浦役人の存在は不可欠であった。「請負制」の歴史は、諸国廻浦の展開と軌を一にするのである。(28) もちろん、ここでの請負高の設定には、「御紮」の調子にみられるような幕府の権威による強制力が強く働いていたことはいうまでもないし、このことを抜きにして近世期の制度を語ることはできないように思えるが、この制度の実務的側面において、とりわけ「新浦」の設定や請負高増額などの施策に際しては、魚介の棲息を判別する彼らの「見分」の知識や技法の果たした役割は、ことさら重要であった。こうした「見分」による測定結果こそが、前章でみられたような「生立之無」という虚偽の答申を退ける拠り所として働いていたし、あるいは、この「見分《みわけ》」の結果を威圧として利用し、「入込之儀用捨致」すことと引き替えに、請負高の増額を諒承させるやりとりなどもなされているからである。その意味で、この制度は、その現実化の局面においては、この「見分」を基軸として編成されていたとさえいえる。

ここでは、この「見分」(29)を構成する知識や技法の様態をみていくために、一八三三年（天保四）二月五日―五月二十二日にかけて行なわれた諸国廻浦の際に、幕府「御普請役」に差添した長崎会所「請払役」によって残された「四国中国廻浦御用日記」(30)（以下「日記」とのみ記す）を取り上げる。本来なら、現地における廻浦役人と地元庄屋・漁師惣代等とのやりとりを詳しくみていくためには、池内論文で扱われているような各地に残る庄屋文書なども参考にしつつ、双方の動きに着目しなくてはならないのであるが、ここではその余裕もないし、簡便ではあるが、両者が同席してなされた問答の内容や実際に現地でなされた「見分」の手法も逐一記録されているこの「日記」を、一先ず取り上げておくことにした。もちろん、前節までの本論の流れからいうならば、能地・二窓東組漁師を本拠地・出職先双方で捕捉する各藩による統治機構を、さらに上位において統轄する動きとしてこの諸国廻浦をはじめとした幕府・長崎会所の動向に注目しておくことは必要であると思われた上、「日記」の記述を通じて、俵物生産・集荷機構の「基点」の部分で行われるやりとりを垣間見れるように思えたし、漁師・浦浜に対して直接働きかけられた具体的施策内容を、その場に臨場したものの記述の内に確かめておくことができるように思えたからだ。

さて、この年の廻浦一行は、幕府「御普請役」を中心に、長崎会所の「請払役」、「俵物掛」などを付添として、総勢十四、十五人から構成され、二月五日に長崎を出立し、長門・周防・安芸・備後・備中・備前・讃岐・伊予・土佐・阿波・播磨の国々を廻って、五月二十二日室津泊で巡検を終えている。たいてい、各藩の主要な旅宿に三・四日ほど滞在し、そこへ、近在の奉行、庄屋、年寄、組頭、漁師惣代、俵物下請屋等々を呼出し、関係者を寄せ集めておいた上で、「御糺」を基調とした威厳に満ちた態度で業務にのぞんでおり、糺せられた事項については、必ず「請書」がとられている。そこでなされた主な業務内容は、次の三つに大別される。

(1)「買入方」・「送り方」と称される製品の買取り及び長崎への積廻しの手配。たいてい、掛役人が下請屋など俵物の集められた場所へ「罷出」て、品物を「見分」・「見届」た後、「買上手形」、「御用状」、「送状」を「相渡」し、一部代銀の「内渡」と引き替えに「役方奥書之請取」をとっている。(2)「出増方」と言い表される増産の催促。前節で触れた小豆島での「出増御糺」の内容とほぼ同じであるが、「新規請負取極」の他、漁船を単位とする請負の「割付」、「御褒美」・「前貸」の「相渡」、新規稼への「仕立方伝授」、あるいは、漁人漁船のない浦浜への他浦からの「稼方」入稼の要請、などの手段が講じられている。(3)抜荷・囲置の禁止の申達。全行程を通じて、各地で抜荷の気配を強く感じとっており、「生売買」の噂を耳にして、そのルートを「相探」ろうとしたりもしているが、基本的には細々とした取締については各地の「在番」へ委せられていたようである。

こうした実務を支える身振りのうち、最も基準になる役割を果たしているように思えるのが「見分」という語で表わされる作法なのである。

(1)の「買入方」においては、品物の「質」を「見分」ける、いわゆる「目利き」の眼が重要となるが、俵物掛の会所役人のみならず、始終、俵物下請問屋を付き従えていることは注目されておいてよいだろう。一方、(2)の「出増方」では、全領域の棲息状態をつぶさに把握することは不可能である上、棲息地も海底という制約からか、「現物」を遠巻に旋回しつつ急降下していくような、いくつかの段階に整序化された「見分」がなされている。ここでは、この時代の漁師の動向とも直接係わる(2)の「見分」の仕組みについて、少し整理しつつ、述べておきたいと思う。

基本的に、この漁獲にまつわる「見分」の様態は、次の三つの場面に分けて考えることができる。一番目は、御普譜役の旅宿へ地方各浦の庄屋、漁師惣代らを呼び出して、「生立方」等の様子を聞き取る行ない方。二番目は、「場所見分」と称して、実際、漁場に出向いていって、自らの眼で「生立」状態を判断するものだが、海岸沿いに乗船しつつ行なわれる「海岸見分」、「海辺見分」と、船で沖へ足を運ばせて行なわれる「沖見分」に分けられる。この「沖見分」には、漁撈を見学する「漁事見分」も含まれる。三番目は、腕の立つ御用漁師を他所から率き連れてきて、その漁師に直接「試稼」を行なわせて「生立」の有無を確認する「漁事見分」の方法。

全浦にわたる大雑把な様子を把握しようとする際になされるのが一番目の手法であり、いずれの浦浜に対しても行なわれる(31)。たいてい、これから「入込」むことになる先々の浦浜へ、到着の数日前に「先触」を出しておいて、「箇条書」にされた項目を、予め村々で調べておくことが要請される。一七九九年(寛政十一)の廻浦に際して、直島庄屋へ手渡された「箇条書」の内容は次のようである(32)。

一、長崎廻シ俵物ニ不限、漁猟稼致候村々ハ、猟師何人猟船何艘有之と申儀、相糺可申出候

一、浦付村々之内とも、猟稼不致、猟師猟船等無之、売船斗所持之村者、当村方海辺ニは候得共、前々ゟ農業已ニて猟稼不致売船者、何艘所持致候趣、并村高家数人別認加へ、村役人印形書付ニ

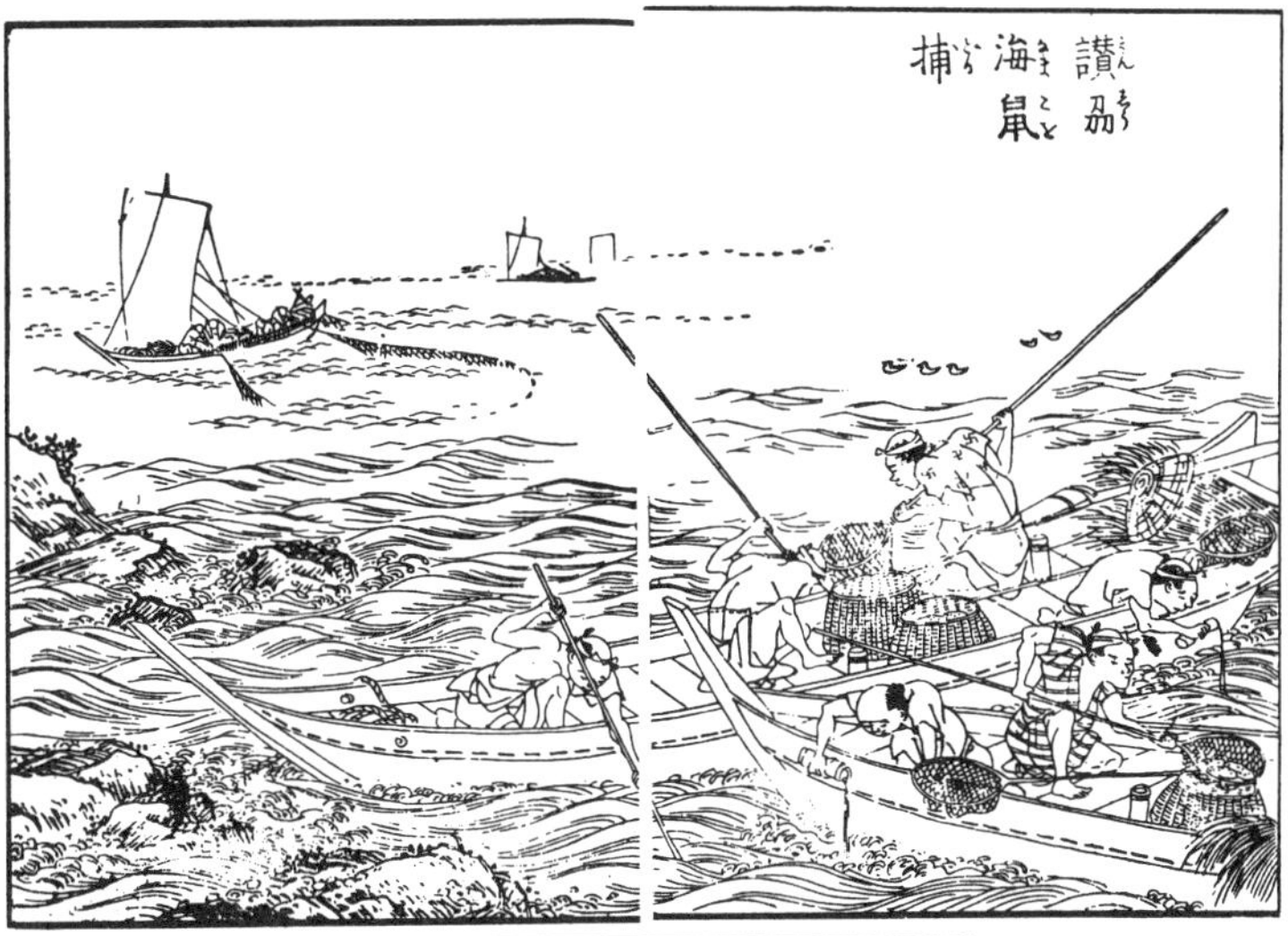

『日本山海名産図会』1799年。蔀関月画。撰者は大阪の書肆赤松閣主人の平瀬補世とも、木村孔恭ともいわれる。序の部分には、各地の名産の製造工程を「婦児の輩と雖もこれを通知せしむ」とあり、産業奨励を目的とした「啓蒙書」の性格を有している。構図に際して、広く視界の開ける斜め上方から見下ろす位置に視点がとられ、全工程を一目で解せる工程図とみてよい。前景部では道具を中心に、細部が適確に描き出されている。上図、中景に描かれた帆をあげて操業中の船が小網船だが……。

致シ、村役人態々不及罷出間、外猟稼有之村役人、牛窓江罷出候節、可被差出候
一、浦付ニ者無之村方ニても、猟師或は猟船有之村者猟師何人猟船何艘と申儀を、委敷相糺、可申出候
一、海辺付者勿論、海辺ニて無之村方ニても、浦宿致候場所を、村限見取絵図ニ相認、可差出申候
右之通相心得、村内委敷相糺、来廿七日牛窓江可被罷出事
四月

漁業を行なう村では、「漁師」員数・「漁船」隻数を、漁を行なわない村では、所持船隻数・「村高」・人口戸数を調べ、さらに、海辺の村では、村内の「見取絵図」を作成して、「御糺」の節に差し出すべきことがうたわれている。もちろん、ここで得られた数値は、請負高を設定する際の参考資料となったことはいうまでもなかろうが、ここで掲げられた事項の他、「御糺」の席上においては、生海鼠・生鮑の「生立方」、「稼場所之様子」、「料理遣ひ食用潰し」の作法、あるいは下請問屋の「買集之様子」などが「相糺」されている。

こうして、全浦浜を網羅する大まかな情報を得た上で、思惑通り請負高を設定し得た場合には、ことさら問題はなかったのだろうが、「生立無之」という答申を受けた時や、より以上の増産の見込みが有ると踏まれた場合には、役人ら自らが海上へ出向いていって「見分」を行なう。

沿岸沿いに行なわれる「海岸見分」では、「砂地ニ而、格別生海鼠生立無之様子ニ見請ル」(33)と、海底の地形・地質などに目が向けられるようであり、「沖見分」では、漁師の操業を見学する「漁事見分」も行なわれているが、その際に、「海中藻杯茂有之、海鼠ふんも相見え、(中略)冬分は生立方有之可申議は、相違無之様子ニ相見え候」(34)と記されてもいるから、「ふん」の有無から棲息状態を識別できるよ

うな細かな鑑識眼を持つものが随行者の内に居合わせたことが窺い知れる。

三番目になると、全く身もふたもない気もするが、この手法は、廻浦の始められた当初から用いられていたようである[35]。この「日記」では、四国の三津浜から宇和島へかけて、「瀬之脇漁師」（長崎港西岸の瀬之脇浦漁師か）が随行し、御普譜役の要請に応じて、各地で「試稼」を行なっている。「瀬之脇漁師え、三ツ浜沖合島々鮑生立之場所ニは無之哉、乗廻り見分いたし、三ツ浜旅宿え申出候様申付ル[36]」と、「見分」をさせてその結果を旅宿まで報告させたり、あるいは、「瀬ノ脇漁船召連、生海鼠漁見分として奥居島え罷越、中矢甚作付添罷越、右漁事為致候処、生海鼠并鮑拾六七漁有之候間、付添甚作之も見せ置持帰、庄屋其外役人呼出、奥居島二神辺、鮑生立候義相違無之間、相応之請負可致旨申達ス[37]」というように、沖合へ同行したりしている。「全く右之者共相働候故、新規請負茂出来候[38]」と記されているように、いずれにおいても、「新規請負」を取決めることが目的であったことがわかるが、こうした「試稼」による漁獲によって請負が設定される際には、「心得之ため見せ置[39]」というような、勝ち誇った態度がとられていることは注目される。さらに、この「瀬之脇漁師」は、宇和島領内への「出稼」を「願立」てているのだが、廻浦役人側は、この申し出を受理しないことを理由に、地元浦浜へ請負高を引請けさせている。しかもこの際、「宇和島領吉田領、干鮑新規請負候浦々より、此後稼方等閑に為無之、出方相劣り候様有之節は、為試海士差遣し、出稼をも為致可申ニ付、差支無之哉相達[40]」と念が押されているが、これも、「瀬之脇漁師」の積極的な「出稼願立」が背後にあるからこそ衝迫力を帯びるのであって、その意味で、彼らの「漁事見分」の能力とこの「出稼」の所望は、地元浦浜に対しては、二重の圧迫として働いていたといえる。

ここでの「瀬之脇漁師」は、「太儀料銭三十貫文」と「心付銭十三貫文」を受け取って「引取」っているが、「試稼」をしつつ「生立」のある場所を察知するなり、直様、入稼を「願立」てているような、何時でも何処へでも入稼しうる積極的な姿勢と、身のこなしの速さは、入稼漁師の生活態度を知る上で、あるいは、具体的な入稼過程を知る上で、興味深い事柄のように思える。また、今治付近では、「島方えは芸州海士等、兼而雇入稼方出情いたし候儀ニ寄リ、島方之方出方茂相増」[41]という記述もみられ、能地・二窓東組漁師の入稼についても、ここでの御用漁師の問題と同様の地平において広く捉えていくことも必要であろうが、今の所、これら漁師が、どういう経緯で、いかなる過程を経て出職・入稼をみることになるのか、よく解らない。ただ、いずれの漁師においても、俵物海産物の漁撈に長けていたことだけは、間違いあるまいし、さらに、こうした熟達した技能を幕府が抱え込みつつ、俵物増産政策を構成する方法の内に組み入れていたことも又、確実なのである。

このように、廻浦役人の「見分」の眼は、いくつかの整序化された段階をたどりつつ、俵物の増産へ向けて徹底した働きを見せているのであるが、どうやらこの眼の矛先は、「俵物」という枠に止まるわけではなかったようである。

この年の廻浦一行が宇和島藩領に差しかかろうとしている時、それを受け入れる手筈を整える掛役人と藩との間に次のようなやりとりが交せられている[42]。

まず、三月八日付で、藩より役人に対して、「煎海鼠御用に付公義御役人御通行被仰出控」と題する、(1)「入込」予定期日、(2)一行の人数の今だ不明なこと、(3)「御仕成向」は一八一一年(文化八)の「取斗」にならうことなどの記された、準備心得が「申達」される。これに対して、三月十三日付で、仰せの旨は「承知」した。「地方」へは別に「申達」しておいたから、何か「伺事」があれば早速「申出」ていただきたいとの掛役人よりの答申がなされ、それを受ける形で、三月二十二日付で、藩より次のごとく「申達」がなされる。

一、此度煎海鼠御役人廻浦中店々へ獺《かわうそ》之皮不差出置候様可被申聞候、尤右皮唐方渡に相成候付見

当次第相調候時は、先々煎海鼠同様割付に相成候而は難渋之事故、此段前以申達置候、以上

「カワウソ」と反芻しながら、つい、うっかり吹き出してしまいそうになったが、とても笑える記事ではあるまい。もっとも、一番迷惑を被ったのは獺当人だったに違いないが、あまりに過敏ともいえる藩の応対ぶりは、一見滑稽に見えてしまえるほどに深刻である。こうした過剰反応には、それ相応の圧迫がかかっているということだ。獺の皮を「見当」てられて、「煎海鼠同様割付」けられたら最後、よほど「難渋」することは目に見えていたのだろう。このように、廻浦一行による「見分」けは、いわゆる俵物の類に限られていたわけではなく、「山海名産」を手当り次第に「見当」てながら進んでいく、いわば「万物見分装置」の性格を有していたことが窺い知れる。もちろん、手当り次第とはいえ、ある「知識表」に基づいて「見当」てられていたことは間違いないわけだから、役人の拠っているこの「表」の成り立ちを明確にすることによって、ここでの「見分」の眼の様態も、より広いその時代の「知識」の内に位置付けて考えていくことができよう。俵物生産・集荷機構の内に組み入れられていたこの時代の能地・二窓東組漁師も、言葉を換えていえば、こうした眼のもとに曝されつつ伴にあったと言えるのであり、彼らの出職・入稼現象もこうした眼の所産として捉えることもできるのである。そうした意味で、この眼自体の存在様態、さらにはこの眼によって何が行なわれ得たのか、さらに確かめていかねばなるまい。

また、各藩・地元住民の側に即してここでの例を判断するならば、幕府の絶大な権威を伴なう「見分」から逃れるためには、「虚偽」や「隠匿」の手段に出るより手はなかったのであろうし、幕府役人

らによる廻浦は、期せずして、藩・各浦浜へ「嘘言」の身振りを学習させる機会を与えることになった、といえるだろう。廻浦中の至る所で、「生売買」の噂を耳にしているし、「入込」拒絶の反応を受けている。「請負制」によってあまりに拡大し過ぎたネットワークが、自ら墓穴を掘る結果を招くことになったといえるだろう。こうした人々の「自覚」と形成されつつあった「もう一つの」ネットワークという観点から、「維新」をみていくことは、多分可能なのであろうが、こうした点については、又稿を改めなければなるまい。

五　ナマコの話

今日、二窓では、次のような昔話が残っている。

「昔、二窓の浜辺に、家の仕事を手伝うでもなく、毎日、海ばたへやってくる若者がいました。村人はだれ一人相手にする人は無く、昼寝が仕事のような日々を送っていました。

ところが、ある日「かけりゃんこせんか」という声が海の方から聞こえてきました。ふしんに思ってよく目をこらして見ますと、それは海の底から、ナマコが呼びかけた声でした。相手がナマコとわかると若者は「おまえらとできるかあ、ナマコ」と大声でどなりましたが、結局は蒲刈《かまがり》まで競争することに決まりました。早速ナマコは隣の村から隣の村のナマコに連絡を取り「若者が行くから、ナマコヨーイと呼んだらだれでもよいから、オオイと返事をしてくれ」と次から次へとたのみました。さて翌日は天気もよく、早朝からナマコは海岸で待っていました。若者も、ナマコにおくれをとっては男のはじと思い、元気よくにこにこしながら、ナマコと若者は朝早く二窓の浜を出発しました。若者がまず、高崎で「ナマコヨウイ」と声をかけると、若者より前の方で「オウイ」と返事をしました。若者は一生懸命走りました。こんどは三津で「ナマコヨウイ」と声をかけると、また若者よりずっと先の方から「オウイ」と返事が返ってきました。若者は力の限り一生懸命走りました。ところが終点の蒲刈に着いてみると、ナマコは波止の上にあがっているではありませんか。

そこでナマコに負けた若者は考えました。「ナマコだって走れたんだ。一生懸命やれば何でもできるにちがいない」と考えつきました。

ようやく目覚めた若者は、家業に精を出し、家業も次第に栄えたということです。(43)」

どこか取って付けたような教訓めいた話、という印象を拭いきれないでいるが、いつの時代のいかなる主体によって創作されたものなのか、あるいは、どういう場で語り継がれてきたものなのか、あまり定かではない。この話者によると、一八五六年(安政三)生まれの祖母から伝え聞いたということらしい。

勤勉な働きものに為り変わっていく若者の話というのは、これまでにもどこかで聞いたことがあるような気がするし、この点に着目すれば、「致富譚」の類に該当するのだろうし、動物と人間との間の競争に着目すれば、「動物競争譚」から派生した形として捉えられるのかも知れない。

ここでは、ここに語られていることに即して考えを進めていきたいので、念のため、話の筋道を整理しておくと、次のようになるだろう。

(1)主人公は若者であること。(2)その若者はもともとナマケモノだったこと。(3)この若者は自分のアシを使って動き始めるが、その契機をナマコが与えていること。逆から言えば、ナマコのネットワークが存在していて、その網に暇な若者が掛かっていくこと。(4)ナマコに媒介されて、若者は、ナマケモノから勤勉家に生れ変ること。

色々なまとめ方はあるのだろうが、ナマコネットワークの内を若者が移動することによって、ナマケモノから勤勉家へと変身を遂げていくことをこの話の筋の骨子とすることに、問題はあるまい。

やはり、気に掛かるのは、モチーフを構成する具体的事物としてナマコが現われてくることであり、そのこと故に、ここに取り上げたのでもあるが、その上、ナマコネットワークの存在、あるいは、移動・勤勉の開始などが主題として語られるには、これまで見てきたような、二窓から他国へ多数の出職者を輩出した、いわゆる「激増期」という背景を除いては、考えられないのではないかと思えたからでもあった。俵物が日中貿易の輸出高の大半を占める時期がかつてあり、その期に布かれた「請負制」によって、海辺地帯に「総動員」的状況が醸成される最中に、両浦漁師の出職が盛大化していったことは、これまでに見てきた通りである。「総動員」的勢力のもとでは、ナマケモノは残らず駆り出されることになるのではないか。

前にも触れたように、この「激増期」以前の両浦の様子は、今の所、よく解らない。河岡武春が直観的に言い当てようとしているように、もしかすると中世末には既に紀州から来住者をみていたのかも知れない(44)し、あるいは、漁浦という形では成り立っていなかったのかも知れない。いずれにせよ、瀬戸内各地へ盛んに出職をみたとされる限りでの両浦漁師の存在は、明らかに「激増期」において成立をみるのであり、そのことを踏まえるなら、ここでの話は、ナマケモノという認知の仕方の「発生」と同時に、出職漁師の「発生」をも物語っているのかも知れない。ナマケモノという認知のされ方は、勤勉の意識化と表裏の関係にあることはいうまでもなかろうが、この点では、西鶴などにみられるような、広くこの期の質素倹約的な言辞の系譜を問うていく議論が心要となってこようが、ここではその余裕はない。

ただ、気にかかるのは、ここでの話では、若者自らの「声」が全く反映されていないように思えることだ。「見せしめ」的に若者が扱われているような、話し手との間の「距離」を感じざるを得ず、その点、効果が意識されたか否かは別として、ある種の訓話として語られたものと、理解しておきたい。

そろそろ、全体のまとめに入らなければなるまい。

本稿の目的は、近世末期における能地・二窓東組漁師の展開を、彼らを含む、より全体的な関係性の「場」の内に描き出そうとすることであった。そうすることによって、これまで「漂海民」などという一元的なイメージを付着させられてきた彼らの、多少なりとも異なる像を浮び上がらせることができるように思えたし、それと同時に、彼らを照らし出そうとする視線の系譜を問題化していくための「拠点」を設定しうるからでもあった。

ここでは、かの小漁師を直接・間接的に記した資料として、「人別帳」・「御用日記」を主として取り上げた。「人別帳」においては、「一人も残らず」個体を識別・登録する全数把握への意志がみられ、それと同時にそこには、謹厳実直を旨とする馴化の視線を見て取ることができた。こうした、「人別帳」のための「見届」は、瀬戸内全域におよぶ多数の出職者の存在を背景としてなされたが、この期には、日中貿易における必要性から、俵物の生産力を最大限に拡充するために、「全国」すべての浦浜に強制的に俵物生産を課せる、いわゆる「請負制」が布かれており、両浦漁師の出職もこうした「全国」ネットの施策の展開と無関係ではなかった。

この「請負制」の下では、その現実化の局面において、俵物巡検使による「見分」の知識と技能がとりわけ重要な役割を果していた。「見分」は、システマティックに整序化されたいくつかの段階をとってなされたが、それにはその基礎となる「知識表」やそれを肉化した眼の役割が重要であった。その意味で、両浦漁師の出職は、こうした眼や「知識表」と伴にあったということができるのである。

さて、全体を通じて、断片的な資料の提示に終始した嫌いはあるが、これらの資料の「読み」を通して、これまでとは異なる漁師像をまがりなりにも描き出せていれば、一先ずこれで充分であると思っている。それに、関係性の内に捉えるといいながら、漁師側からの積極的な働きかけ、あるいは、彼らの経験の質を汲み上げることができなかったことは、気掛りだが、ここで取り上げられなかった記述や聞き書きなどを通じて、いずれ、主体の側からする「海の生活」というようなものにも触れていかねばならないと思っている。

いうまでもなく、俵物の生産力拡充という要請をめぐる、「全数把握」、「馴化」、「見分」などの視線の様態や、あるいは「全国」ネットの形成についての問題は、小漁師のみに限られるわけでも、近世末期に限定されるわけでもない。むしろ、これらの問題は、今日の我々のシステムを形づくる視線のあり様や社会の形式とここでのそれとが同質であるが故に、ことさら重要なのである。これらの視線によって、何が生み出されてき、何が生み出されつつあるのか、つぶさに見極めていかねばなるまいし、それは、こうした視線を肉化した存在である自らを自覚化していく試みでもある。こうした営みを継続していく中で、漁師との関係も築き上げていきたいと思っている。

註

(1) 鄭氏の勢力を弱めようとするために用いられた清朝による政策。内陸約三〇里の地点に「界」を設けて、沿岸住民をそれより内側に強制的に「遷」すことによって、鄭氏への物資供給の途を絶つことを目指した。山東から広東までの広域に渡って実施された、大掛りかつ強引な施策だが、これほどまでの手段に訴えねばならなかった当時の社会情勢については、一考に値するだろう。これによって、外側へ締め出される勢力も歴然とする。広東周辺では、しばしば「蛋戸」の反乱が起っている。田中克己「清初の支那沿海――遷界を中心として見たる」『歴史学研究』六―一、三、一九三六年参照。

（2）冒頭部分に用いている数値及び見解の多くは、山脇悌二郎『長崎の唐人貿易』（日本歴史叢書六、吉川弘文館、一九六四年）に負うている。

（3）高柳真三・石井良助編『御觸書天明集成』岩波書店、一九三六年、八四七頁。

（4）河岡武春「海の民――漁村の歴史と民俗」平凡社、一九八七年。

（5）三原市役所『三原市史』第五巻資料編二、一九八一年、七六〇―八〇一頁。

（6）同前、七八九頁。

（7）同前、七八九頁。

（8）同前、七七二頁。

二窓については、末尾の連署の部分は次のようにある。

善行禅寺現住
洪室比丘
二窓浦庄屋忠海村
江戸屋九郎三郎
同　組頭
九郎兵衛
同庄屋・組頭代
伝次郎一付添役

（9）同前、七七一頁。

（10）同前、七七二頁。

（11）小笠原義勝「瀬戸内海の漁村と農村」『地理学評論』一六―七、一九四〇年、一―一六頁。河岡武春『海の民――漁村の歴史と民俗』前掲。池内長良「近世における漂泊漁民の分散定住と地元との関係――瀬戸内漁村の歴史地理学研究第二報」『伊予史談』一四二、一九五六年、一―一三頁。

（12）池内長良、同前。

（13）同前、二頁。

（14）「人別帳」において、出職先別の筆数の最も多いのが「瀬戸田行」であり、二九筆を数える。「能地及びここから移住した瀬戸田・福田漁師」とあり、「二次」的移住として捉えられている。同前、三・四頁。

（15）同前、七頁。

（16）同前、一〇頁。

（17）「浜村庄屋文書」（同前、八・九頁）。

（18）同前、九頁。

（19）「御用生海鼠覚帳」（倉本澄・村岡浅夫「特集　竹原市忠海町二窓浦」『フォクロアひろしま』八・九、一九八一年、三七二頁）。

（20）荒居英次「四国地方における俵物生産――讃岐を

中心として」『史叢』（日本大学史学会）一一、一九六七年、六四頁。
(21) 高柳・石井『御觸書天明集成』前掲、八四六―八五三頁。
(22) 山脇悌二郎『長崎の唐人貿易』前掲、一六五―一七五頁。
(23) 「煎海鼠俵物御用留」（児玉洋一「徳川幕府の煎海鼠増産奨励に就いて」『経済史研究』二九―二、一九四三年、八六―八九頁。荒居英次「四国地方における俵物生産――讃岐を中心として」前掲、九八―一〇一頁）。
(24) 荒居英次、同前、七八頁。
(25) 横瀬武直「四国中国廻浦御用日記」住田正一編『海事史料叢書』一六巻、巌松堂書店、一九三〇年、三七四・四一〇頁。
(26) 羽原又吉『漂海民』岩波新書、一九六三年、一一四頁。
(27) 荒居英次「四国地方における俵物生産――讃岐を中心として」前掲、一〇〇頁。
(28) 俵物貿易・俵物会所組織の変遷については、次の二論文に詳しい。沼田次郎「日清貿易に於ける一問題――俵物の輸出に就て（上・下）」『歴史地理』六八―五、六、一九二六年。宮本又次「長崎貿易における俵物役所の消長」『宮本又次著作集』第三巻、講談社、一九七七年、一二三―一二四頁。
(29) この廻浦の目的は、二節で取り上げた「人別帳」のための廻船「見届」の実施期間（二月―七月六日）とほぼ重なるのであるが、両者の間に何らかの関連性があるのかどうかは、今のところよく解らない。基本的に住職その他による「見届」は、宗門届の乱れに対処するために実施されたことは前にみた通りであるが、ただ、この幕府役人による廻浦では、各船ごとに請負高が「割付」けられるのと同時に、前年比で増産をみた「漁人」へ「御褒美」の賞与もなされており、こうして得られた懐を目指して「見届」が行なわれた側面もあるのかも知れないが、確かなことはいえない。
(30) 横瀬武直「四国中国廻浦御用日記」前掲。
(31) 但し、一八三三年には、長門・周防・安芸・備後の各藩では、藩を単位として生産額を請負う「役場引請制」が布かれていたので、こうした「実務」はすべて各藩に委ねられていた。小川国治『江戸幕府輸出海産物の研究――俵物の生産と集荷機構』吉川弘文館、一九七三年、五四頁。
(32) 「煎海鼠俵物御用留」（荒居英次「四国地方における俵物生産――讃岐を中心として」前掲、七五頁）。
(33) 横瀬武直「四国中国廻浦御用日記」前掲、三九六頁。
(34) 同前、三七八頁。
(35) 荒居英次「四国地方における俵物生産――讃岐を

中心として」前掲、六三頁。
(36) 横瀬武直「四国中国廻浦御用日記」前掲、四〇二頁。
(37) 同前、四〇五・四〇六頁。
(38) 同前、四一八頁。
(39) 同前、四一五頁。
(40) 同前、四一八頁。
(41) 同前、三九六頁。
(42) 江頭恒治「今出銅山と俵物巡検使」『経済史研究』一八―三、一九三七年、八三・八四頁。
(43) 倉本澄・村岡浅夫「特集 竹原市忠海町二窓浦」前掲、四四三頁。
(44) 河岡武春『海の民――漁村の歴史と民俗』前掲、五二二頁。

(付記) 現地調査の際に、種々な便宜を計っていただいた、二窓在住の倉本澄・倉本キミ子の両氏に、この場を借りてお礼申し上げたい。

12 「浮鯛抄」物語

一 問題と視点

浮鯛《うきたい》とは、毎年春になると燧《ひうち》灘に向けて産卵のためにのぼっていく鯛が、広島県能地《のうじ》沖にある海底の浅くなった能地堆と呼ばれる洲によって、大潮の時に強制上昇させられ、浮袋内の空気の調整ができなくなるために海面に浮かび出る現象をいう。[1]『浮鯛抄』とは、江戸期の文人が、『日本書紀』にみられる浮鯛の記述を当地で聞き取られた浮鯛をめぐる伝承に結びつけながら描いた、ある種の浦の「歴史」である。[2]文人がこの「歴史」を作成した動機は古名所をあらわし世に広めたいというものであったようなのだが、能地、二窓《ふたまど》より江戸期に瀬戸内一円にわたって盛んにみられた出職《でしょく》の社会的文脈のなかで書写されていくと同時に、尊ぶべき浦の「歴史」として、出職に際して携行されるようになっていく。[3]この点に注目することがこの「歴史」の顛末をたどり、その特質を考察していこうとする際に重要であろうと思われる。

ここでは、この「歴史」をめぐって書き残されているいくつかの資料をたよりにしつつ、時代の推移のなかで「歴史」がいかに語り継がれていっているのかを年代記風に書き記してみることにしたい。そうすることで、知識人の文化と民衆の文化のそれぞれの特質や相互の連関、あるいは文字の文化と口承の世界のそれぞれの特質や相互の連関、といった問題を日本で考察していこうとする研究に対して、ひとつの話題を提供できるものと思われる。

二　江戸期文人による作成――一七四〇・一七四一

河岡武春によると、『浮鯛抄』(4)の作成年代にはおよそ三つの説があるという。(5)ひとつは魚澄惣五郎による古文書学からの鑑定によるものであり、寛永（一六二三―一六四三）の頃に置く説。もうひとつは、河岡によるもので、『浮鯛抄』に『書紀』や『東鑑』の一節が引用されているところから、こうした古記を地方でみられるようになるには地方における国学の勃興の時期をふまえなければならないとする観点から、元禄（一六八八―一七〇四）の少し前に置く説。さらにもうひとつは、『芸藩通志』のなかにみられる「浮鯛記」の一説の末尾の記述によるもの。それによると、「考えてみるに、この記が作られたのは元文五六年の頃と思われる。その頃、能地村に幽棲という韻士がいて、浮鯛の和歌を集めて、古名所をあらわそうとしたが、志を遂げずにこの世を去ったようである。そうするとこの記は、この幽棲が作ったものであろうか(6)」とあり、元文五・六年（一七四〇・一七四一）ということになる。

筆者自身、まだ全ての写本に目を通しているわけではないし、古文書学的な知見があるわけでもないので、はっきりとした判断は述べにくい。ただ、今後なすべき作業としては、寛永から元文五・六年の

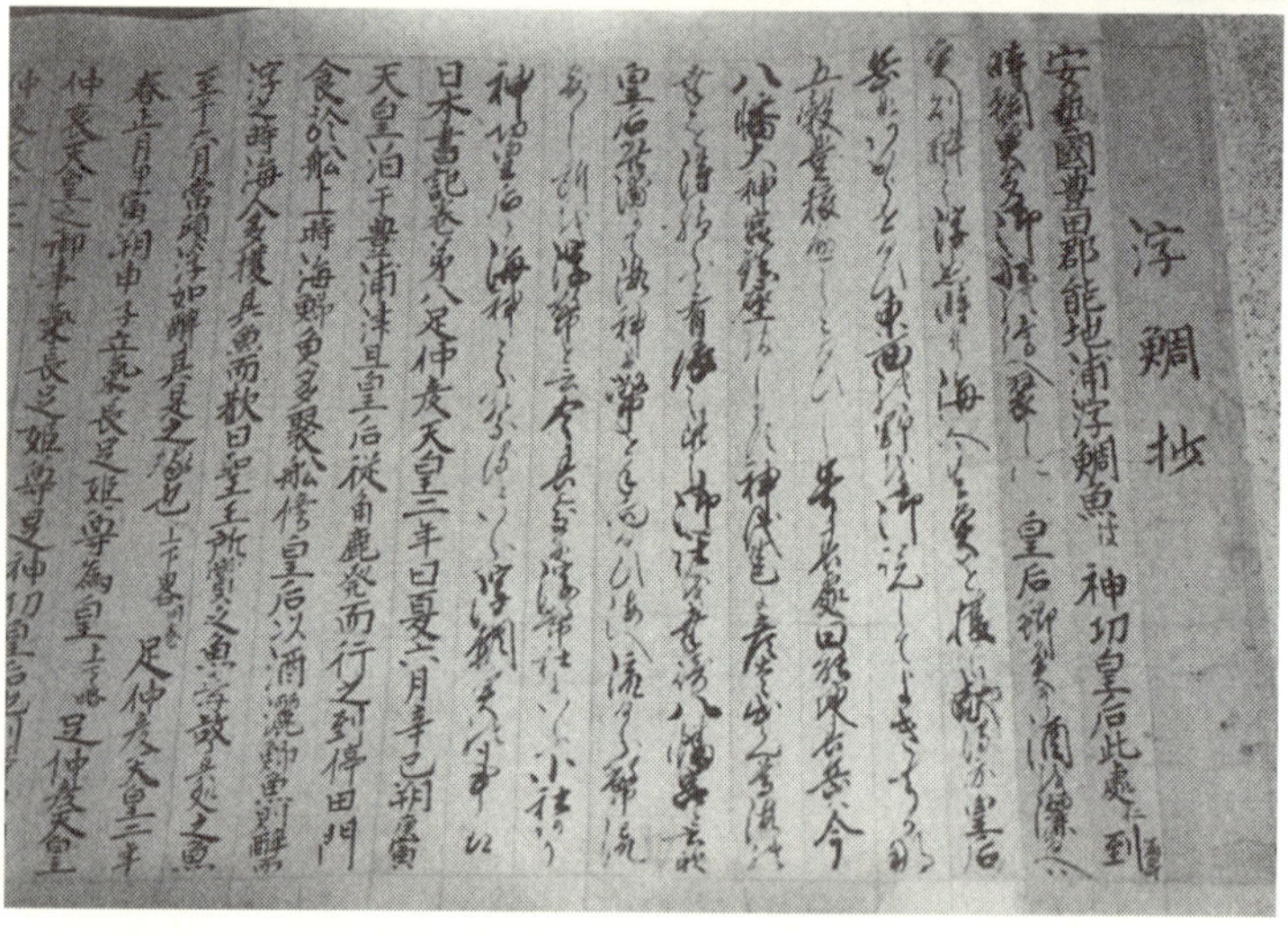

（上）**浮鯛絵巻**（三原歴史民俗資料館蔵）
（下）**「浮鯛抄」（幸崎支所本）の冒頭の部分**（三原歴史民俗資料館蔵）　漢文かつ楷書の部分と仮名交じり文かつ草書の部分のつぎはぎから全体は構成されていて、いくつかの文章の断片を継ぎ足しながら編まれたことを推測できる。縦35センチにおよぶ巻物。天明四年（1784）以降にみられるようになる簡略本の多くが縦20センチ以下であるのに比べると、大型のものである。

約百年間を念頭におきつつ、魚澄や河岡の行った作業、つまり筆跡や文体といったテクスト内部の諸形式の検討と同時に、古記や和歌を集める趣味や文人の蔵書や出版物市場といった文書のコンテクストの検討をさらに精緻に行ってみるべきであろう。

したがって、成立年代についての判断は留保せざるをえないのだが、『芸藩通志』の記述のなかに、『浮鯛抄』がその時代の文人たちの間でどのように運用されていたのか、つまり文書のコンテクストの一端を知るうえで興味深いやりとりが記されているので、その検討を行っておきたい。こういう迂回を経ることで、再び成立年代を判断しようとする際にたよれる知見を増やすことができると思うからである。

さて、先に触れた、作成年代の三番目の説が依拠している『芸藩通志』には、「浮鯛記」の記述の後に、それをめぐってなされた当時の文人たちの諸行動が記載されている。それを順次記すと以下のようになる。

まず最初に先の幽棲についての記述。つまり、元文五・六年に能地に住んでいた幽棲という韻士が、和歌を集めて、古名所をあらわそうとしたけれども、志を遂げないうちに亡くなってしまったというもの。これに続いて、芝山従二位前参議持豊[7]による「浮鯛和歌　並序」、若槻敬[8]による「同跋」、頼惟清[9]による「幽棲遠忌の歌　並序」が記されている。

芝山は、「浮鯛記」の作成者が古記や古歌にみられる浮鯛の記述を能地に同定している作業を正当なものとして追認しつつ次のように記す。「能地の近くの竹原というところに住んでいた頼惟清は、このような名高い場所が人々に知られないままでいるのを、有名にさせたいという志をもっていた。その志を遂げることなく彼は亡くなってしまったが、その子供の惟彊《ゆいきょう》は、父の志をついで、あちかたの海に浮くという魚の名を世の中から忘れさせないようにと、深く思っていた。今年の三月、かの海に浮かび出た桜鯛を、遠く都に贈りとどけた。まったく二つとないものだから、分けて、親王に献じると、親王はたいそうほめそやされた」。能地の浮鯛を名所として世に広めたいと思っていた頼惟清の志をその子惟彊が受け継ぎ、それを遂げようとして芝山の手を経て親王に鯛を贈ったことがわかる。

これに若槻による「跋」が続く。「渟田の港と阿直かたの海は、安芸の国にあって、古い書物のうちに目につく。名寄《なよせ》というものに、国がいまだ先例や文書を調べて事を定めず、それを質して知ろうとする人も少ないため、神功皇后の時代から今日にいたる千六百年の間変わらない浮き魚の名も、世の中から忘れさられてしまった。安芸の国の頼兄弟たちは、みな私と親しい交わりがあるので、私を通して浮魚を芝山相公に献じさせた。相公は、たいそう珍しいと、閑院一品親王に献上された。親王はたいそうほめそやされて、天皇に献じられたという。このような次第から、浮魚の名は、今やついに宮中に知れわたり、渟田と阿直かたの場所がどこであるのかも、ここではっきりと明らかになった。寛政六年（一七九四）の春のことである」。芝山の記述と同様に、「渟田と阿直かたの場所がどこであるのか」という問いをめぐる「浮鯛記」の作者による立証作業が、宮中への鯛の献上を通じて公認されたことが主張されているが、さらに芝山に鯛が献上される前に若槻の手を経たこと、また、若槻と頼兄弟との間には常日頃からの交流があったこと、さらに、親王を経て鯛が天皇の手にわたったらしいこと、などがわかる。

さらにこれに続いて、頼惟清による「幽棲遠忌の歌　並序」が記される。「われらの安芸の国の、あちかたの浦に住んでいた幽棲という者が、長年の間、浮魚の和歌を集めようとしていたが、むなしく亡くなってしまって、今年はもう遠忌にあたる」。「今年」が何時のことなのか、定かではないが、幽棲の遠忌の年に、頼惟清が歌を詠んでいることがわかる。

2 3 1

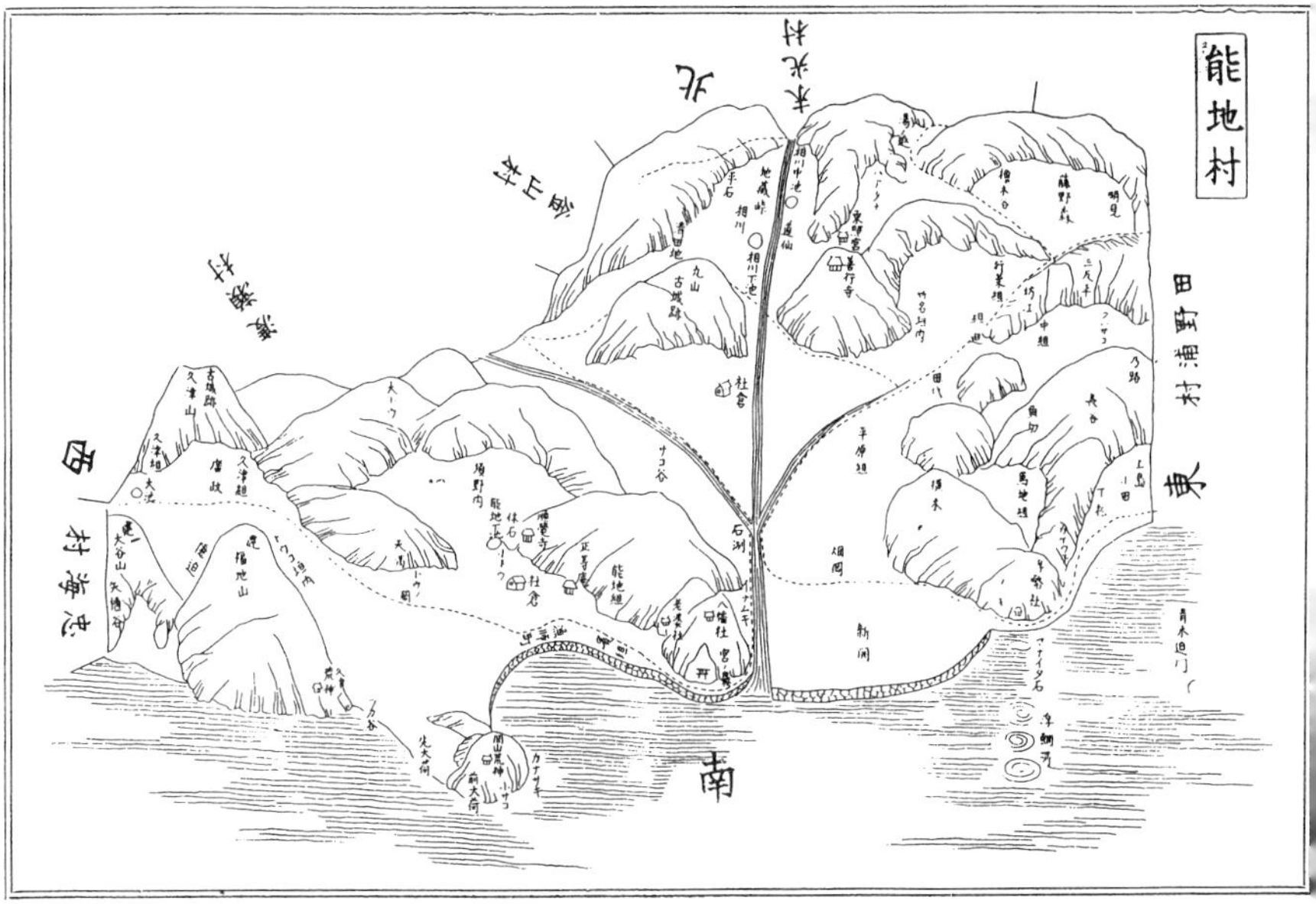

『芸藩通志』に記載された「能地村」の地図　『芸藩通志』は、藩儒頼杏坪を総裁として編修された広島藩領内の地誌。編修事業は、文化元年（1804）に始まり、文政元年（1818）には藩に編修局が設置され事業は本格化し、文政８年（1825）に完成。資料収集には、領内各町村に一定の様式にもとづいた書出しや旧記・古文書の提出を命じるなどの方法がとられ、町村ごとに任命された国郡志御用係がその任にあたった。作図の技法や経緯については、定かではないが、南上空から俯瞰する視点がとられている。『通志』の記述は、「専ら漁業をなすもの十の四に当る」とあるにも係わらず、漁業集落とおぼしき場所は南の海岸に沿って「浜組」、「漁師町」と記されるほんの限られた一角に過ぎないことには注意しておいてよい。南の海上には「浮鯛洲」の文字が見られ、北方の山上には漁師たちの檀那寺「善行寺」の名が見られる。

人の間の関係を整理しよう。(1)およそ元文五・六年（一七四〇・一七四一）の頃、能地に住んだ韻士幽棲は、浮鯛の古歌を集め、古名所をあらわそうとしたが、志を遂げられないうちにこの世を去った。(2)能地の近くの竹原に住んでいた頼惟清は、能地を名所として広く世に知らしめたいと思っていたが、その志を遂げられないうちにこの世を去った。(3)寛政六年（一七九四）の春、惟清の志を継いだその子惟彊は、かね

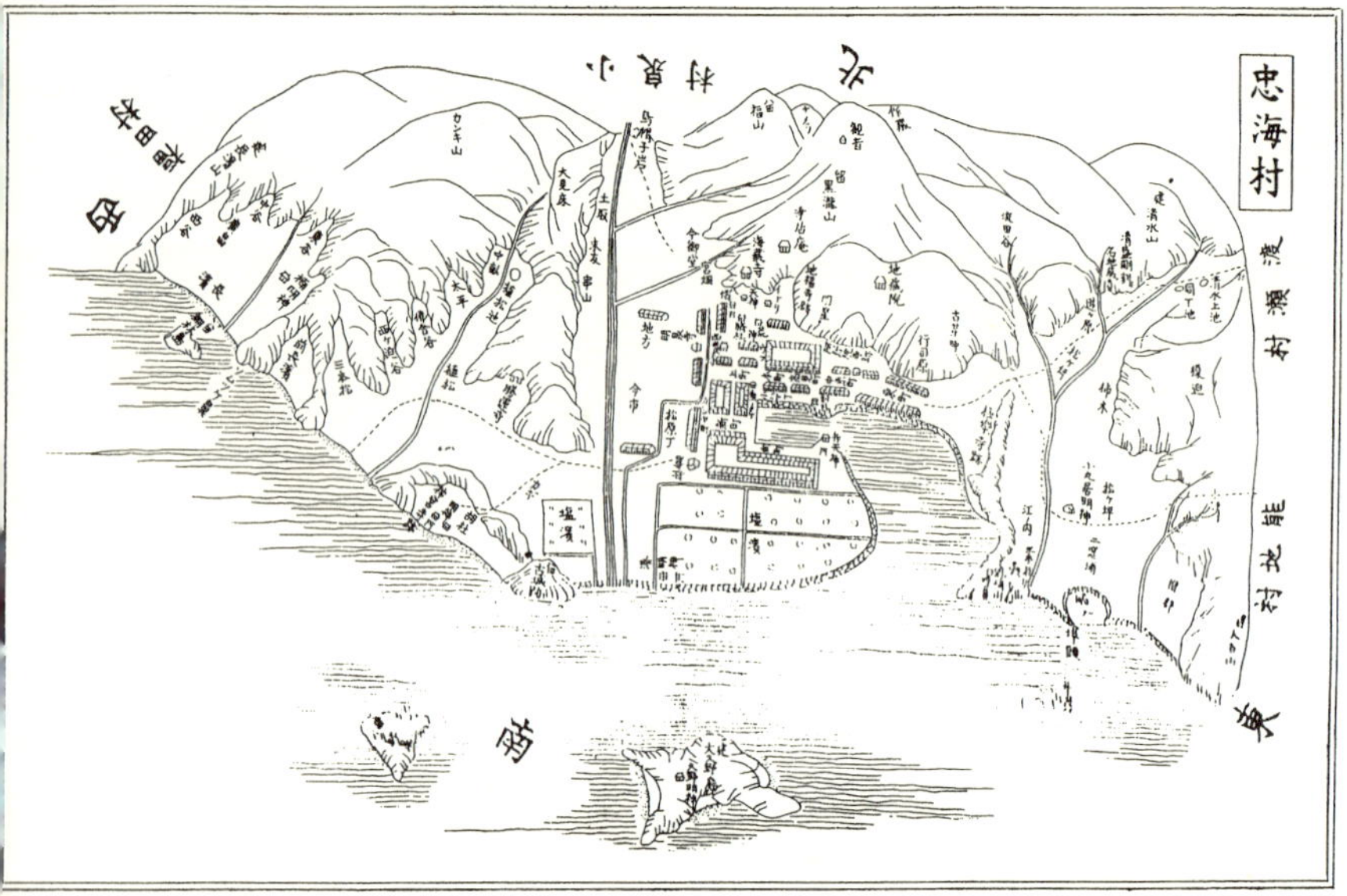

『芸藩通志』に記載された「忠海村」の地図　忠海村は能地村の西に隣接し、江戸期には廻船の立寄る港町として栄えた。「二窓浦」は忠海の湾口にある「冠崎山」を東に回った海岸に位置する。「埠頭」と小さな「船入」がみられる。『芸藩通志』編纂の基礎資料となった「国郡志御編集ニ付下しらべ書出帳」によると、一つの浦でありながら住民は東方と西方に分かれており、両者の間での通婚はことのほか難しいうえ、東方は能地より来住し、他領遠方へ出漁し、西方は吉和（広島県尾道市）より来住し、しかもそれぞれの檀那寺も善行寺と勝運寺とで異なるというように、両者は別の村として成立していたようである。本論で問題としている出職は主として東方の住民にかかわる。「能地村」の地図と同様、ここでも南上空から俯瞰する視点がとられている。

てから交流のあった若槻を介して、京都にある宮中に鯛を献上し、芝山、親王の手を経てその鯛は天皇の手元に届けられたらしく、それによって「渟田と阿直かたの場所がどこであるのか」が明らかになると同時に、父の志を遂げることができた。十八世紀の中期から末期にかけてのおよそ五十年の間に起こった事のようである。

　ここにみられる「歴史」の公認のための手続きが当時一般的であったのかどうかはまだ確かめていないのでよくわからないし、また、ここでの公認が社会一般に影響力を持ちえたのか否か、持ち得るのはどういう場合でどういう手続きを踏んでなのか、また逆に持ちえない場合もどのようになのか、といった点もまだ確かめ得ていない。当時庶民層に読者をもったといわれる著名な名所記、名所図会、案内記などに注目して、その出版や流通の経緯が明らかにされるならば、いくつかの手掛かりをつかみ得るのかもしれない。こうした課題への取り組みについては今後の研究に譲らなくては仕方がないのだが、ここまでの議論で明らかになった、注目しておくべき重要な点について、以下に三点ほど指摘しておく。

(1)文人たちによる「歴史」をめぐる欲望は、それを「あらわしたい」、「広く世に知らしめたい」というところにあり、それは「名所」という語にあらわれていること。

(2)「歴史」が公認されるか否かの評価の基準として、「渟田と阿直かたの場所がどこであるのか」という命題が与えられており、記述はその立証としてなされていること。したがって、当地での「語り伝え」は編年形式で組立てられているこの記述の文脈のうちに組込まれ、捉えられていること。

(3)「歴史」の公認のための具体的な手続きは、宮中への鯛の献上によってなされており、しかもこの献上の経路となった京都の公家と竹原の文人たちの間には日頃からの交流がみられたこと。

三　出職漁師と書写——一七八四

『浮鯛抄』は出職先からのものも含めると、今日までに十四本ほど見つかっているようである。これらの写本をその内容、形式、紙の大きさなどに着目しつつ通覧したうえで、河岡武春はおよそ三次にわたる文人の参加があったという見解を示している。(10)第一次は、原典の引用が略されず、安直潟と能地を結びつける考証がみられ、縦三五・六センチある大きなもので、現存するもののなかで最も古いとされる幸崎支所本。第二次は、考証や記載の省略はみられるものの、全体としてまだ堅い表現のままであり、大きいものであり、能地八景が加わっている宮崎本。第三次は、省略によって通読しやすくなっていて、縦二十センチ以下の小型のものであり、末尾に「右は能地に住むものが最も尊ぶべき歴史であって」という一節が加わる天明四年（一七八四）以降みられるようになる簡略本。河岡のように全てを通覧すれば、書写の過程で起こっていることの微かな手掛かりのようなものをつかむことができるかもしれないのだが、残念ながらその機会を未だ得ていない。

とはいえ、河岡の分析や充分とはいえない筆者自身の閲覧をたよりにしつつも、冒頭に触れた知識人の文化と民衆の文化のそれぞれの特質や相互の連関を考察するという課題に係わる、興味深い兆しを読み取ることができるように思われるのである。

それは、河岡のいう第三次の文人の参加に際してみられる、記述の一部の書き替えである。幸崎支所本では、記述の末尾は「以上は地元で語り伝えられていることを書き記しただけである」という一節によって終えられているのに対して、天明四年（一七八四）以降の簡略本では、この一節が削られ、「右は能地に住むものが最も尊ぶべき歴史であって、恐れ多くも勅言をいただいたことは、昔から村に住む子孫が精一杯守らなくてはならないとされてきたことであって、あえてこのことを粗略にしてはならない」という一節に書き替えられているのである。(11)

ここから、少なくとも次のことがいえる。

支所本では、「書き記しただけ」とあるように、記述の中立性、客観性が装われており、しかも前章でもみたように、文人たちは古名所を「あらわしたい」、「広く世に広めたい」と思っていたわけだから、

「読者」としては世の人や世の象徴としての宮中が想定されていたといえる。それに対して簡略本では、「最も尊ぶべき歴史であって」、「精一杯守らなくてはならない」、あるいは「粗略にしてはならない」とあるように、命令と禁止の口調になっており、しかもその口調の向かう方向は「能地に住むもの」、「昔から村に住む子孫」というように、「地元」の人々に向けられている。

ここで認められる文体や虚構されている「読者」の差異から、書写の過程で起こっていることを知ろうとする際に手掛かりになりそうなこととして、文人たちの文化、あるいは文字の文化と、漁師たちの文化、あるいは口承の世界との間にことばをめぐる一つの循環過程を指摘できる。つまり、およそ漁師たちの間で、どこの国の漁場であれ、運上も出さずに操業してもよい、あるいは販女たちの態度が大雑把で人を敬わないのは高貴なものを出自にもつからである、というようなことが語られていたのかもしれないが、これらの伝承がある具体的な出来事の記憶をとどめているのか否かは定かではないにしても、これらが語られた時代において本国を離れ遠方への出職が頻繁にみられ（したがって不安や緊張の高い生活を強いられていたことを想像できる）、魚介の販売の際に敬語をうまく用い得ないことから「情けない」思いをすることがあったことは確かであり、そうであるならこの語りのうちに群れによる願望の込められた一つの「逆さまの世界」を認めることは可能であろう。支所本を描いた文人はこのような「地元」での語りを「書き記しただけである」といっているのであるが、実際には、前節で指摘したように、『日本書紀』の記述から得られた「淳田と阿直かたの場所がどこであるのか」という命題のもとに、編年形式の物語のうちに語りを組み入れているのである。こうして形づくられた物語に省略などの手が加えられていくなかで、今度は逆にその物語は「地元」のものに向けられ、しかも守らなくてはならない「尊ぶべき歴史」として命令と禁止の口調とともに語り返される、こういう一つの循環である。

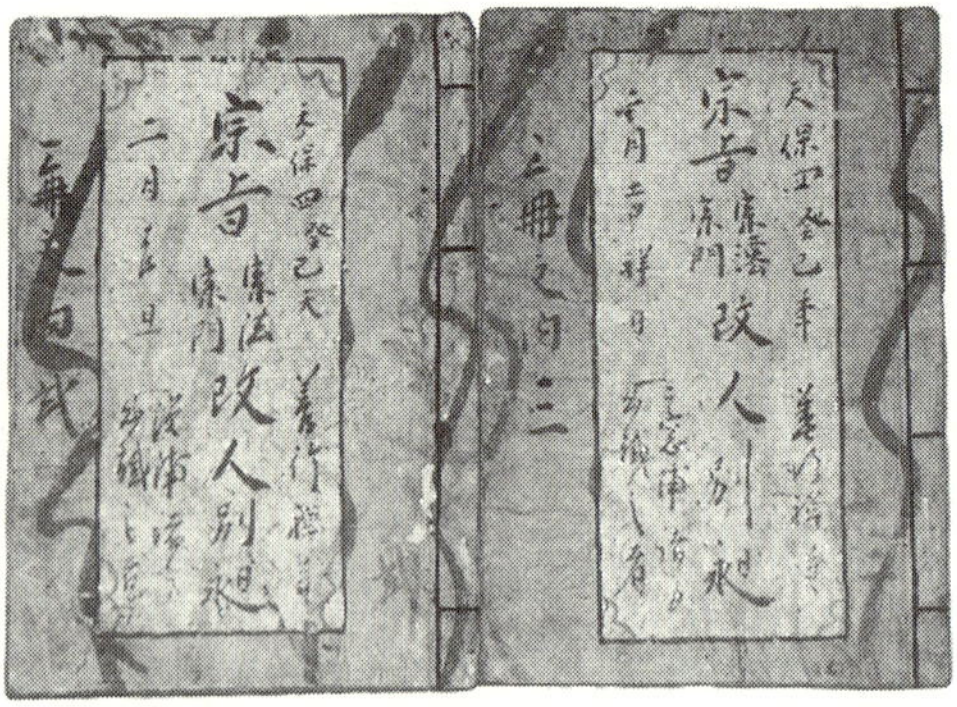

宗旨宗法宗門改人別帳の表紙　「当村地方・浜方、二窓地方、渡瀬村、忠海村、小坂村」、「浜浦諸方出職之者とも」、「二窓浦諸方出職之者」の三冊からなり、天保四年(1833)に作成。この時期には、宗旨宗法を勤めようとしない出職者が多数あり、それに対処するために、同年の2月から7月にかけて、善行寺住職、能地・二窓の組頭および役代が出職先を廻船「見届」しながら作成された。「見届」では、「浦条目」の申付け、「化縁」の催促、「出船入用銀」つまり必要経費の出費の要請などがなされた。『三原市史』第五巻(三原市役所、1982年)に翻刻。

しかも、口頭で語られていた「逆さまの世界」が巻物という物となることによって手にとって操つることが可能になった。

とはいえ、この循環の過程の実態をしっかり把握するためには、少なくとも次のような点をさらに明らかにしていく必要があろう。まずは簡略本にみられる書き替えにかかわった主体の考察。基本的に当時の浦レヴェルの社会において書記技術はいかに担われていたのかという、地域社会史における一般的な問いのもとに考察は深められていかなくてはならないだろう。浦における文書や証書の作成や触れを行っていた担い手やそのなされ方。(12)しかも、当時の漁師たちの多くは非識字者であったはずだから、書き替えるものは同時に口頭で語り聞かせなくてはならなかったはずである。そうすると語りの場の問題、つまりいつ、どこで、誰が、誰に向かって、どのように、といったことも問題となる。さらに続いて、聴衆の様態の考察。この考察は聴衆=漁民集団の形成の過程や仕組みを解明するという問いと重なり合うが、実態の把握はなかなか難しいものと思われる。とはいえ、ここでの文脈のなかでいえば、たとえば口頭での語りが目に見えるとともに手に取ることができるような象徴物となることによって可能になることの領域やそれのもつ意味、

「逆さまの世界」が口頭で語られていたときとは別の社会的力学のもとに、つまり命令と禁止の口調のもとに再び語り返されることによる諸効果、といった問題に注目して何らかの意識や感覚の変容を推論していくことは可能であろう。

ところで、どうして『浮鯛抄』は書写されていったのかということに関連して、宮本常一はひとつの仮説を提示している。端的にいうと、出職に際して『浮鯛抄』を携行すると「旅先でいろいろの便宜が得られたことから、書写が普及していった」のではないかというのである。そしてさらに書写と携行の具体的な手続きについてもひとつの想定をおこなっている。昭和四十四年（一九六九）におこなった能地から愛媛県高浜に移住した漁師との談話や、天保四年（一八三三）に作成された「宗旨宗法宗門改人別帳」では出職先ごとに十人組を単位として記載されていることなどをふまえながら、『浮鯛抄』というのは十人組（または五人組）の組頭がそれぞれ持っていて、出先でそれを見せて入漁を申し込んだのではなかったかということになる。出稼ぎの組は二十七組、地元の組が四組、合わせて三十一組ほどになる。それらの組頭が持っていたということになると、多いときには三十巻をこえる巻物があったのであろう。それは後には庄屋を務める家が原本を保管していて、旅へ出る船にこれを与え、旅先で「お前たちは何者だ」と聞かれたとき、これを見せて、身分証明をしたものであろうかと考えられる」[13]という。

もしここまで書写の目的がはっきりしていたのであれば、先にみた簡略本で虚構されている「読者」は「地元」の人々よりも、むしろ出職先の住人や役人たちということになり、そうすると書写には書き替えた人と漁師たちとで仕組んだある種の「偽装」の行為を読み取ることができるかもしれないが、今の時点では確かなことはいえない。

このように宮本は、『浮鯛抄』が入稼に際して社会的な効力をもちうることがあったという見解を示すのであるが、その具体的な場面についての考察はおこなっていない。実際に出職に携行されており、岡山県児島、香川県小豆島、愛媛県高浜などで発見されていることや、宮本と談話をおこなっている漁師自身が『浮鯛抄』を見せると「どこでも魚をとることを許してくれた」と称していることなどから、詳細は不明ではあるものの、出職の生活の文脈のなかでそれが何らかの形で用いられていたことだけは間違いないことのようである。

当時、能地及び岩城（愛媛県）から伊予地方に入稼していた出職漁師たちによってその際にとられた具体的な手続きとして、池内長良は、藩役所へ運上銀を払って入漁「札」の交付を受けることによって、出職先の村方に「仮宗門」として加わることによって、あるいは出職先の村方の農家の「召抱」となることによって、入稼がなされていたことを報告している。(14) そうすると、『浮鯛抄』の用いられ方についても、このような入稼に際してとられる公的な手続きの現実との連関のなかでそのあり様や特質を捉える視点が必要となってこよう。当時の村落社会の現実がどのように形成されていたのかの詳細は定かではないが、文書の読み書きはそれを専門的におこなう特殊な集団によって担われていて、一方で他の人々はそれを職人がなす仕事とみなして自らは読み書きを知ろうともしない、「職人文字文化」（craft literacy）では、文字や書かれたもの自体に魔力があると感じられたり、文書も書かれている内容よりも象徴的な贈り物として見かけで判断されていた、というW・J・オングの指摘(15)をふまえるなら、今日と比べるならばより「職人文字文化」に近かったはずの、しかも庶民層の交流においてはオングのいうような文字や文書をめぐる感受性や行動を認めることはできないとはいえないであろう。宮本の仮説を、さらに詳細に検討していこうとする際の一つの手掛かりをこの辺りに見出せるのではないかと思う。

いずれにせよ、書写の過程や書写されたものの用いられ方を問題にしようとするなら、少し時代の

2 3 9

宗旨宗法宗門改人別帳の記載　見出しに「讃州天料加和郡直嶋行　五人頭　吉左衛門」とあり、その後に、その組に属するものの名が、一筆に一世帯が充てられる形でリストアップされる。「行」は、からゆきさんやじゃぱゆきさんと同じゆきであろう。いったん、「行」の人になると落着く場所というのは容易に見つかるものではないようである。当地では「学校行」ということばがあり、学校に行っていない、あるいは行けなかったものからは、多少のやっかみの感情のもとに発せられる。このことばによると、私たち自身も「行」の人の一人であるということになる。「行」の文化史の必要なゆえんである。

下った天保四年（一八三三）に作成された「宗旨宗法宗門改人別帳」によると出職者の人口が地元在住者の三、四倍を占めていたという、膨大な出職者を輩出する地域社会の情勢を充分にふまえていかなくてはなるまい。歴史人口学の知見などをふまえつつ、当時の中国地方の地域社会で、漁業以外の出稼や奉公の実態が把握され、そうして得られた知識のもとにもう一度出職漁師を照らし返してみる必要があるだろう。また、『浮鯛抄』にみられる「逆さまの世界」や書写され携行されるそのこと自体から、当時の出職の生活は、日々そうであったわけではないにしても、緊張や不安を強く伴うものであったことを推測しうる。出職の考察には、こうした日常生活の現実をふまえていこうとする必要があろうが、その場合、幕末の混乱期に塩飽本島で能地から移住したとされる漁師たちと地元の人名《にんみょう》層との間で朱印状をめぐって闘争に発展し、とりわけ漁師たちの側に多くの犠牲者を出した小坂騒動のような、日頃の緊張が何らかの形で先鋭化し、顕現していく突発的な事件の考察をもその射程に入れておくべきであろう。(16)

ここまでの議論で明らかになった、『浮鯛抄』が書写されていくなかで起こったこととして、注目すべき重要な点について以下に二点ほど掲げておく。

(1)前章でみた文人たちは「地元」での語り伝えを『書紀』の記述に結びつけることによって『浮鯛抄』を名所としてあらわし、世に広めたいという願望を抱いており、その願望を果たすために宮中に鯛を献上するという行動にでたが、天明四年(一七八四)以降にみられる簡略本では、『浮鯛抄』は守られるべき「最も尊ぶべき歴史」として「地元」に住むものに向けられるものに変わっているとともに、当時さかんにみられた瀬戸内一円にわたる出職に際しても携行されており、詳細は定かではないものの、出職の生活の文脈や関心のもとに用いられ方もより実践的なものに変えられていること。

(2)この実践的な文字や巻物への係わり方の特質を把握していくことは、民俗学や民衆文化論における今後の大きな課題のひとつとなろうが、ひとつのアプローチの仕方として、「職人文字文化」という概念をたよりにするなら、多くの発見があるように思われること。

『歴史地理』第二六巻第一号の表紙　明治三十二年（一八九九）に創刊された日本歴史地理研究会（のちの日本歴史地理学会）の機関誌。創刊号の「創立趣意書」には次のような視点が記されている。まず「土地」があってはじめて、社会や国家が成立ち、それがあって歴史が成立つ。それゆえ歴史研究は、「地理」の知識に支えられなくてはならない。地理研究は「実地踏査」を不可欠とするが、小人数で「天下」の全ての「山川」を踏査することは不可能である。そこで「各地方の篤学の士の補助」が不可欠となる。ここに会の設立の「本意」があると。第一巻では、各地の「小学校教員」や「旅行家」に研究が呼掛けられている。「質疑解答」という欄が設けられ、学会と会員との間の活発な問答が見られるが、前者はここから「机上の材料」を得られ、後者は「実地踏査の便」を得られるという、相互に益することのできる「交換」の場としてこの欄は位置付けられている。この欄は大正七年（一九一八）頃まで続いている。

四　郷土研究の時代
——一九一五・一九一六

明治以降にみられる『書紀』の記述にある「渟田《ぬた》門《のと》」の場所をめぐる考証には、およそ次の三つの説があるようである。

ひとつは、若狭説であり、たとえば吉田東伍が明治三十三年（一九〇〇）に刊行した『大日本地名辞書』[17]のなかで明らかにしている。この若狭説は、江戸期には若狭出身の国学者伴信友[18]によってとられており、吉田は伴の説を踏襲しているようである。

もうひとつは、出雲説であるが、この説は喜田貞吉[19]によって大正四年（一九一五）に『歴史地理』誌上で初めて明らかにされたもののようであり、それ以前にはみられなかった説のようである。そしてもうひとつが、能地の浮鯛をふまえた安芸説なのであるが、これには先の喜田による説に対する反論として、出雲在住の郷土史家後藤蔵四郎[20]によって翌年の大正五年に同じく『歴史地理』誌上に載せられたものや、この後藤の説をふまえた「芸備上代文化の研究者」原田正暁によって昭和八年(一九三三)に『芸備の友』誌上[21]に発表されたものなどがある。この安芸説は、江戸期には国学者谷川士清[22]による『日本書紀通証』や、頼杏坪編纂の『芸藩通志』のなかでとられている。

ここから、先にみた江戸期の安芸の文人たちによって、浮鯛の名所をあらわし、世に広めようとして、「渟田と阿直かたの場所がどこにあるのか」という命題をめぐる立証と宮中への鯛の献上がなされた、十八世紀の中期から末期にかけての時期には、同じ問いをめぐって二人の国学者によって、つまり伴信友による若狭説と、谷川士清による安芸説の二つの説が唱えられていたことがわかる。両者の間で、具体的にどのようなやりとりがあったのかの詳細は定かでないが、彼らの行った仕事をふまえる限り、「渟田と阿直かたの場所がどこにあるのか」という『浮鯛抄』の記述へと向かわせる根本的な命題は、「通証」といった言葉によって示される『書紀』の注釈の作業のなかで析出されたものであることが推測でき、このことは『浮鯛抄』の記述の「起源」や特質を考察するうえで注目しておいてよいことのように思われる。

さて、明治期以降にみられた「渟田門」の場所の考証をめぐってなされた人々の間のやりとりに目を転じよう。

先に触れたように、明治三十三年刊行の『大日本地名辞書』に記されている吉田による若狭説、大正四年に唱えられた喜田による出雲説、喜田に対する反論として大正五年に後藤によって唱えられた、また昭和八年に原田によって唱えられた安芸説、のおよそ三つの説を確認することができるが、それぞれの記述から読み取りうる諸々のやりとりについて順次記していきたい。

吉田による見解は論文の形式ではなく、『大日本地名辞書』のなかの「安直郷」という一項目として記されているのであるが、その中で『芸藩通志』『日本書紀通証』にみられる安芸説の概略を紹介したうえで、「(いま考えるに、仲哀紀にみられる渟田門は角鹿から穴門にいたる航路にあるとすれは、安芸を経由すべきではない。若狭にも渟田門という古跡が伝わっている。安芸でも同名かつ同事が伝わっているけれども、たぶん違うものと思われる。)」と自らの意見を控え目に括弧でくくりながら、しかも手短に示している。安芸説をとる江戸期の記述では、安芸に実際に浮鯛やそれをめぐる伝説が認められることに拠り所がもとめられており、それに対して吉田の説では、詳細は触れられてはいないものの、古代における「航路」という交通史的知見を拠り所にしているように思われる。また、吉田の反論は、明治期にはすでに作者はこの世に存在しない『日本書紀通証』の記述を念頭に置きつつ組立られており、その時代に研究をおこなっているもの同士の間の論争という形式ではないことにも注目しておいてよいと思われる。

これに対して、喜田と後藤の間では『歴史地理』誌上で互いに議論を戦わせている。先ず喜田は大正四年七月発行の『歴史地理』二十六巻第一号に「出雲宍道湖付近の変遷と渟田門の所在」という題の小論を掲載するが、それは次の三つの構成をとる。「一、渟田門に関する旧説」では、安芸説と若狭説の展開とその概略と問題点が記され、「二、上代に於ける出雲北部の地変」では、「地名と地形変遷との研究」を通じて新たな出雲説が記され、「三、渟田門の所在」では、結論として「渟田門」を出雲楯縫郡沼田郷とすることが記されている。喜田によると、安芸説に問題があるのは、恐らく先の吉田の説をふまえてのことと思われるが、当時の航路として適当ではないからだという見解がとられ、若狭説に問題があるのは、とりわけ「門」という語は「左右の陸地相寄りて、中に水路を有する場合に多く之を用ふ」はずなのに、若狭説によって唱えられる「三方郡東部の海湾」にはそうした地形はみられないからだという見解がとられる。こうして、航路として適切とされる日本海沿岸の、しかも「門」の地形で「渟田」（ヌタ）と同じ発音の場所探しが始まる。『出雲国風土記』にみられる地形の記述や地質学的な知見をたよりにしながら、「敦賀より長府に至るの海上、此の地を措きて他に之に擬すべき地名を伝へず、これに擬すべき地形を存せず、而してただここにひとり、位置に於て、名称に於て、地形に於て、最も適当せる出雲楯縫郡沼田の水門あり[24]」という結論が導きだされるのであるが、その用い方についてはともかくとして、地形学、地質学といった自然科学の知見を用いて考証を試みているところが、江戸期にはみられなかったこの時代における実証手続きの特徴といえようか。

このような喜田の考証に対する反論として、後藤は大正五年十二月発行の同じく『歴史地理』誌上に「渟田門の所在について」と題した小論を発表する。箇条書の形式で四つの端的な論拠が掲げられ、安芸説が唱えられる。第一は、航路を日本海に限る必要はなく、「敦賀から摂津へ陸行し、それから船に乗りて瀬戸内を通りて行くこともできる」こと、第二は、喜田のいうような宍道湖と杵築灘が海で通じていたのは書紀の時代をはるかにさかのぼる地質時代であったと推測できること、第三は、『日本書紀』にも『古事記』の記述にも、また現在の地名にも、「島、迫門、又は渡りのあったことを証するに足るものがない」こと、第四は、出雲の海岸地帯では「浮鯛の事実」が認められないし、宍道湖と杵築灘が通じていたとしてもそこで浮鯛が見られたとは思えないこと。これらの点から、もし喜田による出雲説をとるなら、「記録にも口碑にも、地名にもない海峡を想像せねばならず、浮鯛の事実のない地方にそれがあったといわねばならぬ程の不都合がある[25]」というのである。

さらにこの後藤の説に対する返答として、後藤の小論の末尾に付記として喜田による「後藤君の渟田門の説に就きて」と題した簡単な小論が掲載される。後藤の唱える説をほとんど問題にもしない口調で、第一の交通史の観点からの指摘に対しては、『書紀』の記述には紀伊から長門に向かった天皇に追い付こうとして皇后は敦賀から出航したとあるから、瀬戸内を航路とすると両者は重なってしまうためにおかしいこと、第二、三の地質・地形学からの指摘や地名の考証については、「別に研究を要する」といいつつも、『古事記』に問題となっている地域に海があったことを示す一節があること、また『出雲国風土記』に迫門や渡りを示す地名がないのはその時代にはすでに地形が変わってしまっていたからであること、第四の「浮鯛の事実」の有無に関しては、「大体口碑伝説などというものは、歴史研究上からみて、あっても必ずしもあてになりがたく、無くても必ずしも失望するに及ばぬものである。其の浮鯛云々の事は、果してどんな現象を指示したものかは知らぬが、昔にあって今になければ、是は古今の相違だと解してよろしかろう(26)」と、ことごとく突っぱねている。

以上のような喜田と後藤のやりとりから読み取れる重要なこととして、次の二点を指摘しておきたい。ひとつは、立証方法について。喜田にせよ、後藤にせよ、交通史的知見、自然科学的知見、口碑・伝説・地名の参照といった多様な立証手続きをとり、この点では、主として口碑・伝説・地名の参照を通じて立証を行った江戸期の文人たちとの間に差異が認められる。とはいえ、後藤が「注意すべきは浮鯛の事実」であるとして、口碑や地名を重視しようとするのに対して、喜田の場合、「浮鯛の事実が現在にないとか、口碑・伝説・地名等に都合のよいものが無いとかいふ事は、深く問題とするには及」ばないし、口碑伝説はあてにもならず、無くても失望するには及ばないとする見解を示し、細かくみるなら両者の間で重視する立証手段ないしは着目点において差異が認められる。

もうひとつは、両者の間にみられる語り口調の違いである。これは儀式化、定型化した慣習の問題として捉えうることなのかもしれないが、出雲に住む郷土史家である後藤は自らの意見を述べるにあたって、「我々素人は差出がましいから控えて居たけれども」と極めて低姿勢で控え目な態度でのぞんでいるのに対して、「東京にありて、事務所に就き其の原稿を発表前に拝見」した喜田は、後藤への返答としてものした小論の冒頭で「其の事柄が非常に簡単であって、態々別の論文として次号に掲げるほどの価値」はないと、問題の次元を低く評価することで暗に相手を軽いものにしておいた上で、文末では、後藤が出雲の人でありながら郷土愛に足元をすくわれることなく公平な議論をおこなっているため「ここに満腔の敬意を表する」(27)と今度は一挙に相手をたてるという尊大かつ自在な態度でのぞんでいる。

いずれにせよ、これらの二つの点から、江戸期の文人たちとは異なり、義務教育の普及やマス・メディアを介することによってより広い地域、より幅広い社会層を巻き込んで形成された当時の「歴史研究」の場のあり様の一端を垣間見ることができ、興味深い。

以上の議論から明らかになった重要と思われる点について、江戸期の文人たちの間でみられたやりとりの特質と比較しつつ、二点ほど記しておく。

(1)古記の注釈の作業の中から析出されてきたと思われる、「渟田の場所はどこにあるのか」という問われるべき命題には何ら変化はみられないのに対して、立証手続きにおいては、この時期の研究者はより多様な手続き、とりわけ自然科学の知見を用いた立証が重要視されていること。にもかかわらずこの単純な命題を問うことから個々の研究主体に何がいかに返ってくるのか、あるいはどのような探究や思考につながっていくのか、ここでみる限り不明であること。

(2)江戸期においても、京都を中心に国学者・儒家—宮中の間で上の問いをめぐるやりとりの場の成立していたことを推定できるが、とりわけ大正期以降では、東京を中心に学生・郷土史家—歴史学者の間で雑誌を介した地域的にも社会的にもより広域にわたる、またより頻繁で直接的な、やりとりの場が形成されていたこと。この大量かつ高密度な人々の間のやりとりの場やそこに成立する文化に注目することは、日本で大衆社会やナショナルなものの成立・展開を考察していこうとする際に重要と思われること。

五　民俗調査と出職漁師――一九五四

江戸期における出職漁師と『浮鯛抄』との係わりについては、前々節で考察を加えたが、そこでは漁師たち自身による「声」というものは聴きとることはできなかった。明治期以降、社会制度や漁業制度が変化していくのに伴って、出職漁師たちによる『浮鯛抄』に対する感じ方やその用い方なども変化していったことは推測できる。したがって、現代の聞き書を通じて江戸期における出職漁師たちの日常意識・感覚を類推していこうとする試みには困難がつきまとうのみならず、厳密な形ではそれは不可能であろう。とはいえ、明治以降にも出職はみられたわけであるし(28)、今日でも移住・寄留しているものたちと地元の能地・二窓に住むものたちの間での交流は認められるわけだから、その試みの不可能性を自覚しつつも、現代における出職の現実をふまえつつ、冒頭で触れた基本的な課題である知識人の文化と民衆の文化のそれぞれの特質や相互の連関、あるいは文字の文化と口承の世界のそれぞれの特質や相互の連関についての考察を深めていけるなら、江戸期の漁師たちの姿を類推していこうと試みる中でこれまで気付かれなかったことに気付いていける何らかの手掛かりを得られる可能性はないとはいえないと思う。このような意図から、ここでは、河岡武春が昭和二十九年（一九五四）に岡山県児島市丁場で二窓出身の宮崎恵佐吉翁との間で行った談話のひとこまを取り上げてみたい(29)。

浮鯛絵巻　詳細な経緯は定かではないが、戦前のある水産博覧会にこの「浮鯛絵巻」と「浮鯛抄」（幸崎支所本）は出品され、賞を受けたようである。浮鯛漁とお宮のある山を中心にした能地の集落の全景が記されている。この絵の左にはさらに「能地八景」のそれぞれのシーンとそれぞれをめぐる和歌が添付されたものが続いている。絵巻の作成の経緯や年代、あるいは用いられ方の詳細などは明らかになっていない。少し位置は低いものの、『芸藩通志』の「能地村」の地図と同様に、南上空から俯瞰する視点がとられ、「大小の遠近法」や「ぼやけの遠近法」がとられている。こうした作図技法の特質や、中央にある川の左岸に拡がる味潟新開の開発が文化九年（1812）であることなどは、この絵巻の成立年代や作成の経緯を考証していく際の手掛かりとなろう。

昭和二十九年七月半ばのある日、丁場を調査地として選んだ総勢十名からなる岡山大学の瀬戸内海総合研究会のメンバーの一員として河岡は、調査に入る前の顔つなぎとして、当地の区長の家でひらかれた地元の人たち二十余名との会合に参加している。その席に着物を着て風呂敷に包んだ長い巻き物のようなものを携えてあらわれた地元の長老格の宮崎翁の姿を見て翁の抱えているものが『浮鯛抄』ではないかと河岡は直感したようであるが、実際にそうであったようである。河岡は「このような席上へは必ず持参されなければならぬ彼等のシンボルであったといってよい」[30]と、『浮鯛抄』の用いられ方のひとつのあり様について指摘しているが、その席で『浮鯛抄』談義が始まったようである。

概して、二窓からの出職は、瀬戸内東部の海域に集中していたようなのであるが[31]、この宮崎翁の祖先も二窓から出職に出たようである。翁によると、『浮鯛抄』は「二窓には三本あり、その一本をここに所持している」ということのようである。また、翁によると「この方面に来たのは元禄元年のことで直島（香川県）の庄屋三宅氏の世話をうけていた」が、「慶応元年に丁場に移った」という。そして、翁の父は旅出のゴニン（五人組頭）であったようである[32]。

この翁の父が五人組頭であったという点は、前々節でみた「『浮鯛抄』というのは十人組（または五人組）の組頭がそれぞれ持っていて、出先でそれを見せて入漁を申し込んだのではなかったか」という宮本の仮説と一致する。また、翁の発言をふまえるなら、出職者たちは、それがどのくらいの頻度でなされ、どのような要因によってなされていたのかは定かでないにしても、出職地を移していたことがわかる。この点も出職の現象を細かくみていこうとする際に注目しておいてよいことのように思われる。

そして、翁による『浮鯛抄』談義もこの出職地を移す際のエピソードとして語られる。

「丁場に来る前に牛窓に行ったが、牛窓には既に漁師がいて「よそから来たものはいね（帰れ）」といわれた。その時この浮鯛系図を出してみせた。すると牛窓中で誰も読める人がいない。そこでお寺にもって行って和尚さんに見せたがやっぱり読めなかった。しかし小僧が読めた。そうして「こういうものを持っている者は追払うことはできん」ということになって、彼等の一団はどうやら牛窓に定住するようになったようである。老人は話を続けた。「海はどこまで行って漁をしても許すとこの中に書いてある。浮鯛献上は五百年続いた。もしわからんことがあったら日本歴史（『書紀』のことらしい）巻八を見よとこれにある」[33]」

前半部に先ず注目したい。出職地を移す際に起こった出来事が語られているのであるが、そこに一つの「逆転の構図」あるいは「逆さまの世界」を読みとることができる。つまり、最初に入漁を申し込んだ時には「よそから来たものはいいね（帰れ）」といわれるが、『浮鯛抄』の効果があって、後には「こういうものを持っている者は追払うことはできん」と苦境から状況が好転する。しかも『浮鯛抄』を読めたのは和尚さんではなく、より地位の低い小僧であったと。功を奏したケースの話である。

物語のうちに投影された願望のあり様を先ず捉えなくてはならないのだろうが、その場合、こうした物語の語られる背景には、とりわけ「既に漁師がい」る場所への入漁は厳しく緊張を伴ったこと[34]、同じことをやってもうまくいかなかったケースも多数あったはずであろうこと[35]、などをふまえておかなくてはなるまい。また、このエピソードが願望の投影された物語であるというにしても、「牛窓中で誰も読める人がいない」というような設定されている一つの社会状況のあり方や、「こういうものを持っている者」といった巻物を一つの象徴的な贈り物として捉えるような態度でのぞむやりとりのあり方をふまえるなら、その世界をその世界として理解していこうとするためには、前々節で触れた「職人文字文化」という概念などをたよりにしながら、注意深く慎重な考察を行うことが必要であろうと思われる。

この後者の点に関連して、河岡は次のようなエピソードを記している。「やはり宮崎恵佐吉翁のことである。翁は数年間に、玉野市の元市長から鶏の絵を書いてもらって掛軸にしていた。その絵が不思議なことには、不漁の時に船にのせると必ず大漁がある。ヘヤの床の間の傍らにかけて見せてくれながら、他人が貸せというのだが断っているのだといっていた。こういった漁をもたらしてくれるものに対する漁民の感覚――ここでは芸術品として観賞する以前に還元されて、すでにある神格が付与されている――に通るものが浮鯛系図にたいして働らきはしなかったであろうか[36]」。絵を漁という日常的な実践の操作的な文脈のうちに、とりわけ不漁の状況を大漁に好転させるいわゆるマンナオシの文脈のうちに、ある種の呪具として捉えていることがわかる。先の『浮鯛抄』の場合と同様、ここでも「逆転の構図」を読みとることができ、一般にこのことを「直す」と称していることなどは、民衆文化の世界を理解していこうとするうえで、興味深いことのように思われる。

さて、続いて後半部に目を向ける。老人自身が『浮鯛抄』を読んだのかどうかは別として、老人の話は明らかに『浮鯛抄』に書かれていることの一節を唱えている。この点では、その経緯は単純ではないにしても、老人の話のうちに書かれたものの影響を認めることができる。前々節では、『浮鯛抄』が書写されていく過程で、地元での言い伝えが編年形式の「歴史」記述のうちに変形させられ、それが再び地元へ効果を及ぼすという一つの循環の過程について指摘し、その過程を把握しようとするなかで地元の人々の意識や感覚の変化を問題にしなくてはならないことを指摘したが、ここでも同様の問題をみてとることができる。

この問題に関連して、河岡は傾聴に値する考察を行っている。つまり、伝説をめぐる知見をたよりにしつつ、伝説が書き記されるようになって起こったことと、書き記される以前の伝説の世界がいかなるものであったのか、の二点について論じている。前者に関しては、もともと伝説では「貴人の御名は忌んで口にのぼさなかったから、主人公は「ある貴い御方」であった」にもかかわらず、「「ある貴い御方」とか「神に近い御方」に最初に満足できなくなったのは書物を手にする人たちであった。その御方なら必ず誰々であろうと、史上の人物はやがて伝説中の新しき主人公ともなって登場してくる。こうして固有名詞が出現するに及んで各地の伝説は両立し難くなり、互いに他を抹殺しなければならなくなるのである」(37)というのである。たとえば、前節でみたような文人の間のある種の競合の場の成立をより細

浮鯛絵巻の灯籠部分のアップと今に残る遺物としての灯籠　浜の防波堤を歩いていてたまたま出くわし、写真に撮った灯籠と絵巻に描かれている灯籠の形がよく似ていることに気が付いた。絵巻を見ても分かるようにもともとこの灯籠は集落の中央部に建てられたもののようであるが、用を足さなくなった後に、防波堤の上に移転させられたようである。この遺物としての灯籠には、「文政九年（1826）八月」と刻まれており、もしこの遺物としての灯籠と絵巻のそれが同一のものであるなら、絵巻はこの年以降に作成されたことになり、絵巻の成立年代を考証していく際の一つのヒントを得ることが出来る。

かに考察していこうとする際には、参照しうる指摘であろうと思われる。後者については、単純な信仰としての貴種流離譚の世界を想定している。そして『浮鯛抄』はこの世界に作為と脚色が加えられることによって形成されたという見解を示している。

いずれにせよ河岡には、伝説の世界、つまり固有名詞の用いられない、「或る貴い御方が海浜に流離して来られて海人の中で生活を送られるという、単純な信仰」(38)の世界の再構成を目ざそうとする意欲をうかがうことができるのであるが、ここでは、『浮鯛抄』の一節にもみられる魚行商婦の起源説話が西日本のいくつかの漁村でみられることから、それらの間の比較を試みるという一つのアプローチの方法を示唆しているのみで、それ以上の議論はおこなっていない。

このような単純な信仰としての貴種流離譚の世界を理解し、再構成するという河岡の掲げる課題にさらに取り組んでいこうとした場合、たとえば、(1)ある村なら村に流れ着き居着いたとされる諸々のものをめぐる人々の記憶を、遺物、口頭伝承、儀礼、文書などを手掛かりとしながら描述し、そうした諸々のものをめぐる人々の記憶の種々層のなかで貴種流離譚を位置付けながらその特質をみていく必要があると思われること。また、(2)声の文化では、記憶の想起は常にその都度の現在の関心にもとづいてなされ、現在の関心にそぐわない過去の部分を忘却するという「構造的記憶喪失」[39]を通じて社会の均衡状態、恒常性を保とうとする特徴があるとするW・J・オングの見解をふまえるなら、貴種流離譚もその都度の社会の関心を通じて想起されてきたはずであるから、この点に留意しながら貴種流離譚の記された資料を読み込んでいく必要があること、などが考えられる。いずれにせよ、私たち自身が引き受けていかなくてはならない課題の一つであることには違いない。

六　結びと課題

『浮鯛抄』について記されたいくつかの資料をたよりにしつつ、一七四〇・一七四一年、一七八四年、一九一五・一九一六年、一九五四年のそれぞれにおける『浮鯛抄』をめぐる出来事を概説し、解説を加えるというスタイルで記述を行ってきた。冒頭に掲げた、知識人の文化と民衆の文化のそれぞれの特質や相互の連関、あるいは文字の文化と口承の世界のそれぞれの特質や相互の連関を日本で解明していくという課題に、材料の提示と考察の双方において、少しでも取り組めていたらと考える。

最後に、二点ほど明らかになったことと、今後の課題について記しておきたい。ひとつは、文人たちの間での「歴史」をめぐる関心や「歴史」の観念と、漁師たちの間におけるそれらのあり様は、相互に関わり合いを認めうるものの、大きく隔たっているということである。それぞれの構造的特質、とりわけ後者の解明と、両者の間の相互作用の具体的な過程の解明がさらに望まれる。もうひとつは、この隔たりのうえで、後者の側にかなり強い社会的な圧迫がかかっているのではないかということである。書記技術やそれを成り立たせている社会制度をめぐる文化比較を通じて、ここで取り上げた事例の性格をさらに明らかにしていく必要があろう。

註

（1）昭和五十年頃に行われた埋立ての影響で、今日では浮鯛はみられなくなっている。

（2）この『浮鯛抄』についての研究には、河岡武春による労作がある。河岡武春『海の民――漁村の歴史と民俗』平凡社、一九八七年。

（3）出職の経緯については、小川徹太郎「近世瀬戸内の出職漁師――能地・二窓東組の「人別帳」から」（『列島の文化史』六、日本エディタースクール出版部、一九八九年）［本書、11章］参照。

（4）今日までに発見されている『浮鯛抄』のリストと、発見されているもののうち最も古いとされている幸崎支所本の原文と現代語訳を以下に掲げておく。なお、リストの作成には広島県教育委員会・三原市教育委員会編『家船民俗資料緊急調査報告書』（一九七〇年）を参照し、原文は河岡武春『海の民――漁村の歴史と民俗』（前掲、七九―八三頁）より引用した。

【『浮鯛抄』のリスト】

（一）三原歴史民俗資料館蔵幸崎支所本「浮鯛抄」。魚澄惣五郎の鑑定によると寛永ごろ書写（一六二三―一六四三）

（二）山本八蔵（ヒチ）氏旧蔵「浮鯛抄」巻物。一八・九×三五九cm、天明四年（一七八四）九月の跋文

（三）平野多賀司蔵「浮鯛抄」巻物。一八・九×三九五・五cm、天明四年正月元日求のあとがき、紙裏に同家

の系図（過去帳）

（四）立花灘一蔵「浮鯽魚之記」。天明四年辰ノ元旦書写

（五）浦康子氏蔵「浮鯛の文詞」巻物。二三・二×一三九・六cm、寛政七年（一七九五）夏、頼惟完録、春水の朱印

（六）浦康子氏蔵「浮海鯽魚抄」袋とじ。二八・八×二二・七cm、文政四年（一八二一）二月筆写のあとがき

（七）立石実氏蔵「浮鯛抄」巻物。一七・六×三六三cm、天保十二年（一八四一）霜月筆写のあとがき

（八）藤井キヌエ氏蔵「浮鯛抄」巻物。三六・五×四八一・五cm

（九）鎗野市松氏蔵「浮鯛抄」巻物。一八×二三九・四cm

（一〇）大削若松蔵「浮鯛抄」

（一一）山本ヒチ氏蔵簡略本

（一二）『芸藩通志』（文政八年（一八二五）完成）所収「浮鯛記」

（一三）香川県小豆島四海村新開嘉蔵氏蔵「浮鯛抄」（小豆郡誌）

（一四）岡山県玉野市丁場の宮崎恵佐吉氏蔵「浮鯛抄」

【原文（幸崎支所本）】

浮鯛抄

安芸国豊田郡能地浦浮鯛魚波《は》神功皇后此処仁《に》到満寿《ます》時鯛魚多御船の傍へ聚しに、皇后鯽魚に酒を灑給へハ魚即酔て浮ぬ。時に海人其魚を獲て献る。亦皇后岳にあからせ給ひ東西の野を御覧してよきちかな五穀豊穣へしと給（云）ひし。号其処日能地其岳に今八幡大神宮鎮座まします。神代巻に彦火々出見尊海の幸を得給ふと有。依て此の御社を幸崎八幡宮と云歟。皇后此浦にて海神に幣を手向給ひ海へ流給ふ。幣流着し所を浮幣と云。今其処に浮幣社といふ小社あり、神功皇后と海神とを祭る（ママ）といふ。浮鯛魚の事は日本書紀巻八足仲彦天皇二年日夏六月辛巳朔庚寅、天皇泊于豊浦津且皇后従角鹿発而行之到渟田門食於船上、時海鯽魚多聚船傍皇后以酒漏鯽魚酔而浮上時、海人多獲其魚而歓日聖王所賞之魚焉、故其処之魚至于六月常傾浮如酔其是之縁也（上下略）足仲彦天皇二年春正月甲寅朔申子立気長足姫尊為皇（上下略）足仲彦天皇仲哀天皇之御事、気長足姫尊是神功皇后也。到渟田門仲哀天皇二年夏六月也、渟田門安芸国沼田郡沼田今豊田郡沼田庄能地云、中古野牛書今能地書亦安直潟浦云

古語ニ善き事をあじと云ひあじわひと云ふ悪き事をあじきなしと云ふ、依て能地と云をあじかたの浦と云歟

伝え云ふ。其時海人浮鯛魚を救（ママ）ひ清らかなる器もなかりしにより飯をいるる器に入て、男は恐ありと女是を頭に戴て献る。今に此浦の漁家の女ハ魚を市に鬻《ひさぐ》に頭に戴て歩く。其魚入る器を飯篚《はんぼう》と云は其縁と。其時皇后勅し

て此浦の海人に永く日本の漁場を許し給ふと。夫故世々今に此処の海人にて何国にても漁をすれとも障方なく運上も出す事なしといふ。亦昔時中臣連此浦の妾に子有と其末流ハ百姓家にありと云ふ。其後菅神社《ママ》の御船此所に寄給ふ時も漁夫浮鯛魚を献しと云。菅丞相の御船着し所を天満と云ふ。此浦に鐘崎といふ所有その上の山を天満といふ。此所に天野久良と云村長あり。爰に菅公為至給りと云。此所に天満宮御社あり。其下に天野久良といふ所あり。案に醍醐天皇の御宇昌泰四年辛酉二月廿五日右大臣菅原公遷大宰権帥給ふとあれは其所《頃》も春浮ぬるにや。

浮鯛を読る歌藻塩草に、

　水無月や君の情けにあそひめて《ひそめこ》
　　浮てふ魚はいまもありけり

詞花集に、

　春くれハあちかたの海一かたに
　　浮てふ魚の名こそおしけれ

いつれの頃より春浮ぬる事いかなる故にや。亦月日経て平相国清盛此浦にて浮鯛を救はせ礒辺《の》石上にて包丁するを見給ふと、生板石と云。今浮幣の海辺にあり。此浦にて

少将隆房卿

　海の面要《霞》のうちにいろはへて
　　うくてふ魚やなみの初はな

此哥《うた》蚤の聞伝へなれはいか丶。源義経平氏の軍を追て西国へ下向し給ふ時も浮し赤女を献と云。東鑑に元暦二年三月廿二日乙巳延〔廷〕尉促《従》数十艘兵船差壇浦解纜云云（略往古には、この鯛魚を赤女と云日本紀に見へたり）。時《その》の事にや、亦老夫のかたり伝し、昔時元暦のころ讃州屋島の内裏燼《焼》亡の節あやしの男若き女房を壱人小船に乗て、此浦のあひきする家来《に》り、此女房を憐よきに頼むのよし語けれハ漁翁あはれみて其家に養ひ、後其子に娶し子をもふくと、此女は誰人の子といふ事《を》しらず御所方の御もんしと聞へし、彼女馴やすきは礒《賤》の業なれは、世しつまりて後或時市に出し《て》物うりかうなんと売《し》けるに流石むかしの香残てなにはの事もいとお丶よそに有しとなん。其頃《俤》世々に残て（此浦の物うる女は人を敬う事うすしといひし人ありと伝ふ）。

其後、尊氏将軍の御船此所に繋給ふ時も浮鯛を献すといふ。

其外語伝へし事もありて《や》しらす。扨浮鯛といふは毎年二月より三月の中比、此浦の浮幣といふの沖へ何となく鯛浮出て酒なとをに酔るかことし。捨おけはしはらくして躍てまた海中に入る。去るよりて浮出ると船寄すた《く》ひ網を持て救ふ。其魚赤き事紅粉のことし。鱗ひかりて美しく常の鯛にまされり。此所山間《海上》壱里はかりにして塩瀬はやしと云へとも往来の海路にて諸国《の》船行かよふ所なり。亦浮幣の浜より十町はかり沖塩処《ひる時》は海中に方五六町《洲》ほと《州》のうき浜あらわれ平《洲》砂にして波際て《より》尺斗也。此浜《洲》に蛤

に似て紅の色とりある美しき貝あり女臘貝と云。女子此貝を翫は嫁することはやしと云なら八《せり》候。亦毎年春正月浮幣社に奉幣醸酒を献し是を浮鯛祭といふ。夫神功皇后之御時より五《千》百五拾年余、毎年此所に鯽《傾》魚鯛浮如酔。是皇太后の寄《ママ》瑞也。

右者所之語伝書記耳

【現代語訳（幸崎支所本）】

浮鯛抄

安芸国豊田郡能地浦の浮鯛は、神功皇后がこの地に来られた時に、鯛がたくさん船の傍らへ集まってきたので、皇后がこの鯛に酒をそそぐと、鯛は即座に酔って浮かんだことにちなむ。そこで海人はその魚を獲って皇后に献じた。また、皇后は山にのぼられて東西の地を御覧になって、「よい土地だなあ。五穀豊穣するにちがいない」とおっしゃられ、そこを能地と名付けられた。その山には現在では八幡大神宮が鎮座されている。神代の巻に、彦火々出見尊が海の幸を手に入れられたとある。それで、この御社を幸崎八幡宮というのか。皇后はこの浦で、海神に幣を手向けて、海に流された。幣が流れ着いたところを浮幣という。現在、そこには浮幣社という小社がある。神功皇后と海神とを祭るという。浮鯛のことは、日本書紀巻の八に、足仲彦天皇二年夏六月辛巳朔庚寅に、天皇は豊浦津に泊まり、また、皇后は、角鹿を出発して渟田門に到着され、そこで船上で食事をされた。その時、鯛がたくさん船の傍らに集まってきたので、皇后が酒をそそぐと鯛は酔って浮いてきた。そこで、海人はその魚をたくさん獲り、よろこんで「聖王によって賞められた魚だ」といった。それゆえ、そこの魚が毎年六月になると酔っているかのように浮き傾くのは、今述べたような由縁によるのである。（上下略）同じ巻に、足仲彦天皇二年春正月甲寅朔甲子に、気長足姫尊は皇の位につかれ（上下略）足仲彦天皇とは仲哀天皇のことである。気長足姫尊とは神功皇后のことである。渟田門に行かれたのは仲哀天皇二年の夏の六月のことである。渟田門とは、安芸国沼田郡沼田のことで、現在では、豊田郡沼田庄能地という。中古には野牛と書き、現在では能地と書く。また、安直潟浦ともいう。

古語では、善いことを「あじ」といい、「あじわい」という。悪いことを「あじきなし」という。それゆえ、能地のことを「あじかたの浦」というのか。

伝えて言う。その時、海人は浮鯛をすくって、華麗な器もなかったので、ご飯を入れる器にこれを入れて、それでは恐れおおいというので、女がこれを頭の上にいただいて献じた。現在でも、この浦の漁家の女は、魚を市に売りに行くときには頭にいただいて歩く。その魚を入れる器を飯帽というのは、その由縁である。その時、皇后は勅言して、この浦の海人に永久に日本中の漁場での操業を許された。したがって、代々にわたってそして今でも、ここの海人はどこの国で漁をしても差し障りはなく、運上も出さなくてよいという。また、その昔、中臣鎌足はこの浦の妾に子供があった。その子孫は百姓家にあるという。その後、菅原神社の船がここに寄られたときにも、漁夫は浮鯛を献じたという。菅原道真の船が着かれたところを天満という。この浦に鐘崎というところがあって、その山の方を天満という。ここに天野久良という村長がいた。ここに菅公がやって来られたという。ここに天満宮のお社がある。そのふもとに、天野久良というところがある。思うに、醍醐天皇の治世、昌泰四年辛酉二月廿五日、右大臣菅原公は大宰権帥に遷られたとあるから、その頃も春になると浮いていたのだろうか。浮鯛を詠んだ歌は藻塩草に次のようにある。

六月だなあ、あなたの恋心に初めて出会ったときのように、浮くという魚は今でも浮かんでいるよ（わたしの心のように）。

詞花集には次のようにある。

春がくると、あちかたの海の一面に、浮くという魚の名前（あだな）こそ口惜しいものだ。

いつの頃からか、春になると浮くというのは、どういうわけからか。また、年月がたって、平清盛がこの浦で浮鯛をすくわせて、磯辺の石のうえで包丁を入れるのを見られたという。その石を生板石という。現在でも浮幣の海辺にある。

この浦で、少将隆房卿（は次の歌を詠まれた）。

海の霞のなかに色鮮やかに、浮くという魚よ、波の初花か。

この歌が蜑たちの聞き伝えだとするとどんなものか。源義経が平氏の軍を追いかけて西国に下られた時にも、浮いた赤女を献じたという。東鑑に、元暦二年三月廿二日乙巳、廷尉は数十艘の兵船を従えて壇ノ浦をさしてもづなをとく云々（およそ昔は、鯛を赤女といっていた。日本紀にそうある）とはその時のことか。また、老人が語り伝えるところによると、その昔、元暦の頃、讃州屋島の内裏が焼け落ちた時、見慣れない男がひとりの年若い女を小船に乗せて、この浦の網を曳く家にやってきて、「この女の面倒をどうかよろしくみてやってくれ」との旨を語ったので、老漁師は不憫に思って、自分の家で育てて、後には自分の子供に妻として迎えいれ、子供もできたという。いったいこの女は誰の子なのか分からない。天皇方の御紋衆と噂されていた。彼女に親しみやすかったのは磯仕事だったので、世の中が平穏になって後、ある時、市に出て、物の売買をしようとして売っていると、さすがに昔の香気が残っていて、万事が大雑把であったという。その頃の面影が年を経ても残っているのが情けないという人もあるようだ。（この浦の物を売る女は人を敬うことをあまりしないという人もあるようだ。）

その後、尊氏将軍の船がここに繋留されたときにも、浮鯛を献じたという。

このほかにも、語り伝えがあるのかどうかは知らない。さて、浮鯛というのは、毎年二月から三月のなかばにかけて、この浦の浮幣というところの沖へ、どういうわけでもなく鯛が浮かんできて、まるで酒に酔っているようである。放っておくと、しばらくして再び海のなかに躍り入る。そういうわけで、浮き出ると船で近寄り、網ですくう。その魚の赤いのは、まるで紅粉のようである。鱗が光って美しく、普通の鯛にまさる。ここの山間は海上に一里ほどであって、潮の早いところというが、常日頃もちいられる海路なので諸国の船が行き交うところである。また、浮幣の浜から十町ほど沖に、潮が干るときに海中に五六町四方ほどの浮き洲があらわれ、それは平らな洲で波際から一尺ばかりしか出ていない。この洲に蛤に似た紅の色をした美しい貝がいて、女臘貝という。女の子がこれで遊べば、早く嫁ぐことができるといい伝えられている。また、毎年正月に、浮幣社に幣を奉り酒を献じるが、これを浮鯛祭りという。いったい神功皇后の時代から千五百五十数年の時が経つが、毎年ここには鯛がまるで酔っているかのごとく浮き傾く。これは皇太后の奇瑞である。

以上は地元で語り伝えられていることを書き記しただけである。


網野善彦の研究によると、ここにみられるような「職人」の文書に伝説上の皇祖・天皇があらわれ、さらに自らの起源の正統性を主張する偽文書が作成され始めるのは、室町・戦国期のこととされるが、これらの出現は南北朝内乱を契機とした天皇権力や「職人」の特権の弱化や「職人」に対する社会的差別の誕生といった社会の転換の一つの結果とされる。「習俗の次元」と天皇の問題をともにふまえつつ示される民族史的観点から日本社会の歴史を再構成しようとする立場に立つなら、この南北朝内乱期は社会の大転換期として解明の対象とされる。このような視点や転換期社会とりわけ偽文書の成立の経緯についての考察は網野善彦による大著『日本中世の非農業民と天皇』(岩波書店、一九八四年)に詳しい。本論は、この転換期以降に同様の問題がいかにあらわれていくのかを究明しようとする研究のうちの一事例研究として位置付けることができる。
(5) 河岡武春『海の民——漁村の歴史と民俗』前掲、八六頁。
(6) 岡田俊太郎編集『芸藩通志』巻五、広島図書館、一九二〇年。引用文は、読みやすくするために現代語に訳しておいた。
(7) 一七四二—一八一五。京都生まれの公家、歌人。『国史大辞典』第七巻、吉川弘文館、一九八六年、五三頁。

(8) 一七四六―一八二六。儒者。京都の角倉氏の嘱吏をつとめる。『日本人名大事典』第六巻、平凡社、一九三八年、四七四頁。

(9) 惟清(亨翁)〔一七〇七―一七八三〕竹原で紺屋を営むかたわら、京都の馬杉亨庵、小沢蘆庵に和歌を学ぶ。長男惟完(春水)〔一七四六―一八一六〕、次男惟彊(春風)〔一七五三―一八二五〕、三男杏坪(春草)〔一七五六―一八三四〕にともに大阪で儒学を学ばせる。広島藩儒をつとめた杏坪は『芸藩通志』の編纂者。また頼山陽〔一七八〇―一八三二〕は惟完の長男。頼一家の思想や人間関係などについては、中村真一郎『頼山陽とその時代』(中央公論社、一九七一年)、頼祺一『近世後期朱子学派の研究』(渓水社、一九八六年)などに詳しい。

(10) 河岡武春『海の民――漁村の歴史と民俗』前掲、八八頁。

(11) 真下三郎「民俗芸能・口頭伝承・民謡」広島県教育委員会・三原市教育委員会編『家船民俗資料緊急調査報告書』一九七〇年、二三九頁。

(12) 近世史研究において、近年、国家と社会を結ぶ接点としての「中間社会領域」の研究が盛んになってきているようである。成果を大いに期待しうる。岩城卓二「近世村落の展開と支配構造――「支配国」における用達を中心に」(『日本史研究』三三五、一九九二年、五五―七六頁)、同「「御用」請負人と近世社会」(『国立歴史民俗博物館研究報告』四七、一九九三年、三九―七〇頁)など参照。

(13) 宮本常一「漁業地区とその成立」『三原市史』第七巻、三原市役所、一九七九年、三三六・三三七頁。

(14) 池内長良「近世における漂泊漁民の分散定住と地元との関係――瀬戸内漁村の歴史地理学研究第二報」『伊予史談』一四二、一九五六年、九頁。

(15) W・J・オング、桜井直文・林正寛・糟谷啓介訳『声の文化と文字の文化』藤原書店、一九九一年、一九五頁。

(16) 小坂騒動の顚末については角田直一による良書『十八人の墓――備讃瀬戸漁民史』(手帖社、一九八五年)がある。

(17) 吉田東伍『大日本地名辞書』中国・四国、第三巻、冨山房、一九〇〇年。

(18) 一七七三―一八四六。江戸後期の国学者、若狭国小浜藩士。伴の注釈は、明治三十二年(一八九九)に完成した飯田武郷による『日本書紀通釈』で踏襲されている。『国史大辞典』第十一巻、吉川弘文館、一九九〇年、八一〇頁。

(19) 喜田貞吉「出雲宍道湖付近の変遷と渟田門の所在」『歴史地理』二六―一、一九一五年、一―一〇頁。

(20) 後藤蔵四郎「渟田門の所在について」『歴史地

理』二八―一、一九一六年、二三―二七頁。
(21) 原田正暁「浮鯛伝説地考」『芸備の友』二七―二五五、一九三三年、一七―二〇頁。
(22) 一七〇九―一七七六。江戸中期の国学者。『日本書紀通証』は宝暦十二年(一七六二)刊行。『国史大辞典』第九巻、吉川弘文館、一九八八年、二六五頁。
(23) 吉田東伍『大日本地名辞書』前掲、四八八・四八九頁。
(24) 喜田貞吉「出雲宍道湖付近の変遷と渟田門の所在」前掲、一〇頁。
(25) 後藤蔵四郎「渟田門の所在について」前掲、二七頁。
(26) 喜田貞吉「後藤君の渟田門の説に就きて」『歴史地理』二八―一、一九一六年、二九頁。
(27) 同前、三〇頁。原田正暁「浮鯛伝説地考」(前掲、二〇頁)には、東京芸備社という恐らく県人会的な組織によって発行されるという雑誌の性格にもよるのであろうが、「伝説にも、口碑にも、地名にも、記録にも亦事実すらない地方へこの事実を持ちゆかんとするが如きは牽強かつ付会に非ざるや」という一節がみられることなどからすれば、喜田の発言内容にはうなずけるものがある。郷土研究も一元的には論じられないものと思われる。
(28) 外務省外交史料館文書および石碑の綿密な検討を通じて、明治期に二窓の他、日生、瀬戸(いずれも岡山県)、百島(広島県)などからみられたフィリピン・マニラ湾への出漁の経緯や過程について明らかにした論考として、早瀬晋三「明治期マニラ湾の日本人漁民」(『海人の世界』アジア・太平洋地域における民族文化の比較研究　シンポジウムⅡ　プログラム抄録、国立民族学博物館、一九九一年、八四―一一九頁)がある。
(29) 河岡武春「『浮鯛系図』覚書」『芸備地方史研究』一〇、一九五五年、七―一三頁。
(30) 同前、一一頁。
(31) 二窓東浦の成り立ち自体を讃岐出自にもとめる説が村岡浅夫「近世の漁村文化」(『フォクロア　ひろしま』八・九、一九八一年、三六九頁)では唱えられている。その理由は、宝暦四年(一七五四)に二窓の庄屋村上が処刑された際にその一族は讃岐に逃れたが、そういう行動に出たのは讃岐との間にすでに縁組があったからであると。この時代に讃岐との間に縁組がみられたことから、浦の成り立ちまでをも説明しようとすることには無理があるように思われるが、確かなことは今後の研究をまたねばなるまい。
(32) 河岡武春「『浮鯛系図』覚書」前掲、一一頁。
(33) 同前、一一頁。
(34) 伊予菊間周辺では漁師の入稼は、地元漁師の皆無か僅少な村でみられたようである。そして入稼漁師たちには幕府の御用による煎海鼠生産が課せられていたようである。池内長良「近世における漂泊漁民の分散定住と地元の関係——瀬戸内漁村の歴史地理学的研究第二報」前掲、一〇頁。

(35) 河岡武春『海の民——漁村の歴史と民俗』(前掲、九三・九四頁)には、うまくいかなかったケースが紹介されている。

(36) 河岡武春「「浮鯛系図」覚書」前掲、一二頁。

(37) 同前、一二・一三頁。

(38) 同前、一三頁。

(39) W・J・オング、桜井直文・林正寛・糟谷啓介訳『声の文化と文字の文化』前掲、一〇二—一〇七頁。

(付記)『浮鯛抄』および『芸藩通志』の現代語訳には、藤沢市教育委員会博物館建設準備担当の黒川敏彦氏と東洋大学附属牛久高等学校の山田巌子氏の手をわずらわせることになった。最終的な言葉遣いの選択は筆者自身がおこなっているため、誤りが認められる場合の責任は全て筆者自身にあるのはいうまでもないことなのであるが、この場を借りて両氏に謝意を表しておきたい。また、本論は、一九九四年五月五日に工学院大学での「近代の会」(世話人・関一敏)で「江戸の「地理」と「歴史」」と題した発表、および一九九四年十一月一日に国立民族学博物館での共同研究会「水産資源利用の人類学的研究」(研究代表・秋道智彌)で「出職漁師と「浮鯛抄」」と題した発表にもとづきながら、とりわけ人々の間の具体的なやりとりの局面に焦点を当てつつ年代記風の物語としてまとめてみたものである。それぞれの研究会では、参加者から有益かつ貴重なコメントをいただくことができた。あわせて感謝の意を表したい。

13 海の村を建設する——戦時期『海の村』の分析

「日本的現実を以て、国際的現実から孤立独立した一つの所与と見做し、そうすることによって之を一つの原理にまで抽象昇華させるものが、今日の最も代表的な社会ファシスト乃至転向ファシストの論理上のトリックであるなら、この日本的現実の実体を日本精神にまで抽象して見せるものが国粋ファシストの共通な手法である。（中略）日本の所謂ファシズムがその原理と名乗る処の「日本的現実」乃至「日本精神」は併し、まだ系統的に批判されていない。だが之は今日の理論家の最も切実な課題の代表的なものなのである。[1]」

一 問いの所在

二〇〇一年の夏に伊東市史編さん室に保管される伊東漁業協同組合文書を閲覧する機会を得た。四〇箱以上のダンボール箱に収められたそれらの文書を通覧することによって、それらが一九〇二——一九七七年の間に記されたものであり、最も分量の多いのは収支明細簿、収入支出明細簿、総会議決録などの組合事業の運営に関する記録であり、さらに比較的まとまった形で保存されているのは戦時体制下の統制に関連する、あるいは統制の実施に関連する文書であることが分かった。出荷統制、増産報国推進隊、船舶徴用、生活改善等々に関する諸文書は、戦時統制体制や銃後の生活を考えるための資料になるものと思われた。これらの文書の中でもとりわけ私の目を引いたのは、「昭和十七年度全漁連・県漁連受信綴」の中の「雑誌「海の村」ニ関スル件」（一九四二年五月一七日）、「雑誌「海の村」送本部数ノ件」（一九四二年六月二二日）、「雑誌「海の村」普及ニ関スル件」（一九四二年一一月一九日）と「昭和十八年度全漁連・県漁連受信綴」の中の「雑誌「海の村」発行並普及ニ関スル件」（一九四三年一二月二四日）の四件の文書であった。いずれも静岡県漁業組合連合会から伊東漁業協同組合に宛てられた文書であり、前二者は雑誌の送本冊数をめぐる記事で、伊東漁協合併以前の湯川浜漁協、新井浜漁協、松原漁協、玖須美漁協に各一五、四、二、〇部ずつ計二一部の割り当てがあったことが分かる。後二者は雑誌の普及に関する記事で、一九四二年の文書では「一般漁家ノ家庭的読物タラシメ一般漁村民ノ読書欲ヲ涵養シ以テ漁村ノ文化ノ昂揚ニ資ス」ことと「漁業組合ニ課セラレタル国家的使命ノ宣揚ニ資ス」ことを二大編集方針として編集内容の充実刷新を計る旨が記され、これまで以上の普及の要請がなされており、一九四三年の文書では「最近ニ至リ出版企業整備令ノ公布ニ伴ヒ用紙割当量著ルシク削減ヲ見タル結果減頁或ハ合併号発行等ノ一時的措置」だけでは購読申込に応じ切れない旨が記され、一九四四年度より組合への割当冊数を一〇部に削減する通達がなされている。ここに一九四二―四四年にかけてのこの雑誌の生長の一端を窺うことができるのであるが、かねてより海国、海村、海民などの言説に注目しながら、民俗学を中心とした近・現代日本の人文科学や民族・国民文化を脱構築的な観点から批判的に捉え返す作業を進めてきていたこともあり(2)、「海の村」というタイトルの付されたこの雑誌の展開に興味を覚えたわけである。そこで本稿では、戦時統制体制や銃後の生活を地域社会の文脈をふまえつつ考えるための糸口をつかむとともに、近・現代日本の人文科学や民族・国民文化を批判的に捉え返すという二つの課題への取り組みとして、雑誌『海の村』の分析を試みてみたい。

二　雑誌『海の村』について

雑誌『海の村』は、全国漁業組合連合会の機関紙『漁村』（一九三六年一月創刊）が一九四二年三月に改題されることによって登場することになった（一九四四年一―一二月の発行者は中央水産業会）（図1参

図1　改題最初の号の『海の村』(1942年3月)の表紙

照)。「大東亜戦争」の開戦直後という日付を見ても分かるように、この改題は、総力戦遂行に不可欠な水産物の増産を目的とする「水産新体制」(一九四一年一二月二九日閣議決定、一九四二年二月二六日国家総動員審議会議決)と呼ばれる徹底した戦時経済統制制度の確立の動きと軌を一にしている。改題前月の一九四二年二月の『漁村』の「編集後記」では、編集を担当する全漁連指導部・片柳左右吉は改題の意図を次のように述べている(3)。

「ここでこの題名の改正の趣旨をさらに少しく述べてみたいと思ふのだが、大東亜共栄圏確立の暁は必然的にわが沿岸漁業の画期的な発展も予定されるわけである。従ってその基地であるわれわれの漁村も亦自ら発展的な変貌を予想せられるわけで、いままでの漁村といふ概念は相当程度改変をせまられてくるものといえよう。日本は海洋国家であり、日本民族は海洋国民であるといわれているにも拘らず、あまりにも今日迄海への認識を失っていたのではないかと思ふ。大東亜共栄圏の確立は海への深い認識なくしてはのぞむべくもない。従って「海」といふものへの新たなる認識が要請されるわけで、漁村もいままでの単に漁るを業とする人々の集団であるといふ概念から飛躍して、海国日本の基盤である村でなければならない。そこに「海の村」への建設譜が高らかに奏でられるべきなのだ。「海の村」は日本民族の魂の古里であるといふことを我々は今更に強く思はせられるのである。」

大東亜共栄圏の確立には海への深い認識が不可欠であるにもかかわらず、海洋国民であると言われる日本民族はこれまで海への認識を失っていた。そうであるなら、共栄圏の確立を通じて画期的な発展が予測される沿岸漁業の基地である漁村についても、単に漁業を行なう集団としてではなく海国日本の基盤である「海の村」として再定義しておく必要があるという基本的な立場が示されている。明治期から見られる海国思想とその決まり文句のもとに村の自立更生策を語り直そうとしているわけであるが、共栄圏という視野に立つなら、産業の観点よりもよりトータルな「海」や「海の村」という観念を優先させることの方が沿岸漁業に発展をもたらすことができるとする新しい立場に立つことがこの改題の意図とされている。

このような海国思想と村の自立更生策を結びつけることによる新しい立場の構築がどのような力関係の場においてなされているのかは、雑誌の誌面構成からも窺うことができる。およそ誌面は次の三つの分野から構成されている。㈠戦況報告や軍神葬儀・英霊祭祀の取材を含めた海軍に関する記事、㈡漁業および漁業組合制度の概説および水産や生活に関する科学的記事、㈢文化や娯楽に関する記事。冒頭に掲載される写真入の「グラフ」欄を含め、㈠が目立つことは本誌を特徴付けるが、経緯は定かでないものの海軍報道部の後援を得て本誌の刊行がなされていることは間違いない。海軍の紹介記事には海軍大佐・大宅由耿、海軍中佐・天谷孝久、海軍少佐・竹田光二らが寄稿し、従軍記事には陸軍主計大佐・川島四郎、大本営海軍報道部海軍大佐・平出英夫、大本営海軍報道部海軍少佐・浜田昇一らが寄稿している。その他、世界戦況や時事問題については、木下半治、平貞蔵、中野好夫、下村海南、湯川洋蔵らによる記事が見られる。こうした点から、本誌はその読者に対して軍人援護の観念を普及させる役割を担わされていたことが分かる。漁業組合連合会の機関誌として最も中心的な役割を担っているのが㈡の記事である。制度や運動の指針を概説する記事には、本誌の編集を担当する片柳左右吉の他、全漁連会長・小栗一雄、全漁連会長（後に中央水産業会会長）・青山憲三、全漁連副会長（後に中央水産業会専務理事）・木下辰雄、千葉県漁連専務理事・吉川義太郎、神奈川県漁連・上山好二、大日本水産会の機関誌『水産界』の編集を担当する船山信一、農林大臣・井野碩哉、農林大臣・山崎達之輔、農林省水産局長・寺田省

一、農林省水産局長・井出正孝など、全漁連のみならず大日本水産会や農林省関係者による寄稿が見られる。水産や生活に関する科学的記事には、魚類・海洋についての農林省水産試験場技師・末広恭雄、竹内能忠、資材についての全漁連購買部・片岡忠、水産試験場技師・酒井森三郎、栄養・衛生・貯金についての理化学研究所員・桜井芳人、龍野忠夫、厚生科学研究所栄養部・住田アヤらによる寄稿が見られる。その他、漁業制度史には伊豆川浅吉、羽原又吉らによる記述が見られ、本誌特派員による地方漁村探訪記や地方組合員による文書回答欄なども見られる。㈢の誌面は各漁業組合に雑誌普及員を設置して普及キャンペーンが実施された一九四二年一〇月から一九四三年一二月にかけて拡充し(日付を照合すると、伊東漁業協同組合文書に記される『海の村』に関する記録はこの普及キャンペーンの一端を示していることが分かる)、俳壇、詰将棋、詰碁、詰連珠、漫画、小説、対話劇、映画物語、童話、歴史・民俗の叙述等々の多種多様なジャンルの記事が認められるが、このうち小説には川端克二、丸山義二、山手樹一郎、平野直らの作品が掲載され、船や水軍などの歴史には丸山義二、柴田賢一、東京高等商船学校教授・上野喜一郎、黒部渓堂らによる記述が見られ、民謡や信仰などの民俗については中村吉次郎、高橋新吉、桜田勝徳、小寺融吉らによる記述が見られる。このように、軍人援助を要請する記事と主に海洋国民の文化を賞揚する文化・娯楽欄が機関誌面のかなりの部分を占めていることが誌面構成上の特徴であるが、このような特徴は、戦時体制下では民族・国民文化である海国思想を定義し普及させ、それを通じて海運、貿易、水産などの産業領域に影響を行使するという指導力を発揮できたのは海軍であったということを示していよう。本稿では、㈡の誌面に注目することによって、海国思想と村の自立更生策が結びつけられる新しい立場に検討を加えることにする。

ところで、本誌はどのような層を読者と想定して編集がなされていたのであろうか。先と同様に改題前月号の片柳による「編集後記」[4]とそれによく似た文面の改題された最初の号の「漁業増産報国推進隊諸君へ!」と題された欄[5]に目を向けてみたい。

「漁業増産報国推進隊の全国的にわたる結成も、昨年末以来着々とすすめられている。すでに殆どの府県に於てその結成協議会も開催され、二月一杯までには全国の漁村にのこす処なく推進隊の結成もみられるであろう。/本誌もこの情勢に応へてその推進隊員の諸君の活動指針ともなり教養書ともなるやうに編集目標をおくこととして、来月号からは特別の欄を設け大いに努力してみやうと思っている。中央からの指示がともすれば有機的に行はれない今日、本誌を手にすればそれが判然とわかり、青壮年の運動のあり方などが一見して明示され得るやうなものとして、今年度は大々的に普及運動を展開してみやうと思ふ。推進隊の諸君の御協力を一層つよくお願ひする次第である。」

「大東亜戦争完遂のゆるぎなき国内態勢が着々と整備されつつあるとき、わが漁業組合においても、このたび組合活動の推進力たるべき「漁業増産報国推進隊」が全国的に結成せられ、戦時食糧の確保といふ光栄ある使命達成にひたすら邁進することとなったのは、まことに意義のふかいことである。漁村青壮年の中堅層が、勁い組織の力をもって、漁業報国の熱意に燃えて立ちあがるときその成果は期して待つべきものがある。――本誌はこのやうな情勢に応へて、今月号から題号も「海の村」と改称し、新たなる構想と意欲のもとに、推進隊員諸君のよき伴侶として、その活動指針ともなり、教養の書ともなるべく大いに努力したいと思っている。推進隊員の一人一人が一冊の「海の村」によってお互ひに固く結ばれ、同じ目標に足並をそろへて前進することができるやうにと念願している。諸君の御協力を切望して已まない。」

一九四一年末から一九四二年二月にかけて全国にわたって組織が結成されつつあり、漁村青年の中堅層から組織される漁業増産報国推進隊（以下では推進隊と略記）の活動指針や教養書となることに編集目標が置かれる旨が記されている。そして本誌自体が隊員個々を緊密に結びつけ、同じ目標に足並みをそろえさせる媒体の役割を果たすという組織論的な展望が述べられている。一九四一年一〇月に開催された地方漁連会長会議で採択された漁業生産計画委員会決議において推進隊についての最初の構想が提出されているのであるが、それによるとその「趣旨」は「臨戦体制化に於て漁村に課せられたる国家目的達成のため全国各漁業組合は其の地区内に於ける青壮年を中心としたる水産物増産報国隊を結成し以って生産力拡充具現に先駆挺身せしめ職域奉公の誠を致さんとす」とされ、それによって担われる「事業」として「一、軍需水産物の確保供出、二、貯蔵水産食品の確保、三、政府の漁業生産計画への協力、四、その他生産力拡充に必要な事項」が掲げられ、さらにその「実行方法」として「全漁連内に実行委員会を設け直ちに具体的事項の決定をなし地方漁連を通じて全国の漁業組合に趣旨の普及徹底を図ること」が挙げられている。(6) この決議は一九四一年末からとりわけ「大東亜戦争」の開戦を機に実施に拍車が駆けられることになるのであるが、その過程で本誌は推進隊を組織化し、隊員を結びつける役割を果すとともに、それらに共通目標を明示し教養を授ける役割を果す冊子として編集されているのである。この点では本誌は「実行方法」の一翼を担う役割を果していたと見なすことができる。そこでまず、推進隊についての言葉と推進隊に向かって語られる言葉の双方に注目することにしたい。(7)

三　漁業増産報国推進隊を組織する

一九四二年三月の改題された最初の号に掲載される「推進隊覚え書」において、児島秋夫（肩書き等不明）は推進隊の企画と構想について詳しい説明を行っているので、そこでの議論に目を向けてみたい。児島の議論は、増産への取組み方の基本指針を提示した上で、その後に推進隊の基本的性格と役割について論じることによって組立てられているので、その双方に検討を加えることにする。

児島はまず、資材労力の不足という条件の中で増産を推進するということの難問を指摘した上で、それへの対処法を提出する。それは次のようなものである。(8)「机上プランでもいい、少ない資材労力を基礎に、最も効果的な形の生産の仕組み、経営の仕方を描くことができればそれが増産策だといへるし、増産策のあるところ増産がないわけはない。／夢でもいいからさういふ増産漁村の構想をうち立てること、それをガッチリしたものに練り上げること、それを強力に実践に移すこと、それらはみんな立派な増産推進だといへるし、特に青壮年の逞しい意欲を必要とする仕事なのである。勤労奉仕や技術研究、新漁場の開拓などという目に見える増産推進も本当はその方向へ織込まれていってこそ、はじめて増産推進の本来の意味を持つことができる。（中略）増産即増産体制化の問題、といふところまで増産問題はきているのだし、さらにそれが、いかなる事態にも対処し得る「逞しき漁村」の建設の、基礎工事になっていなければほんものでない。推進活動の目標はそこへおかなければならんのである。／だから推進隊の結成が、五年十年の後に効力を発揮するものであっても、間に合せ的なしたがって形骸化しやすい存在となるよりはその方がいいのである」。ここでは「ほんもの」、「本当」の増産策がそうでないそれとの対比のうちに提示されているのであるが、そこでは勤労奉仕、技術研究、新漁場の開拓などの個々の増産策を講じることよりも少ない資材労力を前提とした生産体制や経営法つまり増産漁村の構想を練り上げることを優先させるべきであるという主張がなされている。だから推進すべきこととはこの増産漁村の構想の練り上げとそれに即した実践であり、これこそが推進隊によって担われるべきことであるとされる。そこで児島は漁村建設の推進力として青年団と推進隊とのどちらがふさわしいかという対比を通じて、後者の正当性を主張する。つまり青年団は漁業者の概念よりも青年の概念が優先されるので漁村の生産部面を動かすための組織化が難しく、そのため漁村建設の構想も抽象的なものにならざるを得ないのに対して、推進隊は漁業組合との結びつきによって漁村の生産部面を動かす組織になることができるとされる。さらに、現在では漁業組合は経済統制下の国民の食糧を確保する任務を果す力を有していないので漁業者の協力を要請せざるを得ないし、漁業者からなる推進隊も漁業組合と結びつくことなしに増産への推進力たり得ないために、ここに漁業組合と推進隊との間に相互補完的な関係を形成することができるとされる[9]。ここでなされる対比をふまえる限り、同じく青壮年を通じた組織化を図ろうとする大日本青年団や青年学校や大政翼賛会翼賛壮年団などとの間にその主導権をめぐる拮抗関係が存在していたことを推察できるが、漁業組合との結び付きを通じて推進隊が他の組織では見られない生産組織と直結した推進力を得ることができるという発話はこのような拮抗関係の場を前提として理解可能となる。そして「漁村と漁業組合の一体となった力の表現が推進力であり、推進隊である」という言葉に見られるように、国家から課せられた漁業組合の任務を漁業者や漁村の自覚と協力を通じて遂行していくための鍵になる組織として漁業組合の立場から推進隊の位置付けがなされているのである。このように、㈠増産推進に不可欠なのは個別の施策よりもトータルな漁村の構想・建設であり、㈡その構想・建設を国家から漁業組合に課せられた任務に協力することによって推進する組織こそが推進隊であるという二点が児島の議論の骨子なのである。

では以上のような推進隊構想の骨子のもとに、実際に漁業組合からどのように協力要請の呼びかけがなされ、漁業者や漁村はそれにどう応じ、推進隊の組織化はどう展開していっているのであろうか。この問いに答えるには、直に推進隊の組織化を呼びかける言葉や像ではない漫画、小説、対話劇、歴史や民俗叙述などの教養・娯楽的読物や篤漁家の紹介などの記事を含めて考えていかなくてはならないのであるが、ここではその余裕はないので、推進隊の組織化を呼びかける言葉や像と推進隊の活動状況を報告する記事に限定して検討を行ないたい。

誌面を通覧して最初に認められることは、組織化運動の開始された比較的早い時期に、「推進隊員が一人一冊は必ず本誌の読者であるやうに今後つとめていただきたいとおもふ。そして、推進隊に関する記録などを本誌にどしどし御投稿あるようお願ひする次第である」[10]という呼びかけがなされているにもかかわらず、その後の誌面を見る限りこのような投稿記事を目にすることはないということである。稀に見られる本誌特派記者による漁村見聞記中の推進隊関連の記事においても、「推進隊は布良に一ヶ所（房総半島の小湊と船形の間に）、若者組を改組したものがあるだけで、青年漁業者の不足をおぎなふために、老人子供の能力に合った漁業、漁法の研究を行なっているといふことだったが、あとは一般に熱意がなく、熱意をかきたてるためにはヒザづめの談合がなければならぬことを痛感させられたのである」[11]という類のものである。先の児島の議論では長期的視点に立って推進隊の組織化は目指されており、その点では、早々に成果を得られるものとは思われていなかったのかもしれないが、それでも、多様な教養・娯楽的な読物のみならず、伊豆七島のある島で青年三人が中心となって推進隊を組織する架空の寓話を通じて組織化の方法の規範を提示しようとしたりしていることをふまえるなら、この漁業者及び漁村からほとんど応答を得られなかったという結果は従来の組織化の方法に再考を迫ったものと思われる。そこで特派記者は別の方法として「ヒザづめの談合」を提唱しているわけである。とはいえ成果が皆無であったわけではない。一九四三年の誌面では、推進隊が活発に活動を行なっている二件の事例がいずれも巻頭の「グラフ」欄で紹介されている[12]。一件は千葉県南行徳漁業報国推進隊であり[13]、もう一件は宮城県松岩村漁業増産報国推進隊であるが[14]、前者は養殖海苔の増産のために荒蕪地の開墾に携わっており、後者も海苔、牡蠣を中心とする養殖に携わっており、また解説に見

図2　漫画に描かれた推進隊。自主的協力を呼びかける像であるが、ほほえましさが見られる。

られる「養殖漁村の推進隊ほど活発なのは、技術改良と共同作業による増産面が大きく、推進活動を具体的にし、比較的容易にするからであらうか」という一節などをふまえるなら、とりわけ養殖に携わる漁村で推進隊の活躍が見られるとともに、全漁連の側もそれを規範化しようとしていたことが分かる。後者の組織は、漁業組合長を隊長として隊員一〇〇名が各一〇―一五名ずつノリ養殖班、カキ養殖班、海藻増殖班、ホヤ養殖班、沿岸漁業奨励班、地先漁業奨励班の六班に割り振られ、しかも一九四三年度からの五ヵ年計画に基づいて活動を行なっているようであるので、統制の取れた系統組織を通じた計画生産の実践を認めることができる。さらに解説によるとこの推進隊組織は、一九四二年八月に漁業青年連盟の改組を通じて誕生したものとされ、その点ではここで見られる組織と実践は一九三〇年代に展開した農山漁村経済更生運動を通じて形成された組織と事業を引き継いだものと見なすことができる[15]。このように推進隊の組織化運動が開始された当初では、計画増産という概念に結びつきやすい養殖漁業を営んでいたり、推進隊の構想以前から漁業生産を拡充させるための青年組織が存在していた場所でその組織が推進隊に改組されるというケースにおいてのみ活発な活動が見られたようであり、雑誌を通じた組織化の働きかけに反して、このような場所以外では概してその呼びかけに積極的に応じる反応を得ることは出来なかったようである（図2参照）。しかし、これでは全国の漁業組合を巻き込む運動を組織することにはならないので、そこから従来の方法を反省し別の方法を導入する動きが活発化することになる。普及員を配した上での雑誌を通じた働きかけとは別に、一九四二・四三年にはこの動きの中で大きな役割を果たすことになる二つの試みを認めることができる。一つは一九四二年八月に農林省主催のもとに開催された全国漁民道場長会議であり[16]、もう一つは一九四三年三月一二日に千葉県で開催された千葉県漁業増産報国推進隊大会である[17]。前者は全国七ヶ所の県立漁民道場長（青森県・栗栖兵馬、千葉県・園部久、三重県・大山又次、山口県・永松三代、高知県・岩崎忠、熊本県・豊田米雄、宮崎県・上村高）を一堂に集めた会議であるが、七人のうちの三人までが道場で実施される精神的錬成を通じて推進隊は組織化されるべきであるという旨の発言を行なっている。後者は県下漁村から六五〇人の参加者をもって開催され、一日を通じて部隊検閲、国旗掲揚、国歌斉唱、国民儀礼、詔書奉読、推進隊綱領の朗読、街頭行進と千葉神社参拝、野村全漁連副会長の講演などが行なわれている。このような日本精神や精神的錬成を強調する地方での試みを中央に統合することを通じて新たな組織化の実践がもたらされることになる。

冒頭で触れた一九四二年二月二六日の国家総動員審議会によって議決された「水産新体制」は、沿岸漁業の領域においては一九四三年九月一一日に施行される水産業団体法（一九四三年一月三〇日に衆議院本会議に法案提出、二月二〇日議決）によって実施に移されることになり、その結果九月二五日に帝国水産会と全国漁業組合連合会は統合されて中央水産業会が設立され、以後一一月以降に道府県水産業会が設立され、翌年には地方漁業組合は漁業会へと改組される。この法令の特質は、中央水産業会、地方水産業会、漁業会からなる水産業団体は行政官庁に監督され（第三条）、国策に即応した（第十一、五十四、六十一条）、指導奨励、統制、生産などの事業にあたる（第十二、五十五、六十二条）とされる条文に見られるように[18]、国策遂行機関としての規定が与えられている点にあるが、このような一連の水産業団体再編の過程の中で、従来の組織法の見直しを伴いながら新たな推進隊の組織化の動きが見られるようになる。

一九四三年七月二七―八月一八日に茨城県の内原義勇軍訓練所で第一回漁業増産報国推進隊中央訓練が開催される。「漁業戦士士に鍛ふ　第一回漁業増産報国推進隊中央訓練記」によると[19]、参加者は一府県につき五―三〇名からなる三〇〇名で、うち漁業者と漁業組合・全漁連の役職員が約半数ずつを占め、いずれも増産報国運動の中核をなす漁村の指導的人物であるとされる。そして全体は一個中隊と見なされ、それが七個の小隊に分割され、中隊長に宮崎県漁村道場長・曽根徹、副中隊長に千葉県漁村道場長・園部久、各小隊長に全漁連、農林省水産局、千葉県漁村道場職員が委嘱されている。中隊や小隊という呼称に見られるように軍隊方式の編成を認めることができるが、中隊長や副

図3　第1回中央訓練で日本体操に励む推進隊の像。錬成を課せられる身体が露に表される。日本体操（ヤマトバタラキ）は東京帝国大学教授・筧克彦の古神道方式に則る。

中隊長の肩書きを見る限り、訓練の基本的指導は漁村道場長に任せられていることを推察できる。訓練所の内規に基づき所内での起居動作は軍隊式に統制され、日課として礼拝、君が代斉唱、あっぱれ・をけ唱和、教育勅語奉読、海ゆかば斉唱、天皇陛下弥栄三唱、日本体操、作業（養魚池掘り、土起し、芋掘り、除草など）、講話（訓練所長の加藤完治、陸海軍報道部の係官、農林省水産局長、春日水試場長、杉浦水講所長、全漁連の野村・木下副会長らによる日本精神の鍛錬陶冶、漁業増産の急務と推進隊の使命などの話題）、教練武道（手旗訓練、軍事教練、武道直真影流打ち込みなど）、座談会などが課せられ、講話の中に漁業増産という話題を認めることは出来るものの、農本主義的な錬成と軍事教練を中心とした日本精神主義に基づく錬成の概念が支配的であることが分かる。日常から隔てられた身体に対して長期にわたり錬成を加えるという方法は、千葉県で開催された漁業増産報国推進隊大会では見られなかったものである（図3参照）。

　このように農林省の主導のもとに国策遂行機関として水産業団体を再編成しようとする動きと、全漁連による推進隊組織化の試みが充分な成果をあげられなかったことへの反省があいまって、強制措置とも言え

る中央訓練の企画が実施されることになったものと思われるが、錬成や精神修養の概念が支配的であることと全国各府県から満遍なく参加者が動員されていること（植民地や沖縄は排除）の二点がこの訓練の特徴をなしている。このような中央訓練の実施は地方へ波及効果をもたらせる。一九四四年八月六—二〇日に千葉県白浜村で開催された第二回漁業増産報国推進隊中央訓練に参加した船山信一による報告では、[20]「始のうち、いまさら錬成の時代ではなく、直接増産の時代であるから、来たくなかったが是非行けといはれていやいやながら来たが、訓練を受けているうちに来てよかったと思ふやうになった、来年は人を押しのけても来たい、また他の人もつれて来たいといふやうな人もあった。帰ったら地方でもやりたいといふのは隊員一般の気持のやうであった」とされ、中央訓練への参加者が地方で同様な試みを起こして行く媒体になり易かったことを推察できる。北海道浜中村から第一回中央訓練に参加した福田久右衛門は北海道水産報国実践隊・浜中支部の錬成部長であるとともに浜中村国民学校の校長でもあり、中央訓練の参加者であると同時に地方の漁業者を動員する媒体として働いていることを推察できる。[21]その他、高知県水産業会では推進隊幹部の錬成会や地区別錬成会が開催され、[22]広島、岡山県の水産業会でも推進隊の地方錬成や現地座談会が実施され、[23]香川県では一九四四年二月に推進隊県本部が結成されており、[24]道府県水産業会の主導のもとに特に錬成という枠組を通じて推進隊の組織化が進展していることが分かる。

この期には、いくつかの推進隊探訪記もみられ、そこでは兵庫県室津では土地開墾を通じた食糧増産、[25]千葉県小湊では出漁奨励、出荷量目と買出し部隊の監視、[26]北海道浜中村では昆布増殖の磯掃除・投石、加里原藻の採取、体錬会の主催などの活動例が報告されている。[27]

以上のように推進隊の組織化に用いられる手法や枠組には、一九四三年の夏あたりを境に変化が見られる。それ以前では、雑誌やその教養・娯楽記事等を通じて漁業者および漁村による自主的協力の呼びかけがなされたが、そのような手法はまた各漁村の生産組織の整備と生産力の拡充を通じて国策である水産物の増産という要請に応えることができるという「自由主義」的な立場と結びついていた。それ以後では、中央訓練という全国から一斉に青壮年漁業者を一堂に集め参加者に日本精神主義に基づく錬成を施すことによって国策協力主体を作成するという手法がとられたが、[28]そのような手法は中央・地方水産業会および各地の漁業会からなる水産業団体はそれ自体国策遂行機関であるとする立場と結びついていた。このような転換によってどのような効果がもたらされることになったのかについての考察は第五節で試みたい。そこで以下では、推進隊が構想された当初、推進隊によって推進されるべきなのは増産漁村の構想の練り上げとそれに即した実践であるとされる、この増産漁村の構想に関する議論に目を向けてみたい。

四　海の村を建設する

先の児島の発言に見られるように、増産漁村の構想と建設の必要性という観念はこの期の漁業組合運動の基本的な枠組であったわけであるが、それをめぐる議論も推進隊についての議論と同様に、戦時経済統制制度としての「水産新体制」を確立する動きの中で、漁業組合をどのように改組すべきであるかという観点から行なわれている。これらの議論を通覧するなら、漁業組合の改組および増産漁村の構想に関して立場を異にする二つの議論を認めることができる。この立場の違いは、一九四二年という時点における全漁連指導部と大日本水産会に属するものとの間に見られるものであるが、その間の関係は、前者による改組および増産漁村の構想に後者が介入するという形で展開している。本節ではまずこの二つの立場に検討を加えてみたい。

一九四三年九月一一日に水産業団体法が施行され水産諸団体は国策遂行機関としての定義が与えられることになり、翌年三月頃からこの法令に基づき地方漁業組合を漁業会に改組する動きが認められるが、その過程で全漁連関係者の間に漁業会の性格規定の議論が活発化する。そこでの議論は、かつての大日本水産会の立場からの批判をそのまま受け容れる形で行なわれているように思われるが、この過程で描かれる増産漁村の構想に次に注目してみたい。

最初に全漁連指導部による議論に目を向けてみたいが、ここでは本誌の編集を担当するとともに、時宜に適した理論的考察を常に寄稿している、本誌および全漁連の理論的主導者と目される片柳左右吉の発言を取り上げる。一九四二年五月一九日に公布された水産統制令に基づき一足早く中央統制機関の設立に向けて作業が進行する海洋漁業での動きを目にする中で、次に行なわれる予定の沿岸漁業の新体制をどう確立するのかという課題への取り組みが切実になる一九四二年九月に片柳は「漁業組合の方向と力」を寄稿し、そこで

次のような発言を行なっている。(29)

「私は前に漁業組合の持つ強みとして、その機能が漁村の生産面にあることをいったのであるが、真実ここに漁業組合の力が生み出されて、それがさらに系統組織の中に一貫したものとしてもり上らせられる、つまりこれがすべてを解決することではなかろうかとおもふのである。／単位の漁業組合の基盤が確乎としてその村の生産面であること、これは全く漁業組合運動のつづくかぎり一定不変の原則である。このことを措いてほかに漁業組合の活動指針はないわけである。とかくわれわれのやうな一つの系統運動をおこなっていると、それが誰のためにおこなわれているのかはっきりしなくなってくる。たとえば中央機関のためであるか、地方漁連のためであるかといふやうに。／しかしこれは大きな錯覚である。漁業組合運動の目標は単位漁業組合の経営活動の刷新強化、言葉をかえていへば漁村の人たちの生産活動を昂揚せしめ、さうしてそこに安業楽土の協同態勢をつくり出すことにある。そこからはつきざる漁業生産を通じての翼賛精神が生まれ、責任と自覚を持つ皇国漁民が生長してゆくことであろう。(中略)漁業組合系統組織の活動がとかく今日までいろいろと批判もされ、又とかく論議もあったのであるが、それはすべて漁業組合の持つ特質を生かし得なかったところにあったとすれば、かくあってこそはじめて対社会的にもはっきりした漁業組合の立場を主張し得られることであらう。日本的な協同組合も亦かくしてこそ生れ出るにちがひない。(中略)あくまで漁村の生産力をたかめて、さうしてそれが漁業組合の組織を通じて国家の要請にこたえ得られるやうな態勢をつくり上げることであらねばならない。」

漁業組合の特質、強みはその基盤が村の生産面にあることであるにもかかわらず、これまでそれを十分に生かすことが出来なかった。したがって漁村の生産活動を昂揚させ、その生産力を高めることによってまず安業楽土の協同態勢を作り上げ、そこから国家の要請に応え、翼賛精神に基づく皇国漁民を生長させて行くことを漁業組合運動の指針にすべきであるとされる。村の生産組織に基盤を置く組合を日本的協同組合と名付けていること、そして国家の要請に応えることよりも村の生産組織、生産力を整備し、協同態勢が作成されることに優先順位を与えていることがこの漁業組合・増産漁村の構想の特質である。あくまで漁村の人たちのための組織であるという定義が行なわれており、そしてその定義は新体制設立に臨む上での立場を表している。

ところで村の生産組織に基盤を置く組合をなぜ日本的と称しているのであろうか。「大東亜戦争」一周年を期して行なわれる片柳の発言に目を向けてみたい(30)。

「昔の村は実に純一無雑であったといはれ、漁村ならばその村すべての人が日々楽しくしかも協力的に、村に生き、さかえて行ったものであるといはれている。私は単にこのことを回顧的にいっているわけではない。このことは現在の時にをきかへてみても、実に尊い内容をもつものだとかんがへる。つまりここに日本の国の伝統が生かされ、国難を背負って立つ力づよい、国に殉ぜんとする美しい日本人が生かされ来ったものであると私は信じるのである。一つのものの中に全く渾然として村がまとまり、外からみるときには実にうるはしい村の人たちの進軍の姿がみられ、足音が聞かされるわけのものなのだ。／時は正に大東亜戦争一周年をむかへるときである。この今くらい、日本国民の足並がそろひ、大東亜の建設に向って堂々の総進軍がそのとどろきも高らかに全世界にむかってひびかすべきが要請されているときはない。／わが漁村でも、全漁村の人たちの足並が今くらい、一人のこらず揃ふべきであることがつよく要請されているときはない。(中略)漁業組合はどこまでも、村当局とならび立って村の総進軍のために、徹底的に村民の足並をそろへるやうに経営活動がなされねばならぬことをしるのである。」

大東亜の建設に向けて国民の足並がそろえられる必要があるこの時に、村においても村民の足並がそろえられるよう経営活動がなされねばならない。そのためには、純一無雑ですべての村民が楽しく協力的に生きたとされる昔の村を単に回顧するのではなく、国の伝統として現在の中に生かして行かなくてはならないとされる。常民主義的な協同体像を村・国の伝統として現在の村民のまとまりを創出するために生かすことを通じて、新たな漁業組合と漁村を建設する構想が示されている。ここには民俗学的な知識を領有しつつ漁村建設を構想する過程を認めることができる(片柳が民俗学的な知見をふまえていることについては後で触れる)。そしてこの点にこそ日本的な協同組合という名辞が与えられているのである。

片柳の論文が発表された翌々月号には、大日本水産会の機関誌『水産界』の編集を担当する船山信一による「漁村協同体偶感」が掲載されている(31)。そこには片柳によって示される漁業組合・増産漁村の構想つまり漁村協同体論に介入しつつ再定義を施すことによって漁業組合運動の指針に変更を迫ろうとする発言を認めることができる。

「漁村協同体といふ言葉もあまりはやらなくなったやうであるが、漁業組合運動家もその本質をもっと突込んでかんがへてみる必要があるのではなからうか。漁業者、漁業組合は国家に対して二つの使命をもっている。一つは魚といふ物を供出することであり、もう一つは漁民精神、海洋精神を通して日本の国民精神を旺盛ならしめ、あわせてその健全なる肉体を通じて国家に御奉公申し上げるといふ風に、人として国につくすことである。漁業組合が単に漁業者だけの団体でなく、村(町)全体のことをかんがへねばならぬ理由もそこに見出されよう。私はかかる点からやはり漁村協同体といふ考へ方を正しいものとかんがへる。漁業営団といふやうなものになると魚の方、物の方は強調されても、精神の方、人の方、村の方が後に引込んでしまふやうにおもはれる。(中略)漁村協同体においてはもっと重大な問題がある。それは即ち漁業者同志の間に協同の態勢をつくってゆくことである。即ちたとへば資材の配給にしても、単に買ふことだけを共同にするといふのではなくそれを如何につかふかも共同できめる、しかもその際単に平等にするとか、あるいはまた過去の実績、財力によって多少を決めるとかいふのではなく、誰にどの船にどれだけの資材をやれば組合全体として最もいい能率をあげるかといふ規準の下でやってゆき、そのための障害を断固として切り抜けることである。いはゆる計画生産、生産統制がそれである。(中略)漁村協同体といふものもそれ自身が目的であり、それ自身で完結していると考へるのはあやまりであり、国家に対する使命を果すための協同体、国家に於ける協同体、国家の組織としての協同体とならねばならぬ。それが即ち国民組織としての漁業組合であり皇国漁村である。」

漁村協同体という概念は流行らなくなってはいるがそれを用いることは、営団という観念とは違って、それが物のみならず精神や人や村をも強調するという点で「正しい」けれども、片柳が示すような漁村の人たちのための組織としてそれを定義するのは「あやまり」であり、あくまで国家に対する使命を果すための組織として定義しなくてはならないと、自らの立場の正統性が提起される。また同じ漁村の生産面を強調する議論においても、村民の足並がそろえられるような経営活動を漁村の生産力を高めることを通じて行なうとする片柳の生産についての観念と、漁業者同志の間の共同態勢を計画生産、生産統制を通じて作成するとする船山の観念とは立場を異にしている。このように片柳の提示する漁業組合・増産漁村の構想あるいは漁村協同体論に対して「正しい」けれども「あやまり」であるとして係わろうとするのが船山の議論の特徴なのであるが、このような係わり方からは、「水産新体制」を確立する過程で全漁連と大日本水産会との間に働く勢力関係を見て取ることができる。そしてこのような指導者としての立場からの発言を船山に可能にさせるのは、その立場が国策遂行機関の組織化の要請という農林省の立場に同一化しており、この時代に支配的な体制や言説の側に立つことによっている。ここに見られる勢力関係の帰結は、水産諸団体を国策遂行機関と規定する水産業団体法が一九四三年九月に施行されることによって決定的なものになるが、そこで見られる全漁連の立場からの自己の立場の再定義の過程については以下で検討することにする。

以上のような漁村協同体の概念をめぐってなされる片柳と船山の間の言葉の上での競合関係だけに着目するなら、政府の立場に同一化した指導的な立場からの後者による攻撃に対する前者による抵抗という構図を読み取ることができるかもしれない。そして組織そのものを国策遂行機関にするという立場と生産力拡充を試みる組織を通じて国策に協力するという立場の間に違いを認めなくてはならないことも間違いないけれども、そのことをもって前者を国策に抵抗した試みとして、また後者をそれに追随した試みとして単純に区別してしまうことは戒められなくてはならないであろう。むしろ前者による「つきざる漁業生産を通じての翼賛精神が生まれ、責任と自覚を持つ皇国漁民が生長してゆく」、村のまとまりを通じて「国難を背負って立つ力づよい、国に殉ぜんとする美しい日本人が生かされ来った」などの発言をふまえる限り、生産組織の自律性を唱えるこちらの立場も抵抗というよりも自主的協力という観点から基本的に評価される必要があろう

（この点は自主的協力の呼びかけを通じた推進隊の組織化を評価する際にも言える）。また抵抗と評価し得る側面が認められるのであれば、それはこの「自由主義」的な生産力論の論理と理念のみならず、自主的協力の諸効果の検討を通じても議論される必要があろう。[32] いずれにせよ、片柳による「自由主義」的な立場も船山の立場からの介入を受け容れつつ、自らの立場に再定義を施すことになるのである。

さて、一九四三年九月一一日に水産業団体法が施行され水産諸団体は国策遂行機関としての定義が与えられることになり、翌年三月頃からこの法令に基づき地方漁業組合を漁業会に改組する動きが認められるが、その過程で片柳は漁業会の性格規定についての議論を行なっている。一九四四年三月に発表された「漁業会の基本的性格」では[33]、先の一九四二年での発言と同様に、国家の要請に応えるには生産面の整備をもってあたるべきであるという見解が示されてはいるものの、その生産面の整備が意味するものとは生産力の拡充ではなく、船山の言う生産統制を実施し、生産計画を樹立することに変更されている。そこでの議論のもう一つの特徴は、以前にもまして、伝統の概念つまり漁村固有の不変的性質という本質論的概念を頼みにしていることであろう。漁業組合の漁業経営の重点がこれまで流通面に偏り過ぎ、それによって団体利己主義を招来してしまったことを反省しつつ、「食糧生産者としての責任体制を確立し、全面的に一分の間隙もあらしめずに国家の要請に即応し得る漁村の態勢」として次のような構想を提唱している。[34]

「明治四十三年に漁業法が制定せられ、漁業組合の生誕をここにみたわけであるが、この漁業組合の生誕以前には所謂浦浜制度が漁村固有の相互連帯の責任体制に基き、その郷土協同体の上に於て、従って生産、社会文化の各分野に亘り形成せられていた事はすでに周知の通りである。それは文字通り漁村固有のものであり、古色ゆたかなる日本民族の打ち建てた社会機構であった。漁撈生産から生活、更に経済、文化の点に至る迄、一連の有機的関連を保ち、真に隣保相助の責任体制の上に日本的な村落‐漁村が建設、育成せられていたのである。この事実は幾多の民俗学者に依り驚異と賛美の念を以て論証せられている所であって、全国の漁村を見聞する時尚それが極めて高い現代的意義を与へられ、清新なる機構として再建されているのを知る。（中略）漁業会の持つ新たなる性格は、浦浜時代より昭和の今日に至る漁業組合迄の一貫せるものの総合的所産である。漁業会の持つ新たなる性格といふよりもむしろ新たなる漁業会の性格と称へる方がより適切であるかも知れない。即ち漁村固有の協同体制、あく迄も連帯隣保の上に立つ日本本来の体制に現代的意義を与へ、仍って以てそこに強靭不動の建設が行はるべきものであらう。」

「新たなる漁業会の性格」は、一つの歴史の書き換えを通じて与えられている。一九四〇年代には通常、一九三二年に開始された経済更生運動や一九三三年の漁業法改正との関連から漁業組合の歴史が説かれるのに対して、ここではその起源を明治四三年の漁業法制定以前の浦浜制度に置こうとしている。ここで言われる浦浜制度とは、生産、生活、経済、文化が有機的に連関し、隣保相互の責任体制がとられるという漁村固有の制度であり、古色豊かな日本民族を構成する社会機構であったとされる。そしてこのような事実＝伝統に現代的意義を与え、再建することを通じて、現代漁村の建設はなされなければならないとされるが、この事実＝伝統を論証してきたのは民俗学者であったとされるのである。この浦浜制度に認められるとされる相互連帯の責任体制は、生産統制という観点において価値付けられている。そしてこのような新たな性格規定は、農林省や船山からの働きかけに応えて「正しい」漁村協同体論を描き直す試みとして了解できる。ところでこの生産統制という観点から価値付けられた相互連帯の責任体制とは何を指すのであろうか[35]。

「漁業会は漁村に於ける人々の職能組織である。そしてその自らの組織と活動を通じて、漁村に確固不動の生産責任体制を確立すべき任務と役割とがあるのであって、而も漁民が漁業生産を営み得る、或ひは営まねばならぬといふ職域、職能は国家より附与せられた天恵たるべき性質を持ち、その各々に依って組織せられた漁業会が国家の意志を体して活動する以上、漁民の意志の有無に拘らず当然会員たるべき性質のものであらねばならない。／それは権利義務の問題でもない、或ひは又自由任意といふが如き個人主義的なものである筈はない。つまりは漁業なる天職を持つ日本人として当然の姿であると知らねばならぬのである。この様にあってこそ、漁業なる天職が文字通り神の命ずる尊貴なる意義を持つものであり、湧然として起る矜持と報恩と責任が漁民の胸に湧き上るであらう。」

国家によって天恵として付与された職域において、神によって意義付けられた漁業を天職として全うすることが日本人として当然の姿であり、そこに矜持と報恩と責任が漁民にもたらされるとされる。国策遂行機関としての生産統制制度を天や神の用語を用いつつ神格化し、自然化して語ることがこの責任体制論の特徴であるが、天や神の観念を導入することによって国家による命令や要請を疑う余地のないものと思い込ませる効果を期待しているものと思われる。

以上のように、漁村道場での手法などの援用を通じて、一九四三年の夏あたりを境にして見られた推進隊の組織化に用いられる手法や枠組の変化と軌を一にするように、増産漁村の構想に関しても、一九四二年に見られた漁村の生産力の拡充を強調する「自由主義」的な立場と国家による生産統制を強調する立場の並存状況は、水産業団体法が施行される一九四三年九月以降には前者の立場に変更が強いられることによって、後者の立場に一元化される動きが認められた。一九四四年三月前後に活発化する前者の立場からの自主的変更は、生産統制という観点から漁村の制度的伝統とされるものを価値付け直すことを通じてもたらされたが、そこで援用されるのは民俗学的な知識であり、天や神の観念であった(36)。

五　諸効果の考察——文書回答欄から

ところで上述してきた増産漁村の構想は読者との関係を含めたどのような場の中で編み出され、そのような構想を通じて読者の間でどのような実践が生み出されていったのであろうか、また厳しい増産と統制の要請に読者および漁業者はどう応え、実際のところ統制機関を通じた増産体制の組織化はどのような成果を挙げているのであろうか。このような問いに的確に答えるには、地域社会や政策立案・施行者の社会的文脈をふまえた文化的、社会的、日常的諸実践へのアプローチが不可欠となろうが、ここではそのための手がかりとして、誌面に掲載される、編集部による質問への読者からの回答を編集した文書回答欄や小欄に目を向けてみたい。最初に一九四四年一月号と三月号に掲載される「村の増産隘路と打開策」と題された文書回答欄を取り上げ、次に一九四二年一〇月号と一一月号に掲載される「理想漁村を描く」と題された小欄を取り上げることにする。

片柳による「漁業会の基本的性格」が掲載され、中央水産業会の系統組織として漁業組合を漁業会に改組するための準備が進行する一九四四年一月と三月の誌面では、「村の増産隘路とその打開策」と題して、質問項目と六ヶ所の漁業協同組合（大分県佐賀関漁協、兵庫県香住町漁協、高知県室戸漁協、徳島県椿泊漁協、静岡県由比町漁協、広島県大崎漁協）からの文書回答が掲載されている。[37] 質問項目は、㈠増産を阻んでいるものは何か（イ)資材・労力の不足はどのやうな形で現れているか、(ロ)漁獲物処理問題はどのやうな影響を与へているか、(ハ)価格の関係から増産を阻まれているものはないか、(ニ)技術の関係から増産を阻まれているものはないか、(ホ)漁業者の精神の切換へによってこれらの隘路の打開が可能であるといはれているが、実際問題として痛感されるや）、㈡隘路打開について（イ)前項の諸問題に対し組合としていかなる対策がとられているか、(ロ)また漁業会の設立にあたりいかなる抱負をもって臨まれるや）の二点である。企画の経緯や何故に一本釣、延縄、底曳網、旋網などの漁業への専従の度合いの高いこの六ヶ所であるのか等は定かでないが、各地の漁業組合レベルでの増産への取り組み方やその成果、あるいは増産体制や政策に対する観念などの一端をそこから窺うことができる。

一の項目に関しては(イ)、(ハ)、(ホ)に回答が集中している。(イ)についてはすべての組合から、燃料・資材不足のために豊漁を予期できても休漁する場合が頻繁（佐賀関、室戸、由比）、燃料不足のため重点漁業の機船底曳の出漁回数が三分の一から四分の一に激減（香住）、代用燃料、代用ロープの使用により故障、事故多し（椿泊）、資材不足ゆえに高値の闇取引が顕著（室戸、大崎）、中堅層の応召、南方転出等により労力不足（室戸）、労力不足ゆえ出漁総数の半数は出漁不能（由比）などの回答が寄せられている。すべての組合から出漁に支障をきたしていることが報告されている。「豊漁を予期できても」、「重点漁業なのに」という語り方には、増産使命が語られしかもやる気があるのに最低限の物質的条件さえ与えられないことに対する抗議のニュアンスを読み取ることができる。(ハ)では由比を除く組合から回答があり、一本釣漁業は大衆向漁獲がないため価格の高い市場に横流れする（佐賀関）、中央市場で扱われる魚種から決定される価格は地方では妥当性を持たないため生産者の直売は当然（室戸）、大衆向魚類の価格が安価なので高価なものを捕獲する漁種に転換傾向大（椿泊）、公定価格の制定により低廉になった魚種は減産および出漁差控え(香住)、魚価の安いチヌ釣、グチ釣、メバル釣を行うものは皆無(大崎)などの回答が見られる。農林省、中央水産業会の方針である大衆魚の増産という要求に耳を貸すものは場所や漁種に関係なく見られない。闇販売も見られるし、公定価格の設定によって安価になった漁種に対する漁業放棄も見られる。資材・労力の不足を魚価の高値で補うことによって生計を保っていた当時の漁業者にとって、魚価の高値だけが最後の頼みの綱であったことが分かる。㈭にもすべての組合から回答がみられ、精神昂揚をもって㈧の問題に対処することは困難(佐賀関)、沿岸漁業では魚価の改定が先決であり、精神昂揚はそれに伴う(室戸)、㈠の条件打開は至難、㈧は補助金などの方法によって一部打開可(香住)、実際には困難であるが、漁民に時局認識を普及徹底させ漁業計画による食糧確保への積極的協力の要請必要(椿泊)、時局認識の周知の必要(由比、大崎)などが見られる。積極的に答えようとするものに、精神の切換えをもってしては根本的な打開は不可能と見なす見解が目立つ。そこでは室戸漁協のように精神昂揚よりも魚価の改定の方が先決という主張も見られるし、補助金の支給や時局認識の周知徹底を通じて一部打開可能という意見も見られる。総じて精神の切換えをもって根本的な解決策と見なしていない傾向が認められる。

では㈡の項目への回答はどうであろうか。㈠についてはすべての組合から回答が見られ、少ない資材と労力を有効に用いるための共同経営という対策(佐賀関、香住、由比、大崎では個々の出漁を認めない乗り合わせ出漁、香住では底曳網の共同経営)と、資材の重点配給という対策(室戸では漁期と漁種をふまえた重点配給、椿泊では漁獲実績に応じた重点配給)が目立つが、その他にも、大衆魚集荷のための勤労奉仕と一本釣という漁法の転換(佐賀関)、公定価格と小売価格の差額を生産奨励金として交付(香住)、精算払戻制(室戸)、国民学校、青年学校の水産教育への援助を通じた補充船員の養成(室戸)、推進隊活動を通じた精神昂揚(香住)、遠洋漁船入港中の訓練座談会開催と船中文庫の設置を通じた精神昂揚(室戸)などの回答がみられる。各地で場所の事情に応じた前向きな対策が編み出され、実施されていることが分かるが、資材と労力の枯渇への対策として共同経営化が実際に進んでいることは、先に見た片柳によって漁村固有の郷土協同体と伝統に即した漁村の再建構想が提出されることのタイミングを理解する上で注目に値する。(ロ)では佐賀関以外から回答が寄せられているが、国策統制機関として統制機能と会員の精神修養の強化（室戸）という漁業会の一般的性格を確認する回答や、年一回の漁民増産大会、毎月の増産青年常会の開催と女子への漁撈指導（椿泊）という個々の施策計画を述べる回答が見られる一方で、大衆魚の増産を図り易いように公定価格の改正を望む（香住）、速やかな配給を可能とするよう商人を含めた漁業会の設立を望む（由比）、漁業者や魚価の実情をよく知った上で指導されることを望む（大崎）など中央、地方水産業会に対して実情理解と適正施策を要望する回答も見られる。

およそ燃料、資材、労力不足と公定価格の設定法の二点が増産を阻む主要因として指摘されているが、前者に対しては多くの組合で共同経営、資源の重点配給などの対策が講じられているのに対して、後者では、香住漁協で生産奨励金を交付するという対策が講じられている他は、一本釣なので魚価の高い市場に横流れするのを防ぐことは困難、公定価格を守ると生産費を割り込んでしまうのだから直売は当然という発言に見られるように、自ら対策を講じることは不可能であり、むしろ地方漁業の実情や漁種の特質を充分に理解した上で中央、地方水産業会の方こそが公定価格の改定という対策を講じなくてはならないと、逆に問い返し、それを漁業会設立への抱負として提示する組合さえ認めることができる。ここには同じ号で片柳によって提唱される神によって意義付けられた天職として漁業に勤しむ漁民とは異なる異議申す漁民を窺うことができる。これらの回答が言わんとすることとは、資材・労力という物質的な条件を欠いたまま増産をせよ、生活を維持することの見込みさえ立たない公定価格を遵守せよという要請には、事態を改善するためのいくつかの対処法を講じることはできても、根本的な解決をもって応じることは不可能であるし、ましてや精神の切換えを通じて打開できるものではないということであり、そしてこのような物質主義的かつ批判的な発話は生活と生産の現実に根ざしている。とはいえここで注意しておきたいことがある。それはここで回答を寄せているのは、いずれも一本釣、延縄、底曳網、旋網などの漁業に専従する度合いの高い漁村の組合であるということである。全国の漁協に満遍なく質問項目を配布した結果、ここでの六ヶ所からしか回答を得られなかったということなのか、調査企画者が最初からこの六ヶ所ないしは漁業に専従する度合いの高い漁村に狙いを定めて調査を実施したのかは定かでないが、前者であるならこの少し前の時期に増産実績を挙げているとされる養殖漁村や半農半漁村からの回答が皆無であるとは考え難いので、後者であるものと推察できる。つまり遠方出漁も含めて積極的に海洋へ乗り出していく漁労形態や漁獲物の販売を通じて生計の維持がなされる専従の度合いの高い漁業形態においては、燃料不足の問題や漁獲物の流通統制違反の問題を生起し易い、あるいは多様な面で統制経済制度との間に矛盾をきたし易いということは予想できることであり、そうであれば、この質問調査はこのような問題が語られることになることを想定しつつむしろそれを表に出し、明瞭に把握しようとする意図のもとに実施されているものと了解できる。そしてその調査結果として、精神の切換えは増産への根本的打開策とはなり得ない、策を講じなくてはならないのはむしろ公定価格の設定法であるなどの回答を形にして表していることからは、現行の施策の問題点を明瞭にすることによって新たに対策の必要な点を周知させるという意図のみならず、これまで見てきたような精神修養や心身の錬成を通じて強制的に統制系統組織を組織化しようとするこの時期に支配的な立場に対する「自由主義」的な立場からの否認を漁業者の口を借りて形にしようとする暗黙の意図も推察できないことはない。いずれにせよ、国策遂行機関としての統制系統組織の組織化、錬成を通じた指導者層の組織化、「相互連帯の責任体制」という伝統を生かした協同体の再建などを通じた増産の企ても、物質的条件や市場的現実への配慮を欠いたままでは、ここで回答を行なっている諸漁村に関する限り、目に見える成果を収めることはできなかったことが分かる。とはいえ、ここでの回答では限度まで生活を切り詰めて協力に励んでもこれ以上の増産結果を出すのは難しいという主張がなされているのであり、またこのような条件の制約の中でも一九四三年度までは全国の総漁獲量は減少しなかったこと[38]などをふまえるなら、むしろ心身の錬成や各種教化を通じて協力要請に応じる組織や主体を作成することの成果はある程度収められているものと推察される。そのことはまた物質的条件さえ整えば、このような自主的に国策に応じ増産に取組む組織や主体からなる総動員体制はそれなりの効果を発揮する余地があることをも意味していよう。では、この国策協力組織としての漁村の構想は、読者の間でどのように描かれていたのであろうか。

やや時代を遡るが、一九四二年一〇月号と一一月号には「理想漁村を描く」と題された小欄で、七人（茨城県那珂湊漁業協同組合・園部恒之介、石川県小木町立青年学校・清水不二男、山口県農漁団体協力会・山田頼道、愛知県豊浜漁業協同組合・西崎鎌吉、愛知県師崎青年学校・北井浅夫、千葉県小湊町漁業協同組合・石崎卓也、石川県橋立村立青年学校・時岡定治）による理想の漁村像が紹介されている。[39] 先に触れた児島秋夫の議論（一九四二年三月）に見られるように、この期の全漁連では、増産を得るには個々の施策よりもまず増産漁村の構想を打ち建てることが先決であるという立場がとられており、この欄もこのような立場に立って企画されたものと思われる。先の文書回答欄と同様に編集部の側からの質問に答えるという形式を通じてこの小欄も編まれたものであろうが、その経緯は定かでない。農漁団体協力会については不明であるが、それ以外では各地の漁業組合の恐らく指導的な立場にいるものか青年学校の教員のどちらかから回答が寄せられている。

記述の特徴としては、紙幅の制限によるものと思われるが、詳細に漁村の全体像やその建設法を描くというよりも、一言でそれらのポイントを提示するという描き方が目立つ。言説の上での最も大きな特徴は、漁協職員および農漁団体協力会員では漁業組合の内側の視点からそれを中心に置くことによって漁村を構想しているのに対して、青年学校教員では組合の視点よりも国民教育の視点に基いて漁村が構想されているという点であろう。行なわれるべき事業・施設の運営・設立として、漁業経営、漁獲物の処理、住宅、共同浴場、共同炊事場、診療所、簡易図書館、文化施設、塾などが掲げられているが、漁協職員および農漁団体協力会員では漁業生産に直接関連する事業・施設だけか、さもなくば俯瞰的に生活全般に目を向けようとする傾向があるのに対して、青年学校教員では生産に関連する事業・施設には触れることなく、教養を高めるための施設の必要性（清水、北井）や職域奉公の観念を主体化させるための塾の必要性（時岡）が主張される。事業・施設への言及とともに、漁村建設の上で重要な点として広く言及されているのは指導者の必要性である。漁業組合に優秀で熱と力のある人物が必要であるという簡単な指摘をするもの（園部、西崎）、指導者は組合員を責めずかつ侮らず、挺身範を衆に示し、大衆も指導者を信服すべきという一般的な教訓を述べるとともに漁村代表者を市町村議会や翼賛会に送るべきであるとするもの（石崎）、高利貸的な組合幹部の交替を唱えるもの（山田）、正しい信仰に基く思想と犠牲的精神に拠る指導者を養成するための推進員塾の必要性を説くもの（時岡）などが見られる。このように漁協職員や農漁団体協力会員では、組合を中心に置きつつ生産を軸としたトータルな漁村像が描かれるのに対して、青年学校教員では、教育という観点から教養を身に付け、職域奉公の観念を内面化した主体によって構成される漁村像が描かれるという特徴を認め得るのであるが、指導者に関しては教育という観点のはっきりした後者の方が積極的かつ具体的に養成法を論じる傾向を認めることができる。そこで多少詳しく構想を描いた回答を取り上げて、漁協職員および農漁団体協力会員による言説と青年学校教員による言説とを見比べておきたい。

まず山口県農漁団体協力会の山田頼道による発言に目を向ける。(40)「半農半漁程度の漁村ならば、村に漁政のないのが普通である。故に将来の漁村では村政の上に漁業を強く反映さすことが必要である。高利貸的な組合幹部を後退せしめて、協同組合として強く発展し、金融を含んだものとして伸びなかったら、国策に順応出来なくなって来ると思ふ。大敷網等は組合で経営し、不衛生な漁家を組合営の住宅等となし、協同井戸を生かして共同風呂、共同炊事も導入されてよいと思ふ。漁船は小型は隣保班で大型は部落で所有し、青年宿等を通じて共同作業を行ふ様にしなければいけない。特に婦人の副業を指導し、家庭の明朗を計ると同時に、少なくとも副食物ぐらいは婦人の手で自給されなければならない。また浦特有の小さな商家も、組合の消費生活の合理的指導によって、姿を消さなければならない」。漁業を村政に反映させることのできる、協同組合を中心とした漁村の構想が生産と消費の全体にわたる事業と施設の列挙を通じて描かれているが、このような漁村は高利貸的な組合幹部や浦に特有な小商家を駆逐することによってもたらされるとされる。ここに見られる、村の生産組織や生産力が整備され、協同態勢が整えられることによって国策にも順応することができるという「自由主義」的立場は、この小欄が掲載される前月号に掲載され、上で検討を加えた片柳による「漁業組合の方向と力」での立場と同様なものと見なすことができる。次に石川県橋立村立青年学校の時岡定治による発言に注目する。(41)「神の加護をお祈りして漁業者が一つの協同体となり、精神的にも経済的にも共存共栄の実を挙ぐるに足る漁村協同体を組織して、職域奉公に邁進することが急務である。／漁業は神の

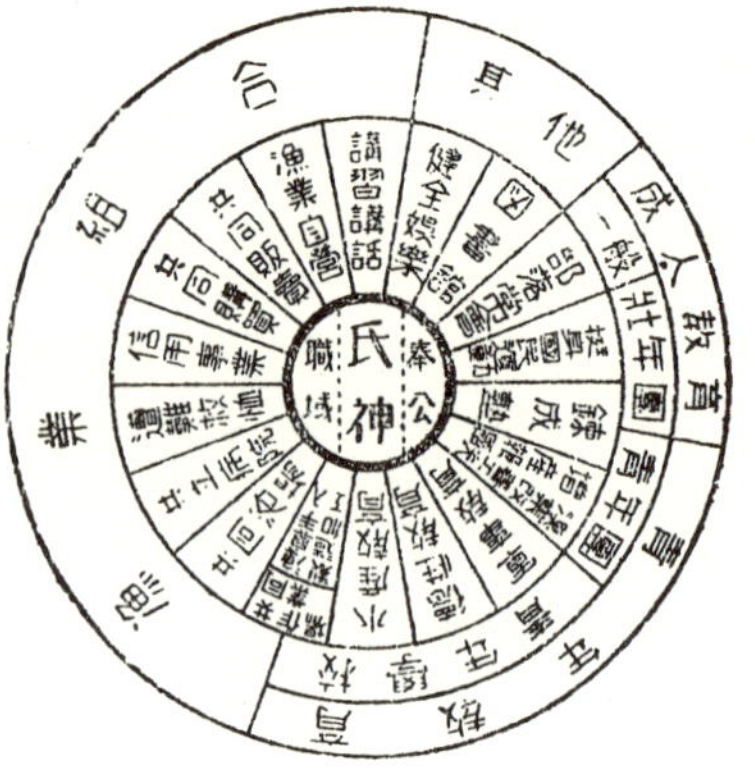

図4　時岡によって作成された石川県の実情をふまえた理想の漁村協同生活体の図。

授け賜へる聖業であり、漁業を通して御奉公申上げるところに個人主義（漁業組合対漁業組合等の団体個人主義を含む）の思想は排除せられ、戦時下の理想漁村が建設されると思ふ。／そしてここには強固な信念と正しい信仰に基く健全な思想と犠牲的精神に燃ゆる指導者が必要である。／あらゆる施設も文化も茲に始めて建設され、実質的な理想漁村が生れるであらう。／私は「理想漁村はかくあるべし」と論ずる前に、中堅人物の錬成（推進員塾）とその後継者の養成（青年塾）を叫びたい」。ここで特徴的なのは、この短い発言が論争的な口調を帯びていて、しかもその攻撃対象が上に見た山田や一九四二年の時点における片柳らの「自由主義」的な立場であるということであろう。時岡の定義によるなら山田や片柳らの構想は「団体個人主義」に分類され、それを排除することによって神の加護のもとに職域奉公に邁進する理想の協同体は建設されるとされる。さらに「理想の漁村はかくあるべし」とはこの小欄の話題であるだけでなく、この期の漁業組合運動における基本的テーマでもあったわけであるが、この立場に対しても攻撃が加えられ、それよりも指導者たる中堅人物の錬成を優先させるべきであるとされる。職域奉公の概念を団体個人主義に取って換えようとする主張は、この時岡の記事と同じ頁に掲載される先に触れた船山信一の「漁村協同体偶感」での立場と同様なものと見なすことができ、また理想漁村を論じる前に指導者の錬成が先決であるという主張は、冒頭で検討を加えた、推進隊を組織化するための手法や枠組を出版物や文化施設を中心とするものから中央訓練を通じた心身の錬成へと転換させようとする立場と同様なものと見なすことができる。また神観念や職域観念を通じて漁業や漁村を論じる視点は、片柳による一九四四年の生産責任体制論を先取りするものと見なし得るかもしれない（図4参照）。

このようにこの小欄には、同時期に見られた漁村協同体をめぐる『海の村』の編集担当の片柳左右吉と『水産界』の編集担当の船山信一との間の言説上の抗争に見られるものと同様な立場の相違を認めることができるが、ここでも船山らと立場を同じにする青年学校教員の方から相手の立場に変更を迫る積極的な介入がなされているように思われる。このような編集担当と地方の読者との間の言葉の上での応答関係をふまえるなら、青年学校教員や地方漁協関係者などの地方における指導者層のレベルに限るなら、中央の発話者と地方の聴衆との間に相互に効果を及ぼし合うことを可能にする雑誌を介した場が成立していることを認めることができる。このような小欄はその後の誌面では見かけることができないので、これ以後に地方において漁村協同体論および増産漁村の構想としてどのような議論の展開が見られたのかは定かでないが、これまで行なってきた考察をふまえるなら、地方においても農林省や水産会の立場に近い青年学校教員の立場が主導的な役割を演じていることを推察できるし、であればそのような立場の普及に青年学校生が役割を果たしていることも推察できる。先に見た「村の増産隘路と打開策」という文書回答欄では、漁協職員による代言を通じてではあっても、漁業者による解釈や実践がふまえられていたのに対して、「理想の漁村を描く」という小欄では、このような過程を窺うことができないのは、全体的秩序を構想しつつそれを周知徹底させることが指導者たる者の要件を構成する行為だからであろうか。

六　結語

以上本稿では、海国思想と村の自立更生策を結びつける新しい立場を通じて編集された雑誌『海の村』の分析を漁業組合や水産関連の誌面、わけても推進隊をめぐる言説と増産漁村および漁村協同体をめぐる言説に注目することによって試みてきた。いずれにおいても、一九四二年の時点では、来たるべき「水産新体制」の構想をめぐって、主に漁業組合関係者のとるあくまで漁村の生産組織の整備と生産力の拡充を通じて国策である水産物増産の要請に応えることができるとする「自由主義」的な立場と、主に大日本水産会、農林省関係者のとる漁村および漁業組合自体を国策遂行機関として再編成しようとする強制的統制論の立場との間の競合が後者が主導的な位置に立つとはいえ見られたが、水産業団体法の施行を通じてそれが具体化される一九四三年には、前者の立場は後者の立場からの変更の要請を受け容れることになり、強制的統制論以外の立場は見られなくなってしまう。そこでは、日本精神主義に基づく錬成という概念が推進隊の組織化や国策協力主体を作成するための基本的な枠組となり、民俗学によって事実＝伝統と見なされる相互連帯の責任体制をモデルとする強制的統制論によって漁村や漁業会の基本的性格規定が行なわれている。このような錬成という枠組や強制的統制論を通じた推進隊や漁業会や漁村の組織化によってもたらされることになったのは、物質的な条件を欠いたままでは増産という成果を実際にはもたらせることはなかった一方で、ここでは地方の指導者層レベルにおける意識の断片までしか明らかには出来なかったけれども、日本精神主義や民俗学的な常民主義の枠組を通じて産出される国策の要請に応じ、増産に精励する主体や組織とそれとともに成立つ制度である。この点を地域社会の文脈をふまえながらさらに細かく究明することに今後の課題を見出すことができる。

この課題への取り組みには、とりわけ一九三〇年代以降の日本精神主義や一国民俗学的な常民主義の言説の構築・流通過程をそこに介在する諸装置の働きとともに把握しようとすることが不可欠になるが[42]、ここで忘れてはならないのは、戦時統制体制と銃後の生活がどのようであったのかというこのような言説や装置の効果への問いは、同時にそこで構築される文化や社会が戦後の文化・社会の構築過程でどのような作用を及ぼしているのかというもう一つの効果への問いに結びついていなくてはならないという視点であろう。戦前と戦後の区別を所与のものとして扱う戦後文化・社会の一般的通念に抗して、双方を見渡す視野に立って現代文化・社会を批判的に捉え返す試みこそが今日必要とされているのではないか[43]。そこでは日本精神主義に基づく錬成概念のみならず、むしろ「自由主義」的な常民主義から強制的統制論の立場に立つ常民主義へと増産漁村および漁村協同体を論じる立場を自主的に再編した「自由主義」的な立場の系譜を中央・地方水産業会や漁業会という団体・組織の戦後の再編過程を通じて把握することが必要となろう。そこでこのような試みを、一九四六年一月に中央水産業会の機関誌として復刊されることになる『漁村』を取り上げつつ行なうことを今後のひとまずの課題としたい。

註

（1）戸坂潤『日本イデオロギー論』岩波文庫、一九七七年、一一九頁。原著は一九三五年に白揚社より刊行。

（2）小川徹太郎「海国論の系譜――海国、海村、海人言説の脱構築・素描⑴」（二〇〇一年七月二二日、歴史表象研究会発表論文）、「海民モデルに対する一私見」（『地方史研究』二九三号、二〇〇一年、五―一〇頁）［本書、10章］、「柳田国男の島国論1――海国、海村、海人言説の脱構築・素描⑵」（二〇〇二年一二月二六日、歴史表象研究会発表論文）など参照。

（3）片柳左右吉「編集後記」『漁村』一九四二年二月、九〇頁。

（4）同前。

（5）「漁業増産報国推進隊諸君へ！」『海の村』一九四二年三月、九九頁。

（6）全国漁業協同組合連合会・水産業協同組合制度史編纂委員会編『水産業協同組合制度史1』水産庁、一九七一年、七八二頁。

（7）上述したように推進隊の構想は一九四一年一〇月に開催された地方漁連会長会議で立ち上げられたわけであるが、青壮年への錬成を通じて指導者層を養成することによって生産力拡充をもたらし、統制体制を確立しようとする組織的な試みは漁業協同組合より以前に大日本産業報国会（一九四一年六月より中央訓練）や農業報国連盟（一九四〇年一二月より中央訓練）などで見られたようであるから、ここでの地方漁連会長会議での議決もこれらの一連の試みに倣いつつ発案されたものと思われる。寺崎昌男・戦時下教育研究会編『総力戦体制と教育――皇国民「錬成」の理念と実践』（東京大学出版会、一九八七年、二六一頁）、石原治良『農事訓練と隊組織による食糧増産』（農業技術協会、一九四九年、一五頁）参照。

（8）児島秋夫「推進隊覚え書」『海の村』一九四二年三月、五五頁。

（9）同前、五六、五七頁。

（10）「推進隊だより」『海の村』一九四二年四月、八八頁。

（11）本誌特派記者「房総半島をめぐる決戦下の漁村見聞」『海の村』一九四二年六月、七三頁。

（12）「推進隊をつくる（一・二）――ある島の青年たちの話」『海の村』一九四二年九月、一〇月、各八四―八八、三〇―三五頁。

（13）「増産推進隊の活躍！――千葉県南行徳漁業報国推進隊の近況」『海の村』一九四三年二月。

（14）「戦ふ増産推進隊」『海の村』一九四三年八月。

（15）漁村におけるその動向の概況については、「漁村経済更生運動の展開」（全国漁業協同組合連合会・水産業協同組合制度史編纂委員会編『水産業協同組合制度史1』前掲、三九四―四〇六頁）参照。

（16）「漁民道場長に聴く――沿岸漁業及漁民の事などに付て」『海の村』一九四二年八月、四―八頁。

（17）「千葉県推進隊大会（現地特派）」『海の村』一九四三年五月。

(18)「水産業団体法」全国漁業協同組合連合会・水産業協同組合制度史編纂委員会編『水産業協同組合制度史4』水産庁、一九七一年、三七一―三八一頁。
(19)「漁業戦士士に鍛ふ　第一回漁業増産報国推進隊中央訓練記」『海の村』一九四三年一〇・一一月、三九―四二頁。
(20) 船山信一「第二回漁業増産報国推進隊中央訓練参加記――隊員としての感想」『海の村』一九四四年八月、一七頁。
(21) 一村健一「北海道浜中村実践隊を訪ふ――推進隊活動事例」『海の村』一九四四年二月、三七頁。
(22)「高知県水産業会――地方水産業会素描」『海の村』一九四四年二月、二〇頁。
(23)「水産風土記――岡山県・広島県の巻」『海の村』一九四四年二月、二五頁。
(24)「皇国漁民、時局の陣頭に立つ」『海の村』一九四四年二月、三七頁。
(25) 一村健一「推進隊回訪記――兵庫県の巻」『海の村』一九四四年一〇・一一月、四三頁。
(26)「漁村漫訪――千葉県小湊の巻」『海の村』一九四四年一月、三七頁。
(27) 一村健一「北海道浜中村実践隊を訪ふ――推進隊活動事例」前掲、三七頁。
(28) 錬成体制の総体へのアプローチは、寺崎昌男・戦時下教育研究会編『総力戦体制と教育――皇国民「錬成」の理念と実践』(前掲)を参照。
(29) 片柳左右吉「漁業組合の方向と力」『海の村』一九四二年九月、六頁。
(30) 片柳左右吉「漁村建設の問題(三)」『海の村』一九四二年一二月、七五頁。
(31) 船山信一「漁村協同体偶感」『海の村』一九四二年一一月、七一頁。
(32) 山之内靖「戦時期の遺産とその両義性」(『社会科学の方法』第三巻、岩波書店、一九九三年)やヴィクター・コシュマン「規律的規範としての資本主義の精神――大塚久雄の戦後思想」(山之内靖、ヴィクター・コシュマン、成田龍一編『総力戦と現代化』柏書房、一九九五年)は大河内一男や大塚久雄による「自由主義」的な生産力理論が戦時動員体制において果たすことになった、戦時体制において主体性や自律性を語ることによって民主的参加のモメントを最大限に生かそうとしたことがむしろ、主体性や自律性を戦争体制に内包する試みであったという両義的な働きを指摘しつつ、ファシズムと自由主義の間の共謀関係について論じている。
(33) 片柳左右吉「漁業会の基本的性格」『海の村』一九四四年三月、二―八頁。
(34) 同前、五・六頁。
(35) 同前、七頁。
(36) ここで検討してきた漁村協同体や増産漁村の構想は、二つの他者化と自己卓越化の契機を含んでいることをここで指摘しておきたい。一つは「大東亜」との関係を通じて形成される言説の側面。「海の村」は「内地」のみならず「共栄圏の沿岸に建設」されるべきものとされるが(尾崎正夫「明日の海の村をおもふ」『海の村』一九四二年三月、二二頁)、このような構想は労務問題の中で語られる。たとえば東畑精一（「海洋国家の基礎として漁村を再編」『海の村』一九四二年七月、三・四頁）によると、「小さな漁業者の数が多過ぎるといふことが、漁業の発達をさまたげているし、漁業者の生活を貧困にしている」ので、漁業者の生活を安定させるには、「副業を与へて現状維持をはかるといふ行き方ではなく、専業者を中心に労力を組織立てて、余った労力は移民なり分村なりで計画的に送り出す」ことが必要とされるが、海の共栄圏である大東亜共栄圏では漁村の労力を生かすことができるため、「それらの貴重な労力を、漁村経営とにらみ合せて、計画的に送り出すといふことが、漁業組合の仕事です。これからは漁民としてよりも海洋国民として指導・啓蒙してゆくことが必要」とされる。過剰人口問題の解決法として「海の村」の建設が論じられているわけであるが、漁民としてよりも海洋国民として指導され、「日本の漁師から、大東亜共栄圏の漁師になる」（小山祐士「短篇劇　海上に日出ず」『海の村』一九四四年一月、一三頁）ことは、「南洋土着民族」に対する「海の村」の建設指導者になることを意味していた。「海の村」の建設に参加し、「大東亜」に移民・分村することと（出稼は否定される）が社会的地位の上昇をもたらせるとする語りが「内地」および「南洋土着民族」にどのような作用を及ぼすことになったのかについての究明は今後の課題としなくてはならないが、この「大東亜」の他者化は、大東亜共栄圏の視野に立って構想される「海の村」の建設にとって本質的な契機であることをここで強調しておきたい。東畑精一の植民政策学については、盛田良治「東畑精一における「植民政策学」の展開」（『日本学報』一七号、一九九八年）参照。また、南進報国隊から発展した皇道産業焼津践団についての事例研究として、望月雅彦「（有）皇道産業焼津践団の活動——比島軍政とフィリピン水産業開発団」（『静岡県近代史研究』二二号、一九九六年）がある。もう一つは「東京」との関係を通じて形成される言説の側面。この語りも漁業離れをいかに食い止めるべきかという労務問題との結び付きを強く持つが（本誌特派記者「房総半島をめぐる決戦下の漁村見聞」前掲、七二頁）、増産漁村の構想は東京に主として認められるとされる「文化生活」や「欧米的思想のにほい」に対する攻撃を伴っている。「東京だより」という連載小欄は、「思へば商人根性といふシミはなかなか身体から抜け出ぬものらしい。都会からも、殊に地方からは、日本古来の伝統ある健全娯楽をどしどしもり立てて、まだまだ英米的思想のにほいの多い都会の娯楽をおっぱらってもらいたいものだ」（『海の村』一九四二年六月、九七頁）、「つい先達の東京の新聞に翼賛会などのきも入りで今度男子の髪の型が三種類に大体きまりそうだといふ。実際このやうな時代になってもまだまだアメリカの映画のなかからぬけ出して来たやうな、気障なのがいるが、あれなど全く日本人としての恥ではなからうか」などの言葉遣いに満ちている。日本古来の伝統や地方文化に根ざした正統な文化生活を定義しつつ、それを英米思想のにおいのする文化生活に取って換えようとすることがこの時代の新文化建設論の基本的なテーマであったものと思われるが、ここでの増産漁村の構想、とりわけ雑誌の教養・娯楽記事もその一翼を担っている。正統とされる文化を身に付けることによって、漁村の文化的な「遅れ」から解放されることが説かれるのであるが、この時代の民俗学や郷土研究の社会的機能とりわけその知識の常識化の考察も含め、このような文化理論の諸作用やヘゲモニー的側面も究明される必要があろう。この時期の文化の状況については、赤澤史朗・北河賢三編『文化とファシズム――戦時期日本における文化の光芒』（日本経済評論社、一九九三年）参照。資本主義的消費文化によって生じる社会的不均衡への対処法として柳田国男らによって構想された常民主義的共同体論については、Harry Harootunian. "The Communal Body" (*Overcome by Modernity: History, Culture, and Community in Interwar Japan*, Princeton University Press, 2000) 参照。

(37)「村の増産隘路と打開策」『海の村』一九四四年一月、三月、各二三―三〇、三三頁。

(38) 全国漁業協同組合連合会・水産業協同組合制度史編纂委員会編『水産業協同組合制度史1』前掲、八一二頁。

(39)「理想漁村を描く」『海の村』一九四二年一〇、一一月、各三〇―三五、七〇・七一頁。

(40) 同前、三二・三三頁。

(41) 同前、七〇・七一頁。

(42) 一国民俗学的な常民主義の言説については、Harry Harootunian. "The Communal Body"（前掲）による分析がある。

(43) このような視点に立った思想や文化・社会の歴史叙述として山之内靖、ヴィクター・コシュマン、成田龍一編『総力戦と現代化』（前掲）を挙げておく。地方における文化運動に注目した叙述として北河賢三『戦後の出発――文化運動・青年団・戦争未亡人』（青木書店、二〇〇〇年）があり、地方における社会運動に注目した叙述として雨宮昭一『総力戦体制と地方自治――既成勢力の自己革新と市町村の政治』（青木書店、一九九九年）、森武麿、大門正克編著『地域における戦時と戦後――庄内地方の農村・都市・社会運動』（日本経済評論社、一九九六年）がある。また、日本におけるドイツ文学者の発言における戦時と戦後の関係について論じたものとして池田浩士「あとがきにかえて」（『ファシズムと文学――ヒトラーを支えた作家たち』白水社、一九七八年）がある。

（付記）雑誌『海の村』の閲覧に際しては、大阪市立大学学術情報総合センター、京都大学附属図書館、財団法人労働科学研究所図書館、明治大学生田図書館からのご協力を得た。記して謝意を表したい。また、本稿の脱稿後に平田哲男氏より船山信一に自伝『ひとすじの道――唯物論哲学者の自分史』（三一書房、一九九四年）があることをご教示いただいた。ここではこの記述をふまえることはできなかったが、今後の作業と思考の中で生かしていきたいと思う。平田氏にも謝意を表したい。

14 移住をとらえる視点――野地恒有著『移住漁民の民俗学的研究』を読む

本書は、鹿児島県屋久島、青森県大畑町、静岡県下田町、島根県隠岐島で一九八〇―九〇年代にかけて行なわれた現地調査に基づく、移住漁民の民俗誌学的研究である。著者は移住漁民の民俗誌学的研究を「移住誌」研究と名付け、その視点と方法について概説しているので、まずそこに目を向けてみたい。「漁民の移住とその漁業を移住先の地域において把握する研究を、本研究では「移住誌」研究と呼ぶ。移住誌は、移住をとおして漁撈伝承を記述する移住民俗誌であり、移住先の地域における移住漁民の漁撈技術の変容を記述することを主眼とする。移住誌構築の視角は㈢で述べるが、その移住誌を構成する資料は、おもに、移住漁民たちからの聞き取りと彼らの漁業の現地調査によって得られる。具体的な移住経験の聞き取りが可能となる対象は、移住第二世代までの漁民であると考えられる。したがって、本研究は、ほぼ一九〇〇年代以降の出漁と移住を対象とする。本研究における移住誌の構築とは、一九〇〇年代以降の移住において、移住漁民が展開する漁業の態様をとらえる作業のことである」（四頁）と著者は移住誌研究を定義するが、このようなアプローチは柳田国男の移住研究と桜田勝徳の漁村民俗研究で発せられた問いを引継ぐものと位置付けられている。著者によると、一九三四年以前の柳田の諸論考〔「島々の話1―4」（各一九〇九、一九一〇、一九一四、一九二四年）、「島の歴史と芸術」（一九二八年）、「高麗島の伝説」（一九三三年）、「八丈島流人帳」（一九三三年）、「青ヶ島往還記」（一九三三年）など〕では、とりわけ『海上の道』（一九六一年）に見られる

「稲作という単一・同質の文化を前提とした島々の共通性に立って、巨視的にとらえられた日本列島における民族の移住」(七頁)を捉える観点が支配的になることによって忘却されることになる、「島々の多様性に立って、微視的にとらえられた移住」(同前)を捉える観点がみられ、この後者の観点こそが柳田によって取残された課題であるとされる。また著者によると、『漁村民俗論』(一九三四年)から『漁人』(一九四二年)に至る過程で形成された、「地先沿岸漁業を営む漁村における村仕事的共同労働の形態をとる漁業」(一七三頁)や「部落総有的な生産機構と村落組織との結びつき」(一七六頁)を主題化する視点は第二次大戦後に桜田勝徳によって展開される「〈漁村民俗論の中核」(一七三頁)となる一方で、その視点が第二次大戦前の漁村においてのみ有効であったとされるために、この戦後の漁村民俗論では、その限界を超えていこうとして「海洋性と出漁・移住漁民」(二〇四頁)の問題が提起されるが、この問題こそが桜田によって取残された課題であるとされる。この海洋性と出漁・移住漁民の問題は、それぞれ『海村生活の研究』(一九四九年、現地調査は一九三七―三九年)に収録された「背後農村との交渉」と「出漁者と漁業移住」において初発の問いは発せられていたとされ(二〇七頁)、前者はおよそ、「漁業生産側の民俗と海産物消費側の民俗が相互に関連しあって固定、展開、形成」される「日本人の特殊な魚食文化」(一九四頁)つまり「延喜式の〔海洋的要素の強い〕神饌体制の伝統」(一九六頁)を問うという問いのことであり、後者は「伝統の枠の中で、比較的固定した形でくりかえされてきたもの」(一七八頁)を主題化するという従来の漁村民俗論の中核にある視点の偏りを正すべく設定される、漁村の「流動的で合理的な考えを推し進めてきた分野」(同前)あるいは伝統の枠の「崩壊、あるいは変容」(三三五頁)過程を問うという問いであるとされる。ようするに、列島を文化的に均質な場所として巨視的に眺めることを排して、島々の多様性をふまえながら微視的に移住を考察することを柳田によって取残された課題と見なし、村仕事的共同労働の形態をとる漁業に認められる反復される伝統とその崩壊および流動的かつ合理的な考えの双方をふまえようとする視点を桜田によって取残された課題と見なし、これらの課題に取組む試みとして、「移住先の地域における移住漁民の漁撈技術の変容を記述することを主眼とする」移住誌研究の視角は構成されているわけである。

以上のような視点に立ちながら、前半の第一部では一九二〇年代以降に鹿児島県与論島から同県屋久島に移住を行なった漁民の移住先における漁業の展開（第一部第三章「屋久島中間におけるトビウオ漁の変遷と出漁漁民の移住」、第四章「屋久島春牧における与論島漁民の移住とロープ引き漁の技術的基盤」、第五章「屋久島春牧におけるロープ引き漁の漁場行動」）と移住漁民と在来漁民の間の関係（第六章「屋久島の在来漁民によるロープ引き漁の受容」）が二地区の比較を通じて記述され、後半の第二部では、一八九〇年代以降に能登、越中、越後、石見などから漁民の移住がみられた青森県大畑町（第二部第四章「下北半島大畑町のカワサキ衆とイカ釣漁」）、一九二〇年代後半以降に土佐鰹漁船団の出漁・移住が見られた静岡県下田町（第五章「伊豆半島下田港のトサカツ衆とカツオ釣漁」）、一九三〇年代後半から四〇年代に糸満漁民の出漁がみられた島根県隠岐島（第六章「島根県隠岐島・西ノ島町船越の糸満漁民のトビウオ漁」）という三つの出漁・移住先で、在来漁民との関係において出漁・移住漁民の活動が記述される。このような民俗誌学的な記述を通じて得られる主要な結論とは、移住形態に関する「偶発的に移住が行われる受動型と、計画的に移住が行われる能動型」、「移住後の漁業が個別的に行われる個別型と、それが集団的に行われる集団型」、「移住後の漁業が在来漁業の組織に組み込まれることによって形成される依存型と、それが在来漁業の組織とは独立して形成される独立型」（一六三頁）という三つの二元論的な類型のうちの受動的・個別的・依存的という前半に位置する諸範疇よりも能動・集団・独立型という後半の諸範疇に属するものの方が漁撈技術の開発に成功し易く、さらに、「①単一の漁業によって周年的な経営を可能にすること（単一・周年性）、②在来漁業に対して新たな漁獲資源が開拓されること（開拓性）、③在来漁業の衰退・終焉を補完すること（補完性）、④在来漁民に受容されること（汎用性）」（同前）によって特徴付けられる漁業が在来漁業化し易く、定住化に成功し易い、ということのようである。

第二部においては、漁業基地や港町への出漁では半・移住という移住の形態がとられやすいこと（三三七頁）などの言及がなされるものの、糸満漁民の隠岐島への出漁が移住に至らなかったのはそれが在来漁業化しなかったことによる（三三五頁）、青森県大畑町にイカ釣漁が在来漁業化したのはそれが単一・周年性、開拓性、補完性、汎用性という四条件すべてを具えていたからであり、静岡県下田町でカツオ釣漁がそうならなかったのはこのうちの開拓性しか見られなかったからである（三三八頁）などの結論は上記の観点から行われている。ようするに、一般化され中立化された空間を前提とした上で、「定住とは移住の完了」（一五八頁）であり、定住化の成功こそ良き到達点とする移住観によって全体を統制しようとしていることが認められるのであり、この点では微視的な視点から把握される島々の多様性とは、このような移住観を通じて把握される定住化達成の諸段階として了解されているものと思われる。

　ところでこのような定住性を規範とする移民・移住概念を柳田国男が唱えていたことは間違いない。そして著者が柳田から引継いでいるのは単純な微視的視点というより、このような移住概念のようなのである。私見では、このような概念は大正一三年七月にアメリカで排日法が制定されて後に唱えられるようになるのであるが、その骨子は、ポスト排日法期では米、濠をあきらめて、自分たちより生活の低い国に行き、別方法で金儲けをし、従来の出稼ぎ式を改めて土着するという選択肢しか残されていないというものである[1]。それ以前の「几上南洋談」（一九一九年）などでは計画性と協調性が強調されることはあっても、定住性が規範化されることはない。大正期の柳田の移民・移住概念は、基本的に過剰人口問題への対策として文明化の概念と結びついた人道主義的植民地主義の言説として発話されているのであるが[2]、著者の結論部の記述や全体を統括しようとする視点をふまえる限り、著者が柳田から引継いでいるのは単純な微視的視点というよりも、計画性と協調性と定住性に価値を置くこの移民・移住概念であることをひとまず指摘しておきたい。

　そこで以下では、㈠柳田の論考を微視的な観点から島々の多様性を記述したものと巨視的な観点から島々の共通性を記述したものに二分する視点、㈡一九三〇年代には共同体的な伝統が見られたけれども戦後ではそれが不可能になったためにその崩壊とともに新たな合理的な考えを桜田が問題にしようとしたとする戦前・戦中社会の把握の仕方と戦前・戦後の結び付け方、㈢そして再び計画性と協調性と定住性に価値を置く移住概念という三点について民俗誌的叙述をふまえつつ論評を加えておきたい。

　㈠冒頭にも触れたように、著者は柳田における微視的な研究の系譜として、「島々の話1―4」（各一九〇

九、一九一〇、一九一四、一九二四年)、「島の歴史と芸術」(一九二八年)、「高麗島の伝説」(一九三三年)、「八丈島流人帳」(一九三三年)、「青ヶ島往還記」(一九三三年)を挙げている。とはいえこれらを島々の多様性を記述する微視的アプローチとして一つの系譜にまとめ得るのであろうか。「島々の話1・2」では読者に島への関心を喚起するために、島の数、名、名産品に言及しつつ全国的視野から島国の特質を論じるための枠組が示され、そこでは明治後期の三宅雪嶺らによる国民思想再構築という問いが引継がれており(3)、「島々の話4」、「島の歴史と芸術」では沖縄との関係を通じて分節化される「孤島苦」という概念による島々の共同性が提起されており、「高麗島の伝説」は全国を俯瞰した伝説の分布と系統の研究であり、「八丈島流人帳」、「青ヶ島往還記」は流人帳を資料とした微視的民俗誌ではあるが、それは島々の多様性を問題にするというより支配層の温情に支えられて成功する罹災民による計画と統制に基づいた開発を顕彰する現地の語りを全国向けに語り直す、美談の再話としての性格を持つ。島国の特質を描くために島の数、名、名産品を数え上げたり、伝説の全国分布からその古層と変遷を選り分けたりすることはむしろ既成の国家的枠組を通じた巨視的アプローチと見なすべきではないか。そこでの文化的差異や多様性は国家の枠組に拮抗したり疑問を呈したりするものとしてよりも、その枠組の内部でその構成要素として働くものと見なし得る。とりわけ『島』が拠る一国民俗学では、一国を「郷土」、「島」と見立てた上でそのうちの各郷土、島間の相互交通とそれを通じた国民意識の構築が基本課題とされるが、このような課題への取組み、わけても漂着物伝承の分布と系統の研究こそが『海上の道』なのではないか。確かに八重山での舞踊の叙述や八丈島・青ヶ島での流人と開発の叙述は微視的アプローチと見なせようが、先にも触れたようにとりわけ後者は、島々の多様性を描くための叙述というより、現地の美談の再話であり、支配層と困窮者の間の協調性、困窮者により統制管理され独力経営される島開発の計画性を賞賛するという、あるべき地域社会(間)の間柄についての道徳的寓話としての特質を持つ。そしてこのような移住・開発観は、大正期の植民地主義的な移住概念と著者のそれとの双方に認められるものである。この寓話が目指すものの一つを挙げるなら「遥かなる島まで」(一九二七年)で記されているような島々および国民間の国体としての結合であり、さらにこのような協調性を旨とするあるべき現代・未来的な社会・国体観と伝説や語彙の変遷を通じて国民的な過去を表象する歴史像とは不可分な関係にある。このように『海上の道』を巨視的観点から島々の共通性を記述したものとして退けつつ、「島々の話1」以下の諸論考を微視的研究の系譜として持ち上げることによって設定される「新しい」視点は、それによって双方の文化的差異と共通性の取り扱い方が同質なものであることや微視的な研究にみられる道徳的価値付けの次元を見落としてしまうことになり、かえって民俗学の歴史を批判的に捉え返す機会を逸せしめるだけでなく、自らの立つ位置を見失わせる結果をもたらしている。

㈡さて共同体的な道徳を強調する微視的アプローチは「八丈島流人帳」、「青ヶ島往還記」だけに見られる特質なのであろうか。一国民俗学の基本枠組について語る柳田は、国家のための臣民や家庭のための族員を養成する手段は確立しているのに、その中間にある町村民や府県民を訓練するための手立ては得られておらず、この点が郷土の過去の道徳を究明する郷土研究の急迫した課題であるとしているが[4]、人間・社会工学的な特質を持つ一九三〇年代の一国民俗学・郷土研究では郷土の道徳という問いは緊急かつ必須なものであったと了解できる。そうであれば桜田の『漁村民俗論』（一九三四年）から『漁人』（一九四二年）に至る過程で見られる主題の変化、そしてその新たな主題が「部落総有的な生産機構と村落組織」であることは、こうした一国民俗学・郷土研究の理念と実践という文脈において理解される必要があるのであり、戦後の桜田の漁村民俗論の原点をそこに見出したり、さらには一九三〇年代にはまだ部落総有的な組織形態がみられたという古層と残存からなる認識枠組を通じて了解するだけでは、その根本的な意味を見失ってしまう恐れがある。現代から戦前・戦中を振り返る時、さらには近・現代の文化・社会を把握しようとする時に重要なのは、共同体的な伝統や道徳とその崩壊・変容という枠組を通じて過去を表象することよりも、このような枠組が一九三〇年代の一国民俗学・郷土研究などにおいてどのように導入され、働きを持つに至ったのかを究明することであるのは間違いないが[5]、この前者の視点によって抹消される事象とはどのようなことであろうか。たとえば著者の民俗誌的叙述によると、屋久島の在来漁業では一九一〇—二〇年代にかけて八重山・台湾へのカツオ漁での出漁が見られ、このカツオ漁の一九二〇年代の衰退期に見られた与論島からの移住も糸満漁民の追い込み網漁への参加を切っ掛けにしていたとされ（四〇、七一頁）、一九三〇年代には後に下田町に出漁することになるトサカツ衆は台湾やバシー海峡に出漁しており（二七二頁）、一八九〇年以降に見られるカワサキ衆の大畑町への移住においてもそれ以前に樺太や北海道への出漁・移住を経ている。つまり著者が問題にしようとする出漁・移住現象は、戦前・戦中に展開した植民政策とも係わる南洋・北洋漁業と接合した現象なのであり、そうであればこのような漁業に関連する経済・社会政策や労働力市場を見通す視野においてこの接合過程や漁民の世界は問われなくてはならないのであって、著者が示す「自然村としての部落の平和の崩壊過程」（二七頁、今西錦司の言）という枠組や定住性を規範とする移住観を通じては、近・現代あるいは一九〇〇年以降という文脈において漁民の出漁・移住や漁撈技術の普及という問題に取り組むことは難しい。柳田は一九三〇年代の論考で過剰人口のはけ口を漁業に見出し得るという経済・社会政策的な発言を行なっているが[6]、このような経済・社会・人口政策的な発言やそれと結びつきをもつ制度と、漁民や過剰人口とされたものによる解釈や実践とを対照しつつ提示するような記述が現在必要とされるのではないか。このように伝統とその崩壊・変容という枠組の使用は、漁民の出漁・移住を一九〇〇年以降の文化・社会・経済構造や知と権力の付置を問う中で具体的に把握することを難しくさせるだけでなく、このような歴史的次元を捨象した過去および戦後と戦前・戦中の関係を表象する結果をもたらしている。

(三)上述した定住性を規範とする視点(一)と共同体的伝統とその崩壊・変容という枠組(二)は、第一部の記述の過程で一九九〇年代に分節化され、博士論文をまとめるにあたって、これらの視点を通じて第二部に掲載される一九八〇年代の諸報告に整序が加えられ、全体を統制する操作が行なわれたことを推察できるが、その過程で周辺化され、抹消される事象や視点にさらに注目しておきたい。第二部の記述に認められる出漁・移住の特質の一つとは、移住地の混住地的状況（大畑町・二二二頁、下田町・二六二頁など）と「半・移住」という語で示される二重帰属の様態（函館と大畑町の間・二三六頁、土佐と下田町の間・二八四頁など）であろう。確かに混住地的状況はすべての漁民の出漁・移住に関することではなく、とりわけ主要漁港にみられる現象なのかもしれないが、混住地的状況であるがゆえに展開する多様な文化や技術の衝突や混淆の過程や、多様な社会的葛藤と新たな社会関係や公共性の観念の構築過程などは、受動型・個別型・依存型移住よりも能動型・集団型・独立型移住の方が漁業技術の開発に成功し易いとする変容観念においては把握できないのではないか。また、派生集落を形成し易いとされる糸満、家船、瀬戸内海の一本釣打瀬網漁民などの小規模漁民であれ、分村建設や漁港への寄留定住が顕著とされる大型の鰹鮪漁、機船底曳トロール、揚繰漁などを営む進取的海洋漁業者であれ(7)、その出漁・移住の過程では二つの場所の間で双方の場所に対して文化的、社会的な交渉を試みる多様な次元での二重帰属の契機と様態を少なからず認めることができ、このような交渉過程や判断・行動のタイミングこそが上述したような文化・社会・経済構造や知と権力の付置を問うという問いとの関連において出漁・移住の過程を把握するための要点であると思われるのであるが、単一性・周年性、開拓性、補完性、汎用性を備える漁業が定住に成功し易いとする移住概念では、このような過程を把握できないのではないか。このように一九八〇年代の著者による報告では、混住地的状況や二重帰属の様態への言及にみられるように、出漁・移住の過程に目を向けることが同時に一九〇〇年以降の文化・社会・経済構造や知と権力の付置を問うことでもあるような視点とそれに結びつきやすい事象に注目を示しておきながら、その後に設定される定住性を規範とする視点と共同体的伝統とその崩壊・変容という歴史を捉える枠組みによって、かえってこれらの視点や事象を遠ざけてしまい、不問のまま置き去りにしてしまっているように思われる。

総じて言えることとは、歴史的な批判に根ざしつつ新たな学問を構想していくために必要なのは、M・ド・セルトーが指摘するように、ある自明性を別の自明性に置き換えることよりも、聞書きでの対話や現地調査での体験さらには学問とある社会タイプとの歴史的な関係の省察などに裏付けられた学問に対する批判的な疑問こそが問題であるという認識、そして専門分野の区画を越えて他の専門分野との関係が把握され議論されうるところにしか構造的な再検討はあり得ないという認識であろう(8)。民俗学あるいは特定の民俗学者の言説の中に新たな区分を設けつつ一方を褒し他方を貶すという内閉した操作によって新しさを演出することでは、歴史の中で批判的な力を発揮できる人文科学を構想することは難しい。

(吉川弘文館、二〇〇一年)

註

（1）柳田国男「移民生活と生活安定」（赤松静太編『朝日講演集　成人教育』朝日新聞社、一九二五年、一八〇・一八一頁）など参照。

（2）柳田国男の島国論の系譜を論じる中で、大正期に展開する人道主義的植民地主義の言説として語られる柳田の太平洋民族論と太平洋研究（論）の特質について検討を加えたことがある。小川徹太郎「柳田国男の島国論1――海国、海村、海人言説の脱構築・素描(2)」（二〇〇二年一二月二六日、歴史表象研究会発表論文）参照。

（3）三宅雪嶺「島国根性と海国思想」（『日本人』一五九号、一九〇二年、二九九―三〇四頁）参照。

（4）柳田国男「郷土研究と郷土教育」『郷土教育』二七号、一九三三年、一〇三頁。

（5）H・ハルトゥーニアンは、資本主義的な消費文化の進展によって生じる社会的不均衡への対処法として一九三〇年代に常民主義的な社会体が構想される過程を柳田国男、折口信夫、高田保馬らの発言に注目しつつ検討を加えている。Harry Harootunian. "The Communal Body" In *Overcome by Modernity : History, Culture, and Community in Interwar Japan*, Princeton University Press, 2000, pp. 293–357. また、一九四〇年代の総力戦体制と結び付いた民俗学的な知識の常識化の一断面について、小川徹太郎「海の村を建設する――戦時期『海の村』の分析」（『伊東の今・昔――伊東市史研究』三号、二〇〇三年、八五―一一七頁）［本書、13章］で論じておいた。市野川容孝「社会的なものの概念と生命――福祉国家と優生学」（『思想』九〇八号、二〇〇〇年、三四―六四頁）は、様々な格差や不平等の是正と連帯を紡ぎ出す一方で社会全体の利益を名目とした暴力を正当化するという社会的なものの概念が持つ両義性についての指摘を行なっているが、このような視点は、民俗学の歴史を捉え返す上で示唆に富む。

（6）柳田国男「海上出稼ぎ人の将来」柳田国男編著『世相篇』明治大正史第四巻、朝日新聞社、一九三一年、三一七―三二三頁。

（7）桜田勝徳「出漁者と漁業移住」柳田国男編『海村生活の研究』日本民俗学会、一九四九年、一〇四―一一三頁。

（8）M・ド・セルトー、佐藤和生訳『パロールの奪取――新しい文化のために』（法政大学出版局、一九九八年、六六・七八頁）。[Michel de Certeau. *La Prise de Parole : Pour Une Nouvelle Culture*, Desclee De Brouwer, 1968]

15 ロサルド『文化と真実』とフィールドワーク

　これまで自分の研究との係わりのなかで、大変に気に掛かり参照をしたい事例研究やモノグラフにはいくつか出くわしたが、理論的なパースペクティヴを示したものでなるほどと思えたのは、このレナート・ロサルド『文化と真実――社会分析の再構築』（日本エディタースクール出版部、一九九八年）が初めてである。そこでこの本との「対話」のいくつかを、以下に示しておきたい。

　ひとことでいうと、次のような観点がここに認められる。

　われわれの日常生活は、文化の権力関係＝境界領域から構成されており、その日常には、いうまでもなくいわゆる調査するものとされるものの関係も含まれる。それゆえ、こうした意味での日常における「他者」からの発話に耳を傾けるとともに、互いの関係＝境界領域において「自ら」の文化の権力性について問う必要がある。

　このようにこの社会分析は、日常を文化の権力関係＝境界領域としてとらえ、調査者／被調査者という関係をも含めた、諸々の日常の諸関係と文化について批判と考察を加えるという、日常生活批判として構想されている。調査―記述という領域を主要な対象―実践領域としつつ、相互の文化批判を具体的な生活のコンテキストに即しつつ試みるという構想であり、それゆえにこのパースペクティヴは文化人類学においてのみ意義をもつものではなく、とりわけ調査―記述を主要な方法とする人文・社会科学の専門領域の全てにおいて意義をもつものと思われる。そして日本の文化人類学、民俗学においても、それ自身のコンテキストに即しつつ、この「社会分析の再構築」を読み、かつ実践していく必要があろう。少なくとも私自身においては、である。

ロサルドの視点を私なりに要約すると以上のようになるが、主体を含み込んだ「認識論」となると、もう少しことは複雑である。

ロサルド自身アメリカで高等教育を受け、高等研究機関で仕事をしているが、彼の父はメキシコ出身であり、その点ではかれ自身がチカーノの文化のなかで育っている。それゆえ彼にとってチカーノ文化というものは、単なる対象などではない。訳者はロサルドの知的な系譜を、サイード、スピヴァック、バーバ、ミンハといった、第三世界出身でアメリカのアカデミズムで活躍するポスト植民地主義の思想家たちに位置づけている。

また彼によるフィリピンのイロンゴット族での研究では、イロンゴット族の首狩りの動機として、肉親の死に対する悲しみと怒りというものに気が付いたのは、それを研究としてまとめようとしていた時ではなく、当地で妻を事故で亡くした時に自分が感じることになった感情を通じてであるという。肉親の死という、彼自身にとってのっぴきならない事態における感情と、イロンゴット族の体験との間に「通路」を見いだしながら、首狩りについての解釈を編み出していく。この手つきもまた、単純な対象化とは異なる認識方法であるといえよう。

ようするに文化の間に生きながら（もちろん上述した観点に立てば全ての人の日常はいくつかの文化の間にあるといい得る）、そうである「自分」を認識しつつ、そこから問いを立ち上げ考察を試みるという、生活者の「自己」批判という認識の特徴を見いだし得る。

文化人類学のような「異文化」研究を、単純に生活者による自己批判とみなすことには注意を要する。しかし、今日では社会や文化を世界的なスケールのもとでみる視点は疎かにできないし、ロサルドのように調査者と被調査者の接触もひとつの文化と権力関係の現象であるとみて、そこにおいて文化の相互批判を試みるという実践を、ひとつの日常生活批判ととらえることはあながち間違いとはいえないであろう。ルフェーブルよりもずっとロサルドの方が、「自己」の文化の権力性や文化の権力批判の視点がはっきりしていて細かいと思う。

文化の間で考えるというのであれば、何も「日本」という境界線のみを強調することは適当ではないだけでなく、そうすることによって現代世界(「日本」も含む)の現実を見失う恐れがあるし、いちばん恐いのはそれによって「自己」の属する文化の権力性を見損なってしまうことであろう。また今日の日本語読者も、いうまでもなく各地域社会が文化的に相互依存関係にある現代世界の現実に生きているわけだから、その「自己」認識には、上述の観点はむしろ必要なことといえる。とりわけ民俗学者は、こうした点に注意する必要がある。また遠くの地域の文化との間で研究をするものは、どの文化においても日常性は認められるという次元と、実際に日常の生活において何らかのつながりが認められるという次元、などの区分を正確に自覚して臨むべきであろう。流行思想の当てはめではまったく話にならず、ロサルドのように、その主体のある間文化の領域での生活に対して、責任のある態度で研究に臨むべきであろう。アメリカの学界、思想界から発生しているこの思想を、日本の文化をふまえつつ受容する慎重な態度も必要であろう。

以下ではロサルドの言葉によって、この理論の概要を示しておきたい。

調査―記述＝文化の境界域から

● 「すでに述べてきたように、ちがう視点から語られた、あるいは書かれた語りの分析がうまく組み合わさって、ひとつの基本のかたちにまとまることはない。洞察をもたらすと同時に苦痛の原因ともなっている「共約不能性」というジレンマがある場合、あるいはさまざまな語りがうまく調整できない場合、ほかのひとたちが語っていることには、絶対に注意深く耳を傾けなければならないが、耳慣れない言葉がつかわれていたり、社会的にわたしたちより下位の位置から語られている場合には、とくにそうする必要がある。下位の形態の知を考慮にいれることによって、「わたしたちの」社会分析の形態をよく知り、その形態を創造的にかえていくチャンスがうまれる。そうすることによって、「わたしたち」自身の倫理的、政治的、分析的な洞察は拡がり、複雑になり、ことによると修正されることもあるだろうが、抑圧されるようなことは決してないはずである。」(二一八頁)

●「単純な言葉を文字どおりに受けとったときの迫力を示そうとするわたしの試みは、人類学の古典的規範に反するものだが、それというのも、人類学の古典的規範では、言葉がもつ意味という象徴的な編目を重ね、徐々に濃密にしていくことによって、文化を詳しく説明していくことが好まれているからである。概して、文化を分析するものは迫力ではなく、厚みのある記述、多重の声、多義性、豊かさ、テクスチャーといった言葉をつかう。とりわけ力という考え方は、人間の最も重要な意味は象徴という深い森のなかに隠されており、細かい分析、「文化的深遠さ」を示すことこそ、文化、あるいは「文化的洗練」について詳しく説明することにほかならないという、人類学では当然のこととされている前提に異義を唱えることになる。しかし実際に、人は自分にとって一番大事なことを、つねに一番詳しく述べるものなのだろうか。」(八頁)(→二一九頁)〔→印は関連頁を指す。以下同〕

＊客観主義の問題点と対応策――「激しい感情の力を見せ物へと還元することによって、記述している出来事を矮小化している。」(八九頁)、「距離

をおいた規範的な言説をある特定の事例の物語と取り換えることによって、現在はやっているものを覆してみても、他者の生活を表象するというやっかいな問題を解決することにはならないだろう。そうではなく、論理的に正しい多様な文章作法をもっと学問的に認めていけば、どんな特殊なテクストでも、ほかに可能なさまざまな書き方と照らし合わせて読むことができるようになるだろう。」（九五頁）

＊客観主義批判（一六〇頁）、その土地固有の猟師の物語——「即座に対応する自分たちの能力」（一九四—五頁）、語りの比較文化論（二一四頁）

抑圧された立場からの分析

●「文化と権力のダイナミックな相互作用の研究には、まず第一に、研究の対象となっている社会の過程にもっとも深く関与しているひとたちによる分析をふくめるべきである。フレイクとファノンの身におこった出来事は、それぞれ白人のウェイトレス、黒人の行政補佐官、当の黒人、そして白人の子供、白人の母親、当の黒人の主体の位置から分析することができる。人類学は、抑圧された人々が自らの状況をどう分析するかを無視していては、ただ損をするだけである。実際、支配されている人たちには支配しているひとたちのことが、その逆の場合よりも、ふつうはよくわかっているものである。かれらは日常生活をうまくきりぬけていくためにそうしなければならないというだけの話である。たとえば、奴隷の主人が奴隷の意識を探ろうと想像力を駆使することを分析したヘーゲルの研究は、奴隷は日常を生き残るために、主人が何を考えているかをすでに知っているという事実が加わらないかぎり、完全なものにはならない。」（二八一—二頁）（→三〇八頁）

●「『わたしたちの』日常生活において文化的な支配が表面化するのは、文化的な抑圧をうけたり個人的な侮辱をうけるといった、数しれない日常のありふれた場面においてである。『わたしたち』にとってさまざまな文化の問題は、社会分析

であるというだけでなく、それ以上のものをふくんでいるのである。」(二二〇頁)
＊冗談やからかい――「文化的に特有な冗談やからかいはひとつの抵抗のかたちとして、また肯定的なアイデンティティのよりどころとして、チカーノ文化をつくりあげるうえで重要な役割を果たしている。」(二二一頁)
＊機知や比喩――「機知や比喩的な言葉は、抑圧状態にいることの悲惨さとそこでの野心を明確に述べるだけでなく、階級、人種、ジェンダー、性的志向のちがいによって生まれる闘いや皮肉を分析することもできる。」(二八二頁)
＊言葉遊び、機知、あざけり、毒舌――「社会分析は言葉の使い方を拡げて、言葉遊び、機知、あざけり、毒舌がつかえるようにならなければならない。」(二八五頁)
＊怒り――「従属的な位置からの批判の視点は、ファノンの妥協しない怒りから、フレイクの和らげられた怒り、そして機知が社会の矛盾を理解する道具や社会闘争での武器となっているマルクスやハーストンのより遠回しな語り方にいたるまで、幅広い。」(二九〇頁)

「わたしたち」とは、いったい何者なのか

●「いわゆるネイティヴが民族誌学者の行動について解釈していることを人類学の中心に据えると、上層中流階級の専門職という研究者の仮面が文化的に目に見えてくる。今まで目に見えない「自己」の対極にあるものとされてきた差異の研究が、いまや社会的に明白なアイデンティティとの相対的な類似点と相違点の作用になってくる。「かれら」は「わたしたち」をどう見ているのか。「かれら」を眺めている「わたしたち」とは、いったい何者なのか。このように、社会分析は、双方が活動的に「文化の解釈」に従事する、相対的な理解のためのひとつの形式となる。そのような人間理解の形式では、ひとつの視点の内部から刻み込まれた、全体を見渡す視野にたってみるのではなく、分析家とその対象の両方が、最も単純なかたちでものごとを認識することになる。通常ふたつ

の語りが相互にきれいにかみ合うことがないのと同じように、一方の側の分析がもう片方の側の説明に還元されることは滅多にない。」（三〇七頁）（→三〇二頁）

＊帝国主義的ノスタルジア——「中心には逆説がある。自分が誰かを殺しておきながら、その犠牲者を悼むという逆説である。」（一〇五頁）（→一〇八頁、一二五頁）

＊古典の問題——「古典的な民族誌を廃棄したり放棄したりするということではなく、それらを脱中心化し、再読する必要があるということである。人文科学、社会科学、法律研究においては、古典の正典リストが問題になっているが、それはそこに何がふくまれているか（良い本）が問題なのではなく、そこから何が排除されているか（別の良い本）が問題だからである。」（三四八頁）

境界域の文化と社会分析の再構築

●「エル・ルイやグローリア・アンサルデューアといった人物は、自己完結的な均質な文化の代表としてではなく、複雑な文化がうみだされる場として研究しなければならない。そうした人物には社会分析の再構築によってはっきりと焦点が当てられたが、それというのも、「わたしたち」にはもう文化的仲介という文化的な実践と過程を研究する準備ができているからである。したがって、刷新された文化の概念は統一された実態（「ひとつの文化」）ではなく、日常生活の平凡な実践を指し示している。「わたしたち」の研究は今や形式的な意味ではなく、語用論的な意味を探っており、それは統語論や文法ではなく、意味論にならってできあがっている。人類学者は均質なコミュニティよりも、そうしたコミュニティ内、コミュニティ間の境界領域を探している。そうした文化的な境界領域はつねに流動的であって、調査ができるように凍結されてはいない。」（三二三頁）

●「チカーノは長い間、文化的な調合の技を実践してきたのだから、「わたしたち」はいま新しいかたちの多言語の文化的な創造性を発展させる指導者となるべき位置に立っていると彼女（アンサルデューア）は主張する。彼女の見解では、しんがりが先頭になるのである。」（三二三頁）（→三二〇頁）

●「わたしたちがふつう考えたいと思っている以上に、わたしたちの日常生活には、境界領域、孤立した小地帯、あらゆる種類の突発的な出来事が交錯している。社会的な境界線は、しばしば性的志向、ジェンダー、階級、人種、民族、国籍、年齢、政治、服装、食べ物、趣味といった枠を中心にあらわれてくる。透明だと考えられている「わたしたちの」文化的な自己とともに、そうした境界域も分析的に中身のない過渡的な領域ではなく、調査すべき文化を生産する創造的な場とみなすべきである。」（三〇九頁）

●「社会分析の再構築によって生まれた新しい研究テーマの特徴をみるためには、古典的な規範に導かれた研究と、いままで排除されてきた、あるいは周縁に追いやられてきたプロジェクトの両方を包み込む包容力をもった文化の概念が必要である。これまで排除されてきたこうしたテーマには、まず第一に、異種混淆性、急激な変化、文化間の貸借関係を探求する研究がふくまれる。古典的な時代に、「空っぽの空間」、文化的に目に見えない領域とみなされていたことをわたしが探求しはじめたのは、文化の概念を再定義したいからである。」（三〇九頁）（→四六頁、四七頁）

●「的確なテンポとものごとの展開する様式は、どちらも作戦であると同時に、現に進行しつつある駆け引きとして、関与するひとたちのあいだの社会的な関係の性質をあらわにする。この到着の場面における人間関係がどういうものかは、要求のタイミングや、それが直接的か間接的かといった事柄にあらわれていた。形式的な順序――沈黙、キンマの服用、食事、ニュースの催促――は分析の終点ではなく、現実に行われていることを理解するための背景として役立っていた。（中略）ブルデューとわたしの、あるいはおそらくアルジェリアの農民とフィリピンの部族民の異なっている点は、わたしたちが記述するさいの美学の違いである。挑戦と応戦をつかった彼のパラダイムは、格闘技の美学を暗示している。イロンゴット族とわたしの場合はその代わりに、社交上の優雅さ、つまり人生という舞踏をつくりあげるテンポとリズムを強調する方を選ぶだろう。わたしの研究課題は、時計の示す時間が最優先されるべき現実ではない日常生活のテンポをつくりだす別の美学を記述することである。」（一九〇―一頁）

●「わたしの見解では、任意性、可変性、予測不能性によってうみだされるのは、分析的に意味のない任意性という否定的な領域ではなく、社会的存在の肯定的なさまざまな特性なのである。決定不能性には肯定的な内容がないどころか（おそらくは、法則で定められていないためだろうが）、そのおかげでひとびとが衝動にかられたり、方向を変えたり、ほかのひとたちとの調整をしたりできる、文化的に高く評価できるよい人間関係がいろいろと生まれているのである。言い換えると、社会的な決定不能性には独特のテンポがあり、それにもとづいて、ひとびとはタイミングをはかったり、調整したり、偶然の出来事に対応するコツをあみだしたりしているのだ。こうした性質が社交上の優雅さのおかげで、今度は思いやりのあるひとたちが、日常生活の人間関係の政治学において力を発揮することができているのだ。」（一六七―八頁）（→一五七頁、一六〇頁）

＊デュルケム批判（一五二頁）

学術研究者の戦い

●「文化と権力は、世界においても教育機関の現場においても絡み合ってきており、そうした教育現場では、それ自体が内部で多様化しているさまざまな集団が相互作用をおこし、不平等な諸条件のもとで完全な自治権と社会的平等を求めている。高等教育における多様性と多文化主義をめぐって、現在くりひろげられている大学論争は、完全な市民権を求めて再交渉しようというより大きな全米的な動きが、局所的な兆候として噴出してきたものである。そしてそうした論争が、この『文化と真実』における探求の背景となっているのであ

る。」（三四九頁）

どうして日常生活なのか

●「怒りをはじめとしたさまざまな激しい感情の、文化的な力を把握しようとする場合、正式な儀式とふだんの日常生活の実践は、どちらも重要な洞察を与えてくれる。したがって、文化についての記述は濃密さだけでなく、迫力も探り出すべきであり、きちんと定められた儀式からの制約の少ない無数の実践へと守備範囲を拡げていくべきである。」（二九頁）（→八頁。上述の「調査―記述＝文化の境界域から」参照）

→　ようするに「文化的な力」（二九頁）、「文化的な深遠さ」（二八頁）、「自分にとって一番大事なこと」（八頁）を把握するには、文化の濃密な記述のみならず迫力や諸々の激しい感情を探り出すべきであり、それには儀式のみでなく日常の諸実践に注目する必要があるということ。ここでは「悲しみをのりこえる手段」（一二頁）として首狩りが捉え返されている。

●「父は異文化と異なる社会階級にであったことで、境界域ヒステリーの激しい症状を示したのだった。しかし、古典的な文化の概念では、「メキシコ人」とか「英米人」に注目することはあっても、境界線をこえるときに頻繁におこる日常の騒動に注目することはほとんどない。」（四六頁）（→四七、三〇九頁。上述の「境界域の文化と社会分析の再構築」参照）

→　わたしたちはみな日常生活のなかで色々な社会的な境界線をのりこえているが（そこではしばしばヒステリーを伴う激しい感情や騒動を伴う）、古典的な文化の概念は文化的な統一体に注目して、この境界域に注目できなかったから、今後は異種混淆性、急激な変化、文化間の貸借関係などをテーマとできるよう文化の概念を再定義する必要があるということ。

ここでも激しい感情や騒動という力に関連する現象に関心があるようだ。ただしこのパースペクティヴにおいては、「複雑な文化がうみだされる場」（三二三頁）として新しい文化の創造の可能性に関心が向かっていることには注意しておいてよい。また訪問にみられる「即興的な行動」に注目しつつ「日常生活のテンポをつくりだす別の美学を記述する」（一九一頁）試みも、同様の認識法であるとみてよいであろう。

16 「見捨てられていることの経験」と「対位法的読解」

——戸坂潤、サイード、アレントを読む

戸坂潤『日本イデオロギー論』（一九三五年）、エドワード・サイード『文化と帝国主義』（一九九三年）、ハンナ・アレント『全体主義の起源』（一九五一年）の三冊は、刊行年代は全然違うし、扱っているテーマやトピックも異なる。しかし、いずれもとにかく精力的に、アクチュアルな問題に取り組んでおり、しかもそれらが現代の文化批評においても重要であるという点で、大いに啓発を受けた。

戸坂の著作は、タイトルにも記されるように、ファシズム体制と結びつくイデオロギーとして自由主義（とりわけ西田哲学や転向主義など）と日本主義（和辻の日本倫理学の他、坂本三善の国粋主義、伊藤、安岡、紀平、鹿子木、平泉、西の日本精神主義、橘、権藤の日本農本主義、野副の日本アジア主義など）が批判され、それらに替わる真に自由主義的批評として唯物論の立場が提唱される。この暗い時代にあってこのような支配的イデオロギーに対する忌憚のない批判は、古在も称しているように日本思想史にともるかすかな光明と言えるだろう。ファシズム・イデオロギーに抗争するか否かに思想の評価基準を設けているという立場は、サイード、アレントの取る立場と基本

的に同じと見なしうる。解放思想として被抑圧者の立場と視点を重視する政治的立場である。

また、古典研究、日本主義的国史などの一国主義に見られる文化主義と文化統制に対する批判は、アレントのイデオロギーと組織を批評するアプローチに結びつく。ファシズムと市民社会の間の関係についてはもう少し勉強しなくてはならないが、興味深い指摘をしている。

戸坂は志なかばで倒れてしまったが、もし全体主義に対するアレントの叙述を読んでいたら、これにどう応答しただろうか。またスターリニズムの暴力を目の当たりにした時に、これにどう対応しただろうか。おそらく自己批判を行ないつつ、積極果敢に暴力批判と実践理論の構築に邁進したものと思われる。戸坂の課題や理論と実践を批判的に受け継いでいくことが、われわれに課せられている。

サイードの著作は、まさにオリエンタリズム以降に取り組んできた研究の集大成となっている。帝国主義批判の観点は現代文化や現代人文科学の死角であるし、そういう政治的な無意識こそを徹底して目に見える形にしていき、それとともにそのようなイデオロギーに抗して行なわれる従属的な位置からの文学運動を際立たせて行く、というまさに政治的実践として記述を試みている。

この見通しに立つなら戸坂の言説もアレントの言説も、基本的に帝国の構造のうちにあるということになるだろう。帝国の成立以降世界は否が応にも「一つ」になったにもかかわらず、世界や社会の表象は、支配的な位置において形成される視点から産出される。このような文化の構造に揺さぶりをかけ、亀裂を入れ、ブラインドと化している側の記憶や声を表象するための方法として、対位法的読解（contrapuntal reading）が提唱されている。

いうまでもなくこの読解法は、いわゆる第三世界の文化を読むためだけにあるのではなく、サイードが試みているように帝国主義的言説の分析にも用いられる。この点で、日本とフィリピンで歴史、文化、社会を考えようとする私にも大いに啓発されるところがある。

私の瀬戸内漁村での研究の最初(修論提出後の活動)から、稚拙な言葉遣いながらも、理論と経験の間のずれや聞書きの関係におけるアンタゴニズムの重要性と実際のそれの捨象、そしてそこに文化的な支配の構造が見られることを問題にしようとしてきた。その自分の研究の展開と経験こそが、この方法をなるほどと思わせるとともに、研究のさらなる進展のなかでこの方法を取り入れようとさせる。自分の研究実践のなかで、この取り入れ方を工夫してみたいと思う。

戸坂による学問研究とナショナルな諸制度の関係という閉域の分析や、アレントによる全体主義というまさに閉域の批判は、サイードによる帝国主義の批判的読解に結びつく。私には、「始まり」からの始まりや、文化的監禁からの解放という見通しの模索など、サイードの研究そのものがアレントの研究を引き継ぐ形で起こっているように思われる。

アレントの著作の言葉には、正直驚いた。啓発に満ちている。それにしてもこの三者に共通なのは、中立的な立場から学問のための学問を行なっているのではなく、自らが属している共同体に対する政治的責任を果そうとして研究を行なっていることだろう。そしてそこでの鍵概念が解放であることも共通している。

サイードも指摘しているように、現代の専門主義的な研究制度から産出される研究者に特徴的なのは、この点が欠落していることであり、その点でも、これらの著述はわれわれに今何が肝心であるのかを知らしめてくれる。大衆という問題、あるいは「見捨てられていることの経験」(loneliness)とそれを前提にして起こる、全体主義の運動(論理的演繹の強制と全体的テロルの強制/それらが成り立つ前提には、法的人格の抹殺、道徳的人格の虐殺、個体性・唯一性の破壊)は、われわれの歴史のみならず現代のわれわれの世界を考えるうえで重要であることはいうまでもないだろう。起こってしまったことは極端なものにも見えるが、しかし「過剰人口と無用性の問題」と無関係な歴史や社会は認められないはずである。

その点で、この課題はわれわれの問題である。独立を遂げた第三世界のいくつかの専制的なナショナリズムを見るにつけ、また帝国主義的な原住民政策の歴史を見るにつけ、たとえ第三世界の諸国や諸社会であってもこの問題と無縁ではありえない。

たしかにアレントでさえもパレスチナ問題におけるパレスチナ人の側の記憶や声を周辺化して扱っていることは間違いないし、その点ではサイードによる忌憚のない批判は適切なものであるといえるが、過剰人口と無用性の問題、論理的演繹の強制と全体的テロルの強制、あるいは法的人格の抹殺、道徳的人格の虐殺、個体性・唯一性の破壊といった、「人権」に係わる問いが世界的に見て重要であることは、何らの疑いもない。恐らくサイード自身も人権憲章の条項を尊重しているわけだから、このような現代世界の根本的な課題と問いを共有しつつも、それでもそのアプローチの仕方には肝心なブラインドが見られるのだということをサイードは指摘したいのだろうと思う。

このような認識を踏まえながらも、アレントは「終わり」だからこそ「始まりを始める」ことができるといっているし、サイードも対位法的な観点からの知識を生かした監禁原理からの解放を語っている。この点では双方とも革命を目指している。

とはいえ、アレントの思考は大衆社会と実存というカテゴリーが強く見られるのに対して、サイードは一貫して社会関係を語る言葉で語ろうとし、カミュのような実存的言説を徹底的に批判に曝す。このような違いの明確な認識は、今後の課題と言える。

同化主義と脱政治化の過程の連関、第一次大戦後の体制と「少数民族」、「無国籍者」の問題の展開、帝国主義的膨張による階級闘争を回避する政策、歴史的唯物論の横領としての陰謀説の跋扈など、傾聴に値する事柄が多々見られた。

知および学問のある系譜の一端に触れたような

3 2 1

気がするし、自分自身もしっかりとその中に自覚して位置し、研究を推進し、発言を行なっていきたいものだと改めて思う。

17 桃太郎と「海外進出文学」

滑川道夫『桃太郎像の変容』（東京書籍、一九八一年）は、およそ桃太郎に関する言説を通覧して、その特質の変容を語っている。その点では意欲的な仕事ではあるが、いかんせん解釈の視点が戦後の民主主義的な民衆ナショナリズムにべったりと寄りかかって陳腐なため、記述も図式的で歴史叙述として問題がある。ようするに戦後の民主主義的な民衆ナショナリズムによる初等教育家の視点がまさに自己追認的に表われているといえる。

その視点の特徴は、戦前の柳田を始めとする民間説話研究や民俗学の立場を引き継ぎ、それを現実の教育で生かしていこうとするところにある。

このような民族主義と民主主義の結合は、戦後の教育界のみならず、文化の中で支配的な位置を占めるようになる勢力の動きと結びついていると思われるが、私からすれば、このような民族主義的な民主主義は、近代的言説を根本的に問い直す立場（とりわけ植民地から独立した国家における民族主義の暴力やそれと人権原理との間の矛盾を問題にする立場、また戦争や民族紛争と結びつく民族主義のアポリアを問題にする立場、民族主義あるいは自由主義と帝国主義との結びつきを批判するポスト帝国主義的な立場、民族主義と全体主義的暴力との結びつきを批判する立場など）からさらに脱構築される必要がある。

民俗学および民間説話派の言説の特徴は、「素朴」志向派ともいえる感情の構造にある。ロサルドのいう帝国主義者のノスタルジアという、イデオロギー的特質と関連する感情の構造であるといえる。そしてこのような民話の素朴な形態とは、その不易の部分／古い面影にみられるとされ、それを民族文化の本質とするという本質主義的、伝統主義的な構造の一翼をになうものである。民族文化の本質、不易、素朴、固有信仰の世界等々の連鎖によって描かれる世界。それはまさにハルトゥーニアンやアイヴィーが主題化している現象それ自体を示している。

アイヴィーのいう「消滅の語り」はどのように再生産されるのか。たしかに近代における「気味の悪いもの」という現象をめぐる、普遍的な心理構造を指摘することも可能であるかもしれない。とはいえ、滑川が桃太郎説話の素朴な形態に注目する民俗学や民間説話研究を支持する時には、同時に戦前の児童研究に基づく教科書教材の叙述を貶めることによって行われていることに注目すべきであろう。私が網野らの海民言説に対して行なった批判とほぼ同じ、歴史表象をめぐるヘゲモニーの問題をここにみとめることができる。それは、ダワーの指摘する、保守的立場からの「新」の言説提出の戦略という問題と関連するはずである。

海国を素朴な常民によって置き換える動きは、どのように戦前、展開しているのであろうか。柳田による『桃太郎の誕生』の刊行がその一翼を担う、「旅と伝説」ブームと連動する「新国学」誕生の気運がその大きい動きであることは間違いない。言説レベルの抗争は明治、大正期から見られるものと思われるが、大衆運動として展開して行くのは一九三〇年代なのかもしれない。

滑川の叙述によると、戦後昭和三〇年代の後半に「民話ブーム」というものが見られて、その中で多様な「民話桃太郎像」が産出されたという。これをさらに展開させるべく滑川は、戦後教科書から追放されていた桃太郎を「国語教科書教材に復活させるべきである」（五三三頁）と唱える始末である。我々は先に述べたような視点に立ち、このような歴史表象をめぐるヘゲモニー抗争の場の展開と、伝承の構造や政治的無意識の構造を徹底的に記述し、この文化的ヘゲモニーの場や構造に介入しなくてはなるまい。基本的にこのように係わるべきテクストだ。すなわち、この研究自体が海国思想を受継いでいる。ただし、島渡り伝説と異常誕生説話が結合したのは、室町から徳川初期にかけて海洋進出が盛んになった時代であるという見解（五四二頁）は興味深い。さらに、新渡戸による南進論的解釈（四一〇頁、四一三頁）や、矢野龍渓、押川春浪らの系譜（四一三—四三七頁）は、どう関わるのか。

柳田国男『桃太郎の誕生』（三省堂、一九三三年）［引用頁は定本八巻による］を読みながら、最も重要だと思ったことは、この時期からの柳田のテクストを読む場合には、一つの文化運動を把握するという視点をどうしてももっていないとことの本質を見誤るという点で、これは絶対に重要である。

その点でメディアに注目するということは不可欠になるが、そのメディア論は博物学的なそれや、中立を装う技術論としてのそれではない。グラムシによるヘゲモニー論、アルチュセールによる国家のイデオロギー装置論、重層決定論などに基本的に基づいていないと、根本的な批判の射程を見失ってしまうということを肝に銘じておかなくてはならない。その点で、柳田の実践のメディア論的批判の射程が、まさに民族主義やそれと結びついた自由主義や帝国主義の批判のうちにあるということは言わずもがなであり、この両者を分離しようとしたり、分離を所与と見なすような発言には徹底して批判を加えるべきであろう。たしかこのような趣旨のことは、鵜飼哲も『抵抗への招待』の中で語っていた。

ヘゲモニー論の視点から見た場合の、柳田の実践の諸特徴とはどのようなものか。

検討するべきは、今日の新国学の素地をもたらしたのは、比丘尼その他の伝説の運搬者の活躍にあるという見解（二八四頁）である。ここから自らを新国学の中に位置付けつつ、その立場を追認しようとするために、比丘尼を持ってくるという歴史化の動きを見て取ることができる。

とはいえこの近世の運搬者を自己起源化しながらも、そのようなものたちによって「固有信仰」や「神話」の世界は「芸術」や「娯楽」に「零落」させられ、「俗流」化させられたという見解を示し（一五頁、二六頁、三二二頁など）、その「零落」（「変化」や「成長」とも言っている）の諸過程をたどることと、それでも化石（二七頁）のような古層の痕跡を現代の話から読み取ることによって、「固有信仰」や「神話」の世界を再構成することが自らの歴史叙述の目的であるとされる。ここでは零落の諸過程のみならず、零落以前の古層を見極めることのできる柳田の歴史叙述の方法こそが、比丘尼たちによる歴史の歪曲をただし、真実を語るものとして卓越化させようとしている（三二二頁、三一四頁）。

このような現地のものによる語りや民間の語り手たちによる歴史の表象を貶めつつ、民俗学による表象を正当化しようとする試みは、郷土研究の頃からこれらの研究に一貫して認めることができる。

このような零落の諸過程とともに零落以前の世界を再構成する方法によって真実として語られる歴史の一つ、そして真に価値あるものとされる歴史とは、どうやら神々とそれを志向するものとからなる固有信仰と神話の世界ということのようである（「元の姿」一五九頁、「古い形」一八五頁、一八六頁、一八八頁、二〇二頁、「年に一度の歌と舞姿」二六頁、「神を祭る」八五頁、八八頁）。このような歴史の認識の仕方は、たしかにハルトゥーニアンの指摘する「やまとごころ」の現象する国学的なそれであるということは言えるであろう。国学的な地理─時間認識の様式の反復を、そこに見て取ることができることはたしかであるにしても（柳田が固有という場合、このような無時間的な形態と同時に変遷の諸過程も含めて語っている点では、まったくの無時間ということとは異なる。しかし下に示すように、このような変遷を語る際に用いられる一国の枠組の設定が極めて恣意的であるという点では、やはり国学的というか民族主義の特徴そのものが示されている）、われわれが注目すべきなのは、一九三〇年代の文化や思想の文脈において、このような歴史観が果す役割や効果についてであろう。

よく言われるような、極度に精神主義的かつ日本主義的な傾向が顕著なこの時代の文化や思想の文脈において、的確に新国学の言説の評価は行なわれなくてはなるまい。その他、菅江真澄を自己の起源とする語りの作成（二四九頁）や、さらに説話の引用がとくに石井研堂の『国民童話』と『旅と伝説』からなされていること、そして本書の諸論考の初出自体が、ほとんど『旅と伝説』である点なども、新国学のヘゲモニー論的、イデオロギー装置論的な考察を行なううえで重要なポイントとなろう。

それにしても病的と思えるほど固執して、繰り返し語られる攻撃的な言葉遣いとは、柳田が扱っているような説話を諸外国のそれらと関連付けて述べようとする、比較神話学者や伝播論者たちの見解に対してなされる（六〇頁、一七四頁、一九二頁、二〇〇頁、二〇五頁、二〇九頁、二一一頁、二一七頁、二四七頁、二五五頁、二六〇頁、二七二頁、三一四頁など）。基本的に本書の立論自体が、この攻撃を通じて構築されているといえるくらい執拗である。「民間説話の信仰的背景には、往々にして各民族ごとに独立したものがあったこと、それが外部からの刺衝の少なかった日本の田舎などでは、存外に近い頃まで其痕跡を保存していたといふことは、外国にはまだ知らぬ人も多いのである」（六一頁）、「異種民族の文芸なるものは、一つの触角も出さず何等の沃地を求めずとも、行きなり放題にでも根をさして、花咲くことのできたものか否かである。この海外から無数に入って来たものが稀に残り広い国土の間に或境にのみこれを保持しているのを見れば、よもや然りと答へる人はなかろうかと思ふが、当世の伝播論者の説を聴いて居ると、頓と皆さう思って居るやうなことを平気で言ふのである」(二七二頁)。

たしかに説話の交通の諸過程の考察、つまり歴史性を捨象してある説話の形態を、所与のものと見なす分析姿勢は戒められる必要がある。しかしそうであるとしても、なぜ一国の枠組がその交通の分析単位にならなくてはならないのか。説話の交通を見る視点は必要であるにしても、それは外国との関係を排して国内の比較を行なうということとは、別次元のことである。場合によっては国や集団の境界を超えて文化が流通する過程を見なくてはならない場合もあるし、そうでない場合もある。それは扱う説話のありよう次第である。それだけのことである。

柳田は伝播論者の欠陥を批判しながら、そのあるべき批判の射程を飛び越えて、自分の都合の良い見解を中心化させてしまうという過ちを起こしてしまっているように見える。「民間説話の信仰的背景には、往々にして各民族ごとに独立したものがあった」、「それが外部からの刺衝の少なかった日本の田舎などでは、存外に近い頃まで其痕跡を保存していた」などと何を根拠にして言えるのか。「外国にはまだ知らない人も多い」という語り方も、日本を卓越化させようとするための修辞法の一つなのではないか。北と南の慣習の一致という良く知られた議論も、この伝播論者批判のうちになされている。「是が日本の北と南の田舎に、此様に弘く分布して居ることも、あちらを本の形とすると説明が困難になる」(二〇二頁)。

さてこのような御国自慢的な日本を卓越化させようとする欲望と修辞法は、次のような何ら根拠のない民俗学的資料論における逆転の話法にも見て取ることができる(一一頁、一二頁、二三頁、二五頁、六一頁、一二三頁など)。

「西洋の学者たちには、非常な労苦をもってこの根源を突留め、且つ之を証明しようとして居る人も多いようだが、気の毒ながらあちらにはもう其資料が乏しくなって居る。之に反して我々の方では、まだ幸ひに同じ母語の圏内に、色々の比較に供すべき活きた昔話を持って居る。活きたといふことは昔話には似つかはしくないが、兎に角純乎たる文芸の目途から、これを改作しようとしたものの無かった話し方が今尚凡人大衆の間には伝わっているのである」（一二三頁）。

「之に反して」という対比を示す語は、日本が西洋における民俗研究よりも優越した位置にあることをアピールしようとして用いられている。その意味で文化的、社会的な位置の逆転を遂行することを目ざす修辞法といえる。「文芸の目途から改作」ということは「娯楽」とも言い換えられ、それを促すものとして上述の比丘尼や、あるいは白人（一二二頁）が挙げられている。また「改作しようとしたものの無かった話し方」というのは、「神」と関連する「神話」の世界（一二五頁）を示している。ここでは文芸や娯楽から信仰や神話の世界を切り離し、価値化し、日本ではその世界の痕跡が今尚凡人大衆の間に見られるというわけである。そしてそのような条件をもたらせることになったのは近世の文明にあるという見解を示している（一二二頁）。そもそも何を根拠にこのようなことが言えるのか分からない。

あくまでここで言われていることは、事実というよりもある認識枠組を用いるか否かに起因することがらであるように思える。西洋においてもロマン主義者のように、文明と未開の二元図式を逆転的に用いようとするものがいれば、いくらでもそこに神を見出そうと出来たはずであるけれども、そのような言説が政治的に支配的な位置を占めるものによって唱えられることはあまりなかったというだけのことであろう。ここでは西洋と日本という場所の対比を通じて後者の卓越が論じられているが、この対比は上に示したような海国民の像を常民で置き換えるという遂行と、基本的に同じ行為を示している。

だからここでの二元論的な対比の逆転用法を考える時にふまえられるべきこととは、たとえばグラックが農本主義的神話と名付ける、明治二〇年代に文明開化の枠の中に近代国家の形成が収まることがはっきりした時に、反体制勢力の展開を封じ込めることを目標として新官僚たちによって田舎の慣習や伝統が再評価され、とりわけ地方の青年たちにそのような価値が鼓吹されたという歴史表象の運動あたりからその系譜を語り始める必要があること、そしてこのような民族主義的な伝統表象は植民地を有する帝国のしかも官僚という層から主唱され始めているという点が肝要であり、したがってそれは基本的に支配者の位置から唱えられる社会秩序や治安の維持を遂行するための語りと見なされるべきであり、それと植民される側や支配されるマイノリティの側からの民族主義の評価とは明確に区別される必要があることである。上述したような一九三〇年代の新国学の展開に至る、このような言説の再生産過程に目を凝らし、記述していかなくてはなるまい。

南島および朝鮮の慣習と日本のそれとの類似の指摘（五七頁、五八頁）、「今日沖縄に伝はるような整うた昔話では無いが、かつて同種のものが有ったといふ痕跡だけならば、内地にも尚方々に発見せられる」（六七頁、六八頁、六九頁、一一八頁、一一九頁）、「以上七つの話が本来は一箇の説話であった」（一二一頁、一二四頁、一六二頁、一六三頁）、「鷺が前だとすれば沖縄へはよほど又早くから、寝太郎の話が渡って行ったのである。或はあべこべに向ふの群島から、渡って来たとも言へそうなものだが、実際はさういふ場合が創造し得られず、又他に類例が無い」（一六五頁、二一四頁）。「内地」の前代の慣習が現在の沖縄の慣習に比肩されているが、このような比肩は上述した国学的、民族主義的な枠組を通じて行なわれている。より古く、元の形が今でもある地が沖縄なのである。

「海の国」（六〇頁、二二四頁）。漂着神と関連して用いているように思える。それらは古い、元の形ということであるとともにそれらが他に類の無い発達をしたのが固有というか特徴だといっている。「海国」と「海の国」とでは大分その意味に変更が見られる。「島国」（六一頁、二九〇頁）。

このような言説を脱構築する際に、ふまえられるべき他者とは何か。沖縄や田舎の人や、比丘尼や盲人の語り、あるいはそれとの関係のありよう自体に、その契機はある。アンタゴニズムを排除せず、他者の逆転の語りを、真に社会構造の観点から見極めようとすること。もう一つは理論的他者である。

池田浩士『[海外進出文学]論・序説』(インパクト出版会、一九九七年)は、なかなか読み応えのあるものであった。一貫して見られるイデオロギー批判の観点、精力的に戦時下日本文学を精査しようとする意欲、とりわけ日本人作家の主体や言葉の揺らぎに注目しようとする点、さらに総動員あるいは翼賛体制下の主体と感情の様態を、転向的主体の構築や、指導者養成の組織や戦場兵士の主体の豹変や、誰もが書き手となる大衆文学の場などを通じて描き出そうとしている点など、大いに評価できるし、共感したし、また学ぶ所も多かった。現代の我々の言葉や文化を批判する上でも、大いに参照されるべき仕事であるように思われる。

日本人作家の主体(というより主人公)の抱える矛盾や抑圧される主体から発せられる言葉や眼差しの表象への注目は、湯浅克衛の作品批判にとりわけこれが見られる。

(a) 抗日民衆運動や虐殺・弾圧を目の当たりにしながら、主人公は二重性を生き、言葉にする。「この半分の日本人の目を、龍二は、別の半分のカンナニの目によって、見つめなおすのだ」(五六頁、他五三頁、六九頁)。

(b) ところが湯浅による後の満州を舞台にした作品では、主人公のこのような「矛盾」は描かれない。それに替わって、一方的に他者を客体化する主体がそこに登場する。「現地の人びとが日本人を見る視線がここにあるとすれば、それは、日本人に対する感嘆と感謝と畏敬のまなざしでしかない。しかし、じつはこれは、日本人の目がそう見ているものであって、日本人の目を見返すかれら自身の視線ではない」(八九頁、他八七頁)。このような他者を一方的に客体化する主体を構築する仕掛けとして、池田は〈転向〉という実践を掲げている。「農民にとっては失われた土地と絶望的な未来からの脱出と再生であり、インテリゲンチャにとっては失われた信念と統制強化からの脱却と再生を意味したこの転向こそは、「国民」にたいする天皇制国家の最大の勝利であり、海外進出の不可欠の動力だった」（九七頁）。

(c) そしてわれわれにとって最も重要なことになるのであろうが、戦後においても湯浅において、この(b)に対する反省と自己批判がないということを池田は指摘する（九九頁）。これは湯浅だけに該当するということではなく、戦後の日本の文化や言葉、さらには主体性の様態という問題において重要になる。ここに近代あるいは戦前・戦中の文化・社会を、現在問い返す必要性を認めうる。

このa b cの三つの論点と課題と考察は、基本的にこの本すべてに一貫するもののように思われる。

(a)について。日比野士朗の「生産文学」論。生産現場に働く生産者みずからが表現者になる（二三七頁）。ベンヤミンによる作家と読者の関係の変革論と通底する（二四〇頁）。一九三九年一月から刊行が開始された『生活文学選集』（春陽堂）などプロレタリア文学運動と関連する（二四六頁）。しかし生産文学という名の翼賛文学は、大政翼賛運動の中で、盗まれてはならないもの（かれらが与していた運動からさえほとんど注目されない人間たちや社会領域、「普遍我」のモデルとするにはあまりにも現実に対する暴露と告発を体現している存在たち）を盗まれてしまった。その移行の原動力は、「普遍我の解放と拡充」であった。「この悲惨の軌跡を長い時間の幅のなかで再考する作業を、われわれ後世になお要求しつづけている」（二四九頁）。

野澤富美子による「銃後の貧困」（三七六頁）、「銃後の外」（三八四頁）の描写。

(b)について。末端の誠実な指導者が、自分たちが殺戮した中国兵士達の遺体を物のようにしか見なかったことは、幼い愛児、寄書きを送ってくれた知人や友人、千人針や慰問袋に込められた、多くの人びととの思いとの響き合いによっていた（一五三頁）。このような、自分を思ってくれる人びととの「魂の結晶」（一四二頁）が日の丸である。

→　この響き合いに支えられていたからこそ棟田の作品は、戦後も読まれつづけたし、その戦争責任も問われることはなかった。

「唱和」からなる場の形成。「役に立つ」という、御用作家の実践の無残。「エピソードの陳腐さと安直さ、それに比例する表現の空虚な大仰さ」（二六七頁）が、あらゆる叙述につきまとう。それゆえにこそ、「銃後の日本人に向けた教示」や「中国民衆に向けた説教」（二六七頁）が目立つ。「このようなまなざしの浅さは、軍報道部の将校たちや治安当局の係官たちにとって、まさに願ってもないもの」（二七〇頁）であったろうし、「しかもこの浅いまなざしは、大衆作家の「一城の主」としての文学表現を通じて、大衆のまなざしとたがいに見つめあっていたのだ。この相互関係が、大衆文学の翼賛を考えるとき、最大の問題とならざるをえない」（二七〇頁）。

だからこそ、吉川英治の時流便乗は、一九三〇年代、戦争期のみならず、「戦後派」の時代も生きつづけることができた。したがって『宮本武蔵』は時流に乗っているというよりもっと別の流れ、つまり大衆そのものに乗っていると見なしうる。「吉川英治の文学表現の問題は、つまり、大衆たる読者の問題なのである」（二七九頁、二八〇頁）。それは底の浅い感慨、熱烈な空疎さ、そして「南方占領地の人びとに向けられた吉川英治と読者大衆の自足的なまなざし」（三〇五頁）を特徴とする。吉川は「「日本」そのものをも、ましてや日本とアジアの諸地域との関係をも、まったく見ようとしていない」（三〇五頁）とされる。

画家、カメラマン、看護婦が筆を取って従軍の体験を書いていること。「あの戦中には、あまりにも、誰もが書き手となった」（三一六頁）。「銃後と前線とはまったくの別世界ではなかった」（三一七頁）。それは積極的な解放感の表現でも。「だれもが言葉を発し、だれもが書き手になったあの一時代に、別の言葉を発したものがなかったことはさておき、沈黙することを選んだものがほとんどなかった、という事実は、歴史の負の遺産のうちで最も重いひとつである。なぜそうなったのかを問おうとするとき、避けて通ることができないのは、軍歌によって体現されている一体感、いわば唱和の心情と精神だろう」（三三〇頁）。この唱和は、「前線と銃後との民衆同士の唱和という次元を超えて、歴然たる権力者との唱和にまでつながった」（三三一頁）という。

　大田洋子の限界。悲惨なのは、「日常の中に戦争の現実を意識しえず想像しえなかったこと」（三四七頁）である。大迫倫子などモダンガールの日常は、現実との接点さえ見られない、社会の動きや国家の進路などとの関連はおくびにも出さない（三三六頁、三三七頁）。現代の大衆消費文化における大衆の主体の様態を髣髴させる。大田にとっての切実なテーマである「社会的自立」は、銃後のつとめを果すという点での女性の自立として、戦争国家に簒奪された（三五五頁）。

　日本びいきの中国人を利用する戦略、その際に「新しい」中国人像を通じた巻き込み（その他、「新東洋」一八二頁、「新体制」二三四頁）（一六一頁）、アイヌ人自身に自身が滅びることを語らせる戦略（一九八頁）など。「転向」と「同化」とは、同じ問いの所在を示している。しかもそのメカニズムの中に「新」という形象がかかわっているという点は、ダワーの議論とも響き合う。時局の要請に応じる言説を発すること（二一九頁）。

　擬態の問題点（二一七―八頁）。「擬態はそれが成功するかぎり、それを見物するものたちにとっては本心の表出にほかならないのだ」（二一七頁）。イロニーや韜晦の問題点を、的確に指摘している。日本文学報国会と柳田国男（二八二頁）。

テクストの分析なので、読者の実践の場についてはそれほど細かな考察はないが、たとえテクストの分析とはいえ、出来うる限り装置と場の具体性をふまえようとしている点が、この著者の分析の特徴であろう。だから上述したような権力の具体的な技法や呼びかけの詳細が分かり、目から鱗が落ちる。そしてこのような省察が、戦後そして現在の我々の文化や社会や言葉の有様を、問い直すよう示唆していることもこの分析の際立つ所である。

初出一覧

1 **漁する老漁師たち――「シオをつくる」ことをめぐって**（網野善彦・大林太良・谷川健一・宮田登・森浩一編『瀬戸内の海人文化』海と列島文化　第九巻、小学館、一九九一年）

2 **〈ハリキ〉について――漁民集団史研究のための覚え書**（『国立歴史民俗博物館研究報告』第五一集、国立歴史民俗博物館、一九九三年）

3 **文献資料にみる戦前日本の水上生活者**（『ふぃるど』第二号、明治大学社会人類学研究会、一九八七年）

4 **フィールド再考――調査と経験の間**（『らく』第一号、都市のフォークロアの会、一九八七年）

5 **ある行商船の終焉**（『民話と文学』第二〇号、民話と文学の会、一九八八年）

6 **終りのない仕事**（『マージナル』第三巻、現代書館、一九八九年）

7 **タコの家主**（『歴博』第四四号、国立歴史民俗博物館、一九九〇年）

8 **フィリピンでの最近のフィールドワークで用いた技術――フィールドノートの検討を中心に**（須藤健一編『フィールドワークを歩く――文科系研究者の知識と経験』嵯峨野書院、一九九六年）

9 **いま民俗資料論は成り立つのか**（『第五一回日本民俗学会年会研究発表要旨』日本民俗学会、一九九九年）

10 **海民モデルに対する一私見**（『地方史研究』第二九三号、地方史研究協議会、二〇〇一年）

11 **近世瀬戸内の出職漁師――能地・二窓東組の「人別帳」から**（網野善彦・塚本学・宮田登編『列島の文化史』第六号、日本エディタースクール出版部、一九八九年）

12 **「浮鯛抄」物語**（網野善彦・石井進編『内海を躍動する海の民』中世の風景を読む　第六巻、新人物往来社、一九九五年）

13　**海の村を建設する——戦時期『海の村』の分析**（伊東市史編さん委員会編『伊東の今・昔——伊東市史研究』第三号、伊東市教育委員会、二〇〇三年）

14　**書評　野地恒有著『移住漁民の民俗学的研究』**（『日本民俗学』第二三四号、日本民俗学会、二〇〇三年）

15　**未発表**［一九九八・一一・七　記］

16　**未発表**［二〇〇二・二・二六　記］

17　**未発表**［二〇〇二・四・六／五・八　記］

解説

佐藤健二

『越境と抵抗』というタイトルは、用意されていたものではない。しかし、この二つのことばは、小川徹太郎が夢みていた「現代民俗学」運動の核に据えうるシンボルである、と思う。

出身学科や担当講義科目という制度に寄りかかって、言い訳かたがた「民俗学」の名を分担し、あるいは詠嘆回顧のノスタルジーと古代幻視のロマン主義において、民俗学を無邪気に説く人々が多いなかで、小川徹太郎は異なる道を開こうと苦闘していた。おそらくもっとも誠実な意味において、現代民俗学の可能性の追究者であった。

いまだ記録されていない人々の経験の小さな声に耳を傾け、活字になっているというだけで流布した常識に抵抗しつつ、図式に囚われた目が見つめることがなかった生活者の実践を見いだし、共有すべき知識の世界に解き放とうと歩く。そうした志を、自らの学問の最初の日から突然の夭折の瞬間まで、保ちつづけていたからである。サイード、ベンヤミン、ハンナ・アレント、戸坂潤といった抵抗する知識人たちの著作に惹かれ、その迫力から学ぼうとしていたのも、この志と深くかかわる。

この解説では、収録した論文の構成に沿って、小川徹太郎の仕事を紹介していく。坂野徹が進めて実現してくれた『図書新聞』第二六六四号（二〇〇四年二月七日発行）の追悼座談会などで「歴史表象研究会」のメンバーが出した論点を整理し、論文紹介を担当した佐藤がつなげる形で書き下ろした。その基本において、小川が主宰した歴史表象研究会の参加者共同の論考であるが、時に小川との交流に個人的に踏み込んで論じている部分も少なくない。偏りや不十分があるとすれば、その責任は佐藤の不手際にある。

一　シオとハリキ

始まりの第一部には、小川が立っていたフィールドが具体的にイメージできる論文を収録している。二つの論考のいずれもが、フィールドワークへの確信とともに、その困難の自覚に深く縁取られている。光が当たっている現実だけでなく、まだ見分けられていない暗がりを探ろうとする、その語り口に、方法論に対する小川の深い関心を感じることができる。

大月隆寛が同世代のフィールドワーカーの一人として小川徹太郎の名を初めて出したとき、「僕らの仲間のなかでいちばんアカデミックですよ」と言った。あれは市ヶ谷あたりの地下鉄のホームでだったが、私（佐藤）が鮮明に覚えているのは、その後、たしかにそうだと実感することが多かったからだ。それは、もちろん論文のスタイルや単なる調べかた書きかたの問題ではなかった。学問に期待し、その力に希望を見いだそうとする、姿勢や立ち位置そのものにおいて、である。ひたむきに「学」を目指すその一方で、民間の、市民の、普通の人たちの語りや、生き続けている場に、どうしようもなく惹かれていく。この一人の探究者のなかでは、認識のための「学問」と、改革のための「運動」は、二つの別々な課題ではなく、つながった何かであった。そして、つながることができなければ、無意味ではないかと考えていた。そこに、小川徹太郎が立ち続けたいとこだわった「フィールド」があった。

風景のなかの調査者　「1　漁する老漁師たち」は、まことに印象的な漁浦の風景から始まる。

狭い路地の軒が接するように重なり合い、自由勝手に曲がりくねる、あの独特の空間は、どこの漁村にも共通するものなのだろうか。そのなかを、小川は「お大師さんの祠」に泊まる人か（つまり「巡礼」あるいは「毛坊主」という意味だろうか）と土地の老婆に間違えられながら、「洋食」屋という近代の風俗を目のはしに追いつつ、漁船が並ぶまぶしい日だまりに出ていく。

船だまりは、路上の「簡易ヤド」だという。海を生きる人々の仕事の場であり、陸に上がった老人たちの話の場で、人間の「品定め」がなされる評定の寄り合いでもあった。小川自身もまた、「お前、この間、○

○といっしょにおったじゃろうが。あがいなもんといっしょにおったら、ろくなことになりゃあせんど」(九頁)と、その場から観察され批評されて戸惑い、すでに「「調査」という行為」(同頁)の難しさのまっただ中に立たされていることに気づく。

「ところで」と小川は、先行する専業漁師研究や漁村調査の拡がりに目を向ける。瀬戸内海の専業漁師についての先行研究の蓄積に、「漁師が漁師たるゆえんであるはずの沖での漁の活動」(一一頁)が欠落してしまっていることに率直な疑問をいだく。自分がかつてまとめてきた論文もまた、そうした人間主体の気構えや態度をとらえられなかったのではないか。そして漁師自身が語る「漁の話」にもっと耳を傾けたい、という。

動詞をたどる　小川の耳にひっかかったのは、聞き慣れない「シオをつくる」ということばである。そのことばで漁師は、魚を獲るという現場の実践を、自らの経験に刻みこんでいるらしい。小川は、この「シオ」という言葉がどう使われているかに耳をそばだて、それが用いられた文脈を探るかのように、自分の見聞を重ねあわせていく。

もちろん、このような「シオ」の使い方は、国語辞典にも方言辞典にも採られていない。だから辞書を引いても、わからない。職業の現場の慣用句で、漁師のあいだですら、単一の意味を有しているとは言い切れないような、使い方の多層性が感じられる。理論屋ならば、たいした躊躇もなく、「身体知」という便利な一言で片づけてしまうかもしれない。しかし小川は表現それ自体の日常的な輪郭を明らかにしようと、そのことばの働き方が見える場、つまり動詞として現れる場に踏み込む。「シオをつくる」「シオを殺す」……。シオに込められている「経験の質」を、雑談のなかから探っていこうとする。それが「構成されたイメージをいかに具現化していくかの身体運動にかかわる問題」(三〇頁)だからである。

フィールドワークの困難　言葉から漁行為過程の全体へ、考察を深める切り口として、動詞として使われる表現に重きを置いていく戦略はおそらく正しい。しかし動詞をたどることとは、参与観察への単純な参加要請でも、自分がやってみた経験を絶対化することでもない。まったくもって小川徹太郎らしいなと思うのは、漁師にせがんで漁に同行させてもらったときの、正直な感想である。

自らの目で漁の実際を確かめておきたい、と思ったのは、聞き慣れない言葉づかいでの説明を、小川自身がもどかしく感じたからだ。しかし「勝手にこちらが期待に胸をふくらませ、意気込んでいたわりには、いつも「あれっ、もう終わりっ」という「肩すかしの」印象しか残っていないのだ」(二四頁)という。そしてそれを、自分の側のリテラシーすなわち読み書き能力の問題である、ととらえ返している。

聞いたこともない仲間ことば混じりではあれ、船だまりでの説明は、振り返って語るだけの距離を置いた生活解説である。それに比して、その日の稼ぎがかかっているのだから当然であるとはいえ、漁労の現場は違う。「何の説明も付されることなく間断なく繰り広げられる漁の行為の実際」(同頁)をそのままとらえ、ことばの手がかりを介在させずに動きまわる身体を理解することが、どれほど成就しがたいか。

しかもなお、現場をとりまく状況は、つねに変容し続けている。エンジンの馬力が、強化される。仕掛けや道具が、絶え間なく改良される。ローン返済の仕組みが、生活をとり囲む。そのような産業化のなかで、「商売」として生活をかけて行われている漁労の実践は、ナイロンテグスの開発等に支えられて大衆化した釣り客たちの、「ナグサミ」(三六頁)の世界とは大きく異なっている。「商売」という日常の実践は、小川が注目しているように、現代の漁民たちの精神を支えている対抗軸の一つであろう。

この論点は、「学問」を名乗る実践が直面する困難とも、実はつながっている。学問もまた、生活者の必死懸命から、ときに気楽な「ナグサミ」と見られ、遠ざけられてしまうことがあるからだ。

文字の文化に対する抵抗　「2　〈ハリキ〉について」では、仕事の語りを掘り下げるなかで出会った、「ハリキ」という奇妙なことばをとりあげている。それが、「シオ」よりももっとたよりない、ひょっとしたらまだ村でも共有されているとはいいにくい、「個人的造語」(四六頁)にすぎないかもしれないことは、それほど気にすべき問題ではない。ライフヒストリーの研究が教えてくれる通り、個人もまた、村がそうであるのとまったく同じように、ひとつのフィールドである。小川は「漁する老漁師たち」という論考を通じて作りだした立場にたって、しかしそのまとめ方に混じった「単純化」を反省しつつ、道具のもつ力に媒介された「現場の知」(四七頁・五五頁・七七頁)をどう把握すべきか、ここでもまた漁師たちの声に耳を傾ける。

小川はここで、すでに述べたような「ナグサミ」の釣りに対する「商売」の漁労という対抗とは異なる、もうひとつの対抗軸をあぶり出している。それは、文字の権力に対する身体の抵抗である。

それぞれの語りに内在する、この文字の文化に対する抵抗こそ、民俗学という学問が、じつはその出発の当初から照準をあわせ続けてきた、大切な何かではなかったか。小川はこの論文で、文字(帳面・図表・試験など)を操る者たちの「無理解」に対して、「非識字」者すなわち海の現場を生きてきた漁師たちが抱く「不信の念」(五五頁・五九頁・七九頁)に光をあてる。それはまた、学校という国家装置が囲い込んでしまった「民間」の領域への注目でもある。さらに言えば、社会それ自体がもっていた教育力への希望でもある。

私たちが小川徹太郎を、民俗学者であったととらえるのは、この身体と民間の領域における主題の交差を、丹念に追いかけようとする姿勢を保ち続けていたからである。と同時に、小川は異質な日常を生きる者たちが、「少数者」(六二頁)に作り上げられ、少数者としてしか遇されなくなってしまう、「近代」の問題を鋭く感じとっていく。私たちが小川を、あえて現代民俗学のもつ運動性の探究者であったと規定するのは、その自覚的な近代批判ゆえである。

第一部は、このような特質と問題意識をもつ、小川徹太郎の民俗学への序章である。

二　方法の問題

第二部には、方法をめぐる考察を集めた。ゆるやかながら時系列に沿わせて配置したのは、彼の研究の足跡との対応を浮かびあがらせるためである。

一つ一つの論考の解説にはいる前に、「都市のフォークロアの会」という研究会に触れておきたい。一九八五年の暮れ、私(佐藤健二)が小川徹太郎と初めて会ったのも、この研究会の最初の集まりにおいてだった。大月隆寛が、個別ディシプリンの狭い殻を開いていける場にしたいと、志を同じくもつ研究者に呼びかけて生まれた。小川と大月とは成城大学の野口武徳のもとで、ともに民俗学を学んだ仲間である。大月は民俗学の現状に強い危機感をもち、さまざまな領域の研究会にさかんに顔を出し、佐藤との出会いも、口述の方法性を追究していた社会学の「生活史研究会」ではなかったか。筑波大学でタクシー運転手の聞き書きと取り組んでいた重信幸彦も、東京大学で『都市のドラマツルギー』を準備していた吉見俊哉も、この「都市のフォークロアの会」の最初の集まりの賛同者である。新宿書房の村山恒夫さんが気前よく場所を提供してくれた。それぞれが自分の関心を出し合い、見せ合うところから、研究会が始まった。

テクストへの越境　第二部冒頭の「3　文献資料にみる戦前日本の水上生活者」の初出は一九八七年で、その一年近く前からになろうか、小川が研究会の場で発表した主題を、最初にまとめた論考である。「水上生活者」というカテゴリーそのものの誕生をめぐって、小川の姿勢は、徹底的であると同時に方法的である。水上生活者がどのように記録されているか。その記録は、自分の論文に、ただ引用して使えばいい証拠ではなかった。内容だけが問題ではない、記録がそのように存在することそれ自体をもういちど、社会史のなかに位置づけ直そうという問題意識に貫かれていた。

調査史の検討から、国勢調査を横糸に、教育や警察や社会事業の調査等々の縦糸を絡めつつ、そのなかで水上生活者の日常が捕捉されていくありさまが浮かびあがる。イリッチ（Ivan Illich）の学校化社会（九五頁）、すなわち「学校の論理」（一〇〇頁）の枠組みを採用することで、水上生活者に対する「陸の論理」の強要をとらえる。そして「水上の論理」をもっと明確にすべきであるという課題設定は、先行研究の探索整理や系譜の解明といった範囲を超え、移動する民と管理する権力との関係の考察、さらには「水上、水辺を舞台とした人々の関係が織りなす世界」（一〇三頁）の民俗誌の構想へと拡がっていく。

文字メディアの権力　一九八〇年代後半は、民俗学の全体を見渡してみても方法論をめぐる一つの過渡期だった。

戦後の日本民俗学のアイデンティティの一つの拠り所は、教条主義的なまでに図式化されスローガン化された、文書文献に基礎をおく歴史の批判にあった。項目に沿った聞き書きや、現地採訪こそが民俗学の方法論である、と論じられた。いわゆる歴史学のように、固定的で「部分的」な文献史料あさりではなく、自由で「全体的」な直接採集による民俗の把握、すなわちフィールドワークこそが特質である、と。しかしながら、そのような教科書に書かれた「伝統」的理解の不十分さは、すでに誰の目にも明らかであった。

そのなかにおいて、われわれ「都市のフォークロアの会」の立場は気恥ずかしいほどに基本的であった。文献もまた民間伝承の一形態であって、しかもけっして固定的なものではない。それは引用され複写されて伝承し、社会のなかで引用され、受容され、時に忘れられる。この現象自体が、すでにひとつの民俗すなわちフォークロアの領域ではないか、と。いま振り返ってみれば、まことに素直で単純なことなのだけれど、そのような感覚をようやく自分たちのものとして、新鮮にも発見しつつあったのである。

文献や書物、書かれたものを、社会的な権力が絡みついたメディアとして、意識し始めたという意味では、民俗学へのメディア論の導入ともいえた。しかし、「都市のフォークロアの会」が、メディア論を民俗学に輸入しようとしたという理解は、あまり正確ではない。民間伝承の研究や郷土研究の議論のなかにもともとあった「文字」メディアに対する自覚を、われわれはいわば共有すべき枠組として組み立て直し、活性化し直しただけである。

文字メディアが組織した権力をあらためて疑うことはまた、聞き書き採訪において特権化された「声」を疑うことでもあった。人に話を聞くことも、そのまま確かな事実に直接触れることではない。語られた内容がいかに期待した通りの要素を備え、それゆえに採訪者が熱中し感動したとしても、一方で必要な資料批判をなしうるほどの距離を取れなければ、ほんとうに共有すべき知識へと組み立てていくことはできない。そういう意味では、「聞き書き」も「文献」の利用も同じである。

そうしたなかで、従来の無邪気な聞き書き採訪中心主義が揺らいでいく。「民俗」も、「常民」も、「郷土」も、それまで民俗学で言われていたような、固定的で定常的なものとは、まったく違うのではないかという、対象や方法の再検討が始まった。

一九八七年の日本民俗学会　「4　フィールド再考——調査と経験の間」という論文を次に配置したのは、一つには、いうまでもなく、これがフィールドワーク論だからである。小川はすでに、調査者と被調査者との不均衡な関係と、そこにあらわれる調査実践の政治性の問題に取り組んでいる。

もう一つの理由は、この論考が一九八七年一〇月の第三九回日本民俗学会年会で配られた、『らく』第一号に載せられたものであるからだ。『らく』第一号は、ホチキスで止めただけの粗末な私家版で、佐藤が勤めていた法政大学社会学部のリソグラフ印刷機を使って刷った、「都市のフォークロアの会」の小さな記念碑である。ただ学会の場で発表を行うだけではなく、善かれ悪しかれ、文字にして聴衆の手元に刻みこまなければ、伝わる力をもたないのではないか。そう考えたわれわれは、ともかく発表の当日に、会場の武蔵大学で配れるように、印刷と制作を間に合わせた。当日は、重信幸彦、小川徹太郎、大月隆寛、佐藤健二の四人を含め、たしか八人の報告者が壇上に並んだ。しかし、念入りにも論文集に近い配布物まで用意して臨んだのは、われわれ四人だけだった。その分だけ、宣言パンフレットを携えた奇妙な徒党の、謀りあわせた殴り込みのように思われたかもしれない。

この時の学会公募の課題発表の主題は、「民俗学にとって事実とは何か」。民俗学が事実であるととらえてきたものの危うさを、テーマにするということだった。ただし副題として加えられた「対象認識の問題」という固い表現は、当時の日本民俗学会では理解されにくかったように思う。

小川徹太郎はこの課題を正面から受け止め、「民俗学の存立基盤の危機」を、「自らが抱え込むに至った問題」(一一六頁)として提示した。自らをしばる日本民俗学のイデオロギーから抜け出す糸口をさがすべく、桜田勝徳と宮本常一を読み直す。そして、桜田が提起しつつも受け止められなかった高度成長期以降の現代民俗学の困難に再び向かい合い、また宮本における出稼ぎ者と百姓の両面性や、百姓それ自体の「雑民」的性格を、手がかりとして取り出す。「調査地被害」(一二三頁)から調査者と被調査者の関係の問題へ、あるいは伝承者観のなかの文字と無文字の作用のからみあい、桜田や宮本の旅が触れえた調査以前の交流など、項目に囲いこまれた調査とは異なる方法を支える条件についての思索を重ねている。

残念なのは、「図1」(一二四頁)、「表一」「表二」(一二七頁)とある図表が、初出の『らく』では印刷されなかったことである。急いで作るために、図表や注などを後回しにしたことはよく覚えているが、さて発表当日に別紙で配ったかどうかと尋ねられると、あまり自信がない。文章から想像する以外には、もう描きようがない。たぶん「図1」と「表一」は同じものを指していると思う。しかしあえてそのままにしておく。

フィールドの変貌　対象と方法を問う、この公募課題を自分とは関係のないテーマだと受け止めた人々が多かったなかで、われわれの危機感は、小川が論ずるように具体性に根ざしていた。桜田勝徳や宮本常一とは異なる意味ではあれ、それぞれがフィールドでの困難に、どこかでぶつかっていた。

当時の民俗学では、その研究対象に「伝承性」があるのか否かが常に問われ、伝承性がないものを扱うことに関しては、つねに強い抵抗があった。扱おうとすると、「それは民俗学ではない」とすぐに非難される。にもかかわらず、そこに持ち出された「伝承性」という錦の御旗の中身は不明確で、世代を超えて伝わったものという、同義反復的な理解を繰り返されるのがせいぜいであった。

しかし、もう既に、土地の故老と言われている人たちの経験や解釈の語りそれ自体が、われわれが「日本民俗学」と呼んできた領域で流布した知識に染め上げられていた。小川が論文で指摘しているように（一三七頁）、下手をすると、柳田国男や折口信夫の著作集や民俗学の概説書をもってきて、目の前の民俗芸能の意味や、行われている習俗の起源を説明してくれるという、ひどくねじれて入り組んだ知識の構造すらあった。

いったいわれわれ民俗学者は、フィールドにおいて何を見ているのか。こちらが見たいものしか見てこなかったのではないか。さらに言えば、われわれの先行者たちが作り出した枠組に依存して、「民俗」を発見し、ありもしない心意や信仰の由来を動員して、勝手に説明してしまっただけなのではないか。後になって、『ライティング・カルチャー』など人類学のフィールドワーク論もまた、ほぼ同じような問いを意識化していたことを知った。しかし、その確認だけでは救いにはならなかった。

痛みを感じる感受性　解説として書くべきかどうか、迷わないでもないのだが、じつはこの日本民俗学会での発表が終わってしばらく、小川徹太郎はひどく激しく落ち込んだ。理由はけっして単純なものではなかったと思うが、もっとも大きな一つは、そのように声高に民俗学を批判するだけのことを、果たして自分自身ができているのかという問いが、彼を鋭く苛んだからである。

たしかに、調査を通じての「情報搾取」にふれて「この先、民俗学者はこのまま文部省、文化庁、電通の庇護のもとに、「大衆」と共にどこにもない「日本」を捏造しつつ、求め、さまよい続けるのであろうか。その行為そのものが「喪失感」の表出であることに気付くこともなく」(二四〇頁)という表現は、何か高みにたって非情にも民俗学者を切り捨てているかのように響くかもしれない。「知れば知るほど嫌な話ばかり」(二四一頁)との煩悶まじりの独白を、小川本来の念願とはすこし違った風に受けとった輩もいただろう。学会の平和に殴り込みをかけた「悪党」の一味のように見られたことも、自らの民俗学への期待からすると悔しく、それ以上に悲しかったのかもしれない。もちろん、これらはいずれも後からの、あらためての推測である。しかし、彼の落ち込み方は、通り一遍のものではなかった。

小川徹太郎は、本当にやさしい人間だったのである。ことばの正確な意味において、やさしかったのだと思う。他人に対してあたたかく思いやりにあふれているという以上に、他者の批判や疑念のまなざしに恥ずかしさや痛みを感じる感受性をもちあわせていたからだ。その意味で、「身がやせ細るように感じる」というの「やさしい」の原義に近い。身を切りきざむようにして落ち込む、このやさしい民俗学者と、同じく未熟な同世代の若者でしかなかったわれわれが、どんなふうに向かいあって何を話しあったのか、その夜の細かいところまでもう再現はできない。ただ、重信幸彦と私(佐藤)と小川徹太郎の三人が、お互いに感情をむき出しにし、ことばに詰まりながらも、「そうじゃない」「違うんだ」と言い続けていた時間がそこに存在したことを、私は今も忘れていない。あれは、中央線沿線の焼鳥屋の二階だった。いささか個人的な記憶に迷いこみすぎた。解説に戻ろう。

第一部に収録した二つの論文を書くまでの、ほぼ三年近くのあいだ、小川は『らく』論文の結末の「せめて、同時代に生きる人々がその興味のおもむくままにとくとくと語るものをゆっくりと聞ける耳だけは持ちたい」(二四一頁)という決意を、深く潜行しながら、静かに実践していた。

「無学にやられてしもうたんじゃけ」と語られる一瞬から見えてくるものを透視しようとする「5　ある行商船の終焉」、艀《はしけ》船頭からも蔑まれるような「ニゴ屋」の話を聞きながら身体に刻まれた仕事への構えの

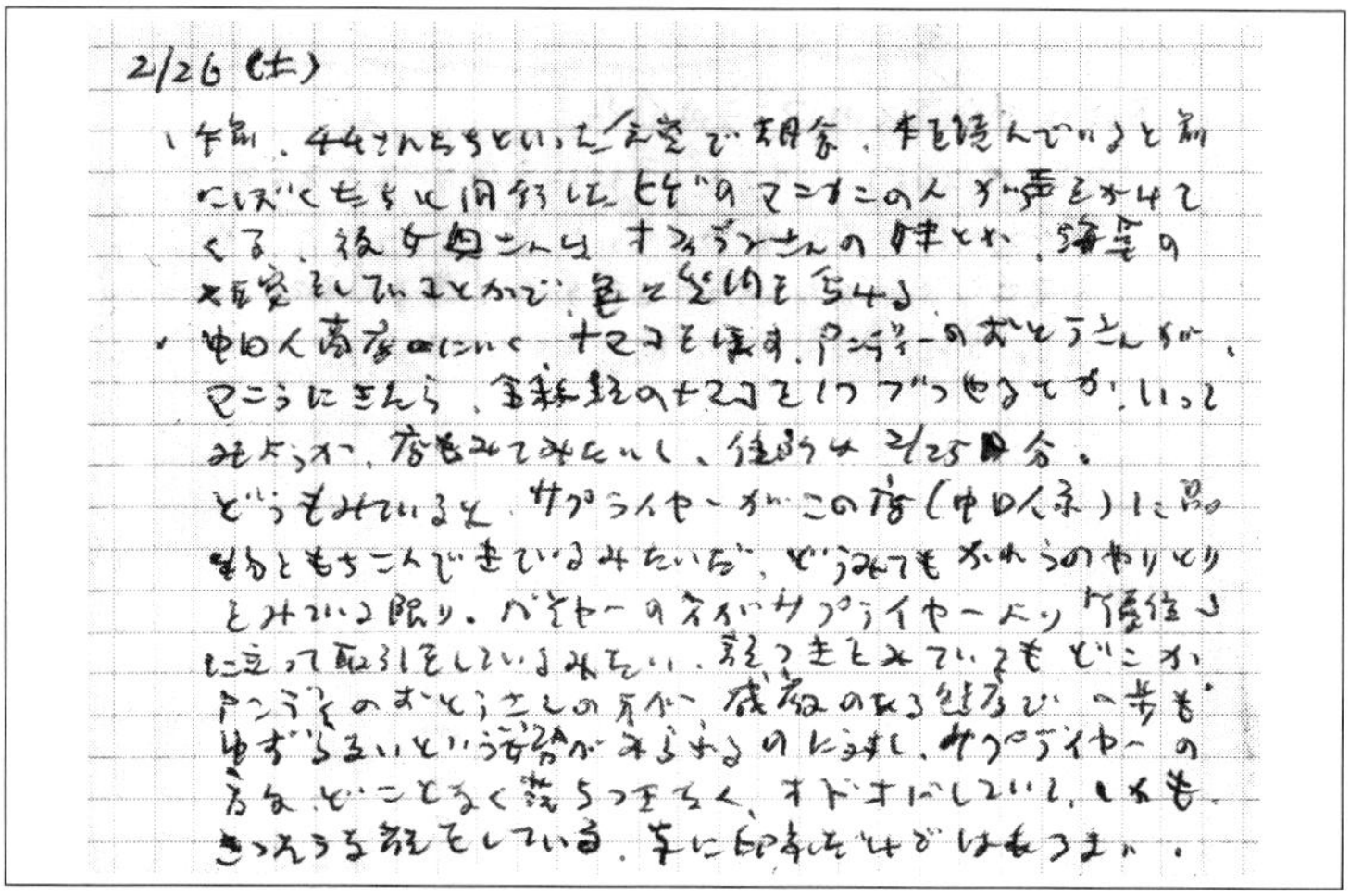

「第一のノート」（スケジュール帳）、1994年2月、フィリピンにて

連続性に触れた「6　終りのない仕事」、浦でもあまりまともな人間とは思われていない名物男の生きかたを垣間見させる「7　タコの家主」の三編は、その時期の小品である。人間のもつ個性的な顔と向きあった一瞬を、スケッチのように書きこんでいる。

方法から立ち上げる　一九九〇年代を通じ、小川は瀬戸内海での出職漁師たちの移住や寄留への注目を、フィリピンの漁村でのフィールドワークに拡げていく。「8　フィールドワークで用いた技術」は、そのようなフィリピンでの調査経験を素材にして、まとめられた方法論である。「スケジュール帳」「雑記帳」「資料ファイル」という三種類のフィールドノート（一六四―一七三頁）は、「使用を繰り返すなかで自分なりの使用法を編み出していっている」（一六五頁）、その途上の模索ではあるけれども、まことに興味深い。

　第一のノート（スケジュール帳）は、いわば実務日誌であると同時に、情報誌であり、自分なりの『地球の歩き方』づくりであるという。第二のノート（雑記帳）は、もうすこし自分の内面に踏み込んだ記録という位置を占める。「諸々の観察や着想の類」「匂い、音、湿度、光、風といった日常の体験」「何かのおりに自分の内にふっと生じる諸感情とそれに対する注釈」（一六八頁）など、雑多なことが記される。ここで、小川はその一例として、「サリサリストアー」という主題が見いだされる過程が記録されている部分を引用している。

狭い意味でのいわゆるフィールドノートである第三のノート（資料ファイル）だけではなく、日記に近い第二のフィールドノートを含めて、自らの実践や感覚を書きとめ読み直すことの可能性に触れている点が、あらためて新鮮である。第二のノートの記述を読み返すと「自己嫌悪」を感じることがあるとのくだりには、苦笑とともに共感する。他方で、後に問われてうまく答えられなかったことに対して「決して充分ではないにせよ答えうる着想や素材を自分で記しているのを発見」（一六九頁）していることは、反省を組織化する方法として大切である。

小川なりの考現学への接近や受容は、ある可能性の選択だったのだろう。考現学は、離れて外側に位置せざるをえない「目」の方法の徹底であった。理解しやすい意味の方にすぐに移行してしまわずに、あえて徹底的に、その状態を観察し記述することを通じて、何が捉えられるのかを考えるのが、目の可能性としての考現学の手法だった。小川の考現学への身体的といっていい共鳴は、ひょっとすると彼自身の、知る人ぞ知る絵心を根にしているのかもしれないとも思う。この本のカバーデザインにも採用した、図のような、絵のような、マンダラのような読書ノート（後述）のメモは、彼の身体的な思考実践が生み出した一つの表現である。

「9　いま民俗資料論は成り立つのか」は、一九九九年の日本民俗学会年会の研究発表要旨集に載せられた小文である。あるいは、一九八七年一〇月の苦い後味を乗りこえての、一二年目の課題発表への挑戦と位置づけられるかもしれない。資料論は技術論ではなく、批判的思考の立ち上げかたの問題である、という。そして日本民俗学がつくりあげてきた基本概念が、多くの研究者が直面する方法論的な問題とのあいだに不整合を起こしていることに、あらためて注意を促し、民俗文化の政治学ともいうべき立場の必要と、現場に働く権力の作用からの文化批判の必要とを提起している。

そして、小川の研究は、第三部の海の近代の考察へと拡がっていく。

三　越境と抵抗

海の近代を民俗学からどう捉え返すか。第三部を改めて設けたのは、小川徹太郎がこれから進めたいと思っていた領域を、浮かびあがらせるためである。

歴史の読みなおし方　おおまかな方向を指し示すために、まず「10　海民モデルに対する一私見」を最初に置いた。地方史研究協議会の場で発表された、小川の問題提起である。二〇〇一年の大会は、「海と風土――瀬戸内海地域の生活と交流」をテーマに、広島県尾道市で開催された。その機会をとらえて、海民のもつ商業・交易的な自由の観点から日本の歴史を描き直すという流行の試みのなかに潜む、無自覚な落とし穴を指摘する。

小川が光をあてようとするのは、明治二〇年代の初めに現れてやがて国民思想になっていく「海国思想」と、「農」と「陸」に偏向した把握を批判する新しい日本史を支えている「海民思想」との、微妙な重なり合いである。「陸」の農村の常民たちの民俗学に対するアンチテーゼのようなかたちでのみ「海」が語られてしまう、あるいは「支配」の歴史に対する「無縁」の歴史といった図式で、そのとらえにくさを概括してしまう、そうした抽象性に対して、小川は割り切れないものを感じ、別の位置に立とうとしていた。

海民思想に期待する人々は、民衆と民衆との対等な接触の理念をすべりこませることで、「支配する／される」という重要な形象の存在を後景に退けてしまう。しかし、海国思想と海民思想のあいだには、「覇権を競う語彙」と「共同体を論ずる語彙」の使い分けにおいて、明らかな「反復」が見られる。そして小川が何よりも批判するのは、民衆に焦点をあてた、いわば「調和モデル」が、民俗学がある時期に理念化した「常民」と同じく、「社会的な対立や葛藤の否定や抹消」を前提とし、また容認し、さらに統合を偽造してしまうことである。いわゆる「カル・スタ」（カルチュラル・スタディーズ）や「ポス・コロ」（ポスト・コロニアリズム）の研究者が知の権力性や民俗学の政治性を語りつつ、なかば「お約束の」自己反照への言及で、主観的な均衡へと早上がりしてしまう語りにも、不信感を隠さない。

であればこそ、小川は先取りされた調和ではなく、現存する違和にこだわろうとする。すなわち「自らを従属的な位置に押しやる多様な次元の力の作用に抗する多様な試みが、たいていは失敗に終わりながらも、時には状況を打開したり、構造を変革することに道を開いたりすることもある」（一八七頁）。その可能性を見落とさないように、「社会的弱者の力を出来事に即して評価するための概念として再定式化する」（同頁）態度を重視する。そのような立場において初めて、「多様な社会的諸勢力の間の現実の対立や、思想や語りをめぐる闘争を通じて、主権をめぐる転位が複雑に展開する場所として「瀬戸内海地域」を描こうとすること」（一八九頁）が可能になるからである。

総動員体制を形づくる言説　しかし、このような主張が、いままでの小川にはなかった新たな展開であるととらえるのは、間違いである。次に配置した一九八九年発表の「近世瀬戸内の出職漁師」論文や、一九九五年発表の「「浮鯛抄」物語」を読めば明らかな通り、支配体制や支配技術への批判は、小川徹太郎の研究を貫く通奏低音である。

「11　近世瀬戸内の出職漁師」は、俵物をめぐる政治外交や物流の活性化と、それに対する制御・統制の視線のなかに置かれた「出職漁師」たちの分析である。しかも、そうした歴史へのまなざしが、総動員にエスカレートしていく技術や論理の批判である点に、今日的な意義があろう。

小川は、自由な漂海民というイメージの突出に対する違和感を根底に、彼らが位置した「場」を叙述するため、副題に挙げた「人別帳」や「御用日記」を使っていく。そこに刻み込まれた記述が生成した背景としての「俵物貿易」は、「漁師が補捉されていく仕組み」あるいは「視線」の源であった。「人別帳」記載の背後にある、一人も余さずに「見届」けようとするまなざしは、現実での徹底がいかに可能であったかとは別に、その誕生それ自体が一つの社会的な事件である。それは本拠地と出職先という二重の拠点をつないで、生産高請負制の導入とともに「増産の奨励と流通統制を基軸とした、ある種の「総動員」体制を形づくる言説」（二〇七頁）として、人々の日常生活に浸透していく。

そのなかでも廻浦役人の幾重にも工夫された「見分」の知識や技法が果たした役割は無視できない。山海名産を見当てながら進んでいく「万物見分装置」（二一七頁）のような性格をもつ殖産＝産業化の視線に捕捉され「曝されつつ」（同頁）、他方においてその視線と「伴にある」（同頁）出職の漁師たちという理解は、フーコーの権力把握ともつながるだろう。

記録の効能は両義的である。出職の漁師がそこに記録される。われわれはそのことによって彼らのその時点の生活に近づき、その実際を想像することができる。しかしながら「3」の水上生活者の研究でも論じているように、その資料の発見だけに熱中することは、時にある社会的なシステムがその記録を生み出したという側面への考察をおろそかにしてしまう。そして逃れられないシステムの中においてすら続いている、人々の暮し、あるいは歴史的主体としての姿といったものを浮かび上がらせたいという気持ちを、小川は保持し続けた。

だからこそ、「「虚偽」や「隠匿」」（二一八頁）という身振りによる抵抗の実践にも注目していく。そして、人々のもう一つの「自覚」のネットワークとして「明治維新」を見ていく可能性に触れているのである。「ナマコの話」という昔話のなかに潜んでいる、まるで取って付けたような「勤勉」教訓のエピローグは、小川がこだわろうとした違和を鋭く暗示している。この昔話の構造を支えているのは、昼寝が仕事のような「ナマケモノ」の若者を、勤勉な勤労者へと変えてしまう、情報システムとしての「ナマコネットワーク」（二二〇頁）の策略である。この若者の寓話は、そこに浸透する近代を感じている。小川はそこに孕まれた問題が「今日の我々のシステムを形づくる視線のあり様や社会の形式」（二二二頁）と「同質」であるが故に重要なのだ、と説く。そして、小川はこの話には、若者自らの本当の「声」が反映されていないと疑うのである。

海国、海村、海人言説の脱構築　次に配置した「12「浮鯛抄」物語」では、時にニセの歴史を伝える偽書として扱われ、捏造された由来書として軽んじられる書物の、社会的な存在形態とその効用を、知識人の文化と民衆の文化における落差や、文字の文化と口承の文化との交流のなかで、解読している。

『浮鯛抄』と呼ばれた書き物の、少なくとも四つの時期にわたる歴史的な地層を整理し、その重層性を描きだす。一四種類ほど残っているという伝来本の、いわゆる狭い意味での作者であるオリジナル・テクストの内容作成者だけでなく、書き写した人々や、読めないけれども所有することで現実に使っていった人々などの関与、すなわち読者の領域に注目している点は、たいへんに興味深い。

書きつがれていくなかで、中立性・客観性を装う文人たちの文体から、伝統遵守や歴史尊重の命令や禁止を伴う地元民たちの規範的記述への変化が見られる、という。このいわば共同幻想の逆立ともいえるプロセスに、文人＝文字の世界と漁師＝口承の世界とのあいだの、ことばをめぐる「一つの循環過程」（二三五頁）が関わるのではないか。その仮説を解明するためには、「書き替えにかかわった主体の考察」や「語りの場の問題」「聴衆の様態の考察」など（二三六頁）に加えて、文字の呪具性を受容した「職人文字文化」（二三八頁・二四〇頁）に対する民俗学の想像力が必要であると説く。

ここで描き出されているのは、出職漁師の歴史である以上に、その歴史表象を手がかりとした、一つの民俗学史である。郷土研究の時代という地層における論争の分析から、中央で活躍する学者と、郷土史研究者との間のヒエラルヒーを敏感に感じ取っているあたりにも、「「歴史研究」の場のあり様」（二四六頁）を主題化しようとする意志をうかがうことができよう。この論考はとりわけ、図版の説明にも註と見まごう豊かな内容が実質的に盛られており、たとえば「宗旨宗法宗門改人別帳の記載」（二三九頁）から連想を拡げて、当地で耳にする「学校行」という言い方にまでつながる文化史への言及など、なかなか複合的である。

時期としてみると、『浮鯛抄』の分析ではちょうど欠けてしまった、第二次世界大戦の戦時動員期を扱っているのが、「13　海の村を建設する」である。この主題は、伊東漁業協同組合が旧蔵していた、出荷統制、増産運動、船舶徴用、生活改善等々について記した、戦時体制下の諸文書の段ボール箱を開けたことに始まる。そこで小川は、『海の村』という興味深い名前をもつ雑誌に言及した文書を見つけ、その雑誌が作り上げた言説空間へと探索と分析とを拡げていく。

この雑誌の分析を通じて、小川が浮かびあがらせようとしているのは、総力戦の遂行体制の整備を支えていた海国思想の「反復」であり、その論理と「村の自立更生策」（二六六頁）という現実課題との新たな結びつけである。農山漁村経済更生運動の帰結と変容とは、学問の運動性を大切に思う小川にとって、無関心ではいられない問題領域であった。「水産新体制」「漁業増産報国推進隊」「漁村道場」「漁業組合」「漁村生活協同体」など、当時使われたことばの現実の動きを探ろうと、雑誌面に掲載された「文書回答欄」などを手がかりに分析している。

これらの論考は、しかし本格的な組曲の前の、プレリュード（前奏曲）の位置に置かれるべきものだろう。注意深い読者は、この海の村の分析の「註（2）」（二九三頁）に、「海国論の系譜」や「柳田国男の島国論」というタイトルをもつ「歴史表象研究会発表論文」が現れることに気づくに違いない。その二つはともに「海国、海村、海人言説の脱構築・素描」という副題を共有している。それこそが、小川徹太郎が近年精力的に取り組んでいたテーマであった。

同じ素描への言及が、「14　移住をとらえる視点」の註（三〇五頁）にも登場するのは、偶然ではない。「14」は、野地恒有著『移住漁民の民俗学的研究』の書評として、民俗学が移住をとらえてきた枠組そのものが抱えている問題点を明らかにした論考だが、海をめぐる言説の脱構築の作業のなかで生み出された副産物でもある。微視と巨視をいかに交差させるか。定住を目的とし、計画性と協調性とに価値をおく「移住」概念の無意識の継承において、周辺化され抹消されてしまう経験こそが、いま移住に光をあてようとする時に大切なのではないか。小川がこだわったのは、そのような概念の脱構築のプロセスをしっかりと歩くことだった。

あえていうならば、「13」の海の村の分析も「14」の移住論の再検討も、同時期に構想されていた「海国、海村、海人言説の脱構築」という未完のプロジェクトのある一部分として、読むべきものであろう。

未発表草稿と読書ノート　「海」の帝国主義をどう捉えるか。「註」にある「歴史表象研究会」での二つの「発表論文」は、引用を分厚く織り交ぜながら、海国思想の形成を追い、その乗り越えかたをたしかに模索している。しかし残念ながら、この二ついずれもが、第一に研究会という場での口頭発表を前提としているため資料引用集の性格がむしろ前面に出た「素描」であり、第二にそれだけ単独でも分量が多いに加えて、第三に同様の原稿断片やプラン、資料ノートなどとの関係をどう設定するかも複雑であることを考えあわせると、この本にそのままの形で収録するのはむずかしい、と判断せざるをえなかった。模索しつつ取り組んでいた大きな課題であったがゆえに、他の完成原稿にスタイルをあわせて中途半端に手を入れ、収まりのいいわかりやすさに向けて編集してしまうのは惜しい、と考えたのも事実である。

最後の三篇は、その代わりにという意味もこめて、比較的短くてまとまりのよい未発表原稿を選んだ。引用の織物のような部分も含めて、これらのノートを小川の作品の一つとして収録することで、彼が進もうとしていた方向を浮かびあがらせたかったからである。

「15　ロサルド『文化と真実』とフィールドワーク」という題名を付けて掲載した原稿は、プリントされ、書き込みを施されたまま残っていた一編である。「11/7/98」という印字から推して、「8」に収録したフィールドノート論をまとめたあと、「9」の民俗資料論や「10」の海民モデル批判を構想するなかで、この本に出会い、書き始められたものであろうか。文字の書き込みは、もっと後になってから加えられたものだろう。かすかながら「ハリキ」「出職漁師」「浮鯛抄」「郷土史家論」「サリサリストアー」等々の文字が目につくところをみると、自分が追いかけてきたテーマとあらためて重ねあわせている。じっさいに「チカーノ」から彼の引いた矢印は「フィリピン人の日常的実践」で始まるメモにつながっていたりする。しかし、小さいだけでなく鉛筆がかすれていて、ところどころしか判読できないため、それについては、うまく組み入れることができなかった。

文化人類学者レナート・ロサルドの議論に、小川はなぜ惹かれたのだろうか。たしかにコンピュータやファイルに残されている断片から想像する限り、フィリピンでの調査は、彼にとって「異文化」の手触りだけでなく、調査する側の「権力」とか「資本主義」「帝国主義」の苦さを露わにする経験だった。だからこそ、オリエンタリズムやカルチュラル・スタディーズの批判力に学びたかったのもわかる。ロサルドもまた、文化人類学者の「他者」へのまなざしを「帝国主義的ノスタルジア」（三一二頁）として自らを含めて批判する、その厳しさにおいて、小川の心に触れるものがあったのだろう。

しかしその一方で、小川が引用した部分を原典においてたどり直し、確認しながら、私（佐藤）が思うのは、そのような論理とはもうすこし別な出会いがあったのかもしれないなという直観である。

それは、自らではどうすることもできない感情経験が媒介する想像力の受け入れ（受容）、とでもいうべきだろうか。ロサルド自身が当初はまったく共感できず、容認することすら難しかった「首狩り」行為の説明を、調査地における奥さんの死に対する、自らの押さえようのない怒りに近い悲しみの体験を通じて、ようやく理解できるようになった。この転回の一瞬のもつ力こそ、小川が「初めて」（三〇六頁）のものとして深く共鳴し、その理論のリアリティを信頼するにいたった「迫力」（三一五頁）ではなかったか。なすすべのないつらい経験を媒介にして、何かがわかるという実感は、あるいは小川自身のものであったのかもしれないとすら思う。そう改めて尋ねる機会はなかったけれども。

「16　「見捨てられていることの経験」と「対位法的読解」も、どこか読書日記のような雰囲気をたたえた書評である。これも無題のまま残されていた。戸坂潤と、エドワード・サイードと、ハンナ・アレントの三人の三冊の本を取りあげている。

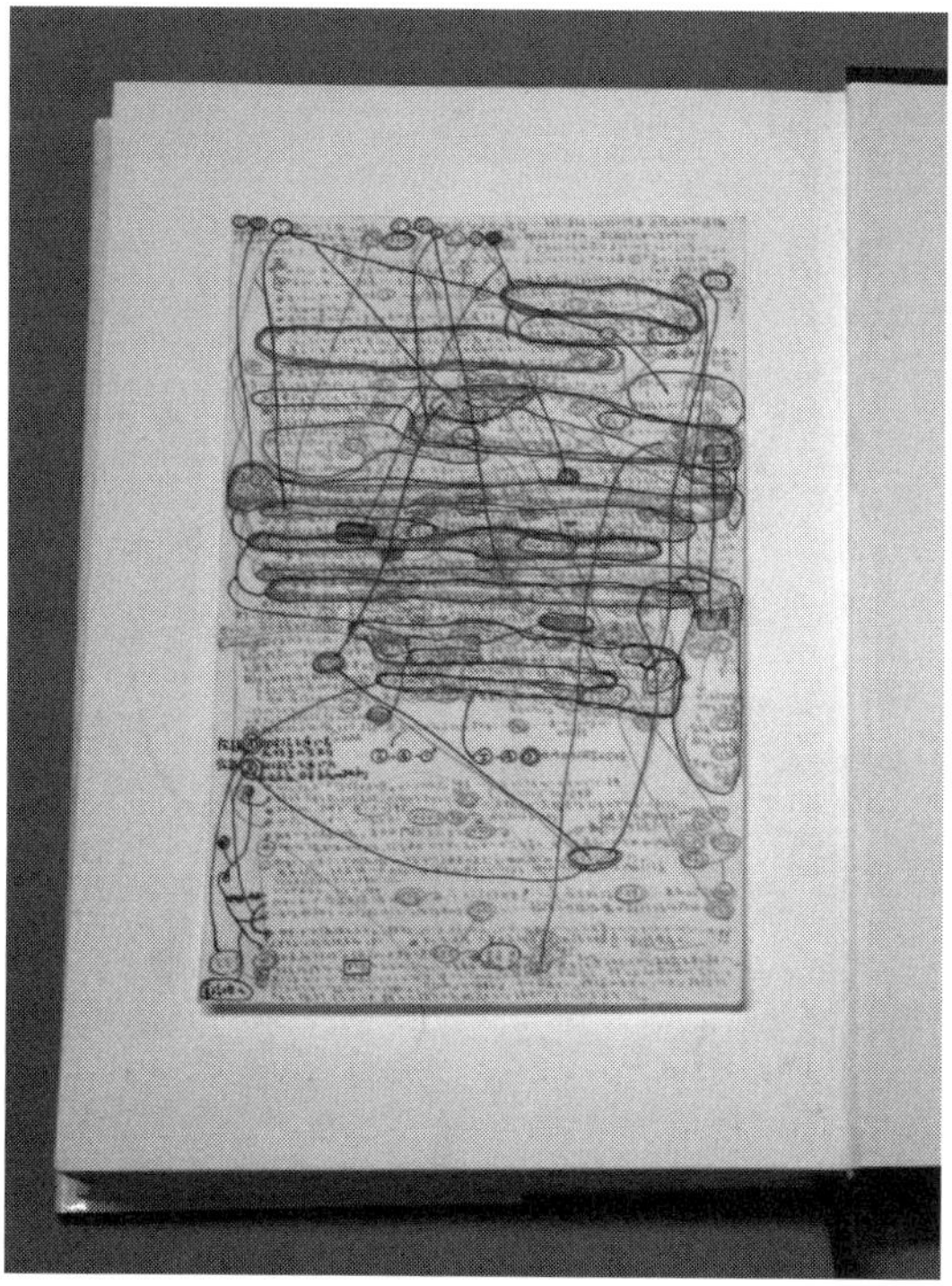

サイード『文化と帝国主義　1』（大橋洋一訳、みすず書房、1998）に付された読書ノート

二〇年来の友人としては、まことに迂闊で愚鈍だったが、亡くなってから改めて、精力的な書評者であったことに気づいた。小川が残した読書ノートはたいへんに多く、多岐にわたる。その姿は、広く知られないままだった。抜き書き、批評のノートやファイルだけではない。小川の部屋に残っていた書物や他の研究者の抜刷の見返しや表紙

に、その読書の痕跡が刻みこまれている。あの独特の小さな文字でびっしりと要点や感想や思いつきが書きこまれているのである。これも調査だったのであろう。まるで、それは旅先の夜にまとめたフィールドノートの一ページのようである。

この一編は、サイードの「対位法的読解」(三一八頁)という方法の構想に希望を見いだし、アレントの「見捨てられていることとの経験」(三一九頁)が引き寄せる全体主義の悲惨からの、解放を作り出しうる態度を論じている。複数の独立した声あるいは旋律を、同時に組み合わせる音楽のスタイルに由来する「対位法的読解」という比喩は、その対立を孕んだ複数性において、最近の小川の方法のひとつの希望であったように思う。民俗学は批判すべき捏造された疑似科学であった、という断定で議論を終えるのであれば、身を捩って自分の首を絞めているだけで、じつはある種の無責任しか残さない。小川にとってきつかっただろうなと思うのは、一方で自分が歩き、フィールドワークすることを手放さない。と同時に、フィールドワークの権力性という議論とも向かいあっていかなければいけない。その自覚は、単純な覚悟の問題ではなく、その覚悟を受け止め現実化するための、方法の選択と不可分だった。

研究会と読書は、小川徹太郎にとって、その方法の両輪であった。自らが新しく呼びかけた研究会(後に歴史表象研究会と名づけられることになる)に、『民俗学の政治性』という論集を編訳した岩竹美加子(現・フィンランド在住)を誘ったのも、欧米諸国での民俗学批判の動きに学びたいという戦略的な意図からだろう。あらためていうまでもなく、小川自身の興味は、思想家の言説を輸入してただ並べ、批判したり評価したりして見せることにはなかった。むしろ自分と同じ困難を問題にしている人々の思考をたどり、そこでの苦境克服の試みに学ぶことはできないのだろうか。そのような真摯が、小川の研究に対する情熱と読書に対する期待とを支えていた。小川の飽くことを知らない読書は、一方でフィールドワークにおける出会いを手放したくない彼の、困難の自覚のきつさを分かち合うに足る、同行者を求めての勤行のように見えた。

未発表の読書ノートのなかから、最後に「17 桃太郎と「海外進出文学」」と仮に名づけた論考を置いたのは、歴史表象研究会で小川が展開しようとしていた方向を示唆したかったためである。

柳田国男の『桃太郎の誕生』を、池田浩士『「海外進出文学」論・序説』を補助線として使いつつ批評し、いかに読み直すかを構想している。ここでも、海民モデルの批判や、フィールドワーク論などが出された論点と呼応する議論をみることができるだろう。そして「普遍我の解放と拡充」（三三三頁）、「唱和の心情と精神」（三三二頁）という、総動員の帝国を支えていた書き手の「新」（同頁）の位相の危うさが批判される。あらためて言及してはいないが、ここでは海の村で取りあげた「水産新体制」等々だけでなく「新国学」の批判を考えていたはずである。

一九九九年八月頃　書斎にて

検討を『桃太郎の誕生』だけにとどめたこのメモを越えて、歴史表象研究会での小川徹太郎は『海南小記』、さらには「机上南洋談」や「家船」のようなあまり注目されないテクストの断片にまで、探索的な読解の領域を拡げていた（「柳田国男の島国論」など）。討議仲間としては、残されている膨大なコピーやメモの山をみるにつけ、小川の海国思想批判の柳田国男論を、完成した形で読めなかったのが残念である。ひとり柳田国男の民俗学思想だけではなく、海国をめぐる多くの思想家たちの言説を、日清戦争以前に遡る歴史的な厚みのなかで、位置づけ直そうとしていたからである。

四　歴史表象研究会

二〇〇三年七月八日、小川徹太郎は、ほんとうに突然にこの世を去った。クモ膜下出血だった。信じられなかった。ほんの少し前に研究会で会い、会の今後について論じあったばかりであった。小川が呼びかけ、主宰した「歴史表象研究会」である。

この研究会は固有の名前がないままに始まった。私

（佐藤）は、スケジュールの手帳に長い間、いささか確信犯的に「小川研」と書き込んでいた。小川徹太郎の個性を離れてはありえないと思ったからだ。始まったのは二〇〇〇年五月頃だったと思うが、名前を小川が付けたのは、じつは二〇〇二年一月以降である。「研究会の名称・私案」という「020112」日付の小川のレジュメが残っている。そこでも、じつは「批判的歴史叙述のための研究会」という別の案がまず提示されていて、「歴史表象研究会」という名称は、たしか研究会の場で吉田司雄の示唆をきっかけに、議論した結果ではなかったか。小川もまた「民俗＋表象、民俗＋イデオロギーの結びつきをどう表してよいのか」、迷うと書いている。というのも、「表象、文化、イデオロギーなどの名称を用いるなら、その枠組を通じた精緻な分析や議論が可能になるでしょうし、人文科学の理論的動向との結びつきをよりはっきりとつくることもできるように思えますが、参加者個々の専門領域の違いや視点やスタンスの違いをふまえるなら、そしてその違いが互いの啓発の余地を産み出すものと予測されるのなら、事前に一つの分析概念に視点を統一するということに抵抗を感じる」からだ。そして「民俗」の名を選ぶことが、「党派的な作用」を良かれ悪しかれもってしまうことを自覚しつつ、それが「国史と民俗学、国土と郷土、エリートと常民あるいは民族や国民、口頭の語り・演技と書記・複製技術などの一連の概念との結びつき」の総体を問う「広い視野と射程」のなかで戦略的に用いられていることを、どう明確に伝えられるかを考えている。

歴史が一つのキーワードであることは、レジュメに添えられたベンヤミンやサイード、ライト・ミルズなどからの引用にも明らかである。たとえば「歴史は実際に作られる——しかし一握りのエリート集団によって、しかもそのエリートたちの意志決定または不決定がもたらす結果を、懸命に切り抜けようとするほかない人びとに対して、有効に責任を負うことがないままに、歴史は作られる」（ライト・ミルズ『社会学的想像力』二三二頁）。

小川は、こうした思想家たちの姿勢に、迫力と緊張感とを感じて、それを次のように受け止める。「過去のイメージや諸々の価値観や観念は、常に権力構造を通じて産出されるため、支配者や勝利者の安定状態に都合のよいイメージや観念が支配的になる傾向があるが、そこには必然的に弱い立場に立たされるものの声や記憶の抑圧や無視が伴う。このような支配と不均衡の構造のなかで、歴史記述者や知識人は相対的に弱い立場に立たされるものの側に立とうとするべきであり、そこから支配的なイメージや観念をこばみ、それを産出する構造を問題視し、無視され黙殺されがちなことを表象し、記憶に蘇らせる作業につくべきであるというわけです。表象、文化、イデオロギー、脱構築、捏造などの観点も、こうしたヴィジョンの一つの現われであるとは言えないでしょうか。ここで批判するとは、上述したような意味において、歴史を観察し、記述し、表象し、イメージや観念を産出し、語ることであり、それは同時に歴史形成という政治的な問題に参与することでもあるようです。このようなヴィジョンは、民俗のみならず、近・現代の歴史や現実と係わる上で重要な視点を構成する、と私は考えています。」

そのような志と希望のもとで、研究会を立ち上げ、無闇に忙しがっているわれわれに、ふたたび考える場を小川徹太郎は用意してくれた。「徹太郎さんは、いつも帰ってくると興奮して、私なんかよくわからないのに、いつまでもしゃべりつづけるんです。徹太郎さんは、この研究会を本当に楽しみにしていました」。亡くなったあと、伴侶の小川美加さんがそういうのを聞いて、突然行けなくなった何回かを悔やんだ。

小川の研究会を通じての活動も、そろそろ実りの時期を迎えつつあった。ファイルの日付が二〇〇三年四月一三日だから、亡くなる三ヶ月ほど前である。その一年くらい前から、いろいろな形で用意してきたメモなどを見渡し、小川は自分の仕事の枠組を四つに整理している。

第一は、教育実践を通じて方法論・学問論をまとめていくことである。思想家や事例研究の文献リストをもとに、「ゼミ型授業のプラン」「レクチャー、セミナー」などを構想している。おそらく工学院大学で続けてきた講義なども関係していようけれども、教材としての入門書の編集を思わせるものが並び、そのなかに「歴史表象研究会を展開の軸にする」などという記述が現れる。

第二は、民俗学史の分厚い読みかえの試みである。ここには「歴史表象研究会を契機として民俗学史の分厚い読みかえのための場と運動を形作っていく。歴史表象研究会を発表場所にして、海国、海村、海民研究をまとめる。本の刊行」「ベンヤミンの歴史哲学や対位法的読解の観点をふまえた民俗学史の読み返しシリーズの刊行企画に向けて」などとある。

第三は、民俗誌および歴史叙述の新しい試みである。

「海国、海人、海民の読解の後で、歴史叙述の実践、本」とあり、「「山根与惣兵衛の事跡」といった近代批判の仕事が前提」となり、また「抵抗の日常形態などが鍵」となる『瀬戸内豊島民俗誌』の構想を掲げ、また出職漁師の「徳川期の叙述のさらなる展開ヴァージョン」として『ポリスと装置の民俗誌』が挙げられているが、残念ながら私（佐藤）には、この断片以上の説明はできない。しかし現代民俗学の可能性を示すものでありえただろう。「民俗学的なもの」というと、陰陽師、怪異現象番組、宮崎アニメ、田舎探訪番組などをとりあげてしまう学生たちを素材にした「学生レポートから見る現代文化分析」という構想をも、その民俗誌の括りのなかに入れている点が面白い。

第四は、フィリピンと日本との文化交流のテーマである。帝国主義批判の立場にたつ民族主義批判や、民衆運動の文化研究だけでなく、文学や芸術、あるいは自動車文化や土地制度などと取り組みたいという。ここでも日本の読者にフィリピンの文化・社会について考えるきっかけを与える『フィリピン歴史・民族誌叢書』の可能性を考え、「今度マニラに行った時に、徹底的に面白い論文集、研究書等々を渉猟してくること」とメモしている。

勝手に読み込むつもりは毛頭ないが、小川徹太郎の現代民俗学の試みが、いくつかの果実として熟し、種を産み出しつつあっただけに、その夭折が惜しまれる。二〇〇三年七月一日に更新されて保存されたと思しき「越境する海の近代研究会」というファイルは、歴史表象研究会での「海国、海村、海人言説の脱構築」に「連続させて企画する」テーマで、網野善彦らの仕事の批判とさらなる展開のために、新たな人間関係をつなごうとしていた企画のように思える。ここでも、小川は研究会の名称に苦心したらしく、「越境者の海の近代研究会、越境する海の近代研究会、越境経験の海の近代研究会、海と越境の近代」等々のことばを並べている。

『越境と抵抗』と名づけた本書は、彼が最後に構想のみを残しているいくつかの本とは、重なるであろう素材がないわけではないが、やはり別物だろう。しかし、未発の可能性としてしか触れえない、そうした書物の厚みを想像し、重みを実感するためにも、ここに編集した小川徹太郎の仕事の蓄積は不可欠である。成果としてはもちろん、志として、本願として、あるいは「希望の火花」（ベンヤミン）として読む、そうした読者に出会えることを期待している。

あとがきの代わりに、この本の成り立ちについて、記録を残しておきたい。

あの日、われわれは葬儀の会場に置かれていた小川の独特の書き込みのある本や、スケッチを、どこかやりきれない思いで眺めていた。誰からともなく、小川の論文の仕事をまとめ、世に出しておきたいという声がもれた。ある者は小川自身が自著や編著の出版に対して抱いていた熱意に触れ、ある者はいままさに踏みだそうとしていた時なればこその無念に思いを馳せ、さらにある者はまだ幼い子どもたちが父親の作品を読めるようになった時にと説いて、誰もが本を出すことを願った。

夏休みが始まる頃ではなかったか、「歴史表象研究会」のメンバーが中心になって、論文の収集を始め、リストを整理し、出版の可能性を追求し始めた。小川が使っていたコンピュータのファイルや、未発表のまま残されたノートまで、小川美加さんに頼んで見せてもらい、ありうべき本の形を考え始めた。できることなら、そのまま出版社が受け止めてくれるよう、われわれ自身が納得できる具体的な形を整えようということで、既発表の論考を分担してファイル化する作業も進めた。研究会メンバーの他、小池淳一さん、姜竣さん、川田牧人さんが、その収集やデータ処理を手伝ってくれた。東由美子さんには、ファイル化段階での面倒な校正作業を分担してもらった。少しずつ一冊の本の形が浮かびあがってきたが、まだ出版の約束にまではたどり着けなかった。

最初の突破口を開いてくれたのは、図書新聞編集長（当時）の米田綱路氏である。「小川さんの学問について、図書新聞という場を使って論じてみませんか」と持ちかけてくれた。「「海の越境」への足跡／知られざる民俗学者／小川徹太郎氏の志と思想を語る」という、佐藤健二と重信幸彦と坂野徹の鼎談が、米田氏の尽力と厚意によって、まず世に送り出された。

その記事をみて感銘を受けたと、すぐに手紙をくれたのが、新評論の山田洋氏である。氏が所属する読書会グループ「人文ネットワーク」のメンバーでもある、上智大学の白石嘉治氏からの導きがあったと聞く。そして山田氏は、われわれの出版への希望に力を貸してくれた。研究会メンバーの小林康正、吉田司雄にも集まってもらって、本格的な編集作業を進めた。その意味で、この本は、小川徹太郎が産み出した歴史表象研究会の五人の共同編集といっていいだろう。

残念ながら、小川の論文のすべてを収録することはできなかった。全体については、巻末の「career and works　小川徹太郎の軌跡」をご覧いただきたい。聞き書きのライフヒストリーや英文の論考など、収録の工夫をしてみたい素材もあったが、全体の量を考えて断念した。あまり分厚いものにするわけにはゆかなかったからである。できるかぎり小川が書いたままを活かしてとの気持ちを切り捨てたつもりは少しもないが、他方、出版社に一冊の本として出してもらう以上、一定の編集的な介入も、われわれの責任においてせざるをえない。題名を変更したものもあるが、原題は初出一覧に掲げてある。彼の書いた事典項目を補註として使うなどの編集を加えた部分は、凡例に述べた通りである。写真は基本的に、初出掲載のものを複写したが、『海の村』の図版は、すでに初出のものがかなり不鮮明であったので、菊地暁さんの手を煩わせ京都大学所蔵の雑誌から、あらためて撮ってもらった。未発表の原稿三編の収録にあたっては、読みやすさを考えて、読点をかなり補った。小川の思考の息づかいからすると、すこし息継ぎが頻繁かもしれない。「15」と「17」については、単語だけが挙げられている個所に、その意味がわかるよう、頁表示を手がかりに、原典から対応する文章の引用を補充した部分がある。またもともとの原稿にあった、例えば「[p. 29]」という、普通の頁表示に使っているのとは別種の括弧記号を使った表記は、その頁にも同趣旨で引用すべき論点があるという意味のメモだと思われたので、「(→二九頁)」に変更した。[　]の記号を、この本では編者による註記に使ったからである。

自費出版という知り合い以外には販路をもたない書物であるよりは、市場を通じて多くの未知の読者に出会える機会を追求するほうが、小川徹太郎の思いに沿うものだとわれわれは考えた。その道を開いてくれたという点で、志の出版に力を惜しまず、われわれの思いを後押ししてくれた新評論編集部の山田洋氏には、あらためて感謝申し上げる次第である。その能力もないくせに本文デザインにまで口を出したがるわれわれを、章タイトルまわりに小川のフィールドでの姿を配する意外なレイアウトで黙らせ、本文全体をすっきりとまとめ上げてくれた新評論編集スタッフの吉住亜矢さんにも、お礼を申し上げたい。カバーなどの外回りは、デザイナーの山田英春氏が的確に、そしてイメージ豊かに仕上げてくれた。ロゼッタストーンのように謎めいて並ぶ、小川の文字の世界をうまくテーマ化している。あの紙片はたしかサイードの本に挟まれてあった読書ノートだと思うが、その淡い黄色に刻まれた色とりどりの線の上空を、魚たちが泳ぐ。思索の静かな空間が、そこに拡がっている。小川がいつも新年に届けてくれた、自作の絵はがきを思い出した。徹太郎も、こんなふうに透明な、青が好きだった。そして小川徹太郎もまたその一員であった、明治大学大学院で学んだ研究者の集まりで、『ふぃるど』という研究誌を発行していた「明治大学社会人類学研究会」(朝倉敏夫、木佐木哲朗、高桑史子、蓼沼康子、中生勝美、植野弘子、柳沼亮寿、中込睦子、中野泰)からは、出版のための資金の寄附を戴いた。記して感謝の意を表したい。

われわれの不器用な編集ぶりと、遅れがちな作業をなお許容して、制作を託してくれた小川美加さんのお許しを得て、この本の献辞には「渉太郎と考二郎に」と刻みたい。徹太郎のまだ幼い二人の息子が、ことばを習い、文字を覚えて、いつかこの本を読めるようになった時に、どんな形で父の思いに出会うことになるのか、今はわからない。しかし、小川徹太郎の学問と運動は、まさに次のその世代へと、この時代を生き延びていくための知恵の探究であったことを伝えておきたい。

その重要性の確信とともに、この本を新しい未来の読者の前に提出する。

二〇〇六年五月九日

career and works

小川徹太郎の軌跡

一九五八年	一二月	広島県呉市に生まれる（三〇日）。
一九七七年	三月	広島県立呉宮原高等学校卒業。
一九八一年	三月	明治大学政治経済学部経済学科卒業。
一九八三年	三月	明治大学大学院文学研究科地理学専攻修士課程修了。
	三月	『船住い漁民の陸地定着化と生業集団――広島県二窓浦を事例として』（修士論文）
一九八四年	三月	「綱引き行事の社会的性格」『磯浜漁民と沖合漁民の世界観に係わる比較研究』文部省科学研究費補助金（一般研究C）研究成果報告書
一九八五年	三月	「村落組織」『大和田の民俗』新座市史調査報告書　九、新座市史編纂室
	五月	「書評　B・ジャクスン、大石俊一訳『コミュニティー――イングランドのある町の生活』晶文社」『常民文化』第八号、成城大学大学院日本常民文化専攻院生会議
	一〇月	「船住い漁民とは何か――その生態をめぐって」『第三七回日本民俗学会年会研究発表要旨』日本民俗学会（国立歴史民俗博物館）
	一二月	「図説　生活空間としての船」大林太良他編『蒼海訪神　うみ』日本人の原風景　第二巻、旺文社

一九八六年

一月　野口武徳ゼミナール「野の会」で修士論文梗概を発表（二九日　早稲田奉仕園）。

三月　成城大学大学院文学研究科日本常民文化専攻博士前期課程修了。

『瀬戸内の船住い漁民――その民俗誌的研究』（修士論文）

「船住い漁民の漁撈活動体系――広島県二窓浦木江組の場合」『ふぃるど』第一号、明治大学社会人類学研究会

五月　「書評　網野善彦他編『漂泊と定着――定住社会への道』日本民俗文化体系　六、小学館」『日本民俗学』第一六五号、日本民俗学会

五月　「船住い漁民の漁撈活動について――尾道市吉和漁師町を事例として」『日本民族学会第二四回研究大会研究発表抄録』日本民族学会（広島大学）

五月　都市とフォークロアの会（第五回研究会）で「大阪港の艀運送業について――瀬戸内漁民の脱漁民化研究に向けて」発表（三日　新宿書房）。

一二月　明治大学社会人類学研究会（第一八回月例研究会）で、「文献資料にみる戦前日本の水上生活者」発表（二〇日）。

一九八七年

一月　「水上生活」『青年心理』第六一号、金子書房

五月　都市とフォークロアの会で「戦前の水上生活者調査」について報告（二一日　新宿書房）。

八月　「文献資料にみる戦前日本の水上生活者」『ふぃるど』第二号、明治大学社会人類学研究会▼本書3章

一〇月　「フィールド再考――調査と経験の間」『らく』第一号、都市のフォークロアの会▼本書4章

一二月　「水上生活者」『江戸東京学辞典』三省堂

一九八八年

二月　「書評　河岡武春著『海の民――漁村の歴史と民俗』平凡社」『日本民俗学』第一七三

		号、日本民俗学会
	一〇月	「ある行商船の終焉」『民話と文学』第二〇号、民話と文学の会▼本書5章
	一二月	社会調査史研究会で「水上生活者調査について（戦前）」を発表（一〇日　法政大学）。
一九八九年	三月	成城大学大学院博士後期課程単位取得満期退学。
	四月	国立歴史民俗博物館共同研究員（民俗誌の記述についての基礎的研究）。
	五月	「終りのない仕事」『マージナル』第三巻、現代書館▼本書6章
	九月	「近世瀬戸内の出職漁師――能地・二窓東組の「人別帳」から」網野善彦・塚本学・宮田登編『列島の文化史』第六号、日本エディタースクール出版部▼本書11章
一九九〇年	三月	「地図を作った人びと」『青年心理』第八〇号、金子書房
	六月	第一民俗芸能学会第六回研究会で「漁する老漁師たち」を発表（一六日　和敬塾）。
	九月	「書評　網野善彦他編『日本海と北国文化』海と列島文化　第一巻、小学館」『朝日ジャーナル』第一六六〇号
	一〇月	「沖という場の変質について」一九九〇年度日本民族学会第二回関東地区研究懇談会（駒澤大学）。
	一二月	「タコの家主」『歴博』第四四号、国立歴史民俗博物館▼本書7章
一九九一年	二月	「一銭蒸気」「河岸」「船」『大衆文化辞典』弘文堂
	三月	「漁する老漁師たち――「シオをつくる」ことをめぐって」網野善彦・大林太良・谷川健一・宮田登・森浩一編『瀬戸内の海人文化』海と列島文化　第九巻、小学館▼本書1章
	四月	工学院大学工学部非常勤講師（文化人類学）。二〇〇三年まで続ける。
	六月	「民俗誌の記述をめぐって――調査を反省しながら」国立歴史民俗博物館共同研究「民俗誌の記述についての基礎的研究」第二回研究会発表（八日　京大会館）。

一九九三年

- 三月　「トビの大正昭和史」「駅前マーケットの戦後史——ライフ・ヒストリー聞書」『杉並の生活史』文化財シリーズ　三八、杉並区教育委員会
- 四月　都留文科大学文学部非常勤講師（文化人類学）。二〇〇三年まで続ける。
  実践女子短期大学生活福祉学科非常勤講師（比較生活文化論）。二〇〇三年まで続ける。

  学習院女子短期大学家庭生活科非常勤講師（生活管理論演習／総合Ｉ「人と海」）。一九九八年九月まで続ける。

  国立フィリピン大学社会科学哲学部客員研究員。一九九六年三月まで続ける。
- 一一月　「〈ハリキ〉について——漁民集団史研究のための覚え書」『国立歴史民俗博物館研究報告』第五一集、国立歴史民俗博物館▼**本書2章**

一九九四年

- 二月　「書評　G・グメルク、亀井好恵・高木晴美訳『アイルランドの漂泊民』」『週刊読書人』　読書人
- 四月　国立歴史民俗博物館共同研究員（大衆文化時代における生活文化の民俗学的研究）。
- 一〇月　「出職漁師と「浮鯛抄」」　国立民族学博物館共同研究「水産資源利用の人類学的研究」第二回研究会発表（国立民族学博物館）。
  "The general situation of field research in the islands of Victory, Eastern Samar and Pamilacan, Bohol 1993–94," *Yakara, Studies in Ethnology 24*. Institute of History and Anthropology, University of Tsukuba, Ibaraki, Japan, 1994

一九九五年

- 四月　都留文科大学文学部非常勤講師（比較文化総合研究）。二〇〇三年まで続ける。
- 八月　「「浮鯛抄」物語」　網野善彦・石井進編『内海を躍動する海の民』中世の風景を読む　第六巻、新人物往来社▼**本書12章**
- 九月　恵泉女学園大学人文学部非常勤講師（日本文化特講）。二〇〇三年まで続ける。
  "The Kogengaku approach to the study of Sari-sari Stores in Victory Island, Eastern

Samar," in Iwao Ushijima and Cynthia N. Zayas (ed.), *Binisaya nga Kinabuhi [Visayan Life]: Visayas Maritime Anthropological Studies II (1993–1995)*, Quezon City, College of Social Sciences and Philosophy Publications, University of the Philippines, 1996

一九九六年　二月　「サリサリストアーの考現学——フィリピン東サマール州ヴィクトリー島の事例」国立歴史民俗博物館共同研究「大衆文化時代における生活文化の民俗学的研究」第二回研究会発表（国立歴史民俗博物館）。

六月　「フィリピンでの最近のフィールドワークで用いた技術——フィールドノートの検討を中心に」須藤健一編『フィールドワークを歩く——文科系研究者の知識と経験』嵯峨野書院▼本書8章

一九九七年　四月　女子美術大学芸術学部非常勤講師（文化人類学）。

茨城大学人文学部非常勤講師（民俗学特講・前期集中）。

恵泉女学園大学人文学部非常勤講師（民俗学）。二〇〇三年まで続ける。

明治大学理工学部非常勤講師（文化人類学）。二〇〇三年まで続ける。

「能地漁民」『地方史事典』弘文堂

一九九八年　四月　神奈川大学短期大学部非常勤講師（日本文化論）。二〇〇一年三月まで続ける。

一九九九年　四月　大東文化大学国際関係学部非常勤講師（日本の地域と社会）。二〇〇三年まで続ける。

東京成徳大学人文学部非常勤講師（人文科学特別講義）。二〇〇一年三月まで続ける。

七月　染織作家の吉村美加と結婚、披露のパーティーを友人たちと開く（一一日）。

一〇月　「いま民俗資料論は成り立つのか」『第五一回日本民俗学会年会研究発表要旨』日本民俗学会（神奈川大学）▼本書9章

「家船」「水夫」「風待ち」「漁民」「潮待ち」「しゃあ」『日本民俗大辞典』上、吉川弘文

館▼本書3章補註

二〇〇〇年

四月　長男　渉太郎が生まれる（一七日）。

神奈川大学短期大学部非常勤講師（社会学）。二〇〇一年三月まで続ける。

実践女子短期大学生活福祉学科非常勤講師（生活調査法演習）。二〇〇三年まで続ける。

日本赤十字武蔵野短期大学看護学科非常勤講師（文化人類学）。二〇〇三年まで続ける。

「能地」「漂泊漁民」「山あて」『日本民俗大辞典』下、吉川弘文館▼本書1章補註、11章補註

"Police Raids and the People," in Iwao Ushijima and Cynthia N. Zayas (ed.), *Bisayan Knowledge, Movement, and Identity: Visayas Maritime Anthropological Studies III (1996–1999)*, Quezon City, Third World Studies Center, University of the Philippines, 2000

五月　後に「歴史表象研究会」となる研究会の準備会を、東京大学文学部社会学研究室で行う（六日）。

二〇〇一年

四月　恵泉女学園大学大学院人文学研究科非常勤講師（フィールド調査法）。二〇〇三年まで続ける。

七月　「海国論の系譜——海国、海村、海人言説の脱構築・素描⑴」歴史表象研究会発表（二二日　工学院大学）。

一〇月　「海民モデルに対する一私見」『地方史研究』第二九三号、地方史研究協議会▼本書10章

二〇〇二年

三月　「佐藤健二著『歴史社会学の作法』へのコメント」歴史表象研究会発表（二六日　工学院大学）。

四月　日本大学文理学部非常勤講師（民俗誌論／社会学特別演習）。二〇〇三年まで続ける。

二〇〇三年

一〇月　次男　考二郎が生まれる（三日）。
一二月　「柳田国男の島国論1――海国、海村、海人言説の脱構築・素描(2)」歴史表象研究会発表（二六日）。
三月　「海の村を建設する――戦時期『海の村』の分析」伊東市史編さん委員会編『伊東の今・昔――伊東市史研究』第三号、伊東市教育委員会▼本書13章
五月　「書評　野地恒有著『移住漁民の民俗学的研究』」『日本民俗学』第二三四号、日本民俗学会▼本書14章
七月　歴史表象研究会で「海の村を建設する」について話す（五日　東京大学）。
逝去（八日）。

著者紹介

小川徹太郎（おがわ・てつたろう）

1958年広島県生まれ。明治大学大学院文学研究科地理学専攻修士課程を修了、地理学を学んだ後、成城大学大学院文学研究科日本常民文化専攻博士後期課程単位取得満期退学、民俗学と文化人類学を専攻。大学院時代から広島県二窓浦に通い、漁村と漁撈活動の研究を通して新たな民俗学の可能性を追求し続けた。80年代後半に佐藤健二、重信幸彦、大月隆寛の各氏らと「都市のフォークロアの会」を結成。瀬戸内のフィールドワークとともに、90年代には、瀬戸内の漁民がかつて出稼ぎに行ったフィリピンでのフィールドワークに力を注ぎ、新たな民俗誌の記述に取り組んだ。最近では「歴史表象研究会」を主宰し、民俗学の成果と方法の再検討を呼びかけると同時に、近代日本における「海」をめぐる言説を批判的に捉え返し、「海国、海民、海人言説の脱構築」としてまとめる仕事を進めていた。2003年７月８日、クモ膜下出血で急逝。享年44。

越境と抵抗
——海のフィールドワーク再考

（検印廃止）

2006年７月８日　初版第１刷発行

著　者　小　川　徹太郎
発行者　武　市　一　幸

発行所　株式会社　新　評　論

〒169-0051　東京都新宿区西早稲田3-16-28
http://www.shinhyoron.co.jp

ＴＥＬ 03（3202）7391
ＦＡＸ 03（3202）5832
振　替 00160-1-113487

定価はカバーに表示してあります
落丁・乱丁本はお取り替えします

装　幀　山　田　英　春
印　刷　新　栄　堂
製　本　河　上　製　本

©小川美加 2006

ISBN4-7948-0702-3 C0039

Printed in Japan

新評論　好評既刊

異邦のふるさと「アイルランド」

国境を越えて

佐藤　亨

四六上製　436頁＋カラー口絵4頁　3360円

ISBN4-7948-0642-6

植民地支配，宗派対立，大飢饉，移民，北アイルランド紛争…。「エメラルドの島」「緑の島」の美称をもつこの島に刻まれてきた負の遺産。世界7600万のアイリッシュ（系）とその祖先たちが温めてきた無垢なる「故郷」を巡る旅。写真100余点収録。

シャルラタン

歴史と諧謔の仕掛人たち

蔵持不三也

A5上製　576頁　5040円

ISBN4-7948-0605-1

シャルラタン：近代前夜のフランス，祝祭や大市などを舞台に，巧みな口上よろしく生半可な医術を営み，怪しげな薬を売りつけてはいずかたともなく去っていった周縁者たち。「逆さまの世界」を鮮やかに演出し「近代」を立ち上げた異形の者たちの系譜。

新評論　好評既刊

文明の中の水

人類最大の資源をめぐる一万年史

湯浅赳男

四六上製　372頁　3465円

ISBN4-7948-0638-8

生命と生活の根源にある「水」が今，危ない――5000 年の文明史のパノラマに水問題の核心を縮き，現在の状況をもたらした人類の姿と文明の意味を見つめ直す，湯浅比較文明論の新展開。「豊富な実例と視野の広さで群を抜いている」（宇井純氏評）

ネオリベ現代生活批判序説

白石嘉治・大野英士 編

四六上製　264頁　2310円

ISBN4-7948-0678-7

「生の統治」へと亢進する蒙昧なネオリベ（ネオリベラリズム＝新自由主義）的教養と，市場の論理に包摂された我々自身の日常的感性を問う。労働問題，精神分析，社会運動，大学問題の領野からの抵抗と闘争。（インタヴュー：入江公康　樫村愛子　矢部史郎　岡山茂）

＊表示価格は消費税（5%）込みの定価です